Simone Rauthe

Public History in den USA und der Bundesrepublik Deutschland

Das Titelbild zeigt eine Verfolgungsjagd am Mount Rushmore Memorial Site (South Dakota / USA) aus dem Film „Der unsichtbare Dritte" von Alfred Hitchcock. Videoprint aus: Lars-Olav Beier / Georg Seeßlen (Hgg.), Alfred Hitchcock, Berlin 1999, S. 402, mit freundlicher Genehmigung des Dieter Bertz Verlag (Berlin).

Die Deutsche Bibliothek – CIP-Einheitsaufnahme

Rauthe, Simone :
Public History in den USA und der Bundesrepublik Deutschland / Simone Rauthe. – 1. Aufl. – Essen : Klartext-Verl., 2001
   Zugl.: Düsseldorf, Univ., Diss., 2001
   ISBN 3-89861-037-3

D 61

1. Auflage, September 2001
Satz: Heide Peper-Ludwig, Freiburg
Einbandgestaltung: Frank Münschke (Klartext Verlag)
Druck: Koninklijke Wöhrmann, Zutphen (NL)
© Klartext Verlag, Essen 2001
Alle Rechte vorbehalten
ISBN 3-89861-037-3

Inhalt

Vorwort 11

Teil I: Einleitung

1. Thema 14
2. Motivation und Ziel 15
3. Ansatz 17
4. Forschungsstand und Literatur 21

Teil II: Geschichtsdidaktik und demokratische Erinnerungskultur

1. Geschichte und ihre Didaktik 28
2. Erinnerungskultur 33
2.1 Entstehung einer modernen Erinnerungskultur 34
2.2 Kollektives Erinnern und Vergessen 36
2.3 Öffentliche Erinnerungskultur 40
2.3.1 Erinnerungskonflikte als Ausweis demokratischer Kultur 42
2.3.2 Themen der nationalen Erinnerungskulturen 45
2.3.3 Erinnerungspolitik und Handlungsfelder öffentlicher Erinnerung . 48
2.3.3.1 Erinnerungspolitik in der Bundesrepublik und den USA 49
2.3.3.2 Affektives Handlungsfeld: Nationalfeiertage und politische Gedenktage 55
2.3.3.3 Ästhetisch-expressives Handlungsfeld: Orte der Erinnerung 59
2.3.3.4 Instrumentell-kognitives Handlungsfeld: Geschichtswissenschaft . 62
2.3.3.5 Politisch-moralisches Handlungsfeld: Vergangenheitspolitik 64
2.3.4 Kommerzialisierte Erinnerungskultur: Kulturindustrie, Tourismus, Werbung 66
2.3.5 Zum Spannungsverhältnis von öffentlicher und individueller Erinnerung 68
3. Geschichtsdidaktik und demokratische Erinnerungskultur 70

Teil III: Public History in den USA
Vom Studiengang zum Teil der politischen Kultur

1.	Tour d'horizon: *The New History* – Gegenstände, Methoden und Perspektiven seit den sechziger Jahren	74
1.1	*New History*	74
1.1.1	*New Political History*	78
1.1.2	*New Social History*	78
1.1.3	*New Cultural History*	80
1.2	*New History* und Probleme der amerikanischen Geschichtswissenschaft	82
1.2.1	Fragmentierung und Suche nach einer Synthese	82
1.2.2	Verlust der Objektivität? Peter Novick's *That Noble Dream*	84
1.3	Exkurs: Interessenvertretungen amerikanischer Historiker	85
2.	Public History	87
2.1	Siebziger Jahre: Motivation und Entstehung des *Public History Movement*	87
2.1.1	Erste Studiengänge: *Public Historical Studies* und *Applied History and Social Science*	88
2.1.2	Institutionalisierung des *Public History Movement*: Das *National Council on Public History*	93
2.2	Achtziger Jahre: Konsolidierung der Bewegung und Konkretisierung des Curriculums	95
2.2.1	Verstärkung der Professionalisierung und Verhältnis zur *Academic History*	95
2.2.2	Konkretisierung des Curriculums	98
2.2.2.1	Der Begriff *Public History*	100
2.2.2.2	Selbstverständnis und Ziele	101
2.2.2.3	Komponenten eines übergeordneten Curriculums	102
2.2.2.4	Methoden historischen Forschens im *Public History Curriculum*: *Oral History* und *Material Culture*	106
2.2.2.5	Professionelle Standards und Ethik-Kodex	108
2.2.3	Exkurs: Die Rotterdamer Konferenz und Public History in Westeuropa	111
2.3	Neunziger Jahre: Public History, Öffentlichkeit und politische Kultur	113
2.3.1	Die Entdeckung der Öffentlichkeit	116
2.3.2	*Public History* und ihre Position innerhalb der amerikanischen Geschichtswissenschaft	120
2.4	Das Profil der Zeitschrift *The Public Historian*	123
2.5	*History goes Public* – Berufe für Historiker außerhalb von Universität und Schule	125

2.5.1	Informationsmanagement	126
2.5.2	Historische Beratung in Institutionen der Demokratie und in Unternehmen	128
2.5.3	Museen und *Cultural Resources Management*	130
2.5.4	Wissenschaftliche Publikationen und Journalismus	132
2.5.5	Unterhaltungsindustrie	133
2.5.6	Freie Historiker	135
2.6	Kritik an der *Public History* Bewegung	136
2.6.1	Konfrontation mit der *American Association for State and Local History*	136
2.6.2	*Public History*, Objektivität und die amerikanische Geschichtswissenschaft	137
2.6.3	Theoriedefizit und Curriculumentwicklung (1976–1987)	141
2.6.4	Anspruch und Umsetzung: *Public History* Studiengänge	144
2.6.5	Verdienste der *Public History* Bewegung	145
3.	Public History in den USA: Geschichtswissenschaft als historische Dienstleistung	147

Teil IV: Die außerschulische Vermittlung von Geschichte in der Bundesrepublik Deutschland

1.	Tour d'horizon: Der Paradigmawechsel in der westdeutschen Geschichtswissenschaft und die Auswirkungen auf ihr Verhältnis zum nicht-wissenschaftlichen Publikum	154
1.1	Historische Sozialwissenschaft	154
1.2	Kritik an der Historischen Sozialwissenschaft: Alltagsgeschichte, Mikrogeschichte und Historische Anthropologie	157
2.	Geschichtsdidaktische Ansätze der außerschulischen Vermittlung von Geschichte seit 1975	161
2.1	Geschichtsbewußtsein als alle Vermittlungsprozesse umfassende didaktische Kategorie	163
2.2	Siebziger Jahre: Geschichte und Öffentlichkeit, Geschichte als Lebenswelt	167
2.2.1	Auftakt 1977: Die Konferenz für Geschichtsdidaktik *Geschichte und Öffentlichkeit* in Osnabrück	168
2.2.2	Rolf Schörken: Geschichte als Lebenswelt, Geschichte in der Alltagswelt – Das lebensweltliche Interesse an Geschichte	172
2.3	Achtziger Jahre: Theoriekonzepte für außerschulische Vermittlungstätigkeiten von Historikern	178
2.3.1	Jochen Huhn: Geschichte in der außerschulischen Öffentlichkeit	181

2.3.2	Siegfried Quandt: Geschichtsdidaktik und Kommunikationswissenschaft	185
2.3.2.1	Fachwissenschaftlich und kommunikationswissenschaftlich orientierte Geschichtsdidaktik	185
2.3.2.2	Der Studienschwerpunkt *Fachjournalismus Geschichte* an der Universität Gießen	187
2.3.3	Jörn Rüsen: Geschichtsdidaktik als Wissenschaft vom historischen Lernen	189
2.4	Neunziger Jahre: Die kulturwissenschaftliche Orientierung im Konzept der *Geschichtskultur*	193
2.4.1	Situation der Geschichtsdidaktik	193
2.4.2	Jörn Rüsen: Geschichtskultur als Artikulation des Geschichtsbewußtseins	196
2.4.3	*Oral History*, visualisierte Geschichte und Objektkultur: Quellen historischer Forschung und Medien historischen Lernens	200
2.4.3.1	*Oral History*	201
2.4.3.2	Visualisierte Geschichte	203
2.4.3.3	Objektkultur	205
2.5	Berufsfeldforschung und Praxisfelder für Historiker	206
2.5.1	Berufsfeldforschung und Studienreformprojekte im Fach Geschichte	206
2.5.2	Praxisfelder für Historiker	211
2.5.2.1	Archiv-, Bibliotheks- und Dokumentationswesen	212
2.5.2.2	Politikberatung, Historische Beratung	216
2.5.2.3	Orte der Erinnerung: Museen, Dokumentationszentren, Gedenkstätten	218
2.5.2.4	Denkmalschutz, Industriearchäologie, Tourismus	220
2.5.2.5	Journalismus und Verlagswesen	221
2.5.2.6	Multimedia: Internet und CD-Rom	223
2.5.2.7	Freie Historiker	224
2.6	Kritik an den Ansätzen der westdeutschen Geschichtsdidaktik	225
2.6.1	Der erweiterte Didaktikbegriff: Geschichtsbewußtsein als zentrale didaktische Kategorie	226
2.6.2	Die Ausweitung der geschichtsdidaktischen Theorie, Empirie und Pragmatik	227
2.6.3	Das Selbstverständnis der Geschichtswissenschaft und die Praxisfelder der Historikers	229
3.	*Geschichtskultur* in der Bundesrepublik Deutschland: Ausdruck theorieorientierter Geschichtsdidaktik	232

Teil V: Kontrastierung: *Public History und Geschichtskultur*

1. Konsequenzen für eine kommunikative Geschichtswissenschaft .. 242
2. Theorie 246
3. Empirie 249
4. Pragmatik 250
5. Fazit 251

Abkürzungen und Siglen 253
Literatur 255

Vorwort

Die zielgruppenorientierte Vermittlung von Geschichte und die daraus resultierenden Konsequenzen für die Ausbildung von Historikern halte ich nach wie vor für eine zentrale Frage. Die vorliegende Arbeit, die im April 2001 von der Philosophischen Fakultät der Heinrich-Heine-Universität Düsseldorf als Dissertation angenommen wurde, entstand aus dieser Überzeugung.

Ich danke Herrn Prof. Dr. Hans Süssmuth für die Betreuung meiner Arbeit und viele Anregungen. Herr Prof. Dr. Kurt Düwell hat bereitwillig das Korreferat übernommen. Frau Prof. Dr. Irmtraud Götz von Olenhusen verdanke ich zuletzt einige wichtige Hinweise.

Das Spektrum des Berufsfeldes konnten meine in der Praxis tätigen Gesprächspartner bestens erhellen. Für interessante Diskussionen danke ich Dr. Birgit Bernard (Wissenschaftliche Dokumentarin im Historischen Archiv des Westdeutschen Rundfunks, Köln), Christopher Clarke-Hazlett, Ph.D. (Exhibition Developer and Consulting Historian, Rochester/USA), Angela Genger (Mahn- und Gedenkstätte, Düsseldorf), Dr. Manfred Grieger (Volkswagen Unternehmensarchiv, Wolfsburg), Helmut E. Klein (Institut der deutschen Wirtschaft, Köln), Klaus Liebe (Leiter der Redaktion Geschichte/Zeitgeschichte des Westdeutschen Rundfunks, Köln), Stephanie Marra, M.A. (Historisches Institut der Universität Dortmund), Dr. Stephanie Merkenich und Dr. Birgitt Morgenbrod (Historische Beratung, Recherche und Präsentation GbR, Bonn/Mönchengladbach), Heinz Pankalla (Stadtarchivar, Dormagen), Robert W. Pomeroy (National Center for the Study of History, Limington/USA) und Dr. Gerdi Stewart (Bayrisches Staatsinstitut für Hochschulforschung und Hochschulplanung).

Die Korrektur des Manuskripts besorgten Christoph Roolf und Thomas Beckers, von deren konstruktiver Kritik ich besonders profitieren konnte. Meinen Freundinnen Anke Böttcher und Nicole Trösken danke ich für die gelegentlichen Aufheiterungen. Veronika Ludes hat sich für mein Vorhaben rege interessiert, Rolf Rauthe hat es großzügig unterstützt. Widmen möchte ich diese Arbeit Robert Schirmer, der mich kritisch begleitet und ermutigt.

Bad Homburg, Pfingsten 2001   Simone Rauthe

Teil I
Einleitung

Einleitung

1. Thema

Die vorliegende Untersuchung beschäftigt sich mit dem Stand der systematischen Ausweitung geschichtsdidaktischer Theorie, Empirie und Pragmatik im Sinne einer *Geschichte in der Öffentlichkeit* seit den siebziger Jahren und den sich daraus ergebenden Konsequenzen für die Ausbildung von Historikern. Dies muß anhand der Entwicklungsgeschichte der amerikanischen *Public History* Bewegung und der westdeutschen Geschichtsdidaktik, die im *Geschichtsbewußtsein* und der *Geschichtskultur* ihre zentralen Kategorien fand, erörtert werden.

Das Thema ist ein Beitrag zur *international vergleichenden Geschichtsdidaktik* und bewegt sich zugleich im Bereich der Geschichtstheorie. Die international vergleichende Geschichtsdidaktik beschäftigt sich als anerkanntes Arbeitsgebiet der westdeutschen Geschichtsdidaktik mit dem Vergleich von Konzepten, Zielen, Methoden und Kategorien internationaler Geschichtsvermittlung. Die Möglichkeiten des Vergleichs sind allerdings eingeschränkt: Ein umfassendes geschichtsdidaktisches System wurde im Gegensatz zur Bundesrepublik Deutschland in anderen westlichen Industrienationen nicht entwickelt. Da die international vergleichende Geschichtsdidaktik auf internationale Kommunikation zielt, ist es um so unverständlicher, daß sie sich bisher fast ausschließlich auf den schulischen Geschichtsunterricht konzentrierte.[1] Die Geschichtsvermittlung wurde in den vergangenen Jahrzehnten gravierend von der Geschichtstheorie beeinflußt. Der intendierte Paradigmawechsel der amerikanischen und westdeutschen Geschichtswissenschaft der sechziger und siebziger Jahre und der verstärkte kulturwissenschaftliche Einfluß in den neunziger Jahren wirkte auf die Kommunikation von Geschichtswissenschaft und dem nicht-wissenschaftlichen Publikum zurück.

Public History und *Geschichtskultur* sind thematisch an die Geschichte des 20. Jahrhunderts und hier besonders an die Lokal- und Zeitgeschichte gebunden. Daneben treten Inhalte, die archetypisch für weiter zurückliegende Epochen stehen, wie beispielsweise Alexander der Große, die Entdeckung Amerikas oder die Hexenverfolgungen.

---

1 Pellens, Karl, The International Dimensions of the Didactics of History, in: Pellens, Karl/ Siegfried Quandt/Hans Süssmuth (Hgg.), Historical Culture – Historical Communication. International Bibliography, Frankfurt am Main 1994, S. 39–62. 1980 wurde unter dem Vorsitz von Walter Fürnrohr eine *Internationale Gesellschaft für Geschichtsdidaktik* gegründet, die die Zeitschrift *Informations – Mitteilungen – Communications* herausgibt. Vgl. dazu Fürnrohr, Walter, Geschichtliche Bildung unter internationalem Aspekt. Die Internationale Gesellschaft für Geschichtsdidaktik, ihre Arbeit und ihre Zielsetzung, in: Leidinger, Paul (Hg.), Geschichtsunterricht und Geschichtsdidaktik vom Kaiserreich bis zur Gegenwart, Stuttgart 1988, S. 350–359.

2. Motivation und Ziel

Seit der Krise der westdeutschen Geschichtswissenschaft in den siebziger Jahren konnte das Interesse der Öffentlichkeit an historischen Themen zurückgewonnen werden. Dies führte zu einem Geschichtsboom, der bis heute anhält. Er wurde durch die fortschreitende gesellschaftliche Modernisierung forciert. Die öffentliche Beschäftigung mit Geschichte ist einerseits durch bildungspolitische Ziele motiviert. Sie regt zur Auseinandersetzung mit Gegenwart und Zukunft und deren Vergangenheitsbezug an, sie dient der Legitimation, sie stiftet Identität und Sinn, bietet Orientierung und fördert Kritik. Andererseits erfüllt Geschichte die kommerzialisierten Bedürfnisse der Erlebnisgesellschaft, die industriell-medial hergestellt werden.[1] Dieses lebensweltliche Interesse nach Erweiterung der eigenen Lebensmöglichkeiten äußert sich in historischer Faszination. Der derzeit stattfindende tiefgreifende Medienwandel und die Transformation von einer Industrie- zu einer Informationsgesellschaft hat ferner das Interesse an den Qualifikationen der Historiker stimuliert. Diese sehen sich folglich verstärkt mit Dienstleistungen im Bereich des Informationsmanagements und anderen Auftragsarbeiten konfrontiert.

Angesichts dieser Entwicklung ist es nicht einsichtig, warum sich die außerschulische und außeruniversitäre Beschäftigungssituation der Historiker in den vergangenen Jahrzehnten nicht grundlegend verbessert hat.[2] Die miserable finanzielle Situation der öffentlichen Haushalte muß zweifellos als gravierende Ursache angesehen werden. Dennoch haben Defizite der theorieorientierten Geschichtsdidaktik im Bereich der Berufsfeldforschung und der Entwicklung pragmatischer Strategien außerschulischer Vermittlung von Geschichte die Verbesserung der Berufsfähigkeit von Absolventen behindert.

Ziel der vorgelegten Untersuchung ist es, den derzeitigen Stand der Ausweitung der geschichtsdidaktischen Theorie, Empirie und Pragmatik in den USA und der Bundesrepublik Deutschland zu reflektieren. Als Voraussetzung soll die Darstellung der Entwicklung der *Public History* Bewegung und der außerschulischen Geschichtsdidaktik seit Mitte der siebziger Jahre dienen. Eine Kontrastierung soll ermöglichen, die jeweiligen Defizite und Parallelen beider Zugänge zu benennen. Schließlich soll eine Perspektive für die geschichtsdidaktische Diskus-

---

1 Schulze, Gerhard, Was wird aus der Erlebnisgesellschaft?, in: Aus Politik und Zeitgeschichte B 12 (2000), S. 3–6; Bergmann, Klaus, „So viel Geschichte wie heute war nie" – Historische Bildung angesichts der Allgegenwart von Geschichte, in: Schwarz, Angela (Hg.), Politische Sozialisation und Geschichte. Festschrift für Rolf Schörken zum 65. Geburtstag, Hagen 1993, S. 209–228.
2 Weniger als einem Drittel der Absolventen gelingt es, nach dem Studium in ein fachnahes Beschäftigungsverhältnis zu wechseln. Vgl. Hofmann, Stephan und Georg Vogeler, Geschichtsstudium und Beruf. Ergebnisse einer Absolventenbefragung, in: GWU 46 (1995), S. 48–57, hier S. 49 f.

sion in der Bundesrepublik Deutschland eröffnet werden, die möglicherweise Impulse der amerikanischen *Public History* Bewegung rezipieren könnte. Von besonderem Interesse sind daher die Erschließung des Felds der *Public History* als Verbund der Praxisfelder des Historikers, die Methoden öffentlicher Vermittlung und Hinweise auf den erforderlichen Praxisbezug und die Berufsorientierung im Geschichtsstudium.

3. Ansatz

Obwohl das Thema der international vergleichenden Geschichtsdidaktik zugerechnet werden muß, wird ein konsequenter und systematischer Vergleich nicht angestrebt. Die Gründe dafür liegen in gravierenden Unterschieden der jeweiligen Universitätssysteme beider Staaten und den spezifischen Mentalitäten, die einen expliziten Vergleich nicht ermöglichen.[1] *Public History* und *Geschichtskultur* sind völlig unterschiedliche Zugänge zu der Beschäftigung mit Geschichte in der Öffentlichkeit: *Public History* ist ein pragmatisch orientierter Studiengang, der sich auf die Ausbildung von Historikern für öffentliche Vermittlungsaufgaben und Dienstleistungen konzentriert. Die Theorie der *Geschichtskultur* ermöglicht hingegen die Analyse jeglicher Formen öffentlicher Beschäftigung mit Geschichte. *Public History* steht in keiner unmittelbaren Verbindung zur amerikanischen *History Education*. Das Konzept der *Geschichtskultur* ist, unabhängig von seinen kulturwissenschaftlichen Fundamenten, integraler Bestandteil der westdeutschen Geschichtsdidaktik. Die amerikanische *History Education* thematisiert mit der Methodik des Schulfaches Geschichte nur einen Ausschnitt aus den Reflexionsebenen der Geschichtsdidaktik. Die Voraussetzungen für einen expliziten Vergleich beider Phänomene sind demnach nicht gegeben.[2] Die vorliegende Arbeit verfolgt daher die Absicht, die unterschiedlichen konzeptionellen Zugänge und ihre Ziele in einer Gegenüberstellung zu kontrastieren. Diese Kontrastierung ist allerdings nicht im Sinne eines *kontrastierenden Vergleichs* zu verstehen.[3] Sie soll aus der Perspektive und mit dem begrifflichen Instrumentarium der fachwissenschaftlich orientierten Geschichtsdidaktik geschehen, da die *Public History* Bewegung aufgrund mangelnder Theoriebildung keinen Begriffsapparat ausbilden konnte. Das Ziel der Kontrastierung von *Public History* und *Geschichtskultur* ist die Gewinnung neuer Forschungsperspektiven für die außerschulische Geschichtsdidaktik in der Bundesrepublik Deutschland.

Das Feld der *Geschichte in der Öffentlichkeit* erscheint aufgrund mannigfaltiger Möglichkeiten öffentlicher Beschäftigung mit Geschichte als diffuser Großbereich. Seine Erforschung wird durch eine immer noch ausstehende Systematisierung erschwert. Die von Institutionen und Agenturen einzelner Pra-

---

1 Herz, Dietmar, Der Vorbildcharakter des amerikanischen Universitätssystems in der Debatte um die Reform der deutschen Universität, in: Lorenz, Sebastian und Marcel Machill (Hgg.), Transatlantik. Transfer von Politik, Wirtschaft und Kultur, Opladen 1998, S. 351–373.
2 Vgl. Kaelble, Hartmut, Der historische Vergleich. Eine Einführung zum 19. und 20. Jahrhundert, Frankfurt am Main 1999.
3 Vgl. Heinz-Gerhard Haupt und Jürgen Kocka Haupt, Heinz-Gerhard und Jürgen Kocka, Historischer Vergleich: Methoden, Aufgaben, Probleme. Eine Einleitung, in: dies. (Hgg.), Geschichte und Vergleich. Ansätze und Ergebnisse international vergleichender Geschichtsschreibung, Frankfurt am Main 1996, S. 9–45.

xisfelder ausgehenden Vermittlungsprozesse sind so komplex und differenziert, daß sie nur als didaktische Spezialsituationen aufgefaßt werden können. Daher sollen im Rahmen dieser Arbeit diejenigen Konzepte, Prinzipien, Methoden und Ziele öffentlicher Vermittlung thematisiert werden, die jenseits von Spezialsituationen übergreifend in den Praxisfeldern Anwendung finden.

Die Voraussetzung für die außerschulische Vermittlung von Geschichte in den westlichen Industrienationen ist eine demokratische Erinnerungskultur. Diese soll in ihrer Bedeutung für die Geschichtsdidaktik erschlossen und in ihren grundlegenden Begriffen kulturwissenschaftlich erklärt werden (Teil II). Dieser Zugang ermöglicht eine umfassende Analyse der Bedingungen und Strukturen des öffentlichen Umgangs mit Geschichte in den westlichen Demokratien. Die theoretischen Überlegungen werden im ersten Kapitel mit einem Überblick zum Diskussionsstand der Geschichtsdidaktik und Geschichtsmethodik in der Bundesrepublik Deutschland, den USA, Frankreich, Großbritannien und den Niederlanden eröffnet. Das zweite Kapitel dient der Grundlegung der für den Untersuchungsgegenstand zentralen Begriffe: *demokratische Erinnerungskultur, kollektives Erinnern und Vergessen, Erinnerungsmedien, kommunikatives und kulturelles Gedächtnis, Zeitgeschichte, Geschichts-* bzw. *Vergangenheitspolitik, Öffentlichkeit, Teilöffentlichkeit, Diskurs* und *Politische Kultur.*

Die auf die westlichen Industrienationen gerichtete Perspektive wird in den beiden folgenden Teilen auf die USA und die Bundesrepublik Deutschland verengt, um den Gegenstand einzugrenzen und eine differenzierte Betrachtungsweise zu ermöglichen.

Im Mittelpunkt der Untersuchung stehen die Geschichte der *Public History* Bewegung und der außerschulischen Geschichtsdidaktik seit 1975. Folgend wird die Entwicklung der *Public History* von einem Studiengang zu einem Teil der politischen Kultur dargestellt (Teil III). Dabei werden amerikanische Fachbegriffe in der Regel nicht übersetzt, um einen Bedeutungsverlust oder eine Bedeutungsveränderung zu vermeiden. Eine Ausnahme wurde in den Fällen gemacht, in denen eine Übersetzung zu einem besseren Verständnis des Zusammenhangs führte. Im ersten Kapitel dieses Teils muß die *New History*, die aufgrund ihres Paradigmawechsels als geschichtstheoretische Voraussetzung der *Public History* gilt, eingehende Betrachtung finden. Das zweite Kapitel soll die Entwicklung der *Public History* von den siebziger bis zu den neunziger Jahren detailliert nachzeichnen. Neben der Entstehung der *Public History* Bewegung und ihrer Konsolidierung sind die Bemühungen um ein übergeordnetes *Public History* Curriculum in seinen Komponenten ausführlich zu diskutieren (2. Kapitel). In einem Exkurs soll das Engagement für eine Internationalisierung der *Public History* Bewegung in den achtziger Jahren, das sich im Schwerpunkt auf Westeuropa richtete, erläutert werden. Abschließend wird nach den Ursachen für die zurückgehende Nachfrage nach *Public History* Studiengängen und die gleichzeitige Integration der *Public History* in die politische Kultur in den neunziger Jahren gefragt werden müssen. Die Entwicklung der *Public History*

Bewegung spiegelt sich in ihrem Organ *The Public Historian*, dessen Profil als wissenschaftliche Zeitschrift erarbeitet werden muß. Da die Berufsfeldforschung eines der Hauptarbeitsgebiete der *Public History* Bewegung ist, sollen ferner traditionelle und innovative, besonders zukunftsfähige Praxisfelder des Historikers systematisch erschlossen werden. Die Kritik, die sich auf ihr Verhältnis zur etablierten Geschichtswissenschaft und zu den Lokalhistorikern, das Theoriedefizit sowie Anspruch und Umsetzung der Studiengänge bezieht, soll Defizite und Verdienste der *Public History* Bewegung abwägen.

Die wissenschaftliche Beschäftigung mit der außerschulischen Vermittlung von Geschichte in der Bundesrepublik Deutschland (Teil IV) geht auf die Entstehung einer neuen Geschichtsdidaktik zurück. Diese wurde durch den Paradigmawechsel der Historischen Sozialwissenschaft und deren öffentliche Diskussion ermöglicht (1. Kapitel). Als Voraussetzung der geschichtsdidaktischen Ansätze außerschulischer Vermittlung seit 1975 gilt das Geschichtsbewußtsein als alle Vermittlungsprozesse umfassende didaktische Kategorie. Geschichtsbewußtsein soll im zweiten Kapitel allerdings nur insoweit theoretisch erörtert werden, wie es für den Zusammenhang der Ausweitung des geschichtsdidaktischen Bezugsrahmens erforderlich ist. Die Diskussion der Ansätze einer *Geschichte in der Öffentlichkeit* gemäß ihrer Chronologie erscheint unmöglich, da die Entwicklungen im Bereich der Geschichtsdidaktik nicht synchron verliefen, sondern sich überlagern und gegenseitig bedingen. Ferner sind diese Ansätze an die Positionen einzelner Didaktiker gebunden, die überwiegend eine fachwissenschaftlich orientierte Geschichtsdidaktik vertraten. Dazu zählen der lebensweltlich orientierte Zugang von Rolf Schörken, der kommunikationswissenschaftliche von Siegfried Quandt und der geschichtstheoretisch-kulturwissenschaftliche von Jörn Rüsen. Die Theorie der *Geschichtskultur* von Jörn Rüsen wird an ihren theoretischen, empirischen und pragmatischen Beiträgen zu der *Geschichte in der Öffentlichkeit* gemessen werden müssen. Die Analyse einer wissenschaftlichen Zeitschrift, die sich ausschließlich auf Probleme der öffentlichen Vermittlung von Geschichte spezialisiert, muß entfallen, da eine derartige deutschsprachige Zeitschrift nicht existiert. Analog zur *Public History* Bewegung sollen Initiativen im Bereich der Berufsfeldforschung und Studienreformprojekte im Fach Geschichte untersucht werden. Die Praxisfelder des Historikers in der Bundesrepublik Deutschland werden anhand von Beispielen der Institutionen und Agenturen außerschulischer Vermittlung von Geschichte erörtert. Dazu wurden mit in der Praxis tätigen Historikern Gespräche geführt. Die Auswahl erfolgte nach der Maßgabe, ob die Institution oder Agentur ein für das Praxisfeld typisches Beispiel ist und damit hinreichend zu seiner Illustration beitragen kann. Die Kritik an den Ansätzen der westdeutschen Geschichtsdidaktik wird sich am erweiterten Didaktikbegriff, dem Erfolg der konsequenten Ausweitung geschichtsdidaktischer Theorie, Empirie und Pragmatik sowie dem Selbstverständnis der Historiker in bezug auf ihre öffentlichen Aufgaben orientieren.

Die Konstrastierung der Konzepte *Public History* und *Geschichtskultur* soll im Resümee erfolgen (Teil V). Die Bewertung wird anhand der Kernarbeitsfelder der westdeutschen Geschichtsdidaktik, der Theorie (1. Kapitel), der Empirie (2. Kapitel) und der Pragmatik (3. Kapitel) vorgenommen. Aus dieser Gegenüberstellung wird sich das Fazit und das Ergebnis der Untersuchung ergeben (4. Kapitel).

4. Forschungsstand und Literatur

Der Stand der Ausweitung der geschichtsdidaktischen Theorie, Empirie und Pragmatik auf die außerschulische Öffentlichkeit und die sich daraus ergebenden Konsequenzen für die Ausbildung von Historikern im Rahmen der *Public History* und der *Geschichtskultur* sind bisher vollkommen unerforscht. Bisher wurde kein Versuch unternommen, beide Zugänge zu einer *Geschichte in der Öffentlichkeit* zueinander in Beziehung zu setzen.

Der Gegenstand der vorliegenden Untersuchung läßt sich in zahlreiche Einzelaspekte untergliedern, die eine spezifische Beurteilung des Forschungsstands und der Literatur erfordern. Die Literatur, die sich im weitesten Sinne mit der Erinnerungskultur in demokratischen Gesellschaften, den Praxisfeldern des Historikers und Ausbildungsfragen beschäftigt, ist sehr umfangreich. Aufgrund der interdisziplinären Ausrichtung des Forschungsfeldes erhöht sich die Anzahl der zu berücksichtigenden Literatur abermals. Es kann daher nicht Ziel dieser Arbeit sein, sie lückenlos zu erfassen. Neben Monographien und Sammelbänden findet die Auseinandersetzung mit der Geschichte in der Öffentlichkeit insbesondere in Zeitschriften statt. Die wichtigste Zeitschrift der *Public History* Bewegung ist ihr Organ *The Public Historian*, die neben Aufsätzen und Buchrezensionen einen Schwerpunkt auf Rezensionen nicht-schriftlicher Darstellungsformen legt. Vereinzelt können auch Beiträge aus den die amerikanische Geschichtswissenschaft übergreifenden Zeitschriften herangezogen werden: *American Historical Review; Journal of American History; Journal of Social History* und *The History Teacher*. Außerdem müssen Zeitschriften, deren Forschungsintentionen mit denen der *Public History* Bewegung verwandt sind, berücksichtigt werden. Dazu zählen insbesondere die *Oral History Review* und die *Radical History Review*.

Die Diskussion der relevanten Themen findet zudem in den Mitteilungsblättern der amerikanischen Historikerverbände statt. Das *National Council on Public History* veröffentlicht die *Public History News*, die *American Historical Association* einen Informationsdienst *Perspectives* und die *Organization of American Historians* einen *Newsletter*.

Da eine deutschsprachige Zeitschrift zum Thema *Geschichte und Öffentlichkeit* fehlt, können für die Entwicklung des Forschungsfeldes in der Bundesrepublik Deutschland nur die vorhandenen geschichtsdidaktischen Zeitschriften herangezogen werden, deren Schwerpunkt allerdings auf dem schulischen Geschichtsunterricht liegt: *Geschichte in Wissenschaft und Unterricht;*[1] *Geschichtsdidaktik; Geschichte, Politik und ihre Didaktik; Geschichte, Erziehung, Politik; Geschichte lernen* und *Praxis Geschichte*. Vereinzelt bieten auch das *Archiv für*

---

1 Rohlfes, Joachim, Streifzüge durch den Zeitgeist der Geschichtsdidaktik. 50 GWU-Jahrgänge, in: GWU 51 (2000), S. 224–240.

Sozialgeschichte, Geschichte und Gesellschaft und *Neue Politische Literatur* Beiträge zum Gegenstand dieser Untersuchung.

Aktuelle Kontroversen erfordern die Berücksichtigung von Zeitungsartikeln. Die Beschäftigung mit den Institutionen und Agenturen öffentlicher Vermittlung in den USA und der Bundesrepublik Deutschland führt zu Begleitmaterialien von Ausstellungen und Orten der Erinnerung, die als *graue Literatur* nicht über den Buchhandel zu beziehen sind. Als Informationsquelle dient außerdem das Internet. Adressen im Internet unterliegen der häufigen Veränderung. Es wurde daher im Rahmen dieser Arbeit auf Angebote zurückgegriffen, die sich unter einer bestimmten Adresse etablieren konnten und daher einen dauerhaften Charakter haben.[2]

Die Erinnerungskultur wurde in den westlichen Demokratien umfassend erforscht (Teil II). Dazu trugen in Europa vor allem die Arbeiten des Ehepaars Assmann, Pierre Noras und Jacques LeGoffs bei.[3] In den USA wurde die Erinnerungskultur stärker in ihrem Zusammenhang mit der politischen Kultur und damit letztlich mit dem sogenannten Kulturkampf thematisiert. Die Arbeiten John Bodnars und David Lowenthals offenbaren nicht nur unterschiedliche Geschichtsauffassungen, sondern auch politisch motivierte Bewertungen der *American Heritage*.[4] Erinnerungskonflikten um die amerikanische und europäische Vergangenheit, die nach dem Ende des Kalten Krieges vermehrt aufbrachen, schenkte die internationale Geschichtswissenschaft große Aufmerksamkeit.[5] In der Bundesrepublik Deutschland konnten zudem in den vergangenen Jahren herausragende Untersuchungen zur Geschichts- und Vergangenheitspolitik vorgelegt werden.[6]

---

2 Vgl. ferner Zimmer, Dieter E., Das große Datensterben, Von wegen Infozeitalter: Je neuer die Medien, desto kürzer ihre Lebenserwartung, in: Die Zeit, 18.11.1999.

3 Assmann, Jan, Das kulturelle Gedächtnis. Schrift, Erinnerung und politische Identität in frühen Hochkulturen, München 1992; Assmann, Aleida, Erinnerungsräume. Formen und Wandlungen des kulturellen Gedächtnisses, München 1999; Nora, Pierre (Hg.), Les lieux de mémoire, Teil I–III (La République, La Nation, La France), 7 Bde., Paris 1984–1992; LeGoff, Jacques, Geschichte und Gedächtnis, Frankfurt am Main 1992.

4 Bodnar, John, Remaking America. Public Memory, Commemoration, and Patriotism in the Twentieth Century, Princeton 1992; Lowenthal, David, Possessed by the Past. The Heritage Crusade and the Spoils of History, New York 1996.

5 Heil, Johannes und Rainer Erb (Hgg.), Geschichtswissenschaft und Öffentlichkeit, Frankfurt am Main 1998; König, Helmut et al. (Hgg.), Vergangenheitsbewältigung am Ende des 20. Jahrhunderts, in: Leviathan (Sonderheft 18/1998); Schlesinger, Arthur M. Jr., The Disuniting of America, New York 1992, Linenthal, Edward T. und Tom Engelhardt (Hgg.), History Wars. The Enola Gay and Other Battles for the American Past, New York 1996; Bachelier, Christian, La guerre des commémorations, in: Centre régional de publication de Paris/Institut d'histoire du temps présent (Hgg.), La memoire des Français. Quarante ans de commémorations de la Seconde Guerre mondiale, Paris 1986, S. 63–77.

6 Reichel, Peter, Politik mit der Erinnerung, München 1995; Wolfrum, Edgar, Geschichtspolitik in der Bundesrepublik Deutschland. Der Weg zur bundesrepublikanischen Erinnerung 1948–1990, Darmstadt 1999; Frei, Norbert, Vergangenheitspolitik. Die Anfänge der Bundesrepublik und die NS-Vergangenheit, München ²1997.

Die Intentionen und Forschungsfelder der *New History* und ihrer politik-, sozial- und kulturgeschichtlichen Subfelder sind von Eric Foner, Michal Kammen, Peter Burke, Peter Stearns und Peter Novick umfassend dokumentiert und diskutiert worden (Teil III).[7] Die Entwicklungsgeschichte der *Public History* Bewegung, die in Europa weitgehend unbekannt ist und nicht rezipiert wurde, kann anhand der beiden vorgelegten Handbücher nachvollzogen werden.[8] Das *Public History* Curriculum wurde insbesondere in *The Public Historian* erörtert. Informationen über aktuellere Lehrpläne können einer Sammlung entnommen werden, die das *National Council on Public History* herausgab.[9]

Die *Public History* Bewegung hat in den vergangenen Jahrzehnten nur wenige theoretische Arbeiten vorgelegt.[10] Auch umfassende, repräsentative Untersuchungen zum außerschulischen Geschichtsbewußtsein wurden von ihr nicht angestoßen.[11] Selbst im Bereich der Pragmatik hat sie sich bereits expliziter Methoden wie der *Oral History*[12] und der *Material Culture*[13] bedient. Die traditionellen Berufsfelder des Historikers sind in den USA hinreichend erforscht.[14] Grundsätzlich ist in diesem Bereich zwischen Einführungen und Handbüchern, die Ziele, Inhalte und Methoden außerschulischer Vermittlung thematisieren, und Analysen der Vermittlungsprozesse zu unterscheiden.[15] Die *American Association for State and Local History* hat einen erheblichen Anteil an der Erforschung von Praxisfeldern, die mit der Lokalgeschichte in Verbindung stehen.[16] Neuere Praxisfelder des Historikers, die im Zusammenhang mit

---

7 Foner, Eric (Hg.), The New American History, Philadelphia ²1997; Kammen, Michael (Hg.), The Past Before Us. Contemporary Historical Writing in the United States, Ithaca 1980; Burke, Peter, (Hg.), New Perspectives on Historical Writing, Cambridge 1991; Stearns, Peter N. (Hg.), Encyclopedia of Social History, New York 1994; Novick, Peter, That Noble Dream: The „Objectivity Question" and the American Historical Profession, New York 1988.
8 Howe, Barbara J. und Emory L. Kemp, Public History: An Introduction, Malabar 1986; Gardner, James B. und Peter S. LaPaglia (Hgg.), Public History: Essays from the Field, Malabar 1999.
9 Cohen, Parker Hubbard und Robert Vane (Hgg.), A Collection of Public History Course Syllabi, Indianapolis 1996.
10 Leffler, Phyllis K. und Joseph Brent, Public and Academic History: A Philosophy and Paradigm, Malabar 1990.
11 Rosenzweig, Roy und David Thelen (Hgg.), The Presence of the Past. Popular Uses of History in American Life, New York 1998.
12 Thompson, Paul E., The Voice of the Past. Oral History, Oxford 1978; McMahan, Eva M., Elite Oral History Discourse. A Study of Cooperation and Coherence, Tuscaloosa 1989; Dunaway, David K. und Willa K. Baum, Oral History. An Interdisciplinary Anthology, Walnut Creek ²1996; Perks, Robert, Oral History. An Annotated Bibliography, London 1990; ders. und Alistair Thomson (Hgg.), The Oral History Reader, London und New York 1998.
13 Schlereth, Thomas J., Artifacts and the American Past, Nashville 1980; ders., Material Culture: A Research Guide, Lawrence 1985; Miller, Daniel, Material Culture and Mass Consumption, Oxford 1987.
14 Howe, Barbara J., Careers for Students of History, o.O. 1989.
15 Detaillierte Informationen müssen aufgrund des Umfangs der zu nennenden Titel den Fußnoten der entsprechenden Kapitel entnommen werden.
16 Vgl. die *Nearby History Series*.

dem Informationsmanagement und den neuen Medien stehen, sind hingegen noch nicht ausreichend erschlossen.

Nur wenige Aufsätze heben die Wirkung der Diskussion um die Historische Sozialwissenschaft in der Bundesrepublik Deutschland auf die Kommunikation der Geschichtswissenschaft mit dem nicht-wissenschaftlichen Publikum hervor, die in der Konsequenz zur Entstehung einer neuen Geschichtsdidaktik führte.[17] Die Entwicklung der westdeutschen Geschichtsdidaktik kann anhand der jeweiligen Akzentuierungen des inzwischen in fünf Auflagen vorliegenden *Handbuchs der Geschichtsdidaktik* erläutert werden (Teil III).[18] Das Geschichtsbewußtsein, die Fundamentalkategorie der Geschichtsdidaktik und zugleich Grundlage ihres erweiterten Bezugsrahmens, wurde theoretisch von Rolf Schörken, Karl-Ernst Jeismann und Hans-Jürgen Pandel begründet.[19] Desiderate bestehen auf den Gebieten der Empirie und Ontogenese außerschulischen Geschichtsbewußtseins. In den siebziger und achtziger Jahren wurden verschiedene Ansätze im Bereich der Geschichte in der Öffentlichkeit entwickelt: Rolf Schörken suchte das Kommunikationsproblem zwischen Wissenschaft und nicht-wissenschaftlichem Publikum in einem lebens- und alltagsweltlichen Zugang zu erhellen.[20] Siegfried Quandt spezialisierte sich in seiner kommunikationswissenschaftlich orientierten Auffassung von Geschichtsdidaktik auf das Vermittlungsproblem in den Massenmedien.[21] Im Mittelpunkt der Beschäftigung mit der Geschichte in der Öffentlichkeit steht seit dem Ende der achtziger Jahre Jörn Rüsens Theorie der Geschichtskultur, die er mit Ansätzen zu einer Theorie historischen Lernens vorbereiten konnte.[22] Das Konzept der Ge-

---

17 Süssmuth, Hans, Geschichtskultur und Geschichtsdidaktik in der Bundesrepublik Deutschland, in: ders., Geschichtsunterricht im vereinten Deutschland. Auf der Suche nach Neuorientierung (Teil I), Baden-Baden 1991, S. 17–29; Kuss, Horst, Geschichtsdidaktik und Geschichtsunterricht in der Bundesrepublik Deutschland (1945/49–1990). Eine Bilanz, in: GWU 45 (1994), S. 735–758 (Teil I) und GWU 46 (1995), S. 3–15 (Teil II); Rüsen, Jörn, Grundlagenreflexion und Paradigmawechsel in der westdeutschen Geschichtswissenschaft, in: Gd 11 (1986), S. 388–405; Mütter, Bernd und Siegfried Quandt (Hgg.), Wissenschaftsgeschichte und aktuelle Herausforderungen, Marburg 1988.
18 Bergmann, Klaus et. al. (Hgg.), Handbuch der Geschichtsdidaktik, Düsseldorf [1]1979 (Düsseldorf [3]1985; Seelze-Velber [5]1997).
19 Schörken, Rolf, Geschichtsdidaktik und Geschichtsbewußtsein, in: GWU 23 (1972), S. 81–89; Jeismann, Karl-Ernst, „Geschichtsbewußtsein". Überlegungen zu einer zentralen Kategorie eines neuen Ansatzes der Geschichtsdidaktik, in: Süssmuth, Hans (Hg.), Geschichtsdidaktische Positionen, Paderborn 1980, S. 179–222; Pandel, Hans-Jürgen, Dimensionen und Struktur des Geschichtsbewußtseins, in: Süssmuth, Geschichtsunterricht im vereinten Deutschland (Teil I), S. 55–73.
20 Schörken, Rolf, Geschichte in der Alltagswelt, Stuttgart 1981; ders., Begegnungen mit Geschichte. Vom außerwissenschaftlichen Umgang mit Geschichte in Literatur und Medien, Stuttgart 1995.
21 Quandt, Siegfried und Horst Schichtel (Hgg.), Fachjournalismus Geschichte. Das Gießener Modell, Marburg 1995; Knopp, Guido und Siegfried Quandt (Hgg.), Geschichte im Fernsehen. Ein Handbuch, Darmstadt 1988; Arnold, Bernd-Peter und Siegfried Quandt (Hgg.), Radio heute. Die neuen Trends im Hörfunkjournalismus, Frankfurt am Main 1991.
22 Rüsen, Jörn, Ansätze zu einer Theorie historischen Lernens I: Formen und Prozesse, in: Gd 10

schichtskultur reflektiert die Diskussion um den Einfluß der Kulturwissenschaften auf die Geschichtswissenschaft.[23] Die Empirie der Geschichtskultur und ihre Pragmatik im Sinne konkreter Strategien außerschulischer Vermittlung von Geschichte wurden bisher nicht erforscht.[24] Die Entwicklungen im Berufsfeld des Historikers sind von der westdeutschen Geschichtswissenschaft nicht ausreichend untersucht worden.[25] Studienreformprojekte, die sich um mehr Praxisbezug im Geschichtsstudium bemühen, sind noch nicht umfassend dokumentiert und analysiert worden.[26] Im Bereich der klassischen Praxisfelder des Historikers kann auf einen umfangreichen Literaturbestand zurückgegriffen werden. Besonders innovative und zukunftsversprechende Praxisfelder im Bereich des Informationsmanagements, der Vermittlung von Geschichte in Multimedia und der Selbständigkeit von Historikern wurden jedoch noch nicht hinreichend berücksichtigt.[27]

(1985), S. 249–265; ders., Ansätze zu einer Theorie historischen Lernens II: Empirie, Normativität, Pragmatik, in: Gd 12 (1987), S. 15–27; ders., Geschichtskultur als Forschungsproblem, in: Fröhlich, Klaus et al. (Hgg.), Geschichtskultur (Jahrbuch für Geschichtsdidaktik 3), Pfaffenweiler 1992, S. 39–50.

23 Wehler, Hans-Ulrich, Die Herausforderung der Kulturgeschichte, München 1998; Mergel, Thomas und Thomas Welskopp (Hgg.), Geschichte zwischen Kultur und Gesellschaft, München 1997; Hardtwig, Wolfgang und Hans-Ulrich Wehler, Kulturgeschichte Heute, Göttingen 1996.

24 Erste Ansätze bei Brink, Cornelia, Ikonen der Vernichtung. Öffentlicher Gebrauch von Fotografien aus nationalsozialistischen Konzentrationslagern, Berlin 1998.

25 Das Berufsfeld wurde bisher nur aus der Perspektive des *Instituts der deutschen Wirtschaft* und des *Bayrischen Staatsinstituts für Hochschulforschung* erschlossen: Klein, Helmut E., Historiker – Ein Berufsbild im Wandel (Beiträge zur Gesellschafts- und Bildungspolitik, Institut der deutschen Wirtschaft Köln, Nr. 175), Köln 1992; Stewart, Gerdi, Geschichtswissenschaften. Studienreformansätze und Tätigkeitsfelder, in: Beiträge zur Hochschulforschung 4/1999, S. 257–277.

26 Eine erste Initiative bei Schmale, Wolfgang (Hg.), Studienreform Geschichte – kreativ, Bochum 1997.

27 Aufgrund der Vielzahl der zu nennenden Titel muß auf die Fußnoten der entsprechenden Kapitel verwiesen werden.

Teil II
Geschichtsdidaktik und demokratische Erinnerungskultur

1. Geschichte und ihre Didaktik

Jede Generation von Historikern stellt sich die Frage *Was ist Geschichte?*: die Frage nach dem Sinn, der Funktion und dem Nutzen der Beschäftigung mit Geschichte.[1] Unterschiedliche Generationen finden auf diese Frage unterschiedliche Antworten oder setzen wenigstens unterschiedliche Schwerpunkte. Die Interpretation von Vergangenheit und die Bedeutung, die ihr beigemessen wird, basiert auf Gegenwartserfahrung. Da die Wahrnehmung der Gegenwart durch die Gesellschaft und damit auch ihrer Historiker einem stetigen Wandlungsprozeß unterliegt, verändert sich auch die Wahrnehmung der Vergangenheit und die Gründe, sich mit ihr zu beschäftigen:

> „(...) Geschichte ist ein fortwährender Prozeß der Wechselwirkung zwischen dem Historiker und seinen Fakten, ein unendlicher Dialog zwischen Gegenwart und Vergangenheit."[2]

Die länderübergreifende Krise der Disziplin in den 70er Jahren hat zu einer ausführlichen Verständigung über die Ziele dieses Dialogs zwischen Gegenwart und Vergangenheit geführt, die größtenteils auch heute noch Geltung beanspruchen können: Eine Geschichtswissenschaft, die jenseits des Historismus[3] angesiedelt ist, ist als reflektierte Erinnerung Teil der politischen Kultur, regt zur Auseinandersetzung mit der Gegenwart und deren Vergangenheitsbezug an, dient der Legitimation, ist im politischen und sozialen Zusammenhang identitäts- und sinnstiftend, bietet Orientierung, fördert Emanzipation und Ideologiekritik.[4] Als lebensweltliche Funktionen müssen insbesondere die zwölf von Rolf

---

1 Vgl. Süssmuth, Hans, Geschichtsdidaktik, Göttingen 1980, S. 12 und Koselleck, Reinhart, Geschichte, in: Brunner, Otto/Conze, Werner/Koselleck, Reinhart (Hgg.), Geschichtliche Grundbegriffe, Bd. 2, Stuttgart 1975, S. 593–717.
2 Carr, Edward H., Was ist Geschichte?, Stuttgart 1963, S. 30 (Originalausgabe: What is History?, London 1961).
3 Ute Daniel weist auf ein derzeitiges Nebeneinander verschiedener Geschichtsauffassungen bzw. -theorien hin: fortwirkender Historismus – Strukturgeschichte – historische Sozialwissenschaft – Sozial- und Gesellschaftsgeschichte (sg. „Bindestrich"- Geschichten: Alltags-Geschichte, Arbeiter-Geschichte, Frauen-Geschichte, Mikro-Geschichte etc.) – historische Kulturwissenschaft – Dekonstruktivismus – historische Narrativität – historische Anthropologie – Poststrukturalismus – allgemeine „linguistische Wende". Vgl. Daniel, Ute, Clio unter Kulturschock, in: GWU 48 (1997), S. 195–219 (Teil I) und 259–278 (Teil II); Rüsen, Jörn und Hans Süssmuth (Hgg.), Theorien der Geschichtswissenschaft, Düsseldorf 1980.
4 Vgl. Süssmuth, Geschichtsdidaktik, S. 14 f.; Jäckel, Eberhard und Ernst Weymar (Hgg.), Die Funktion der Geschichte in unserer Zeit, Stuttgart 1975; Kammen, Michael, Selvages & Biases. The Fabric of History in American Culture, Ithaca 1975, S. 55; Lowenthal, David, The Past is a Foreign Country, London 1985, S. 35 ff.; Stricker, Frank, Why History? Thinking about the Uses of the Past, in: The History Teacher 25 (1992), S. 293–312. Jürgen Kocka bemerkt, daß „Aufklärung, Kritik und Emanzipation" als Funktionsziele offenbar unter dem Eindruck des

Schörken genannten Bedürfnisse gelten, die er in den drei Bedürfnisgruppen Orientierungsbedürfnis, Bedürfnis nach Selbsterkenntnis und Spiegelung und Bedürfnis nach Erweiterung der eigenen Lebensmöglichkeiten zusammenfaßt.[5] Das lebensweltliche Interesse äußert sich in historischer Faszination.[6]

Die genannten Ziele können nur verwirklicht werden, wenn Geschichtswissenschaft als eine unauflösbare Einheit von Geschichtstheorie, Geschichtsforschung und Geschichtsdidaktik begriffen wird. Dies ist auf die didaktische Grundfunktion in der Historie zurückzuführen:

„Mit diesem Ausdruck ist gemeint, daß jeder Aussage über Vergangenheit insofern ein didaktisches Element innewohnt, als sie immer einem Kommunikationsprozeß gegenwärtiger Verständigung über Vergangenheit dient und einem gegenwärtigen Orientierungswillen nicht nur unterworfen, sondern ursprünglich verpflichtet ist. (...) ‚absichtslose' Historie ist nicht vorstellbar."[7]

Geschichtsdidaktik integriert die Ergebnisse von Geschichtstheorie und Geschichtsforschung und stellt die Kommunikation zwischen Wissenschaft und einzelnen Zielgruppen der Öffentlichkeit her. Diese wechselseitige Kommunikation ist als Prozeß zu charakterisieren, der von der Geschichtsdidaktik konzipiert und reflektiert wird.[8] Jeismann definiert Didaktik der Geschichte als „Wissenschaft von Zustand, Funktion und Veränderung geschichtlicher Vorstellungen im Selbstverständnis der Gegenwart."[9] Der Bezugsrahmen der Geschichtsdidaktik ist die *Gesamtheit der Öffentlichkeit*, die Schule und Universität beinhaltet.

In der alten Bundesrepublik haben sich insbesondere unter dem Einfluß der Frankfurter Schule, aber auch der Lerntheorie und -psychologie, sowie der

---

Regierungswechsels 1982 zugunsten von „Erinnerung, Identitätssicherung, Identifikation" zurückgedrängt wurden. Vgl. Kocka, Jürgen, Kritik und Identität, in: Becher, Ursula A. J. und Klaus Bergmann (Hgg.), Geschichte – Nutzen oder Nachteil für das Leben?, Düsseldorf 1986, S. 52–54, hier S. 52 f.

5 Schörken, Rolf, Geschichte in der Alltagswelt, Stuttgart 1981, S. 223 ff. In der völligen Neugestaltung des Buches spricht Schörken von Erlebnissurrogaten als lebensweltlicher Funktion: vgl. ders., Begegnungen mit Geschichte. Vom außerwissenschaftlichen Umgang mit der Historie in Literatur und Medien, Stuttgart 1995, S. 105 ff.; Frank Stricker bringt die lebensweltliche Funktion von Geschichte auf die einfache Formel *History is fun*. (Stricker, Why History?, S. 295); vgl. auch Thomas Nipperdey, Über die Bedeutung der Geschichte, in: Becher, Geschichte – Nutzen oder Nachteil, S. 49–51, hier 49 f.

6 Grütter, Heinrich Theodor, Warum fasziniert die Vergangenheit? Perspektiven einer neuen Geschichtskultur, in: Füßmann, Klaus et al. (Hgg.), Historische Faszination. Geschichtskultur heute, Köln 1994, S. 45–57, hier S. 47 ff.

7 Jeismann, Karl-Ernst, Didaktik der Geschichte, in: ders. (hrsg. von Wolfgang Jacobmeyer und Erich Kosthorst), Geschichte als Horizont der Gegenwart, Paderborn 1985, S. 27–42, hier S. 33.

8 Süssmuth, Hans, Geschichtskultur und Geschichtsdidaktik in der Bundesrepublik Deutschland, in: ders., Geschichtsunterricht im vereinten Deutschland. Auf der Suche nach Neuorientierung (Teil I), Baden-Baden 1991, S. 17–29, hier S. 18.

9 Jeismann, Didaktik, S. 27.

Auffassung von Geschichte als Sozial- und Gesellschaftsgeschichte neue geschichtsdidaktische Positionen unterschiedlicher Ausprägung etabliert: Kritisch-kommunikativ-, lerntheoretisch-, kommunikationswissenschaftlich- und erfahrungsorientierte Geschichtsdidaktik.[10]

Zum zentralen Forschungsgegenstand wurde das *Geschichtsbewußtsein*, das als Voraussetzung historischen Lernens gelten muß.[11] Geschichtsbewußtsein bezeichnet nach der inzwischen klassischen Definition von Karl-Ernst Jeismann den Zusammenhang von Vergangenheitsbewußtsein, Gegenwartsverständnis und Zukunftsperspektive.[12]

Einfluß auf die Geschichtsdidaktik hatte ebenso die in der Bundesrepublik bereits abgeschlossene Diskussion um die Objektivität historischer Erkenntnis,[13] die im anglo-amerikanischen Raum allerdings noch anhält.[14] Die Rolle der Sprache in Vermittlungsprozessen wird von der Geschichtsdidaktik noch wenig beachtet, obwohl sich in der Öffentlichkeit bereits eine Sensibilisierung für die Macht der Sprache abzeichnet.[15]

Die Geschichtsmethodik[16] in der DDR orientierte sich an marxistisch-leninistischen Vorbildern und diente der Ausbildung eines sozialistischen Geschichtsbewußtseins, das mit dem Ziel der Erziehung zur sozialistischen Persönlichkeit durch ein verordnetes Geschichtsbild geschaffen werden sollte. Da in der DDR keine Öffentlichkeit im westlichen Sinne existierte, lediglich eine Gegenöffentlichkeit in den Kirchen, wurde in Schule, Jugendorganisationen, Nationaler Volksarmee, Universitäten, Museen, Ausstellungen, Massenmedien,

---

10 Vgl. Süssmuth, Geschichtskultur und Geschichtsdidaktik, S. 25 (Schema); ders. (Hg.), Geschichtsdidaktische Positionen, Paderborn 1980; Kuss, Horst, Geschichtsdidaktik und Geschichtsunterricht in der Bundesrepublik Deutschland (1945/49–1990). Eine Bilanz, in: GWU 45 (1994), S. 735–758 (Teil I) und GWU 46 (1995), S. 3–15 (Teil II).
11 Süssmuth, Geschichtskultur und Geschichtsdidaktik, S. 17.
12 Jeismann, Karl-Ernst, Verlust der Geschichte? Zur gesellschaftlichen und anthropologischen Funktion des Geschichtsbewußtseins in der gegenwärtigen Situation, in: ders., Geschichte als Horizont, S. 11–25, hier S. 16 f.
13 In der Bundesrepublik hat sich die Auffassung durchgesetzt, daß die intersubjektive Verständlichkeit und Überprüfbarkeit historischer Aussagen Wissenschaftlichkeit ausmacht. Vgl. Mommsen, Wolfgang. J., Gesellschaftliche Bedingtheit und gesellschaftliche Relevanz historischer Aussagen, in: Jäckel, Die Funktion der Geschichte, S. 208–224, hier S. 221 f.; Rüsen, Jörn, Objektivität, in: Bergmann, Klaus et al. (Hgg.), Handbuch der Geschichtsdidaktik, Seelze-Velber ^{5}1997, S. 160–163, hier S. 161 f.
14 Den Höhepunkt bildete zweifellos: Novick, Peter, That Noble Dream: The „Objectivity Question" and the American Historical Profession, New York 1988. Vgl. auch Nipperdey, Thomas, Rez. Novick, in: HZ 253 (1991), S. 385–388.
15 Vgl. zum Thema „linguistic turn" in der Geschichtswissenschaft und „Geschichte und Sprache": Iggers, Georg G., Zur „Linguistischen Wende" im Geschichtsdenken und in der Geschichtsschreibung, in: GG 21 (1995), S. 557–570; Schöttler, Peter, Wer hat Angst vor dem „linguistic turn"?, in: GG 23 (1997), S. 134–151, hier S. 142 ff.; Wolfgang Bialas, Geschichte, in: Bergmann, Handbuch der Geschichtsdidaktik (^{5}1997), S. 111–119, hier S. 111 f.
16 In der DDR konnte sich lediglich eine Geschichtsmethodik entwickeln, da eine didaktische Reflexion über Inhalte und Ziele historischer Bildung der Partei vorbehalten blieb.

durch Orts-Chroniken, Betriebsgeschichte und Denkmalschutz, ausschließlich das einheitliche sozialistische Geschichtsbild vermittelt und verfestigt.[17]

Die Revision dieses sozialistischen Geschichtsbildes und -bewußtseins durch die Geschichtsdidaktiker in den neuen Bundesländern hat zu einem Identitätsverlust bei der Bevölkerung geführt, der nur schrittweise durch den Aufbau eines demokratischen Geschichtsbewußtseins aufgehoben werden kann. Die Hoffnung nach der Wiedervereinigung, durch eine gemeinsame Anstrengung könne man auch zu neuen gemeinsamen Ansätzen in der Geschichtsdidaktik gelangen,[18] hat sich nicht erfüllt. In der alten Bundesrepublik sind durch die Wiedervereinigung kaum Veränderungen eingetreten.[19]

Die Entwicklungen im Bereich der *History Education*[20] sind in den USA eng mit politischen, sozialen und ökonomischen Forderungen verbunden: Wiederholt entstanden Kontroversen um das *Social Studies Curriculum*[21] und zuletzt seit 1994 um die *National History Standards*.[22] In den letzten Jahren wurde der Zusammenhang zwischen *Citizenship Education* und *History Education* immer stärker betont. Keine Einigung konnte allerdings darüber erzielt werden, welche Position Geschichte innerhalb des *Social Science Curriculums* erhalten soll.

Der Schwerpunkt der *History Education* lag traditionell auf dem Gebiet der schulischen und universitären Ausbildung. Erst Ende der 70er Jahre gewann *History Education* unter dem Eindruck der *New History*,[23] ihren Ansätzen und

---

17 Vgl. Gies, Horst, Geschichtskultur und Geschichtsmethodik in der Deutschen Demokratischen Republik, in: Süssmuth, Geschichtsunterricht im vereinten Deutschland (Teil 1), S. 30–42, hier S. 31 ff.; Süssmuth, Hans, Federal Republic of Germany, in: Pellens, Historical Culture, S. 183–222, hier S. 193 ff.; Mütter Bernd, West, East and the United Germany, in: Pellens, Historical Culture, S. 223–242.
18 Süssmuth, Federal Republic of Germany, S. 197.
19 Im Rahmen der vorliegenden Arbeit wird daher von *westdeutscher Geschichtsdidaktik* gesprochen. Ein spezifisches Profil der Geschichtsdidaktik in den neuen Bundesländern ist bisher nicht erkennbar.
20 Der Begriff *History Didactics* als direkte Übersetzung von Geschichtsdidaktik ist im gesamten anglo-amerikanischen Raum ungebräuchlich, da *Didactics* – im Sinne von dogmatisch – eine abwertende Bedeutung hat. Stattdessen wird in Praxis-Zusammenhängen der Begriff *History Education* verwendet. Die Begriffe Geschichtskultur *(Historical Culture)*, Geschichtsbewußtsein *(Historical Consciousness/Awareness)* und kollektive Erinnerung *(Social Memory)*, finden im anglo-amerikanischen Raum durchaus Anwendung.
21 Süssmuth, Hans und Gordon R. Mork, The United States of America, in: Pellens, Historical Culture, S. 345–366, hier S. 345; Süssmuth, Hans, Kontinuität und Neuorientierung in den Social Studies der USA, in: Aus Politik und Zeitgeschichte B 44 (1982), S. 25–37.
22 Vgl. Special Issue: The National Standards for United States History and World History, in: The History Teacher 28 (1995), S. 295–457; Special Section: The Revised National History Standards, in: The History Teacher 30 (1997), S. 301–357; Nolte, Paul, Ein Kulturkampf um den Geschichtsunterricht. Die Debatte über die „National History Standards" in den USA, in: GWU 48 (1997), S. 512–532; Verheul, Jaap, Blinden en zieners over de Amerikaanse geschiedenes (Blinde und Sehende über die amerikanische Geschichte), in: Kleio 6/1996, S. 16–21; Nash, Gary B. et al. (Hgg.), History on Trial. Culture Wars and the Teaching of the Past, New York 1998.
23 Heideking, Jürgen und Vera Nünning, Einführung in die amerikanische Geschichte, München 1998, S. 59 ff.

Methoden (*from the bottom up* und *Oral History*), in der außerschulischen Öffentlichkeit – nicht zuletzt durch die *American Association for State and Local History (AASLH)* und dem *Public History Movement (PH)* – an Bedeutung. Das Feld *History beyond the Schools* – in Museen, Medien und im öffentlichen Diskurs – hat sich in den vergangenen Jahren weiter differenziert.[24]

Auch in Frankreich lag der Schwerpunkt der Geschichtsdidaktik auf der Vermittlung von Geschichte in der Schule. In den 80er Jahren befand sich der Geschichtsunterricht in einer Krise, ausgelöst durch die Positionen verschiedener politischer Lager, die entweder die Vermittlung der Nationalgeschichte oder die Erziehung zur Kritikfähigkeit in den Hintergrund gedrängt sahen. Seit Beginn der 80er Jahre ist ein ungebrochenes Interesse der französischen Öffentlichkeit an Geschichte wahrzunehmen, das die französische Geschichtsdidaktik veranlaßte, sich auch der außerschulischen Öffentlichkeit zu widmen:

„The public favors not only popularizied and dramatized, highly visualizid film and magazines, but also reviews and books that represent high scholary standards."[25]

Ähnliche Auseinandersetzungen um Schulcurricula und deren Revision, sowie die Erweiterung des geschichtsdidaktischen Bezugsrahmens auf die gesamte Öffentlichkeit haben in den vergangenen Jahren auch in Großbritannien und den Niederlanden stattgefunden.[26]

---

24 Süssmuth, The United States of America, S. 347 ff.
25 Tiemann, Dieter, France, in: Pellens, Historical Culture, S. 171–182, hier S. 175.
26 Vgl. Booth, Martin B., England, Wales and Northern Ireland, in: Pellens, Historical Culture, S. 243–250; Toebes, Joep, The Netherlands, in: Pellens, Historical Culture, S. 275–294.

2. Erinnerungskultur

Das wichtigste Moment in der Beschäftigung mit Geschichte, dem Dialog zwischen Gegenwart und Vergangenheit, ist die Erinnerung. Carl Becker definierte:

„History is the memory of things said and done."[1]

Jochen Huhn unterscheidet zwischen Geschichte als *alltäglichem Erinnern* und *wissenschaftlich kontrolliertem Erinnern*, das sich auf die historische Methode stütze und reflektiert sei. Beide Formen seien allerdings in der Erfassung der Vergangenheit von lebensweltlichen Faktoren beeinflußt und daher perspektivisch. Sich erinnern beziehe sich auf Individuen, wobei Erinnern auch das erfassen solle, was in einer Gesellschaft an Wissen und Vorstellungen über die Vergangenheit tradiert werde.[2] Eine hierzu abweichende Auffassung vertritt David Lowenthal:

„All awareness of the past is founded on memory. (...) We accept memory as a premise of knowledge; we infer history from evidence that includes other people's memories. Unlike memory, history is not given but contingent: it is based on empirical sources which we can decide to reject for other versions of the past."[3]

Karl-Ernst Jeismann bekräftigt jedoch indirekt die enge Verbindung zwischen Geschichte und Erinnerung, indem er *Identität, Legitimation* und *Orientierung* als die drei Grundfunktionen der Erinnerung charakterisiert,[4] die auch der Geschichte zugeschrieben werden. Lucian Hölscher belegt, daß sich im Begriff der Erinnerungskultur der der Geschichte widerstandslos auflösen läßt.[5]

Erinnern entfaltet sich in *Kommunikation* und *Erinnerungsmedien,* die die *Koordination* und die *Kontinuität* der Erinnerung sichern. Erinnerungs*kultur* wird daher als der ständig veränderliche Zusammenhang von Kommunikation, Erinnern und Medien verstanden.[6]

---

1 Becker, Carl, Everyman his own historian, in: AHR 37 (1932), S. 221–236, hier S. 223.
2 Huhn, Jochen, Theoretische Grundlagen, in: Bundeszentrale für politische Bildung (Hg.), Vergangenes sehen. Perspektivität im Prozeß historischen Lernens, Bonn 1995, S. 15–42, hier S. 17 ff.
3 Lowenthal, The Past, S. 193 und S. 212 f.
4 Jeismann, Verlust der Geschichte?, in: ders., Geschichte als Horizont, S. 13 ff.
5 Hölscher, Lucian, Geschichte als Erinnerungkultur, in: Platt, Kristin und Mihran Dabag (Hgg.), Generation und Gedächtnis. Erinnerungen und kollektive Identitäten, Opladen 1995, S. 146–168, hier S. 157.
6 Assmann, Aleida und Jan Assmann, Das Gestern im Heute. Medien und soziales Gedächtnis, in: Merten, Klaus et al. (Hgg.), Die Wirklichkeit der Medien, Opladen 1994, S. 114–140, hier S. 114 f.

2.1 Entstehung einer modernen Erinnerungskultur

Für die Ausgestaltung einer modernen säkularisierten Erinnerungskultur[7] waren christliche wie jüdische Weltbilder und Gedächtnissysteme von den antiken Mnemotechniken bis zum Computer prägend.[8]

Das Christentum wurzelt ganz in der Geschichte: Die sich stets wiederholenden religiösen Rituale wie Liturgie, Gebet, Gesang, Verkündigung, Feiertage und Heiligenverehrung sind Praktiken der Erinnerung. Mit der Ausübung dieser Rituale wird sich der Zugehörigkeit zur christlichen Gemeinschaft immer wieder neu versichert.

Der Zusammenhang zwischen Tod und Erinnerung wurde für die mittelalterliche Erinnerungskultur grundlegend. Im Anschluß an den antiken Heroen- und heidnischen Ahnen- und Totenkult wurden denkwürdige Tote in die *Libri Memoriales* eingetragen und der Feiertag Allerseelen eingerichtet, der bis heute erhalten ist.[9]

Im Judentum ist die Erinnerung (*Zachor! – Erinnere Dich!*) das konstituierende Moment der religiösen Gemeinschaft. Die Erinnerung bezieht sich auf den gemeinsamen Leidensweg der Verfolgung und Vertreibung in den letzten Jahrtausenden, aber auch auf Befreiung und Rettung. Als Formen der Erinnerung gelten insbesondere die großen Feste (z. B. *Pessach*). Das Deuteronomium, das 5. Buch Mose, ist grundlegend für die Entstehung der jüdischen Erinnerungskultur, weil hier den Augenzeugen der 40jährigen Wüstenwanderung im Bundesschluß zwischen Gott und dem Volk Israel eingeschärft wird, die Erinnerung an diese Leidens- und Schicksalsgemeinschaft für immer zu bewahren.[10] Ein Vorgang der sich offenbar in der Erinnerung an die Shoah wiederholt.

Die Reformation hat im Christentum zu einer Modernisierung der Erinnerungsmedien geführt. Als Folge dieser *Säkularisierung* zeigte sich eine *Individualisierung* der Erinnerungskultur.[11]

---

7 Der Begriff Erinnerungskultur ist im Folgenden als philosophischer Begriff gemeint und daher zu unterscheiden von biologischen und psychologischen Funktionen des Gedächtnisses. Vgl. auch von Bormann, C., Erinnerung, in: Ritter, Joachim (Hg.), Historisches Wörterbuch der Philosophie, Bd. 2, Stuttgart 1972, Sp. 636–643, hier Sp. 636.

8 Vgl. Yates, Frances A., Gedächtnis und Erinnern. Mnemonik von Aristoteles bis Shakespeare, Weinheim 1990 (Originalausgabe: The Art of Memory, London 1966); Harth, Dietrich (Hg.), Die Erfindung des Gedächtnisses, Frankfurt am Main 1991; Fentress, James und Chris Wickham, Social Memory, Oxford 1992, 8 ff.

9 Reichel, Peter, Politik mit der Erinnerung. Gedächtnisorte im Streit um die nationalsozialistische Vergangenheit, München 1995, S. 19 f.

10 Vgl. zur Bedeutung der Erinnerung im Judentum: Assmann, Jan, Die Katastrophe des Vergessens. Das Deuteronomium als Paradigma kultureller Mnemotechnik, in: Assmann, Aleida und Dietrich Harth (Hgg.), Mnemosyne. Formen und Funktionen kultureller Erinnerung, Frankfurt am Main 1991, S. 337–355; Münz, Christoph, Der Welt ein Gedächtnis geben: geschichtstheologisches Denken im Judentum nach Auschwitz, Gütersloh 1995; Schatzker, Chaim, Eingedenken – Das Gedächtnis der oder in der jüdischen Tradition, in: Platt, Generation und Gedächtnis, S. 107–114 und Reichel, Erinnerung, S. 20 f.

11 Ebd., S. 21

Die Erfindung des Buchdrucks brachte eine grundlegende strukturelle Veränderung der europäischen Erinnerungskultur mit sich. Die bis dahin vorwiegend individuelle, mündliche und schriftliche Erinnerung wurde durch die neuen Verbreitungsmöglichkeiten vergesellschaftet und kulturell überformt.[12] Die individuell erlernte *ars memoriae* geriet in den Hintergrund, da nun die Erinnerungen ganzer Völker und Jahrhunderte faßbar wurden. In letzter Konsequenz haben die modernen Speicherungsmöglichkeiten im 20. Jahrhundert dazu geführt, daß die Gesamtheit aller Erinnerung durch den Einzelnen nicht mehr wahrgenommen werden kann. Eine *Politisierung* der Erinnerungskultur begründeten die Französische Revolution und die Ausformung von Nationalstaaten. Erinnerung förderte fortan die Traditionsbildung, die nationale Integration und Identität. Sie konnte zum politischen Instrument rivalisierender Gruppen werden und der Manipulation von Welt- und Geschichtsbildern dienen. In den totalitären Regimen des 20. Jahrhunderts[13] erfuhr diese Praxis ihre radikalste Ausformung.

Die moderne Erinnerungskultur ist um die typischen Kennzeichen der modernen Industriegesellschaften, *Demokratisierung* und *Materialisierung*,[14] eng verwoben mit einer *Ästhetisierung*,[15] erweitert worden.

Die *Demokratisierung* und *Materialisierung* hat sich seit dem 19. Jahrhundert in der Zunahme und Pluralisierung der Akteure und der Erweiterung des Publikums niedergeschlagen, die massenhaft an den materialisierten Formen – Museen, Bibliotheken, Denkmäler – der Erinnerungskultur und Festen[16] teilhaben.

Als Beispiel für die demokratisierte und materialisierte Erinnerungskultur können die seit dem 19. Jahrhundert massenhaft eingerichteten Soldatengräber gelten. Zuvor wurden die einfachen Soldaten namenlos begraben, nun sollte jedem einzelnen die angemessene Würde zuteil werden. Schon im Ersten Weltkrieg zeigte sich, daß die modernen Materialschlachten so viele unidentifizierbare und unauffindbare Tote hinterließen, daß man sich einer neuen Geste bediente: Das Grab des unbekannten Soldaten.[17]

Auch die massenhafte Verbreitung der Photographie und ihre postmodernen Varianten der Abbildungsmöglichkeiten sind Ausdruck der modernen Erinnerungskultur. Photos und Bilder sind Interpretationen und repräsentieren durch

---

12 LeGoff, Jacques, Geschichte und Gedächtnis, Frankfurt am Main 1992, S. 115 ff.
13 Als Beispiele können die Erinnerung an den Ersten Weltkrieg im Nationalsozialismus und der antifaschistische Widerstandsmythos in der DDR gelten.
14 Welche Auswirkungen die Transformation von Industriegesellschaften zu Informationsgesellschaften auf die Erinnerungskultur hat, soll anhand ausgesuchter Beispiele in einzelnen Praxisfeldern nachgewiesen werden.
15 Hoffmann, Detlef (Hg.), Das Gedächtnis der Dinge: KZ-Relikte und KZ-Denkmäler 1945–95, Frankfurt am Main 1998.
16 Düding, Dieter et al. (Hgg.), Öffentliche Festkultur. Politische Feste in Deutschland von der Aufklärung bis zum ersten Weltkrieg, Hamburg 1988.
17 Koselleck, Reinhart, Kriegerdenkmale als Identitätsstiftung der Überlebenden, in: Marquard, Odo und Karlheinz Stierle (Hgg.), Identität, München 1979, S. 255–276, hier S. 269.

ihre verschiedenen Perspektiven demokratische und pluralistische Erinnerungen.[18]

2.2 Kollektives Erinnern und Vergessen

Die Erinnerungskultur in demokratischen Gesellschaften beruht auf dem Erinnerungsvermögen von Menschen und Gruppen.

Die Erforschung der Erinnerung und des Gedächtnisses hat in den letzten Jahren in verschiedenen Disziplinen – Geschichte, Kunst, Literatur, Religion, Recht, Naturwissenschaften – höchste Beachtung gefunden. Jan Assmann vermutet in der Erforschung dieses Themas ein neues Paradigma für die Kulturwissenschaften,[19] Lucian Hölscher eines für die Geschichtswissenschaft.[20] David Glassberg spricht von einem *New Scholarship on Memory*.[21]

Die kulturwissenschaftliche Beschäftigung mit der Erinnerung geht auf den Soziologen Maurice Halbwachs und den Kunsthistoriker Aby Warburg zurück, die in den 20er Jahren dieses Jahrhunderts unabhängig voneinander eine *Theorie des kollektiven* beziehungsweise *sozialen Gedächtnisses*[22] entwarfen. Beide gingen davon aus, daß die Prägungen von Menschen, die sie durch die Zugehörigkeit zu einer Gesellschaft und deren Kultur erfahren, über Generationen hinweg durch Sozialisation und Überlieferung erhalten werden. Halbwachs grenzte das *kollektive Gedächtnis* vom *individuellen* ab und charakterisierte es als Raum-Zeit-bezogen, Gruppen-bezogen und rekonstruktiv.[23]

Jan Assmann hat nach Halbwachs das *kollektive Gedächtnis* in ein *kommunikatives*[24] und ein *kulturelles Gedächtnis* unterteilt.

„Unter dem Begriff des kulturellen Gedächtnisses fassen wir den in jeder Gesellschaft und jeder Epoche eigentümlichen Bestand an Wiederge-

---

18 Reichel, Erinnerung, 21 ff.
19 Assmann, Jan, Das kulturelle Gedächtnis. Schrift, Erinnerung und politische Identität in frühen Hochkulturen, München 1992, S. 11.
20 Hölscher, Erinnerungskultur, S. 146 ff. Eine theoretische Grundlegung bietet der Sammelband: Wischermann, Clemens (Hg.), Legitimität der Erinnerung und die Geschichtswissenschaft, Stuttgart 1996. Zur Kritik des hier ausschließlich individualisierten Zugangs zu Geschichte vgl. Cornelißen, Christoph, Geschichtswissenschaft und Politik im Gleichschritt? Zur Geschichte der deutschen Geschichtswissenschaft im 20. Jahrhundert, in: NPL 42 (1997), S. 275–309, hier S. 280 f.
21 Glassberg, David, Public History and the Study of Memory, in: The Public Historian 18 (Spring 1996), S. 7–23, hier S. 23. Vgl. auch die Zeitschriften *Memory and History* und *Memories*.
22 Eine Auffassung von Geschichte als sozialem Gedächtnis vertritt heute noch Peter Burke. Vgl. Burke, Peter, Geschichte als soziales Gedächtnis, in: Assmann, Mnemosyne, S. 289–304.
23 Halbwachs, Maurice, Das kollektive Gedächtnis, Stuttgart 1967, S. 1 ff.
24 Der Begriff geht zurück auf Niethammer, Lutz (Hg.), Lebenserfahrung und kollektives Gedächtnis: die Praxis der ‚oral history', Frankfurt am Main 1980.

brauchs-Texten, -Bildern und -Riten zusammen, in deren ‚Pflege' sie ihr Selbstbild stabilisiert und vermittelt, ein kollektiv geteiltes Wissen vorzugsweise (aber nicht ausschließlich) über die Vergangenheit, auf das eine Gruppe ihr Bewußtsein von Einheit und Eigenart stützt."[25]

Das *kommunikative Gedächtnis* basiere auf einem engen Zeithorizont, unmittelbarer Erfahrung, sei informell und alltagsnah, das *kulturelle Gedächtnis* dagegen auf einem weiten Zeithorizont, auf Erbe und Tradition, sei institutionell und alltagsfern. Assmann geht davon aus, daß sich innerhalb von achtzig bis hundert Jahren das *kommunikative Gedächtnis* in ein *kulturelles* verwandelt. Während der *kommunikativen Erinnerung* stoße man noch auf direkte Spuren und Zeitzeugen. Dagegen stütze sich die *kulturelle Erinnerung* auf Dokumente, Denkmäler und Riten.[26] Zur Halbzeit dieses Zeitraums beginne ein Transformationsprozeß, der die „kalte Erinnerung" einläute.[27] Lutz Niethammer stellt ein *Floating Gap* zwischen dem kommunikativen Gedächtnis, also den unmittelbaren Erfahrungen der Mitlebenden, und einem identitäts- und sinnstiftenden *Kulturgedächtnis* fest. Zwischen dem Mythos und der Erfahrung klaffe ein Loch. Wer einen einheitsstiftenden Mythos wolle, müsse warten, bis die Differenz der Erfahrung schweige.[28]

Maurice Halbwachs verursachte mit dem Begriff *kollektives Gedächtnis* ein semantisches Problem, das bis heute nachwirkt. Den Gedächtnisbegriff auf ganze Gesellschaften und Nationen zu beziehen, halten sogar Kulturwissenschaftler, die sich ausdrücklich auf Halbwachs beziehen,[29] für so problematisch, daß sie statt dessen von *Erinnerung* und *Erinnerungskultur* sprechen:

„Wohl vor allem deshalb, weil die Individualmetaphorik leicht Gefahr läuft, die für die moderne Erinnerungskultur charakteristischen Strukturmerkmale und Funktionen gerade nicht zu erfassen: Ihre Öffentlichkeit, Materialisierung und Demokratisierung; die Verzeitlichung der gebauten Umwelt durch Gebäude und Denkmäler unterschiedlichen Alters; ferner die Lokalisierung von Erinnerung und die symbolische Vergegenwärtigung von Vergangenheit;

---

25 Assmann, Jan, Kollektives Gedächtnis und kulturelle Identität, in: ders. und Tonio Hölscher (Hgg.), Kultur und Gedächtnis, Frankfurt am Main 1988, S. 9–19, hier S. 15.
26 Assmann, Aleida, Erinnerungsräume. Formen und Wandlungen des kulturellen Gedächtnisses, München 1999.
27 Ebd., S. 9 ff.
28 Niethammer, Lutz, Konjunkturen und Konkurrenzen kollektiver Identität, in: Werner, Matthias (Hg.), Identität und Geschichte, Weimar 1997, S. 175–203, hier S. 199 f. Niethammer behauptet, die Bundesrepublik befände sich in bezug auf den Nationalsozialismus seit Mitte der 80er Jahre genau in diesem floating gap. Vgl. auch ders., Diesseits des „Floating Gap". Das kollektive Gedächtnis und die Konstruktion von Identität im wissenschaftlichen Diskurs, in: Platt, Generation und Gedächtnis, S. 25–50, hier S. 27 f.
29 Aleida und Jan Assmann, Dietrich Harth.

und schließlich die speziellen Kommunikations- und Reflexionsformen an besonderen Gedächtnisorten (...)."[30]

Erinnern ist eine Funktion des kommunikativen und kulturellen Gedächtnisses, ein Vorgang der Vergegenwärtigung von Vergangenem anhand unterschiedlicher Medien. Der Schwerpunkt der vorliegenden Untersuchung liegt auf diesem Erinnerungsprozeß als Leistung ganzer demokratischer Gesellschaften, weniger auf deren kulturellem Speicher. Aufgrund der Problematik des Gedächtnis-Begriffes[31] soll daher vorwiegend von *Erinnungskultur, -medien, -orten, -politik* und *-arbeit* die Rede sein. Die Erinnerung ist wie das Gedächtnis eine diachrone Dimension der Kultur, allerdings nicht als Reproduktion, sondern als *Rekonstruktion*.[32]

Abweichend hierzu unterscheidet besonders der französische Kulturwissenschaftler Pierre Nora, der sich ebenfalls auf Halbwachs bezieht, die von ihm als Dichotomie charakterisierten Begriffe *Geschichte* und *Gedächtnis*:

„La mémoire et la vie, toujours portée par des groupes vivants et à ce titre, elle est en évolution permanente [...]. L'histoire est la reconstruction toujours problématique et incomplète de ce qui ne plus. La mémoire et un phénomène toujours actuel, un lien vécu au présent éternel; l'histoire, une représentation du passé. [...] L'histoire, parce que opération intellectuelle et la(cisante, appelle analyse et discours critique. La mémoire installe le souvenir dans le sacré, l'histoire l'en débusque, elle prosaïse toujours."[33]

Die Differenzierung, die Nora hier intendiert, hebt auf die Ebene der Unterscheidung zwischen *Funktions-* (bewohnt) *und Speichergedächtnis* (unbewohnt) von Aleida und Jan Assmann ab. Erinnerungskulturen basierten auf dem Funktionsgedächtnis, die Geschichtswissenschaft auf dem Speichergedächtnis. Beide

---

30 Reichel, Erinnerung, S. 26. Zur Erinnerungskultur zählen auch die Leistungen der Geschichtswissenschaft, der Literatur und Kunst. Vgl. auch Schörken, Begegnungen mit Geschichte, S. 25 ff.

31 Es wird davon ausgegangen, daß der Gedächtnisbegriff durch die interdisziplinäre Gedächtnisforschung (naturwissenschaftlich/psychologisch) besetzt ist. Zum Stand der interdisziplinären Gedächtnisforschung vgl. Schmidt, Siegfried J. (Hg.), Gedächtnis. Probleme und Perspektiven der interdisziplinären Gedächtnisforschung, Frankfurt am Main 1992 und ders., Gedächtnis – Erzählen – Identität, in: Assmann, Mnemosyne, S. 378–397. Es werden Modelle favorisiert, die die Gedächtnisarbeit nicht als Aufbewahrungstätigkeit, sondern als Konstruktionsarbeit beschreiben. Dem Gedächtnis wird ein dynamischer Charakter zugetraut, das abgespeicherte Informationen konserviert *(Retention)*, aber auch aktualisiert *(Recall)*. Ferner ist in der internationalen Literatur zwischen Erinnerung und Gedächtnis nur schwerlich zu unterscheiden, da die englische und französische Sprache beide Begriffe als *Memory/Mémoire* (selten: *Remembrance*) vereint. Im Niederländischen wird allerdings zwischen *Herinnering-Geheugen* unterschieden.

32 Assmann, Das Gestern im Heute, S. 115.

33 Nora, Pierre, Entre Mémoire et Histoire. La problématique des lieux, in: ders. (Hg.), Les Lieux de mémoire, Teil I (La République), Bd. 1, S. VII–XLII, hier S. XIX.

Formen des Vergangenheitsbezugs bestünden nebeneinander fort, wenn auch nicht ohne gegenseitige Einwirkungen und Überschneidungen. Das Speichergedächtnis könne das Funktionsgedächtnis verifizieren, stützen oder korrigieren, das Funktionsgedächtnis das Speichergedächtnis orientieren und motivieren.[34]

Bezogen auf den Stellenwert von Geschichte in demokratischen Gesellschaften ist die Verflechtung von Funktions- und Speichergedächtnis immens: Besonders in der reflektierten Erinnerung an die Zeitgeschichte, die als Epoche der Mitlebenden[35] verstanden wird, und dennoch durch die Geschichtswissenschaft höchste Beachtung findet. Eine extreme Überlagerung von Funktions- und Speichergedächtnis liegt im *Floating Gap* vor.

Erinnerung ist als gemeinschaftliche Leistung einzelner Gruppen oder ganzer Gesellschaften ein Kommunikationsprozeß, der sich sowohl auf das Funktions- als auch das Speichergedächtnis beziehen kann.

Der *kollektiven Erinnerung* steht das *kollektive Vergessen* gegenüber, das durch Ausschließung, Unterdrückung und Verdrängung gekennzeichnet ist.[36] Besonders Christian Meier weist darauf hin, daß das Vergessen (Amnesie) von Unrecht, Grausamkeit und Bösem in der Weltgeschichte ein durchaus üblicher Prozeß war. Das Vergessen sollte die Erlösung bringen, die Möglichkeit zu einem Neuanfang bieten.[37]

Die Erinnerungskulturen in den westlichen Demokratien des 20. Jahrhunderts zeugen einerseits von einer hohen Bereitschaft, sich jenseits der nationale Identität stiftenden Erinnerung mit negativen Elementen der eigenen Geschichte auseinanderzusetzen.[38] Offensichtlich hat sich hier ein Bewußtseinswandel vollzogen, daß gerade die Erinnerung und kritische Auseinandersetzung mit der Vergangenheit Erlösung bringt.[39]

Andererseits wird immer wieder Verdrängung beklagt. Als deren Indiz gilt die

---

34 Assmann, Das Gestern im Heute, S. 212 ff. und Assmann, Aleida, Gedächtnis, Erinnerung, in: Bergmann, Handbuch der Geschichtsdidaktik (⁵1997), S. 33–37, hier S. 33 ff.
35 Rothfels, Hans, Zeitgeschichte als Aufgabe, in: VZG 1 (1953), S. 1–8, hier S. 2. Zeitgeschichte wird im Rahmen dieser Darstellung als dynamischer Begriff verstanden. Damit wird ausdrücklich der Position Sandkühlers widersprochen, der Zeitgeschichte auf die gesamte Geschichte des 20. Jahrhunderts bezieht. Vgl. Sandkühler, Thomas, Zeitgeschichte in Deutschland am Ende des 20. Jahrhunderts, in: Cornelißen, Christoph, Geschichtswissenschaften. Eine Einführung, Frankfurt am Main 2000, S. 114–129.
36 Burke, Geschichte als soziales Gedächtnis, S. 299
37 Vgl. Meier, Christian, Erinnern – Verdrängen – Vergessen, in: Merkur 50 (1996), S. 937–952, hier S. 937 ff.; Hölscher, Lucian, Geschichte und Vergessen, in: HZ 249 (1989), S. 1–17.
38 Die Auseinandersetzung mit Nationalsozialismus und Holocaust in der Bundesrepublik ist sicherlich ein einzigartiger weltgeschichtlicher Prozeß, auch wenn in diesen Zusammenhängen immer wieder Verdrängung beklagt wird.
39 Von Weizsäcker, Richard, Ansprache des Bundespräsidenten aus Anlaß des 40. Jahrestages der Beendigung des Zweiten Weltkriegs, in: BPA Nr. 52 (1985), S. 441–446, hier S. 443. Von Weizsäcker zitiert das jüdische Sprichwort: „Das Vergessenwollen verlängert das Exil, und das Geheimnis der Erlösung heißt Erinnerung."

„Flucht in die heile Welt (...), praktiziert als Nostalgie anstelle von Erinnerung, und ihr Ergebnis ist, daß Geschichte im öffentlichen Bewußtsein als gigantischer Trödelmarkt erscheint, auf dem die netten Stücke erworben werden, das Unerfreuliche vergammelt."[40]

2.3 Öffentliche Erinnerungskultur

Als besonders relevant erscheint die Erinnerung, die in der *Öffentlichkeit* stattfindet. Öffentliche Erinnerung vollzieht sich häufig in spezifischen Formen, ritueller Wiederholung und bezieht sich auf über-individuelle Ereignisse. Von staatlicher Seite wird aus Erinnerung in der Öffentlichkeit Gedenken, aus der Erinnerungskultur eine Gedenkkultur *(Commemorate – Commemoration)*.[41]

Öffentlichkeit[42] wird im Rahmen dieser Arbeit als Voraussetzung und Entfaltungsgrundlage kommunikativen Handels und damit der *politischen Kultur*[43] verstanden. Dabei wird davon ausgegangen, daß die bürgerliche Öffentlichkeit, die im 17. und 18. Jahrhundert eng mit dem Emanzipationsprozeß des Bürgertums verknüpft war und im Gegensatz zu privat stand, zerstört ist.[44] Die bürgerliche Öffentlichkeit zerfiel einerseits in Teil-Öffentlichkeiten[45] oder *Sub-Publics*,[46] andererseits entwickelte sie sich zu einer *Öffentlichkeit der Massenkommunikation*:[47]

„ (...) war sie (die Öffentlichkeit, S. R.) als Wechselverhältnis von Privatheit und Öffentlichkeit gedacht, so wird sie hinfällig, sobald sich die Sphäre des Privaten aufzulösen beginnt. Sobald die Privatleute (wegen ihrer Masse schon rein physisch) nicht mehr zum Publikum der räsonierenden Privatleute zusammentreten können, verlagert sich die Öffentlichkeit gänzlich auf

---

40 Benz, Wolfgang, Öffentliche Erinnerung. Anmerkungen zur deutschen Geschichtskultur, in: Jansen, Christian et al. (Hgg.), Von der Aufgabe der Freiheit. Festschrift für Hans Mommsen, Berlin 1995, S. 699–705, hier S. 699 f.
41 Assmann, Gedächtnis, Erinnerung, in: Bergmann, Handbuch der Geschichtsdidaktik (^{5}1997), S. 36. Assmanns Auffassung, daß die Erinnerungskultur im Gegensatz zur Geschichtswissenschaft eine praktische Seite habe, wird hier nicht geteilt. Geschichtswissenschaft wird als Teil der Erinnerungskultur verstanden.
42 Zur Entstehung des Begriffs Öffentlichkeit vgl. Hölscher, Lucian, Öffentlichkeit, in: Brunner/Conze/Koselleck, Geschichtliche Grundbegriffe, Bd. 4, Stuttgart 1978, S. 413–467; ders., Öffentlichkeit, in: Ritter, Historisches Wörterbuch der Philosophie, Sp. 1134–1140.
43 Bodnar, John, Remaking America. Public Memory, Commemoration, and Patriotism in the Twentieth Century, Princeton 1992, S. 246.
44 Habermas, Jürgen, Strukturwandel der Öffentlichkeit, Frankfurt am Main ^{5}1990, S. 69 ff.
45 Wissenschaft kann beispielsweise als Teilöffentlichkeit gelten, in der die Regeln und Ideen der bürgerlichen Öffentlichkeit noch Anwendung finden.
46 Graham, Otis L. Jr., No Tabula Rasa – Varieties of Public Memories and Mindsets, in: The Public Historian 17 (1995), S. 12–14, hier S. 13.
47 Zur Kritik am Begriff Massenkommunikation vgl. die Übersicht von Maletzke, Gerhard, Kommunikationswissenschaft im Überblick, Opladen 1998, S. 45 ff.

die Schrift-Medien (später auch Rundfunk und TV) und wird von einer sich im ständigen Diskurs selbst herstellenden zur medial hergestellten Öffentlichkeit."[48]

Unter Öffentlichkeit als Massenkommunikation wird jede Form der Kommunikation verstanden, bei der Aussagen öffentlich, durch Medien, indirekt und eindimensional an ein zerstreutes Publikum vermittelt werden.[49] Öffentlichkeit wird heute hergestellt, während die bürgerliche Öffentlichkeit als Ideal demokratischer Herrschaft nur noch als Fiktion weiterlebt.

Neuerdings existieren auch kommunikationswissenschaftliche Ansätze, die Öffentlichkeit als ein virtuelles System darstellen: Öffentlichkeit wird als die jeweils unterstellbare Verbreitung und Akzeptanz von Kommunikationsangeboten verstanden.[50]

Öffentliche Erinnerung ist Teil der politischen Kultur, die von Manuela Glaab und Karl-Rudolf Korte wie folgt definiert wird:

„Politische Kultur steht als Begriff für die Summe der politisch relevanten Einstellungen, Meinungen und Wertorientierungen innerhalb der Bevölkerung einer Gesellschaft. Enger gefaßt bezeichnet politische Kultur die in einer Gemeinschaft feststellbare Verteilung individueller Orientierungen auf politische Objekte. (...) Als prägende Faktoren werden dabei gegenwartsbezogene und historische Aspekte mitberücksichtigt. (...) Auch die subjektiven und individuell abgelagerten Dispositionen des Geschichtsbewußtseins sind so miteinzubeziehen."[51]

In der Erweiterung dieser Definition wird davon ausgegangen, daß die Einstellungen, Meinungen und Wertorientierungen der Bevölkerung in der politischen Kultur der Demokratie artikuliert werden *(demokratische Kultur)*.

John Bodnar weist anhand der Entwicklung der amerikanischen *Public Memory* der letzten Jahrhunderte nach, daß sich öffentliche Erinnerung verändert, wenn sich die Strukturen der politischen und sozialen Mächte verändern. Öffentliche Erinnerung sei in ihrer Verschiedenheit und ihrem symbolischen Ausdruck eng an die dominierenden politischen Kräfte und Organisationen der Epoche gebunden gewesen. Mit dem Ende des *Kalten Kriegs* verändere sich die Erinnerungskultur erneut:

---

48 Busse, Dietrich, Öffentlichkeit als Raum der Diskurse. Entfaltungsbedingungen von Bedeutungswandel im öffentlichen Sprachgebrauch, in: Böke, Karin et al. (Hgg.), Öffentlicher Sprachgebrauch: praktische, theoretische und historische Perspektiven, Opladen 1996, S. 347–358, hier S. 350.
49 Maletzke, Kommunikationswissenschaft, S. 46.
50 Merten, Klaus und Joachim Westerbarkey, Public Opinion und Public Relations, in: Merten, Wirklichkeit der Medien, S. 188–211, hier S. 198.
51 Glaab, Manuela und Karl-Rudolf Korte, Politische Kultur, in: Weidenfeld, Werner und Karl-Rudolf Korte (Hgg.), Handbuch zur deutschen Einheit, Bonn ² 1996, S. 579–585, hier S. 579.

„An apparent end to the Cold War may create less of a desire for official patriotism in the United States. (…) Public memory will change again as political power and social arrangement change. New symbols will have to constructed to accommodate these new formations, and old ones will be invested with new meanings."[52]

2.3.1 Erinnerungskonflikte als Ausweis demokratischer Kultur

Eine demokratische Erinnerungskultur impliziert, daß nicht nur eine Erinnerungskultur existiert.[53] Peter Burke geht von einer Vielfalt sozialer Identitäten sowie von dem Nebeneinander rivalisierender und alternativer Erinnerungen *(Countermemory)*[54] aus, die *Erinnerungskonflikte* auslösen können.[55] Graham L. Otis:

„The first finding in memory research is that generational, sex, race, and other factors have shaped different group memories. World War II veterans carry a distinctive historical deposit in their heads, not the same as Baby Boomers in Southern California, or tobacco farmers, or eighth-graders in a Texas Catholic school whose student body is almost entirely of Mexican origin."[56]

Aleida Assmann spricht vom einem *Kampf um die Erinnerung*.[57] In der amerikanischen und französischen Literatur ist bereits von *History Wars*[58] und *la Guerre des Commémorations*[59] die Rede. Im Übergang von Funktions- zum Speichergedächtnis, dem *Floating Gap*, ist der Kampf um die Erinnerung besonders auffällig. John Bodnar hält diesen Kampf in den USA für stärker als in anderen westlichen Gesellschaften. Allerdings sei in der Postmoderne die politi-

---

52 Bodnar, Remaking America, S. 252 f.
53 Hölscher, Erinnerungskultur, S. 146 ff.
54 K'Meyer, Tracy E., „What Koinonia Was All About": The Role of Memory in a Changing Community, in: OHR 24 (1997), S. 1–22, hier S. 2 f.
55 Burke, Geschichte als soziales Gedächtnis, S. 298.
56 Otis, Tabula Rasa, S. 13
57 Assheuer, Thomas und Jörg Lau, Niemand lebt im Augenblick. Ein Gespräch mit Aleida und Jan Assmann über deutsche Geschichte, deutsches Gedenken und den Streit um Martin Walser, in: Die Zeit, 3. 12.1998. Die Wendung Kampf um die Erinnerung wird von einigen Autoren unter Berufung auf das Buch von Alexander Mitscherlich (Der Kampf um die Erinnerung. Psychoanalyse für fortgeschrittene Anfänger, München 1974) im psychoanalytischen Sinne gebraucht. Vgl. z. B. Pieper, Ernst, Der Kampf um die Erinnerung, in: Vogel, Hans-Jochen und Ernst Pieper (Hgg.), Erinnerungsarbeit und demokratische Kultur (Jahrbuch des Vereins Gegen Vergessen – Für Demokratie e.V.), München 1997, S. 47–59.
58 Linenthal, Edward T. und Tom Engelhardt (Hgg.), History Wars. The Enola Gay and Other Battles for the American Past, New York 1996.
59 Bachelier, Christian, La guerre des commémorations, in: Centre régional de publication de Paris/Institut d'histoire du temps présent (Hgg.), La memoire des Français. Quarante ans de commémorations de la Seconde Guerre mondiale, Paris 1986, S. 63–77.

sche Kultur nicht mehr vom Nationalstaat dominiert, vielmehr von der freien Artikulation einzelner Interessen (*Nationalism, Internationalism, Consumerism, Ethnicity, Race, Gender, Private Feelings*). Er unterscheidet zwischen den lokalen, regionalen und nationalen Erinnerungsebenen *(Communal Forums, Regional Forums, National Forums)*, wobei die lokale Erinnerung in Konflikt mit der nationalen steht.[60]

Aus Erinnerungskonflikten entstehen *Diskurse*,[61] die sich in öffentlichen Kontroversen äußern. Der *öffentliche Diskurs*, der in Politik, Feuilleton und außeruniversitären Expertenkreisen stattfindet, wird vom *wissenschaftlichen Diskurs* unterschieden, der sich nur auf eine Teilöffentlichkeit bezieht.

Als Beispiele für öffentliche Diskurse können die Kontroversen um das *Denkmal für die ermordeten Juden Europas*, die Wanderausstellung des Hamburger Instituts für Sozialforschung *Vernichtungskrieg. Verbrechen der Wehrmacht 1941–1944* in der Bundesrepublik und die Ausstellung der *Enola Gay* im *Air and Space Museum Washington* in den USA gelten. Die einzelnen Positionen innerhalb dieser Erinnerungskonflikte erscheinen durch die Präsentation in den Medien verkürzt und polarisiert, wodurch sich die Verständigung erschwert.

Der Versuch, in der Bundesrepublik ein zentrales Denkmal als Ausdruck des deutschen Volkes in bezug auf den Mord an den europäischen Juden zu errichten, wurde von einem gespaltenen Erinnerungskollektiv geprägt: Nachkommen von Opfern, Tätern und Mitläufern gedenken der Zeit des Nationalsozialismus in unterschiedlicher Weise. Die verschiedenen Opfergruppen streiten über das Ausmaß des eigenen Leids. Die Ideologie der DDR als antifaschistischer Staat hat sich im Geschichtsbewußtsein der Bevölkerung in den neuen Bundesländern niedergeschlagen, eine Tatsache, die das Erinnerungskollektiv abermals spaltet.[62]

Die Ausstellung *Vernichtungskrieg*, die bereits vorliegende Forschungsergebnisse zur Rolle der Wehrmacht in der nationalsozialistischen Vernichtungspolitik für die Öffentlichkeit anschaulich macht, brach ein Tabu – das Bild der „aufrechten Wehrmacht", die von Hitler mißbraucht wurde. Die umfassende öffentliche

---

60 Vgl. Bodnar, Remaking Amerika, S. 41 ff.; Schlesinger, Arthur M. Jr., The Disuniting of America, New York 1992, S. 45 ff.

61 Zur Kritik an der neuerlichen inflationären Verwendung des Diskursbegriffes und Verwischung seines philosophischen und sozialwissenschaftlichen Ursprungs, vgl. Schöttler, Linguistic turn, S. 134 ff.: „Kein Oberseminar mehr ohne Diskurs. Aber auch: kein Feuilleton mehr ohne Diskurs, keine Volkshochschule, keine Talkrunde, kein Juso-Ortsverein." Im Zusammenhang dieser Arbeit wird von einem philosophischen Diskursbegriff ausgegangen.

62 Vgl. Cullen, Michael, S. , Das Holocaust-Mahnmal. Dokumentation einer Debatte, Zürich 1999; Jeismann, Michael, Mahnmal Mitte. Eine Kontroverse, Köln 1999; Heimrod, Ute et al. (Hgg.), Der Denkmalstreit – das Denkmal? Die Debatte um das „Denkmal für die ermordeten Juden Europas". Eine Dokumentation, Berlin 1999; Meier, Christian, Der konsequente Aberwitz geteilten Gedenkens, in: FAZ, 25.7.1997; Reichel, Peter, Aufdringliche und anmaßende Anbiederung. Eine Zwischenbilanz zum Streit um das nationale Holocaust-Monument, in: FAZ, 19.11.1998, Koselleck, Reinhart, Die Widmung. Es geht um die Totalität des Terrors, in: FAZ, 3.3.1999; Habermas, Jürgen, Der Zeigefinger. Die Deutschen und ihr Denkmal, in: Die Zeit, 31.3.1999;

Diskussion weitete sich zu einem Generationenkonflikt aus, der später politisiert wurde. Dazu beigetragen hat die Tatsache, daß die Intentionen der Ausstellung durch das Hamburger Institut nicht deutlich genug präzisiert wurden. Die Erinnerungen der Beteiligten standen der kollektiven Erinnerung, nämlich eine partielle Verwicklung der Wehrmacht in Kriegsverbrechen, gegenüber.[63]

Das National *Air and Space Museum Washington* plante seit 1988 eine Ausstellung *The Crossroads: The End of World War II, The Atomic Bomb and the Origins of the Cold War* zur 50jährigen Wiederkehr der amerikanischen Atombombenabwürfe im Jahr 1995. Im Rahmen einer wissenschaftlich konzipierten Ausstellung sollte die *Enola Gay*, das Flugzeug, das die Bombe auf Hiroshima warf, gezeigt werden. Als diese Pläne bekannt wurden, entlud sich eine Welle der Entrüstung im Umkreis der *Air Force* und der Veteranenverbände:

„There are, in fact, two clashing historical narratives and two commemorative agendas at work in this controversy. One story entailed an exhibition that portrayed the use of the bomb as the culmination of the bloody Pacific war, saving many lives. [...] The commemorative message was: ‚Remember what we did and what it cost.' The other, proposed by the museum, sought to freeze a moment it considered a turning point in world history, the first use of atomic weapons. [...] The commemorative message was: ‚Never again.'"[64]

Der öffentliche Druck wurde so groß, daß die Ausstellung in der geplanten Form im Januar 1995 abgesagt und die *Enola Gay* unter dem programmatischen Titel *The Last Act: The Atomic Bomb and the End of World War II* nur noch als patriotisches Requisit präsentiert wurde.[65]

Als Erklärung derartiger Erinnerungskonflikte dient das *Floating Gap*. Die kommunikative Erinnerung an Nationalsozialismus und Zweiten Weltkrieg wandelt sich in eine kulturelle Erinnerung, wobei diese Historisierung durch

---

63 Vgl. Hamburger Institut für Sozialforschung (Hg.), Vernichtungskrieg. Verbrechen der Wehrmacht 1941 bis 1944 (Katalog), Hamburg ³1996; Thamer, Hans-Ulrich, Wehrmacht und Vernichtungskrieg. Vom Umgang mit einem schwierigen Kapitel deutscher Geschichte, in: FAZ, 22.4.1997; Schieder, Wolfgang, Von Hitler eingestimmt, in: Kölner Stadtanzeiger, 16.4.1999; von Weizsäcker, Richard, Vier Zeiten. Erinnerungen, Berlin 1997, S. 83 ff.; Hamburger Institut für Sozialforschung (Hg.), Besucher einer Ausstellung. Die Ausstellung ‚Vernichtungskrieg. Verbrechen der Wehrmacht 1941–1944' in Interview und Gespräch, Hamburg 1998 und Hamburger Institut für Sozialforschung (Hg.), Eine Ausstellung und ihre Folgen. Zur Rezeption der Ausstellung ‚Vernichtungskrieg. Verbrechen der Wehrmacht 1941 bis 1944, Hamburg 1999; Erenz, Benedikt und Karl-Heinz Janßen, Am Abgrund der Erinnerung, in: Die Zeit, 27.5.1999.
64 Linenthal, Edward T., Struggling with history and memory, in: JAH 82 (1995), S. 1094–1101, hier S. 1097.
65 Vgl. Special issue: History and the public: What can we handle?, in: JAH 82 (1995), S. 1029–1144; Nobile, Philip (Hg.), Judgement at the Smithsonian, New York 1995, Linenthal, History Wars; Wallace, Mike, The Battle of the Enola Gay, in: ders., Mickey Mouse History and Other Essays on American Memory, Philadelphia 1996, S. 269–318; Harwit, Martin, An Exhibit Denied. Lobbying the History of Enola Gay, New York 1996.

das Ende des *Kalten Kriegs* verstärkt wurde. Psychoanalytische Ansätze erklären ferner, daß die persönliche Teilhabe an historischen Vorgängen direkten Einfluß auf deren nachträgliche Bewertung hat.[66]

2.3.2 Themen der nationalen Erinnerungskulturen

Auf der Ebene von Nationen werden die Erinnerungskulturen der westlichen Demokratien von immer wiederkehrenden Themen bestimmt: Für keines der am Zweiten Weltkrieg beteiligten Länder und ihre Erinnerungskulturen bedeutete das Kriegsende wirklich eine Stunde Null. Die Bewertung und Bedeutung der Weltkriege, des Nationalsozialismus[67] und besonders des Holocausts[68] bleiben bis heute in den westlichen Demokratien bestimmende wie umstrittene

---

66 Vgl. Rüsen, Jörn und Jürgen Straub (Hgg.), Die dunkle Spur der Vergangenheit. Psychoanalytische Zugänge zum Geschichtsbewußtsein (Erinnerung, Geschichte, Identität 2), Frankfurt am Main 1998; Bude, Heinz, Die Erinnerung der Generationen, in: König, Helmut et al. (Hgg.), Vergangenheitsbewältigung am Ende des 20. Jahrhunderts, in: Leviathan (Sonderheft 18/1998), S. 69–85; Crane, Susan A., Memory, Distortion, and History in the Museum, in: History and Theory (Theme Isssue) 36 (1997), S. 44–63.

67 Vgl. Afflerbach, Holger und Christoph Cornelißen (Hgg.), Sieger und Besiegte. Materielle und ideelle Neuorientierungen nach 1945, Tübingen 1997; Dubiel, Helmut, Niemand ist frei von der Geschichte. Die nationalsozialistische Herrschaft in den Debatten des Deutschen Bundestags, München 1999; Danyel, Jürgen (Hg.), Die geteilte Vergangenheit. Zum Umgang mit Nationalsozialismus und Widerstand in beiden deutschen Staaten, Berlin 1995; Münckler, Herfried, Antifaschismus und antifaschistischer Widerstand als politischer Gründungsmythos der DDR, in: Aus Politik und Zeitgeschichte B 45/98, S. 16–29; Assmann, Aleida und Ute Frevert, Geschichtsvergessenheit, Geschichtsversessenheit. Vom Umgang mit deutschen Vergangenheiten nach 1945, Stuttgart 1999; Bookspan, Shelley, Practicing History, Remembering the Second World War, in: The Public Historian 21 (Winter 1999), S. 7–10; von der Dunk, Hermann W., The Netherlands and the memory of the Second World War, in: European Review 4 (1996), S. 221–239.

68 Vgl. als Auswahl aus der inzwischen unüberschaubaren internationalen Literatur: Steininger, Rolf (Hg.), Der Umgang mit dem Holocaust. Europa – USA – Israel, Wien 1994; (BRD) Meier, Christian, 40 Jahre nach Auschwitz. Deutsche Geschichtserinnerung heute, München ²1990; Loewy, Hanno (Hg.), Holocaust: Die Grenzen des Verstehens. Eine Debatte über die Besetzung der Geschichte, Reinbek 1992; (DDR) Groehler, Olaf, Erblasten: Der Umgang mit dem Holocaust in der DDR, in: Loewy, Holocaust, S. 110–127; (USA) Friedländer, Saul (Hg.), Probing the Limits of Representation, Nazism and the „Final Solution", Cambridge 1992, Young, James E., Describing the Holocaust, Bloomington 1988; Hartmann, Geoffrey H. (Hg.), Holocaust-Remembrance. The Shapes of Memory, Cambridge 1994; (Niederlande) von der Dunk, Hermann W., Voorbij de verboden drempel. De shoah in ons geschiedbeeld (Über die verbotene Schwelle. Die Shoah in unserm Geschichtsbild), Amsterdam ³1991; (Israel) Lozowick, Yaacov, Erinnerung an die Shoah in Israel, in: GWU 45 (1994), S. 380–390; Zuckermann, Moshe, Zweierlei Holocaust. Der Holocaust in den politischen Kulturen Israels und Deutschlands, Göttingen 1998; Segev, Tom, Die siebte Million: der Holocaust und Israels Politik der Erinnerung, Reinbek bei Hamburg 1995. Um die Erinnerung an den Holocaust durch *oral history* Interviews mit Überlebenden bemüht sich die von Steven Spielberg finanzierte Shoah-Foundation (im Internet unter http://www.vhf.org) in den USA. Vgl. Pitzke, Marc, Spielbergs Liste, in: Die Woche, 8.1.99.

Themen. Dabei zeigt sich eine durchaus unterschiedliche kollektive Erinnerung einzelner Nationen, die noch in der gegenwärtigen Politik zu Verständigungsproblemen führen kann.[69]

Daneben existieren für einzelne Staaten spezifische Erinnerungskulturen: Kein anderes Thema steht in der alten Bundesrepublik in der Beschäftigung mit der Vergangenheit so im Mittelpunkt wie der Nationalsozialismus. Die Studentenbewegung, der Generationswechsel in der Bevölkerung und in der Geschichtswissenschaft gaben den entscheidenden Anstoß zur Aufklärung dieser Epoche.[70]

In der DDR konnte sich keine freiheitliche Erinnerungskultur entwickeln:

„Die Geschichtsinterpretationen und historischen Instrumentalisierungen der SED-Führung sollten nicht nur eine spezifische – sozialistische – DDR-Identität aufbauen, sie mußten gleichzeitig die offenen Auseinandersetzung mit der NS-Vergangenheit verhindern und zusätzlich das eigene System legitimieren."[71]

Die DDR-Geschichtswissenschaft unterschied zwischen Erbe und Tradition der deutschen Geschichte. Als Erbe galt die Gesamtheit der deutschen Geschichte, als Tradition alle Epochen, Strukturen und Ereignisse, die den Sozialismus rechtfertigten. Seit Ende der 70er Jahre gerieten aber zunehmend Themen in die verordnete Erinnerung, die ursprünglich nicht in der „Tradition des Sozialismus" standen und entsprechend umgedeutet wurden.[72]

Die Wiedervereinigung bedeutete für beide deutsche Staaten eine erhebliche Veränderung der Erinnerungskultur.[73] Der Zusammenbruch der SED-Diktatur und die Aufarbeitung ihrer Geschichte und Folgen wurde in der gesamten Bundesrepublik, besonders in den neuen Bundesländern, zum vorrangigen Thema. Seither ist die Gesellschaft in der wiedervereinigten Bundesrepublik gefordert, ihre *doppelte Vergangenheit* der nationalsozialistischen und sozialistischen Diktatur aufzuarbeiten.[74] Auf politischer Ebene konnten bereits zwei Enquete-

---

69 Stephan, Cora, Krieg führen. Deutschlands kollektives Gedächtnis stiftet Tabus, in: Die Zeit, 10.9.1998
70 Lutz, Felix-Philipp, Geschichtsbewußtsein, in: Weidenfeld, Handbuch zur deutschen Einheit, S. 339–349, hier S. 341 ff.
71 Lutz, Geschichtsbewußtsein, S. 340.
72 Diese Umdeutung betraf besonders die Rezeption Friedrich des Großen und Luthers. Vgl. Süssmuth, Hans, Luther 1983 in beiden deutschen Staaten, in: ders. (Hg.), Das Luther-Erbe in Deutschland. Vermittlung in Wissenschaft und Öffentlichkeit, Düsseldorf 1985, S. 16–40.
73 Kleßmann, Christoph et al. (Hgg.), Deutsche Vergangenheiten – eine gemeinsame Herausforderung. Der schwierige Umgang mit der doppelten Nachkriegsgeschichte, Berlin 1999
74 Vgl. Lutz, Geschichtsbewußtsein, S. 343 f., Kleßmann, Christoph, Das Problem der doppelten „Vergangenheitsbewältigung", in: Die Neue Gesellschaft/Frankfurter Hefte 38 (1991), S. 1099–1105; Faulenbach, Bernd, Die doppelte „Vergangenheitsbewältigung". Nationalsozialismus und Stalinismus als Herausforderungen zeithistorischer Forschung und politischer Kultur, in: ders., Erfahrungen des 20. Jahrhunderts und politische Orientierung heute, Essen 1996, S. 15–

Kommissionen des deutschen Bundestags ihre Abschlußberichte vorlegen und mündeten in eine bundesunmittelbare Stiftung.[75] Neben diesen beiden zentralen Themen des 20. Jahrhunderts bezieht sich die Erinnerungskultur im wiedervereinigten Deutschland weiterhin auf die bundesrepublikanische Geschichte und auf weiter zurückliegende Epochen: Als Beispiele können die Erinnerung an Verkündung und Inkrafttreten des Grundgesetzes im Mai 1949, den Westfälischen Frieden von 1648 und die Revolution von 1848 gelten.[76]

In der nationalen Erinnerungskultur älterer Demokratien, wie der der USA und Frankreichs, stehen sich zeitgeschichtliche Erinnerungen und solche, die sich auf Ereignisse früherer Epochen beziehen, in stärkerem Maße gegenüber.

Es ist Ausweis der multikulturellen Gesellschaft in den USA, daß die Erinnerungskulturen ethnischer Gruppen eine stärkere Bedeutung haben als in anderen westlichen Demokratien: Alex Haley's *Roots*, zuerst 1976 im Fernsehen ausgestrahlt, begründete das *Roots Phenomenon*, die Suche nach den eigenen Wurzeln. Als zeitgeschichtliche Themen gelten neben Zweitem Weltkrieg und Holocaust der Vietnam-Krieg[77] und neuerdings der Atombombenabwurf auf Hiroshima.[78] Ob der Kalte Krieg, der jahrzehntelang die amerikanische Politik bestimmte, in die Erinnerungskultur Eingang finden wird, bleibt offen. Daneben haben Themen, die die *American Heritage* beschwören, großen Einfluß

36, hier S. 23 ff.; Jesse, Eckhard, Umgang mit Vergangenheit, in: Weidenfeld, Handbuch zur deutschen Einheit, S. 648–655.

75 Vgl. Deutscher Bundestag (Hg.), Materialien der Enquete-Kommisssion „Aufarbeitung von Geschichte und Folgen der SED-Diktatur in Deutschland" (12. Wahlperiode), 9 Bde., Baden-Baden 1995; Deutscher Bundestag (Hg.), Schlußbericht der Enquete-Kommission „Überwindung der Folgen der SED-Diktatur im Prozeß der deutschen Einheit", Drucksache 13/11000, 10.6.1998; Das Parlament: Themenausgabe, Die Enquete-Kommissionen „Folgen der SED-Diktatur" und „Mensch und Umwelt", 6./13.11.1998.

76 Vgl. Herzog, Roman, Fünfzig Jahre Grundgesetz in der Bundesrepublik Deutschland, in: BPA Nr. 32 (1999), S. 345–349; ders., 350 Jahre Westfälischer Friede. Rede des Bundespräsidenten in Münster, in: BPA Nr. 72 (1998), S. 881–883; Gall, Lothar (Hg.), 1848 – Aufbruch zur Freiheit. Eine Ausstellung des Deutschen Historischen Museums und der Schirn Kunsthalle Frankfurt zum 150jährigen Jubiläum der Revolution von 1848/49, Berlin 1998.

77 Vgl. Bodnar, Remaking America, S. 3–9, Frisch, Michael H., The Memory of History, in: Porter Benson, Susan et al. (Hgg.), Presenting the Past. Essays on History and the Public, Philadelphia 1986, S. 5–17, hier S. 8 ff; Herring, George C., Vietnam Remembered, in: JAH 73 (1986), S. 152–164; Neal, Arthur G., The Vietnam War, in: ders., National Trauma and Collective Memory. Major Events in the American Century, New York 1998, S. 129–146. Zum *Vietnam Veterans Memorial* in Washington vgl. Scruggs, Jan C. und Joel L. Swerdlow, To Heal A Nation. The Vietnam Veterans Memorial, New York 1985; Wagner-Pacifici, Robin und Barry Schwartz, Die Vietnam-Veteranen-Gedenkstätte. Das Gedenken einer problematischen Vergangenheit, in: Koselleck, Reinhart und Michael Jeismann (Hgg.), Der politische Totenkult. Kriegerdenkmäler in der Moderne, München 1994, S. 393–424; *The Vietnam Veterans Memorial Wall Page* im Internet unter http://thewall-usa.com.

78 Vgl. Lifton, Robert Jay und Greg Mitschell, Hiroshima in America. Fifty Years of Denial, New York 1995 und Hogan, Michael J., Hiroshima in History and Memory, Cambridge 1996; Schwentker, Wolfgang, Im Schatten Hiroshimas. Neuere Literatur im Umfeld des 50. Jahrestags der Atombombenabwürfe, in: NPL 42 (1997), S. 395–415.

auf die Erinnerungskultur: Revolution und Unabhängigkeitskrieg wie der *Civil War*.[79]

Neben der fortlaufenden kollektiven Besinnung auf die Französische Revolution, steht in Frankreich die Erinnerung an beide Weltkriege im Vordergrund. Während sich die Erinnerung an den Ersten Weltkrieg *(La Grande Guerre)*[80] in großer Eintracht vollzieht, entzünden sich immer wieder Erinnerungskonflikte um *Vichy* und die *Résistance*.[81]

2.3.3 Erinnerungspolitik und Handlungsfelder öffentlicher Erinnerung

Peter Reichel unterscheidet die öffentliche Erinnerungskultur nach Handlungsfeldern und ihren Wertsphären: Das *affektive Handlungsfeld* (Emotionalität), das *ästhetisch-expressive Handlungsfeld* (Authentizität), das *instrumentell-kognitive Handlungsfeld* (Wahrheit) und das *politisch-moralische Handlungsfeld* (Gerechtigkeit). Mit Ausnahme des instrumentell-kognitiven werden die Handlungsfelder im Sinne der jeweils vorherrschenden *Erinnerungspolitik* genutzt. In den einzelnen Handlungsfeldern wird Erinnerung in spezifischen Formen und mit unterschiedlichen Medien umgesetzt.[82] Der Begriff *Medien* bezieht sich auf die *Erinnerungsmedien (verbale, ikonische, haptische Überrest- und Tradionsquellen)* und deren multimediale Präsentation in *publizistischen Medien (Zeitung, Fernsehen, Radio, Kino, Internet, CD-Rom)*.[83] Es wird davon ausgegan-

---

79 Vgl. Bodnar, Remaking America, S. 206 ff.; Kammen, Michael, The mystic chords of memory: the transformation of tradtion in American Culture, New York 1991, S. 590 ff. Zur Kritik beider Ansätze vgl. die Rezensionen von Franco, Barbara, Reviews Kammen, Bodnar, in: OHR 21 (1993), S. 115–118 und Gillis, John R., Remembering Memory: A Challenge for Public Historians in a Post-National Era, in: The Public Historian 14 (Fall 1992), S. 91–102. Franco kritisiert vor allem, daß es Kammen nicht gelänge, die Beziehung zwischen kollektiver Erinnerung und nationaler Kultur zu verdeutlichen, da er lediglich chronologisch vorgehe und nicht wie Bodnar diverse Erinnerungsebenen unterscheide. Einen vermeindlichen Konflikt zwischen *Heritage* und Geschichte thematisiert Lowenthal, David. Possessed by the Past. The Heritage Crusade and the Spoils of History, New York 1996.

80 Aus der kommunikativen Erinnerung an den Ersten Weltkrieg wird derzeit eine kulturelle. Vgl. Hénard, Jaqueline, Abschied vom Ersten Weltkrieg. Wie in Frankreich aus der Geschichte eine Erinnerung an die Erinnerung wird, in: Die Zeit, 5.11.1998; Becker, Jean-Jacques et al. (Hgg.), Guerre et cultures 1914–1918, Paris 1994; Brandt, Susanne, Le voyage aux champs de bataille, in: Viengtieme Siecle 41 (1994), S. 18–22.

81 Vgl. Hüser, Dietmar, Vom schwierigen Umgang mit den „schwarzen Jahren" in Frankreich – Vichy 1940–1944 und 1944/45–1995, in: Afflerbach, Sieger und Besiegte, S. 87–118; Conan, Eric und Henry Rousso, Vichy. Un passé qui ne passe pas, Paris ² 1996; Guillon, Jean-Marie und Pierre Laborie (Hgg.), Memoire et histoire: la Résistance, Toulouse 1995; Rousso, Henry, Le syndrome de Vichy 1944–198 ..., Paris 1987; Azéma, Jean Pierre und Francois Bédarida (Hgg.), Le Régime de Vichy et les Français, Paris 1992.

82 Reichel, Erinnerung, S. 359.

83 Bildende Kunst, Literatur und Theater sind ebenfalls Medien der Erinnerung, können aber im Rahmen dieser Darstellung nur am Rande betrachtet werden. Vgl. Schörken, Geschichte in der

gen, daß derzeit ein tiefgreifender Medienwandel von der Schriftkultur zu elektronischen Medien stattfindet.[84]

2.3.3.1 Erinnerungspolitik in der Bundesrepublik und den USA

Die Verbindung zwischen Geschichte und politischer Praxis ist ebenso offensichtlich wie unerforscht. Eine umfassende allgemeine Theorie ist bisher ein „geschichts-didaktisches Vakuum".[85]

Die Berufung auf historische Argumente ist Teil der politischen Rhetorik. Dies läßt sich anhand einzelner Sachfragen sowohl für die gegenwärtige Politik als auch für zurückliegende Jahrzehnte nachweisen.[86]

> „Im Gebrauch historischer Argumente zur Legitimation der politischen Praxis im Rahmen der politischen Rhetorik verschränken sich die historische und die politische Bedeutung von Zeit dergestalt, daß sich die genuin politische Frage nach der Legitimation nur als historische beantworten läßt, während sich das genuin historische Interesse an einem Ort in der Zeit nur als politisches bestimmen läßt."[87]

Diese Verschränkung historischer und politischer Zeit, die auch als Verschränkung von historischem und politischem Bewußtsein verstanden werden kann, wird vor allem in der Beschäftigung mit der Zeitgeschichte deutlich, woraus sich ihre besondere Bedeutung für die *politische Bildung* ergibt.[88]

Alltagswelt, S. 60 ff.; ders., Begegnungen mit Geschichte, S. 85 ff.; Köppen, Manuel (Hg.), Kunst und Literatur nach Auschwitz, Berlin 1993, S. 11 ff.

84 Vgl. Flusser, Vilém, Hinweg vom Papier, in: ders., Medienkultur, Frankfurt am Main 1997, S. 61–66; Assmann, Das Gestern im Heute, S. 137 ff.

85 Oehler, Katharina, Geschichte und politische Praxis, in: Bergmann, Handbuch der Geschichtsdidaktik (⁵1997), S. 767–771, hier S. 767 ff.

86 Vgl. Faber, Karl-Georg, Zum Einsatz historischer Aussagen als politisches Argument, in: HZ 221 (1975), S. 265–303; Oehler, Katharina, Geschichte in der politischen Rhetorik. Historische Argumentationsmuster im Parlament der Bundesrepublik Deutschland, Hagen 1989; Huhn, Jochen, Lernen aus der Geschichte? Historische Argumente in der westdeutschen Föderalismusdiskussion 1945–49, Melsungen 1990; May, Ernest R., „Lessons" of the Past. The Use and Misuse of History in American Foreign Policy, New York 1973; Mock, David B. (Hg.), History and Public Policy, Malabar 1991; Franklin, John Hope, The Historian and Public Policy, in: Vaughn, Stephen, The Vital Past. Writings on the Uses of History, Georgia 1985, S. 347–359; Appleby, Telling the Truth, S. 91 ff.

87 Oehler, Geschichte und politische Praxis, S. 770.

88 Vgl. Bergmann, Klaus, Zeitgeschichte in der politischen Bildung, in: Mickel, Wolfgang W. und Dieter Zitzlaff (Hgg.), Politische Bildung. Ein Handbuch für die Praxis, Düsseldorf 1988, S. 549–554, hier S. 550 ff.; Sutor, Bernhard, Historisches Lernen als Dimension politischer Bildung, in: Sander, Wolfgang (Hg.), Handbuch politische Bildung, Schwalbach 1997, S. 323–337, hier S. 333 ff.; Hey, Bernd und Peter Steinbach (Hgg.), Zeitgeschichte und politisches Bewußtsein, Köln 1986.

Neuerdings wird der *Erinnerungspolitik* – „die von verschiedenen Akteuren getragene und mit unterschiedlichen Interessen befrachtete politische Nutzung von Geschichte in der Öffentlichkeit, um mobilisierende, politisierende oder legitimierende Wirkungen in der politischen Auseinandersetzung zu erzielen"[89] – große Beachtung geschenkt. Erinnerungspolitik wirkt in pluralistischen Gesellschaften direkt auf Institutionen und Bereiche, die staatlicher Einflußnahme unterliegen – die Gestaltung von Gedenktagen, Museen, Denkmälern, Gedenkstätten, staatlich verantwortete Denkmalpflege und -schutz, Programmpolitik des öffentlich-rechtlichen Fernsehens und Rundfunks und die justizielle Aufarbeitung der Vergangenheit –, weniger allerdings auf die Vermarktung und Beschäftigung mit der Erinnerung in privaten (neuen) Medien und Unternehmen. Indikatoren von Erinnerungspolitik können öffentliche Kontroversen sein, die sich gegen Instrumentalisierung, Funktionalisierung und Vereinnahmung für politische Positionen wenden.

Der Begriff Erinnerungspolitik wird derzeit entweder als Floskel ohne weitergehendes Erkenntnisinteresse oder sogar abwertend gebraucht. Erinnerungspolitik als pädagogisch-politische Aufgabe wird zwar von einigen Einrichtungen geleistet,[90] ist bisher aber nicht übergreifend und systematisch definiert worden. Erinnerungspolitik degeneriert zur Analysekategorie, wenn ihre aufklärerisch-kritischen Potentiale vernachlässigt werden.

Erinnerungspolitik steht in einem Spannungsverhältnis zur Geschichtswissenschaft: Im langwierigen wissenschaftlichen Prozeß werden die Fakten in ihrer Fülle zusammengetragen, analysiert und um ihre Interpretation gerungen, im politischen Alltag hingegen vereinfacht und verkürzt. Erinnerungspolitik kann sich auf sämtliche historische Themen und ihre öffentliche Repräsentation beziehen.

Die bundesrepublikanische Erinnerungspolitik[91] hatte bis 1989 immer die beiden Bezugspunkte Nationalsozialismus und deutsche Frage, die nach 1989 als doppelte Vergangenheit weiter existieren.[92] Anfängliche Befürchtungen, die Aufarbeitung des DDR-Unrechts könnte die des Nationalsozialismus völlig ablösen,

---

89 Wolfrum, Edgar, Geschichte als Politikum – Geschichtspolitik. Internationale Forschungen zum 19. und 20. Jahrhundert, in: NPL 41 (1996), S. 376–401, hier S. 377. Aus Gründen der argumentativen Stringenz wird im Rahmen dieser Arbeit der Begriff Erinnerungspolitik zugrunde gelegt, der inhaltlich mit Geschichtspolitik identisch ist. Vgl. ferner Wolfrum, Edgar, Geschichtspolitik in der Bundesrepublik Deutschland. Der Weg zur bundesrepublikanischen Erinnerung 1948–1990, Darmstadt 1999.
90 Diese pädagogisch-politische Aufgabe wird zumeist als Erinnerungsarbeit bezeichnet.
91 Zur Erinnerungspolitik der SED vgl. Herf, Jeffrey, Memory and Policy in East Germany from Ulbricht to Honecker, in: ders., Divided Memory. The Nazi Past in the Two Germanys, Cambridge 1997, S. 162 ff.; Klessmann, „Vergangenheitsbewältigung", S. 1099 ff.; Mertens, Lothar, Die SED und die NS-Vergangenheit, in: Bergmann, Werner et al. (Hgg.), Schwieriges Erbe, Frankfurt am Main 1995, S. 194–211.
92 Vgl. zum Folgenden Wolfrum, Geschichtspolitik in der Bundesrepublik Deutschland 1949–89, in: Aus Politik und Zeitgeschichte B 45/98, S. 3–15, hier S. 5 ff.; Domansky, Elisabeth, Die gespaltene Erinnerung, in: Koeppen, Kunst und Literatur, S. 178–198, hier S. 181 ff.; Geyer, Mi-

haben sich nicht bestätigt.[93] Differenziert betrachtet, lassen sich bis 1989 verschiedene Phasen der Erinnerungspolitik unterscheiden, eine wirkliche Zäsur etwa Mitte der 60er Jahre. In der unmittelbaren Nachkriegszeit bis zum Mauerbau 1961 wurde die Aufarbeitung des Nationalsozialismus durch die Stilisierung von Gründungsmythen der Bundesrepublik überlagert und verdrängt. Im Streit Westintegration vor Einheit oder Einheit vor Westintegration wurde der Aufstand vom 17. Juni 1953 in der DDR zum Schlüsselereignis der Erinnerungspolitik bis Mitte der 60er Jahre. Die sozialdemokratische Opposition drängte auf Einrichtung des *Tags der deutschen Einheit* als Symbol ihrer Wiedervereinigungspolitik, obwohl die Tendenz zur Westintegration offensichtlich war. Adenauer interpretierte den 17. Juni als Aufstand für die Westbindung.[94]

Mitte der 60er Jahre setzten durch sich überschneidende Entwicklungen tiefgreifende Revisionen des westdeutschen Geschichtsbildes ein: Die internationale Entspannungspolitik deutete sich an, der Mauerbau führte zu neuen Konzepten in der Deutschlandpolitik und die jüngere Generation in Gesellschaft, Wissenschaft und Politik forderte eine umfassende Aufarbeitung der NS-Vergangenheit, die sich zu einem Generationenkonflikt ausweitete. Die APO wurde schließlich zum Katalysator eines umfassenden Paradigmenwechsels. Als früher Indikator gilt die Fischer-Kontroverse 1961–1965, die zum Politikum wurde, weil der Hamburger Historiker Fritz Fischer mit der These, Deutschland trage die alleinige Schuld am Ausbruch des ersten Weltkriegs, das gängige Geschichtsbild erschütterte.[95] Der gesellschaftliche Aufbruch der APO manifestierte sich in der sozial-liberalen Koalition seit 1969 *(Mehr Demokratie wagen)*, die durch ihre neue Ostpolitik einen erinnerungspolitischen Umbruch herbeiführte. Zum Symbol wurde Brandts Kniefall vor dem Denkmal für die Opfer des Warschauer Ghettos, der die Notwendigkeit der Versöhnung mit dem Osten moralisch unterstrich. Zwischen 1969 und 1974 wurde die Bundesrepublik erinnerungspolitisch neu verortet. Anstelle der nationalen Bezugspunkte deutscher Geschichte traten die freiheitlichen wie Hambacher Fest und Revolu-

---

chael, The Politics of Memory in Contemporary Germany, in: Copjec, Joan, Radical Evil, London, New York 1996, S. 169–200, hier S. 171 ff. und Dubiel, Niemand ist frei, S. 35 ff.
93 Obenaus, Herbert, NS-Geschichte nach dem Ende der DDR: eine abgeschlossene Vergangenheit?, Hannover 1992.
94 Vgl. Wolfrum, Edgar, Geschichtspolitik und deutsche Frage. Der 17. Juni im nationalen Gedächtnis der Bundesrepublik (1953–1989), in: GG 24 (1998), S. 382–411; ders., Der Kult um den verlorenen Nationalstaat in der Bundesrepublik Deutschland bis Mitte der 60er Jahre, in: Historische Anthropologie 5 (1997), S. 83–114.
95 Vgl. Fischer, Fritz, Griff nach der Weltmacht. Die Kriegszielpolitik des kaiserlichen Deutschland 1914/18, Düsseldorf 1961; Schraepeler, Ernst, Die Forschung über den Ausbruch des Ersten Weltkrieges im Wandel des Geschichtsbildes 1919–1969, in: GWU 23 (1972), S. 321–338; Berghahn, Volker R., Die Fischer-Kontroverse – 15 Jahre danach, in: GG 6 (1980), S. 403–419; Jäger, Wolfgang, Historische Forschung und politische Kultur in Deutschland. Die Debatte 1914–1980 über den Ausbruch des Ersten Weltkriegs, Göttingen 1984; Ullrich, Volker, Unerschrocken ein Tabu gebrochen. Der Hamburger Historiker Fritz Fischer wird 90 Jahre alt, in: Die Zeit, 5.3.1998.

tion von 1848. Seit Mitte der 70er Jahre reagierten Konservative auf den demokratisch-kritischen Anspruch der sozial-liberalen Koalition mit neuen Werten: Statt *verändern* wollten sie *bewahren*, gegen *Emanzipation* setzten sie *Identität*.[96]

Für die Erinnerungspolitik der Regierung Kohl wurde *Identität* zum zentralen Begriff. Im Zusammenhang mit Lokalgeschichte gewann der Topos *Heimat* wieder an Bedeutung. Die Demokratisierung der Geschichtswissenschaft hatte die Perspektive *Geschichte von unten* hervorgebracht, wodurch Laien in Geschichtswerkstätten vor Ort motiviert werden konnten. Ein *Geschichtsboom* setzte ein, der sich in einer Vielzahl historischer Ausstellungen, Romane, Kinofilme und Fernsehdokumentationen niederschlug. Nach der Wende von 1982/83 sollte die bundesrepublikanische Erfolgsstory als nationale, kollektive Erinnerung mit Hilfe der umstrittenen Projekte Deutsches Historisches Museum und Haus der Geschichte unterstrichen werden. Begleitet wurde dieser Versuch durch zahlreiche Kontroversen um Nationalstaat, Nationalgefühl und Normalisierung. Kohls Politik der Gesten, die auf die Aussöhnung mit der Vergangenheit zielten, wurden teils heftig kritisiert: 1984 das Wort von der „Gnade der späten Geburt" während seiner Israel-Reise, 1985 die Bitburg-Affäre[97] und 1993 die Umgestaltung der Neuen Wache.[98] In der Kontroverse um das *Denkmal für die ermordeten Juden Europas* führte er, abgesehen vom Veto gegen den Entwurf der Künstlergruppe um Jackob-Marks, keine Entscheidung herbei. Andere Gesten wurden zum Symbol: Das Bild von Kohl und Mitterrand am 22. September 1984 Hand in Hand vor dem Beinhaus von Douaumont/Verdun als Zeichen der deutsch-französischen Freundschaft.

Den Höhepunkt erreichte die Affirmation der alten Bundesrepublik in den Feiern zu ihrem 40jährigen Bestehen 1989, fern von Grenzöffnung und Wiedervereinigung.

Auf die veränderte erinnerungspolitische Lage nach 1989/90 hat der Bundestag mit den beiden hochgelobten Enquete-Kommissionen *Aufarbeitung von Geschichte und Folgen der SED-Diktatur in Deutschland* und *Überwindung der Folgen der SED-Diktatur im Prozeß der deutschen Einheit* reagiert, an denen maßgeblich CDU-Politiker beteiligt waren. Mit Ausnahme einzelner Projekte, wie das *Zeitgeschichtliche Forum Leipzig*, orientierte sich die Erinnerungspolitik der Regierung Kohl von 1989–1998 weiterhin an der Geschichte der alten Bundesrepublik.[99]

---

96 Jeismann, Karl-Ernst, „Identität" statt „Emanzipation"? Zum Geschichtsbewußtsein in der Bundesrepublik, in: Aus Politik und Zeitgeschichte B 20–21/86, S. 3–16.
97 Hartmann, Geoffrey H., Bitburg in Moral and Political Perspective, Bloomington 1986.
98 Vgl. Endlich, Stefanie und Thomas Lutz, Gedenken und Lernen an historischen Orten. Ein Wegweiser zu Gedenkstätten für die Opfer des Nationalsozialismus in Berlin, Berlin 1995, S. 114 f.; Zeller, Joachim, Die neue „Zentrale Gedenkstätte der Bundesrepublik Deutschland" – ihre Entstehungsgeschichte im Überblick, in: GEP 5 (1994), S. 374–387.
99 Für den Wunsch der raschen Überwindung der DDR-Identität spricht die Umbenennung von Straßen. Vgl. Boockmann, Hartmut, Alte Straßen, neue Namen, in: GWU 45 (1994), S. 579–591.

Ob sich durch den Regierungswechsel von 1998 eine völlige geschichtspolitische Umorientierung abzeichnet, läßt sich noch nicht definitiv ausmachen. Als erstes Anzeichen galt die Regierungserklärung des Kanzlers Gerhard Schröder am 10. November 1998, die die angestrebte *Normalität* beschwor:

„Dieser Wechsel ist Ausdruck demokratischer Normalität und Ausdruck eines gewachsenen demokratischen Selbstbewußtseins."[100]
„Was ich hier formuliere, ist das Selbstbewußtsein einer erwachsenen Nation, die sich niemandem über-, aber auch niemandem unterlegen fühlen muß, die sich der Geschichte und ihrer Verantwortung stellt, aber bei aller Bereitschaft, sich damit auseinanderzusetzen, doch nach vorn blickt."[101]

Schröder wünschte sich nach der Bundestagswahl ein Denkmal für die ermordeten Juden Europas „wo man gerne hingeht", plädierte für den Wiederaufbau des Berliner Stadtschlosses, „weil es schön ist", versprach die Verteidigung deutscher Unternehmen gegen „globalisierte" Ansprüche ehemaliger Zwangsarbeiter und blieb dem Gedenken an den 80. Jahrestag der Beendigung des Ersten Weltkriegs in Frankreich „aus Termingründen" fern.[102] Dieser neue Ton in der Politik wäre seinem Vorgänger Kohl als mutwillige Verdrängung deutscher Geschichte angelastet worden.

Das Bewußtsein für Erinnerungspolitik ist in den USA nur in geringem Maße gegeben. Es äußert sich in Erinnerungskonflikten und in der Auseinandersetzung um Geschichtsbilder *(Who owns history?)*. Ein Begriff der Erinnerungspolitik und dessen theoretische Begründung, sowie eine systematische Analyse für den Zeitraum nach 1945 liegen derzeit nicht vor.[103] Allein die neokonservative Wende unter der Präsidentschaft Ronald Reagans, die sich erinnerungspolitisch in der USA-Glorifizierung und der Pflege ihrer Geschichtsmythen zeigte, fand eingehende Betrachtung:[104]

---

100 Presse- und Informationsamt der Bundesregierung (Hg.), Die Regierungserklärung von Bundeskanzler Gerhard Schröder, Bonn 1998, S. 5.
101 Ebd., S. 34 f.
102 Vgl. Mohr, Reinhard, Total Normal?, in: Der Spiegel 49/1998, S. 40–48; Hofmann, Gunter und Siegrid Löffler, Eine offene Republik. Ein Zeit-Gespräch mit Bundeskanzler Gerhard Schröder über das geplante Holocaust-Mahnmal, die Folgen der Walser-Bubis-Debatte und der Wiederaufbau des Berliner Schlosses, in: Die Zeit, 4.2.1999; Lau, Jörg, Lauter kleine Projekte. Über die Erfindung eines Mini-Ministeriums für Kultur und eine Alternative zum Holocaust-Denkmal, in: Die Zeit, 22.10.1998; Das Thema: Normalisierung, in: Neue Gesellschaft/Frankfurter Hefte 46 (1999), S. 221–258; Mertes, Michael, Die geteilte Erinnerung. Gerhard Schröders Reden von der „Normalität" Deutschlands ist ein Symptom der Nicht-Normalität, in: Die politische Meinung 44 (1999), S. 13–18.
103 Graham, Otis L., Politics and the Preserving of our Heritage(s), in: The Public Historian 13 (Fall 1991), S. 7–9; Milton, Sybil, In Fitting Memory. The Art and Politics of Holocaust Memorials, Detroit 1991; Sturken, Marita, Tangled Memories. The Vietnam War, the AIDS Epidemic, and the Politics of Remembering, Berkeley 1997.
104 Bodnar, Remaking America

> „Reagan and his colleagues set out both to claim historical pedigree for contemporary right-wing policies and to reconstruct an edifice of historical explanation that was largely dismantled, by professional historians and popular protest, in the 60s and 70s.[105]

Erinnerungen, die diese Besinnung auf den amerikanischen Patriotismus behinderten, wurden argumentativ relativiert. Das *Vietnam-Trauma* sollte durch eine neue Deutung des Vietnam-Kriegs zerstört werden, indem er einseitig als legitimer, erfolgreicher, weitere sowjetische Expansion verhindernder Krieg interpretiert wurde. Als Ursache wurde ein Angriff auf amerikanische Militärberater in Süd-Vietnam durch *Pipe Bombs* erfunden, auf den Kennedy mit der Entsendung von Zerstörern der *U.S. Navy* reagiert habe. Für sein Scheitern wurde die Friedensbewegung verantwortlich gemacht, da der Rückhalt aus der Heimat nicht gegeben gewesen sei. Die amerikanische Intervention wurde als moralische Notwendigkeit zur Abwehr des kommunistischen Aggressors gedeutet.[106]

Reagans Besuch des Konzentrationslagers Bergen-Belsen und des Soldatenfriedhofs in Bitburg im Mai 1985 anläßlich des 40. Jahrestags der Beendigung des Zweiten Weltkriegs gilt als weiteres Beispiel für den Versuch, die Schattenseiten der Vergangenheit ruhen zu lassen. Schon im Vorfeld brach in den USA Entrüstung über den Besuch eines Soldatenfriedhofs aus, auf dem nicht wie angenommen amerikanische und deutsche Soldaten begraben wurden, sondern lediglich deutsche und unter ihnen 48 Angehörige der Waffen-SS. Dieser Umstand führte zu innenpolitischen Problemen, da amerikanische Juden und Weltkriegsveteranen gegen das Vorhaben protestierten. Unter dem Druck des Senats wurde der Besuch einer Gedenkfeier in Bergen-Belsen zusätzlich ins Programm genommen, die Zeremonie in Bitburg gestrafft und die Reden Kohls und Reagans auf das Gelände des benachbarten amerikanischen Luftwaffenstützpunktes verlegt. Reagan verringerte in seiner Rede in Bitburg die politische Last der Vergangenheit, indem er den Nationalsozialismus auf ein „one man's totalitarian dictatorship" verkürzte und die Bundesrepublik als „such a profound and hopeful testament to the human spirit" lobte.[107]

---

105 Wallace, Mike, Ronald Reagan and the Politics of History, in: ders., Mickey Mouse History, S. 249–268, hier S. 250.
106 Vgl. ebd., S. 250 f.; Dahms, Hellmuth Günther, Grundzüge der Geschichte der Vereinigten Staaten, Darmstadt ⁴1997, S. 169 ff. In der amerikanischen Geschichtswissenschaft besteht ein Konsens, daß die Intervention in Vietnam unmittelbar mit dem Kalten Krieg in Verbindung stand, Uneinigkeit aber in der Frage der Ursache. Vgl. Frey, Marc, Der Vietnam-Krieg im Spiegel der neueren amerikanischen Forschung, in: NPL 42 (1997), S. 29–47, hier S. 29 ff.
107 Remarks of President Reagan at Bitburg Air Base, May 5, 1995, in: Hartmann, Bitburg, S. 258–261, hier S. 259 ff., Habermas, Jürgen, Die Entsorgung der Vergangenheit: Ein kulturpolitisches Pamphlet, in: Die Zeit, 24.5.1985; „Auf Kohls Rat hören wir nicht wieder". Das deutsch-amerikanische Trauerspiel um das Gedenken an den 8. Mai 1945, in: Der Spiegel 18/1985, S. 17–29; Reichel, Erinnerung, S. 280 ff.

Reagan schützte das amerikanische „pantheon of heroes" vor unerwünschten neuen Helden. Infolge einer Kampagne, die Kings kommunistische Haltung nachweisen sollte, wurde ein nationaler Gedenktag an seinem Geburtstag verhindert.[108] Mike Wallace resümiert:

> „[...] the administration launched an aggressive and broad-based attack on prevailing understandings of the past. [...] This elimination of inconvenient memories, this retrospective tidying up of the past, was not considered to be tampering with the truth, but rather bringing out deeper truths. Indeed, the mythmaking process exempted its producers from the problem of error."[109]

2.3.3.2 Affektives Handlungsfeld: Nationalfeiertage und politische Gedenktage

Auch in demokratischen Gesellschaften wird das affektive Handlungsfeld auf nationaler Ebene durch gesetzlich festgelegte Nationalfeiertage, politische Gedenktage, Gedenkjahre und deren Jubiläen ausgefüllt:

> „Politische Gedenktage thematisieren und verinnerlichen öffentlich kollektiv erlebte Ereignisse, die in spezifischer Weise für den Bestand politischer Systeme von großer Bedeutung waren oder noch sind. (...) Politische Gedenktage gelten als verdichtete Symbole, die mit situativen Kontexten verknüpft sind, Emotionen hervorrufen und als politische Darstellungen verstanden werden können, mit deren Hilfe komplexe Sinnzusammenhänge reduziert, konstruiert und vermittelt werden."[110]

Politische Gedenktage dienen der Sicherung von Identität, Integration und Stabilität, sowie der Identifikation mit dem politischen System, des Konsenses und der Massenloyalität.[111] Gedenktage werden in demokratischen Gesellschaften zur Bündelung differenzierter und individueller Erinnerungen und Geschichtsbilder herangezogen. Die sich überlappenden Geschichtsbilder werden im Gedenktag reduziert und focussiert. Dieser Vorgang entspricht der Transformation von ei-

---

108 Vgl. Wallace, Ronald Reagan, S. 252; Berkowitz, Edward, History and Public Policy, in: Howe, Barbara J. et al. (Hgg.), Public History – An Introduction, Malabar 1986, S. 414–426, hier S. 420.
109 Ebd., S. 252 ff.
110 Schiller, Dietmar, Politische Gedenktage in Deutschland. Zum Verhältnis von öffentlicher Erinnerung und politischer Kultur, in: Aus Politik und Zeitgeschichte B 25 (1993), S. 32–39, hier S. 32.
111 Vgl. Reichel, Erinnerung, S. 359; Schiller, Politische Gedenktage in Deutschland, S. 32; Bergmann, Klaus, Gedenktage, Gedenkjahre, in: ders., Handbuch der Geschichtsdidaktik (⁵1997), S. 758–767, hier S. 761.

nem individuellen in ein kollektives Geschichtsbewußtsein.[112] Politische Gedenktage zielen damit auf über-individuelle Ereignisse des gemeinsamen Staates.

Dennoch haben Gedenktage als integrierendes Instrumentarium einen ambivalenten Charakter, der sich in aktiver und passiver Unterstützung, Desinteresse, Widerspruch und Ablehnung äußert. Grundsätzlich besteht die Möglichkeit, politische Gedenktage kritisch-reflexiv als auch affirmativ zu nutzen.[113] Das Affirmative überwiegt jedoch in der Praxis: Das historische Ereignis wird als ein in sich stimmiges und schlüssiges präsentiert, um den Erwartungen und Motiven vieler Beteiligten gerecht zu werden. Öffentliche Diskussionen bezüglich der Gestaltung eines Gedenktags und dessen öffentliche Reflexion sind Ausdruck demokratischer Kultur. Insbesondere Jubiläen können zu einer kritisch-reflexiven Auseinandersetzung mit Inhalten und Formen von Gedenktagen Anlaß geben.[114] Von der Schwierigkeit des öffentlichen Umgangs mit Gedenktagen zeugen politische Skandale.[115]

Die Besinnung auf eine gemeinsame Geschichte bedeutet zugleich die Abgrenzung zu anderen Nationen. Die Gedenktage in der alten Bundesrepublik dienten immer auch der Abgrenzung gegenüber der DDR und umgekehrt (anti-sozialistisch/anti-imperialistisch).

In Gedenktagen wird ein statisches Geschichtsbewußtsein vermittelt. Das kann zu Spannungen führen, wenn unterhalb der staatlichen Ebene ein dynamisches Geschichtsbewußtsein existiert und in nicht-nationalem Gedenken seinen Ausdruck findet.[116] Ein Gedenktag kann bei zunehmender zeitlicher und politischer Distanz und Veränderung des Geschichtsbewußtseins seine Aussagekraft verlieren.[117]

---

112 Schiller, Dietmar, Vom Sedantag zum „Heldengedenktag". Über die Ritualisierung des Nationalen. Der 3. Oktober im Spiegel politischer Feiertage, in: Frankfurter Rundschau, 2.10.1993.
113 Süssmuth, Luther 1983 in beiden deutschen Staaten, S. 17.
114 Reinalter, Helmut, Grundsätzliche Überlegungen zu historischen Gedenktagen, in: Pellens, Karl (Hg.), Historische Gedenkjahre im politischen Bewußtsein, Stuttgart 1992, S. 9–19, hier S. 17. Das sogenannte Supergedenkjahr 1995 in der Bundesrepublik, das *Civil War Centennial* (1961–65), das *American Revolution Bicentennial* (1976) in den USA und das *Bicennaire der Französischen Revolution* (1989) in Frankreich können als Beispiele kritisch-reflexiver Auseinandersetzung gelten. Vgl. Naumann, Klaus, Der Krieg als Text. Das Jahr 1945 im kulturellen Gedächtnis der Presse, Hamburg 1998; Bodnar, Remaking America, S. 206 ff.; Christadler, Marieluise, 200 Jahre danach: Die Revolutionsfeiern zwischen postmodernem Festival und republikanischer Wachsamkeit, in: Aus Politik und Zeitgeschichte B 22 (1989), S. 24–31.
115 Vgl. Jenninger-Rede zum 9. November 1988; Reichel, Erinnerung, S. 313 ff.
116 Vgl, Bergmann, Gedenktage, Gedenkjahre, S. 765; Bodnar, Remaking, America, S. 245 ff.
117 Lehnert, Detlev und Klaus Megerle (Hgg.), Politische Identität und nationale Gedenktage. Zur politischen Kultur der Weimarer Republik, Opladen 1989, S. 12. Dietmar Schiller und Alexander Gallus weisen dies am Beispiel des Tags der deutschen Einheit (17. Juni) in der alten Bundesrepublik nach. Vgl. Schiller, Politische Gedenktage in Deutschland, S. 32 ff.; Gallus, Alexander, Der 17. Juni im Deutschen Bundestag von 1954 bis 1990, in: Aus Politik und Zeitgeschichte B 25 (1993), S. 12–21.

Das besondere Merkmal politischer Gedenktage – ihr ritualisierender Charakter, der sich in der jährlichen Wiederkehr, formalisierten Verlaufsformen und Konventionen zeigt – kennzeichnet das Hauptproblem öffentlichen Gedenkens. Allseits werden Inszenierung, Manipulation und hohles wie moralisierendes Pathos beklagt.[118] Demgegenüber steht der Mythos der runden Zahl und das immer größer werdende Bedürfnis, Gedenktage öffentlich und feierlich zu begehen.[119]

Neben *gegenwärtigen Gedenktagen* sind *historische Gedenktage, Feste und Jubiläen*[120] zu beachten, die überholt, abgeschafft und vergessen sind, aber über das politische Selbstverständnis ihrer Zeit heute noch Auskunft geben. Die wechselvolle deutsche Geschichte bietet hier zahlreiche Beispiele: Das Wartburgfest 1817, das Hambacher Fest 1832, die Kölner Dombaufeste 1842–1880, Luther- und Schillerfeste sind charakteristisch für die Festkultur des 19. Jahrhunderts. Mit der Reichsgründung 1871 traten drei Gedenktage in den Vordergrund, die die Mentalität des Kaiserreichs – Förderung der nationalen Gesinnung durch das Beschwören äußerer Feinde und Kaiserkult – symbolisierten: Tag der Reichsgründung (18. Januar), Sedantag (2. September) und die Kaisergeburtstage (Wilhelm I: 22. März, Wilhelm II: 27. Januar). In der Weimarer Republik wurde der Tag des Inkrafttretens der Verfassung (11. August) nationaler Gedenktag, daneben etablierte sich seit Mitte der 20er Jahre der Volkstrauertag zum Gedenktag an die Opfer des Ersten Weltkriegs.[121]

Totalitäre Staaten weisen ungleich mehr Gedenktage als demokratische Staaten auf. Im nationalsozialistischen Deutschland und der DDR wurde das ganze Jahr nach Gedenktagen gegliedert und ritualisiert. Im Sinne der nationalsozialistischen Ideologie wurden bestehende Gedenktage umgedeutet, andere hinzugefügt: Feiertag der nationalen Arbeit (1. Mai), Heldengedenktag (Volkstrauertag), Gedenktag für die Gefallenen der Bewegung (9. November), Tag der Machtergreifung (30. Januar), Geburtstag des Führers (20. April), Muttertag

---

118 Distel, Barbara und Wolfgang Benz, Editorial, in: dies. (Hgg.), Erinnern oder Verweigern – Das schwierige Thema Nationalsozialismus, in: Dachauer Hefte 6 (1990), Nr. 6, S. 1–2, hier S. 1 ff.; Steinbach, Peter, Gedenken: Stachel im Fleisch der Gesellschaft – Fragezeichen für die Nachlebenden, in: GEP 8 (1997), S. 18–21; Benz, Öffentliche Erinnerung, S. 703 ff.
119 Vgl. Schlaffer, Heinz, Gedenktage, in: Merkur 43 (1989), S. 81–84; Hardtwig, Wolfgang, Die Sehnsucht nach Größe. Über das intensive Bedürfnis, historische Jahrestage zu feiern, in: ders., Geschichtskultur und Wissenschaft, München 1990, S. 302–309; Reichel, Der Mythos der runden Zahl, in: ders., Erinnerung, S. 272–275.
120 Zur Entstehungsgeschichte von politischen Festen und Gedenktagen vgl. Reinalter, Grundsätzliche Überlegungen zu historischen Gedenktagen, S. 9 ff.; Schellack, Fritz, Nationalfeiertage in Deutschland von 1871 bis 1945, Frankfurt am Main 1990, S. 7 ff., Voigt, Rüdiger, Mythen, Rituale und Symbole in der Politik, in: ders. (Hg.), Politik der Symbole, Symbole der Politik, Opladen 1989, S. 9–37, hier S. 9 ff.; Münch, Paul, Fêtes pour le peuple, rien par le peuple. „Öffentliche Feste" im Programm der Aufklärung. in: Düding, Öffentliche Festkultur, S. S. 25–45; Maurer, Michael, Feste und Feiern als historischer Forschungsgegenstand, in: HZ 253 (1991), S. 101–130.
121 Vgl. Düding, Öffentliche Festkultur, S. 89 ff.; Schellack, Nationalfeiertage, S. 15 ff.; Bergmann, Gedenktage, Gedenkjahre, S. 764.

(Mai), Sommer- und Wintersonnenwende (21. Juni/21. Dezember) und Reichsparteitag (September).

In Abgrenzung zu „Faschismus und Kapitalismus" wurden in der DDR die Staatsfeiertage Internationaler Kampf- und Feiertag der Werktätigen (1. Mai) und Gründungstag der DDR (7. Oktober) und die Gedenktage Ermordung Rosa Luxemburgs und Karl Liebknechts (15. Januar), Woche der Waffenbrüderschaft (23. Februar bis 1. März), Internationaler Frauentag (8. März), Jahrestag der Befreiung vom Faschismus (8. Mai) und Internationaler Gedenktag für die Opfer des faschistischen Terrors und Kampftag gegen Faschismus und imperialistischen Krieg (21. April) begangen.[122]

In der alten Bundesrepublik standen Gedenktage im Vordergrund, die die deutsche Teilung und die bundesrepublikanische Identität widerspiegelten: Tag der deutschen Einheit (17. Juni), Mauerbau 1961 (13. August), Tag der Arbeit (1. Mai), Befreiung vom Nationalsozialismus (8. Mai),[123] Verkündung des Grundgesetzes (23. Mai), Volkstrauertag (im Rückgriff auf die Weimarer Republik), Attentat auf Hitler (20. Juli)[124] und 9. November (Pogrom 1938).[125] Im vereinten Deutschland wurde der Tag der Deutschen Einheit (3. Oktober) unter öffentlichen Diskussionen nationaler Feiertag, der 17. Juni besteht als Gedenktag fort.[126] 1996 proklamierte Roman Herzog den 27. Januar als Gedenktag für die Opfer des Nationalsozialismus.[127]

In den westlichen Demokratien weist das Nebeneinander von Nationalfeiertagen und politischen Gedenktagen strukturelle Ähnlichkeiten auf. In den USA ist der *Independance Day* (4. Juli), in Frankreich der 14. Juli (Sturm auf die Bastille) und in den Niederlanden der *Koninginnedag* (30. April) als Nationalfeiertag ge-

---

122 Vgl. Bergmann, Gedenktage, Gedenkjahre, S. 764; Gibas, Monika, Die Inszenierung kollektiver Identität. Staatssymbolik und Staatsfeiertage in der DDR, in: Universitas 54 (1999), S. 312–325; dies. et al. (Hgg.), Widergeburten. Zur Geschichte der runden Jahrestage der DDR, Leipzig 1999.
123 Vgl. Ackermann, Volker, Zweierlei Gedenken. Der 8. Mai 1945 in der Erinnerung der Bundesrepublik Deutschland und der DDR, in: Afflerbach, Sieger und Besiegte, S. 315–334; Reichel, Erinnerung, S. 275 ff.; Seitz, Norbert, Die kalte Revision. Zur Aktualität der 8.-Mai-Rede Weizsäckers, in: Neue Gesellschaft/Frankfurter Hefte 42 (1995), S. 389–392.
124 Vgl. Pfahl-Traughber, Armin, Der 20. Juli 1944 und der Widerstand gegen den Nationalsozialismus – Neuerscheinungen zum 50. Jahrestag des Hitler-Attentats, in: NPL 40 (1995), S. 254–265; Holler, Regina, 20. Juli 1944. Vermächtnis oder Alibi?, München 1994; Steinbach, Peter, Widerstand im Dritten Reich – die Keimzelle der Nachkriegsdemokratie?, in: Überschär, Gerd R. (Hg.), Der 20. Juli 1944. Bewertung und Rezeption des Widerstands gegen das NS-Regime, Köln 1994, S. 79–100, ders., Erinnerung und Geschichtspolitik, in: Universitas 50 (1995), S. 181–194 und S. 285–294; Reichel, Erinnerung, S. 296 ff.
125 Horn, Christa, Der 9. November. Nationaler Gedenktag oder Nationalfeiertag, in: Geschichte lernen, Heft 49 (1996), S. 55–59.
126 Vgl. Krotz, Friedrich, Vom Feiern eines nationalen Feiertages. Versuch eines Resümees, in: ders. und Dieter Wiedemann (Hgg.), Der 3. Oktober 1990 im Fernsehen und im Erleben der Deutschen, Hamburg 1991, S. 264–285; Reichel, Erinnerung, 320 f.
127 Herzog, Roman, Rede des Bundespräsidenten zum Gedenken an die Opfer des Nationalsozialismus, in: BPA Nr. 6 (1996), S. 46–48.

setzlich festgelegt. Ferner existieren Gedenktage, die nationale oder supranationale Ereignisse betreffen. Seit 1868 wird in den USA am 30. Mai *(Memorial Day/ Decoration Day)* der Gefallenen im Sezessionskrieg von 1861–65 gedacht. Der Erinnerung an die Opfer und die Beendigung beider Weltkriege ist in der Bundesrepublik der Volkstrauertag, in den USA und Canada der *Veterans Day* (11. November), in Großbritannien der *Remembrance Sunday* (circa 11. November) und in den Niederlanden der 4. Mai gewidmet.[128] Der *Victory Day* (8. Mai) kann besonders in Frankreich und Großbritannien nicht unbelastet begangen werden: In Frankreich ist dieser Tag mit der Erinnerung an die Kollaboration mit den Deutschen belastet. In Großbritannien bereitet die Erinnerung an die verfehlende Appeasement-Politik gegenüber Hitler auch heute noch Schwierigkeiten.[129]

Eine völlig abweichende Erinnerung findet in Israel statt, die sich am jüdischen Kalender orientiert, der die Zeit in einen verbindlichen Ablaufplan einteilt. Den Opfern der Shoah ist der *Jom Hashoah Wehagvura* (Tag des Gedenkens an die Shoah und den Heldenmut) am 27. Nissan gewidmet. In ganz Israel werden zwei Schweigeminuten abgehalten, während denen der Verkehr auf den Straßen ruht.[130]

2.3.3.3 Ästhetisch-expressives Handlungsfeld: Orte der Erinnerung

Pierre Nora prägt mit dem Titel seines Monumentalwerks *Les Lieux de Mémoire* nicht nur eine Neuschöpfung der französischen Sprache, sondern einen international rezipierten Begriff für die Topoi der nationalen Erinnerungskulturen.[131] Als *Gedächtnisorte* ist er in die deutschsprachige Literatur eingegangen.[132] Noras gesamte Argumentation basiert auf der Annahme, daß die Hochkonjunktur der *Lieux de Mémoire* auf den Verlust der *Milieux de Mémoire*, der kommunikativen Erinnerung, zurückzuführen sei:

---

128 In den Niederlanden wird zusätzlich der 25. Februar als Gedenktag an den Widerstand gegen die deutsche Besatzungsmacht begangen.
129 Reichel, Erinnerung, S. 287 ff.
130 Young, James E., Jom Hashoah. Die Gestaltung eines Gedenktages, in: Berg, Nicolas et al. (Hgg.), Shoah. Formen der Erinnerung. Geschichte, Philosophie, Literatur, Kunst, München 1996, S. 53–76.
131 Nora, Pierre (Hg.), Les lieux de mémoire, Teil I-III (La République, La Nation, La France), 7 Bde., Paris 1984–1992. Nora entfaltet in dieser Aufsatzsammlung das gesamte Spektrum der französischen Erinnerungskultur: Über Versailles, Verdun, Tricolore, Jeanne d'Arc bis hin zu Wein und Café. Vgl. auch die Besprechungen von Große-Kracht, Klaus, Gedächtnis und Geschichte: Maurice Halbwachs – Pierre Nora, in: GWU 47 (1996), S. 21–31; Krumeich, Gerd, Le ‚Grand Nora', in: Magazine littéraire 307 (1993), S. 51–54. Eine deutsche Entsprechung liegt derzeit nicht vor: „Les lieux de mémoire allemands? Ce serait un échec assuré. Nous ne nous souvenons même pas de nos fêtes nationales." (Krumeich, ebenda, S. 54). Vgl. ebenso die Gegenposition von Jürgen Danyel, der sich in seiner Argumentation selbst widerlegt: Danyel, Jürgen, Unwirtliche Gegenden und abgelegene Orte? Der Nationalsozialismus und die deutsche Teilung als Herausforderungen einer Geschichte der deutschen „Erinnerungsorte", in: GG 24 (1998), S. 463–475.
132 Reichel, Erinnerung, S. 25 ff.

„Les lieux de mémoire, ce sont d'abord des restes. [...] Ce que sécrète, dresse, établit, construit, décrète, entretient par l'artifice et par la volonté une collectivité fondamentalement entraînée dans sa transformation et son renouvellement. Valorisant par nature le neuf sur l'ancien, le jeune sur le vieux, l'avenir sur le passé. Musées, archives, cimetières et collections, fêtes, anniversaires, traités, procès-verbaux, monuments, sanctaires, associations, ce sont les buttes témoins d'un autre âge, des illusions d'éternité."[133]

Gedächtnisorte suggerieren Authentizität, dienen der Repräsentation und Imagination.[134] Sie gehören, abgesehen von Festen und Gedenktagen, mehrheitlich dem ästhetisch-expressiven Handlungsfeld an. Als Gedächtnisorte öffentlicher Relevanz gelten Ruinen, Denkmäler, Gedenkstätten, Museen, Autobiographien, Briefe, Bilder und Photos, wobei einzelne Gedächtnisorte häufig mehrere der genannten Komponenten integrieren.[135] Gedächtnisorte im engeren Sinne, die als Denkmäler, Gedenkstätten und Museen räumlich fixiert sind, erfreuen sich als *Orte der Erinnerung* größter Beliebtheit.[136] Jahr für Jahr besuchen Hunderttausende die Orte der Geschichte: Europa ist von einem dichten Netz von Erinnerungsorten, wie ehemalige Konzentrations- und Vernichtungslager, Kriegsschauplätze und anderen Erinnerungsorte beider Weltkriege durchzogen.[137] In den USA existieren neben den dominierenden *Civil War Sites* zahlreiche Erinnerungsorte, die die *American Heritage* beschwören,[138] ferner Erinnerungsorte einzelner Minderheiten und Holocaust-Gedenkstätten.[139] In den letzten Jahren

---

133 Nora, Entre Mémoire et Histoire, S. XXIV. Der hier von Nora vertretene Überrest-Begriff wird nicht geteilt. Unter den Beispielen für Überreste befinden sich auch Traditionsquellen. Denkmäler können beispielsweise sowohl als Überrest (Art der Gestaltung, Material, Geisteshaltung der Erbauer) als auch als Traditionsquelle (Inhalt) gedeutet werden. Vgl. Borowsky, Peter et al. (Hgg.), Einführung in die Geschichtswissenschaft, Opladen ⁵1989, S. 124 ff.
134 Zum Thema Imagination vgl. Schörken, Rolf, Historische Imagination und Geschichtsdidaktik, Paderborn 1994.
135 Reichel, Erinnerung, S. 359.
136 Pitcaithley, Dwight T., Historic Sites: What Can Be Learned from Them?, in: The History Teacher 20 (1987), S. 207–219.
137 Reichsparteitagsgelände Nürnberg, Wolfsschanze, Obersalzberg, Peenemünde, Prora, Seelower Höhen, Verdun, Péronne (Somme), Westhoek ‚14–'18-Route (Nieuwport-Langemark-Ieper) Vgl. Puvogel, Ulrike et. al. (Hgg.), Gedenkstätten für die Opfer des Nationalsozialismus, Bonn ²1995; Haase, Nobert und Bert Pampel (Hgg.), Doppelte Last, doppelte Herausforderung. Gedenkstättenarbeit und Diktaturvergleich an Orten mit doppelter Vergangenheit, Frankfurt am Main 1998; Centrum Industriekultur Nürnberg (Hg.), Kulissen der Gewalt. Das Reichsparteitagsgelände in Nürnberg, München 1992; Bode, Volkhard und Gerhard Kaiser, Raketenspuren. Peenemünde 1936–1994, Berlin 1995; Rostock, Jürgen und Franz Zadnicek, Paradiesruinen. Das KdF-Seebad der Zwanzigtausend auf Rügen, Berlin 1992; Hénard, Abschied vom ersten Weltkrieg; Rode, Horst und Robert Ostrovsky, Militärgeschichtlicher Reiseführer Verdun, Bonn 1992; Barcellini, Serge und Annette Wieviorka, Passant, souviens-toi! Les lieux du souvenir de la Seconde Guerre mondiale en France, Paris 1995.
138 Beispielsweise *Colonial Williamsburg*.
139 Vgl. Burnham, Philip, How the Other Half Lived. A People's Guide to American Historic

wurden in Europa und den USA ambitionierte wie höchst umstrittene Museumsprojekte realisiert: Deutsches Historisches Museum in Berlin, Haus der Geschichte in Bonn, *United States Holocaust Memorial Museum* in Washington,[140] *Historial de la Grande Guerre* in Péronne, *Joods Historisch Museum* und *Verzetsmuseum* in Amsterdam.

Überwiegend beziehen sich Orte der Erinnerung auf die jüngere Vergangenheit, die noch Bestandteil der kommunikativen oder seit kurzem kulturellen Erinnerung ist. In der Übergangsphase, dem *Floating Gap*, besteht ein besonderes Bedürfnis, neue Orte der Erinnerung zu schaffen. In einigen Fällen kann dieses Bedürfnis aber schon unmittelbar nach den Ereignissen auftreten: Die zahlreiche Schaffung von Einrichtungen zur Aufarbeitung der SED-Diktatur hat sogar neue Formen wie Gedenkbibliotheken hervorgebracht. Auch weiter zurückliegende Ereignisse und deren Schauplätze, wie die Schlacht von Waterloo, verfügen über ein hohes Anziehungspotential.

An Orten der Erinnerung wird die Vergangenheit mit ästhetischen Mitteln vergegenwärtigt. Die komplexen und vielschichtigen vergangenen Realitäten werden durch Symbole oder gar Ikonen[141] repräsentiert und damit zugleich verdrängt und neu geschaffen. Authentizität ist an Orten der Erinnerung häufig nur zum Teil gegeben, da sie nach ideologischen Mustern gestaltet werden.[142] Überreste, die als Exponate dienen, müssen häufig konserviert werden.

Orte der Erinnerung im weiteren Sinne – bewegte Bilder, O-Töne, Photos, Karten, Briefe und Memoiren – erweisen sich als besonders begehrte, authentische Requisiten zur Gestaltung von Dokumentationen und Doku-Dramen, virtuellen Ausstellungen und CD-Roms.

Sites, Bosten 1995; Beeman, Marsha Lynn, Where Am I? Clue-By-Clue Descriptive Sketches of American Historical Places, Jefferson 1997; Gelbert, Doug, Civil War Sites, Memorials, Museums and Library Collections. A State-by-State Guidebook to Places open to the Public, Jefferson 1997; Gerste, Ronald, Lincolns Credo. Die Erinnerung an die grausamste Schlacht des Amerikanischen Bürgerkriegs beschert Gettysbury einen florierenden Geschichtstourismus, in: Die Zeit, 24.6.1999; Young, James E., Holocaust-Gedenkstätten in den USA. Ein Überblick, Dachauer Hefte 6 (1990), Nr. 6, S. 230–239.

140 Vgl. Linenthal. Edward T., Preserving Memory. The Struggle to Create America's Holocaust Museum, New York 1995; ders., Locating Holocaust Memory. The United States Holocaust Memorial Museum, in: Chidester, David und Edward T. Linenthal (Hgg.), American Sacred Space, Bloomonton 1995, S. 220–261; Berenbaum, Michael, The World Must Know, Boston 1993; Weinberg, Jeshajahu und Rina Elieli, The Holocaust Museum in Washington, New York 1995; Neumann, Ruth, Den Holocaust ausstellen? Das United States Holocaust Memorial Museum im Washington, in: Geschichte lenen Heft 69 (1999), S. 4–6.

141 Vgl. vor allem Brink, Cornelia, Ikonen der Vernichtung. Öffentlicher Gebrauch von Fotografien aus nationalsozialistischen Konzentrationslagern nach 1945, Berlin 1998; Hoffmann, Das Gedächtnis der Dinge.

142 Die Mahn- und Gedenkstätten Buchenwald, Sachsenhausen und Ravensbrück sind nicht nur Orte mit doppelter Vergangenheit, sondern zeugen hinsichtlich ihrer Gestaltung auch von den Vorstellungen unterschiedlicher politischer Systeme.

2.3.3.4 Instrumentell-kognitives Handlungsfeld: Geschichtswissenschaft

Das instrumentell-kognitive Handlungsfeld wird durch die wissenschaftliche Beschäftigung mit Geschichte, ihren Methoden und Hilfswissenschaften ausgefüllt. Anhand von Quellen wird die Vergangenheit dokumentiert, analysiert und interpretiert. Alle Institutionen, die den Forschungsprozeß der Geschichtswissenschaft unterstützen, zählen ebenso zu diesem Handlungsfeld.[143] Neue Forschungsmethoden wie die *Oral History*, die der empirischen Sozialwissenschaft entlehnt wurde, ermöglichen durch Anschaulichkeit und Eindringlichkeit, Forschungsgegenstände der Zeitgeschichte einem breiten Publikum näher zu bringen. Insbesondere Fernsehdokumentationen arbeiten derzeit mit Ausschnitten aus verschiedenen Zeitzeugenbefragungen und deren Montage.

Als besonders öffentlichkeits-relevantes Thema in der Bundesrepublik gilt die Aufarbeitung der NS-Vergangenheit, der sich die Geschichtswissenschaft zwar verspätet, aber letztlich in detaillierter Weise gestellt hat.[144] Im *Historikerstreit* fand die fachwissenschaftliche Auseinandersetzung über den Ort des Nationalsozialismus in der deutschen Geschichte wie die Einzigartigkeit und Vergleichbarkeit des Holocaust ihren Höhepunkt und führte zu einer Politisierung des Themas.[145] Schließlich stritten die Vertreter der Zunft auf dem 42. Historikertag 1998 in Frankfurt in der kontroversen Sektion *Historiker im Nationalsozialismus* über die „Verstrickung" ihrer akademischen Lehrer Schieder, Conze, Erdmann und Aubin in den Nationalsozialismus. Hans Mommsen nannte den Begriff „Affinität zum Nationalsozialismus" beschönigend, womit die Diskussionen ohne Konsens endeten.[146]

---

143 Beispielsweise Universität, staatliche und privatwirtschaftliche Archive, Forschungsinstitute etc.
144 Vgl. Ruck, Michael, Bibliographie zum Nationalsozialismus, Köln 1995; Kershaw, Ian, Der NS-Staat. Geschichtsinterpretationen und Kontroversen im Überblick, Frankfurt am Main ²1994; Cornelißen, Christoph, Der „Historikerstreit" über den Nationalsozialismus seit 1945, in: Afflerbach, Sieger und Besiegte, S. 335–363; Wengst, Udo, Geschichtswissenschaft und „Vergangenheitsbewältigung" in Deutschland nach 1945 und nach 1989/90, in: GWU 46 (1995), S. 189–205; Herbert, Ulrich, Vernichtungspolitik. Neue Antworten und Fragen zur Geschichte des ‚Holocaust', in: ders. (Hg.), Nationalsozialistische Vernichtungspolitik 1939–45. Neue Forschungen und Kontroversen, Frankfurt am Main 1998, S. 9–66.
145 Vgl. „Historikerstreit". Die Dokumentation zur Kontroverse um die Einzigartigkeit der nationalsozialistischen Judenvernichtung, München 1987; Pehle, Walter H. (Hg.), Der historische Ort des Nationalsozialismus. Annäherungen, Frankfurt am Main 1990; Diner, Dan (Hg.), Ist der Nationalsozialismus Geschichte? Zu Historisierung und Historikerstreit, Frankfurt am Main 1987; Maier, Charles S. , The Unmasterable Past. History. Holocaust and German National Identity, Cambridge 1988; Brockmann, Stephen, The Politics of German History, in: History and Theory 29 (1990), S. 179–189.
146 Vgl. Augstein, Franziska, Schlangen in der Grube, in: FAZ, 14.9.1998; Burgard, Paul, Die unfrohe Wissenschaft, in: Süddeutsche Zeitung, 14.9.1998; Minkmar, Nils, Der braune Unterleib der Sozialgeschichte, in: Frankfurter Rundschau, 15.9.1998; Leggewie, Claus, Mitleid mit den Doktorvätern oder: Wissenschaftsgeschichte in Biographien, in: Merkur 53 (1999), S. 433–444; Schulze, Winfried und Otto Gerhard Oexle (Hgg.), Deutsche Historiker im Nationalsozialismus, Frankfurt am Main ²2000.

Die amerikanische Geschichtswissenschaft setzt sich seit langem intensiv mit Ursache, Bedeutung und gesellschaftlichen Folgen des Vietnam-Kriegs auseinander, der in der polarisierten Öffentlichkeit nach wie vor kontrovers beurteilt wird.[147]

Der wissenschaftliche Diskurs über Geschichte findet in einer Teilöffentlichkeit statt und nimmt in der öffentlichen Erinnerungskultur den kleinsten Raum ein. Nur selten werden durch die Geschichtswissenschaft öffentliche Diskurse entfacht. Umgekehrt werden jedoch öffentliche Diskurse durch die Geschichtswissenschaft rezipiert. Öffentliche Geschichtsbilder und die der Geschichtswissenschaft sind nicht immer kongruent.

Als Beispiel dient der Streit um Daniel J. Goldhagens *Hitler's Willing Executioners,* der die Diskrepanz zwischen wissenschaftlich und medial vermittelten Geschichtsbildern verdeutlicht. Die Inszenierung und leicht verständliche These des Buches machte es zum Medienereignis und steigerte die Verkaufszahlen. Aufgrund von Emotionalisierung, Vereinfachung, methodischen und inhaltlichen Problemen konnte es der Kritik der Geschichtswissenschaft jedoch nicht standhalten. Hans Mommsen:

„Das Buch von Daniel Goldhagen fällt hinter die [...] differenzierte Forschungsdiskussion auf ganzer Linie zurück. In ihm spiegelt sich die Weigerung, in jener Mischung aus ideologischem Fanatismus, psychopathologischer Verirrung, moralischer Indifferenz und bürokratischem Perfektionismus, eben in der „Banalität des Bösen", die Ursachen für den Holocaust, [...] erkennen zu wollen. Statt dessen reduziert er die Ursachen auf den angeblich hypertrophen deutschen Antisemitismus [...]."[148]

Die öffentlichkeitswirksam-emotionale Vergegenwärtigung durch Goldhagen stand den wissenschaftlich-distanzierten Erkenntnissen der Historiker gegenüber, die das Buch später als „gelungene Provokation" einstuften, das neue Forschungsperspektiven eröffne.[149]

---

147 Frey, Der Vietnam-Krieg im Spiegel der neueren amerikanischen Forschung, S. 29 ff.
148 Mommsen, Hans, Die dünne Patina der Zivilisation, in: Die Zeit, 30.8.1996.
149 Vgl. Goldhagen, Daniel J., Hitler's Willing Executioners. Ordinary Germans and the Holocaust, New York 1996; Schoeps, Julius H. (Hg.), Ein Volk von Mördern? Die Dokumentation zur Goldhagen-Kontroverse und die Rolle der Deutschen im Holocaust, Hamburg 1996; Heil, Johannes und Rainer Erb (Hgg.), Geschichtswissenschaft und Öffentlichkeit. Der Streit um Daniel J. Goldhagen, Frankfurt am Main 1998; Schneider, Michael, Die ‚Goldhagen-Debatte': Ein Historikerstreit in der Mediengesellschaft, in: AfS 37 (1997), S. 460–481; Slotboom, Ruud, Op zoek naar de gewillige omstanders (Auf der Suche nach willigen Umständen), in: Kleio 1/1997, S. 2–8.

2.3.3.5 Politisch-moralisches Handlungsfeld: Vergangenheitspolitik

Vergangenheitspolitik ist als Teilbereich der Aufarbeitung der Vergangenheit enger gefaßt als Erinnerungspolitik:[150]

„Im Zentrum des Interesses von vergangenheitspolitischen Forschungen stehen nicht Diskurse über allgemeine Geschichtsbilder, nicht öffentlich symbolisches Handeln, sondern justielle, legislative und exekutive Maßnahmen, die in einem relativ engen zeitlichen Rahmen getroffen werden."[151]

Vergangenheitspolitik bezieht sich auf überwundene politische Systeme und konstituiert sich aus den Elementen *Bestrafung – Amnestie* und *Rehabilitierung – Wiedergutmachung/Entschädigung*.[152] Sie zielt auf Legitimation des nachfolgenden Staates, Integration von Mitläufern und dient der Abgrenzung zum vorausgegangenen System.[153]

Die Bundesrepublik befindet sich aufgrund von zwei überwundenen diktatorischen Systemen in der einzigartigen Situation einer doppelten Vergangenheit. Die Vergangenheitspolitik in bezug auf den Nationalsozialismus während der Adenauerzeit wird in neueren Untersuchungen besonders kontrovers beurteilt.[154] Die vergangenheitspolitische Aufarbeitung des DDR-Unrechts hat neue Erkenntnisse über Möglichkeiten und Grenzen rechtstaatlicher Bewältigung hervorgebracht:

„Eine nachhaltige Aufarbeitung von in der Vergangenheit liegenden Ereignissen kann [...] nicht allein mit justitiellen Mitteln bewerkstelligt werden, ebensowenig ist ein öffentlicher politisch-moralischer Diskurs ohne eine justitielle Aufarbeitung denkbar."[155]

---

150 Frei, Norbert, Vergangenheitspolitik. Die Anfänge der Bundesrepublik und die NS-Vergangenheit, München 1996, S. 13.
151 Wolfrum, Edgar, Geschichtspolitik, S. 5.
152 Zum Themenkomplex Wiedergutmachung vgl. Herbst, Ludolf und Constantin Goschler (Hgg.), Wiedergutmachung in der Bundesrepublik Deutschland, München 1989; Goschler, Constantin, Wiedergutachung. Westdeutschland und die Verfolgten des Nationalsozialismus (1945–54), München 1992; Vogl, Ralf, Stückwerk und Verdrängung. Wiedergutmachung nationalsozialistischen Strafjustizunrechts in Deutschland, Berlin 1997.
153 Vgl. Frei, Vergangenheitspolitik, S. 14 ; Reichel, Erinnerung, S. 359.
154 Vgl. Frei, Vergangenheitspolitik; Brochhagen, Ulrich, Nach Nürnberg. Vergangenheitsbewältigung und Westintegration in der Ära Adenauer, Hamburg 1994 und die methodisch unseriöse Gegenposition von Kittel, Manfred, Die Legende von der „zweiten Schuld". Vergangenheitsbewältigung in der Ära Adenauer, Frankfurt am Main 1993.
155 Deutscher Bundestag, Schlußbericht der Enquete-Kommission „Überwindung der Folgen der SED-Diktatur", S. 57. Eine vergleichende, die vergangenheitspolitische Aufarbeitung von NS- und DDR-Unrecht betreffende Untersuchung liegt derzeit noch nicht vor.

Öffentliche Beachtung hat seit dem Ende des Kalten Kriegs besonders die Diskussion um die Entschädigung für NS-Zwangsarbeit erlangt. Rechtsansprüche mußten bisher gegen die Bundesrepublik Deutschland als Rechtsnachfolgerin des „Dritten Reichs" und gegen die Unternehmen geltend gemacht werden. Sie wurden durch die Gerichte unter Berufung auf das Reparationsrecht und das Londoner Schuldenabkommen von 1953 abgewiesen. Erst nachdem das Bundesverfassungsgericht im Mai 1996 urteilte, daß individuelle Ansprüche von Zwangsarbeitern gegen die Bundesrepublik oder Unternehmen dem Völkerrecht nicht widersprechen, sowie den Regierungswechsel von 1998 wurden individuelle Klagen ermöglicht. Aufgrund der veränderten Rechtslage reagierten die Unternehmen mit privaten Fonds, Pauschalbeträgen für Stiftungen, außergerichtlichen Vergleichen und mit persönlicher Entschädigung.[156] Der Plan zur Errichtung einer Bundesstiftung war Bestandteil der Koalitionsvereinbarungen zwischen SPD und BÜNDNIS 90/DIE GRÜNEN:

> „Die neue Bundesregierung wird eine Bundesstiftung ,Entschädigung für NS-Unrecht' für die ,vergessenen Opfer' unter Beteiligung der deutschen Industrie eine Bundesstiftung ,Entschädigung für NS-Zwangsarbeit' auf den Weg bringen. Nachteile in der Rentenversicherung und bei der Rehabilitierung von NS-Opfern werden durch eine gesetzliche Ergänzung des geltenden Rechts ausgeglichen.[157]

Erst nach langwierigen Verhandlungen unter Beteiligung von Opferanwälten, Unternehmen und den betroffenen Regierungen konnte sie schließlich realisiert werden.

---

156 Vgl. Barwig, Klaus et al. (Hgg.), Entschädigung für NS-Zwangsarbeit. Rechtliche, historische und politische Aspekte, Baden-Baden 1998; Pawlitta, Cornelius, „Wiedergutmachung" als Rechtsfrage?, Frankfurt am Main 1993; Jansen, Christian, Eine Frage der Moral, in: Die Woche, 3.7.1998; Greven, Ludwig, Abgeschrieben im Osten, in: Die Woche, 26.2.1999; Fastenrath, Ulrich, Zahlen ohne Ende? Ehemalige Zwangsarbeiter verlangen Entschädigung, in: FAZ, 27.2.1999; Mascolo, Georg und Hajo Schumacher, Milliarden von der Industrie, in: Der Spiegel 7/1999, S. 74–75; Leinemann, Jürgen und Georg Mascolo, „Wir wollen mit uns ins reine kommen". Der Jenaer Historiker Lutz Niethammer über die Entschädigung für NS-Opfer und die Bereitschaft der Deutschen, Verantwortung für die Vergangenheit zu übernehmen, in: Der Spiegel 8/1999, S. 64–70; Müller, Mario, „Nationale Ehrenpflicht". Historiker Hans Mommsen kritisiert den Fonds für Nazi-Opfer, in: Die Zeit, 4.3.1999; Schmid, Klaus-Peter, Lauter Drückeberger. Die gesamte Industrie beschäftigte Zwangsarbeiter. Warum zahlen nur 35 Firmen Entschädigung?, in: Die Zeit, 14.10.1999.
157 Koalitionsvereinbarung vom 20. Oktober 1998 zwischen der SPD und BÜNDNIS 90/DIE GRÜNEN für den 14. Deutschen Bundestag, Aufbruch und Erneuerung – Deutschlands Weg ins 21. Jahrhundert, in: Das Parlament, 30.10.98. Zu den vorausgegangenen Anträgen in der 13. Legislatur vgl. BÜNDNIS 90/DIE GRÜNEN, Antrag Errichtung einer Bundesstiftung „Entschädigung für NS-Zwangsarbeit", Drucksache 13/8956; dies., Antrag Leistungen der gesetzlichen Rentenversicherung für die osteuropäischen Opfer von NS-Zwangsarbeit, Drucksache 13/9218; SPD, Antrag Wiedergutmachung für die Opfer von NS-Willkürmaßnahmen, Drucksache 13/8576.

2.3.4 Kommerzialisierte Erinnerungskultur: Kulturindustrie, Tourismus, Werbung

Die Kommerzialisierung von Erinnerung spielt in *Erlebnisgesellschaften*[158] eine immer größer werdende Rolle:

> „Wichtiger für unsere Epoche aber scheint zu sein, daß Bedürfnisse und eben auch Geschichts-Bedürfnisse industriell-medial hergestellt werden, daß sie also nicht nur als Reflex auf historische Veränderungen entstehen, sich ausbilden, sich entfalten und virulent werden, sondern daß sie hervorgerufen und „gemacht" werden: [...] Mit Geschichte werden Geschäfte gemacht."[159]

Diese vermarktete Erinnerung ist überwiegend ästhetisiert, personalisiert, viril und monoperspektivisch.[160]

Die kommerzialisierte Erinnerung an den Holocaust, die „Bewältigungsbranche", ist in den westlichen Gesellschaften zu einem selbständigen Bereich der Kulturindustrie geworden. Die unterschiedlichsten Gefühle werden „in Sentimentalität verwandelt – eine Form des Kitsches, die der Unterhaltungsindustrie eigen ist". Dieses Phänomen ist in den treffenden New Yorker Witz „there is no business like Shoah-business" eingegangen.[161] Es gipfelt in einer *Betroffenheitskultur* und einer Überidentifikation mit den Opfern, die einer ernsthaften Auseinandersetzung mit dem Holocaust im Wege stehen.

In der Verbindung von Geschichte und Tourismus zeigt sich das lebensweltliche Interesse an Geschichte: das *Erlebnis Geschichte* ist ein dominierender Bestandteil des *Kulturtourismus.*[162] Geschichte dient als romantisierende, ästhetisierende und nostalgische Kulisse der Urlaubsreise, die in Trachten, Tanz, traditionellem Kunsthandwerk, Märkten und Prozessionen ihren Ausdruck findet. Die „Schauplätze der Weltgeschichte" und deren nur zum Teil wissenschaftlich aufbereiteten Überreste werden durch die Überflutung mit Reisegruppen völlig entstellt. Die „konfliktfreie" Welt des Tourismus bedient sich überwiegend einer Geschichte, die ebenso universell, geglättet wie unterhaltend ist.[163]

---

158 Vgl. Schulze, Gerhard, Die Erlebnisgesellschaft: Kultursoziologie der Gegenwart, Frankfurt am Main 1992, S. 34 ff. („Erlebnisorientierung richtet sich auf das Schöne. [...] Das Schöne ist in unserem Zusammenhang ein Sammelbegriff für positiv bewertete Erlebnisse.", S. 39)
159 Bergmann, Klaus, „So viel Geschichte wie heute war nie" – Historische Bildung angesichts der Allgegenwart von Geschichte, in: Schwarz, Angela (Hg.), Politische Sozialisation und Geschichte. Festschrift für Rolf Schörken zum 65. Geburtstag, Hagen 1993, S. 209–228, hier S. 217.
160 Ebd., S. 217 ff.
161 Claussen, Detlev, Veränderte Vergangenheit. Über das Verschwinden von Auschwitz, in: Berg, Shoah, S. 77–92, hier S. 77.
162 Forschungsgemeinschaft Urlaub und Reisen e.V., Modul Kultur. Marktforschungsergebnisse zum Kulturtourismus in Deutschland, in: Museumskunde 63 (1998), S. 18–37.
163 Vgl. Müllenmeister, Horst Martin, Geschichte und Tourismus, in: Füßmann, Historische Faszination, S. 249–265, hier S. 254 ff.; Schörken, Geschichte in der Alltagswelt, S. 118 ff. und

An der Kritik einer solchen Verbindung von Geschichte und Tourismus scheiterte 1994 der Plan der Disney Corporation in der Nähe der heiligen *Bull Run Battlefields/Manassas*, 35 Meilen westlich von Washington, einen *Disney's America History Theme Park* zu errichten.[164] Die amerikanische Geschichte sollte in einer Mischung aus Freilichtmuseum und Freizeitpark als „*serious fun celebration of U.S. history*" dargeboten werden:

„The park's ‚playlands' would include an Indian village and a Lewis and Clark raft ride; a Civil War fort with reenactments; an Ellis Island replica; a factory town with a ride through a blazing steel mill; a World War II airfield with flight simulators; a state fair with a ferris wheel; a family farm with country wedding and barn dance."[165]

Wolfgang Nahrstedt sieht demgegenüber im *kommunikativen Tourismus*, verstanden als eine „Kommunikation über Sinn", eine neue Qualität des Kulturtourismus: „Learning by travelling."[166] Dies setzt den gezielten Besuch von Orten der Erinnerung, wie Gedenkstätten, Museen, Ausgrabungen und Denkmälern und eine Auseinandersetzung mit deren Inhalten voraus. Neuerdings ist aber auch der „Gedenkstätten-Tourismus" in die Kritik geraten.[167]

Die Stadt Berlin kann als Beispiel für das Ensemble einer historischen Kulisse[168] und zahlreichen Einrichtungen der historisch-politischen Bildung[169] gelten:

Mütter, Bernd, Historische Reisen und Emotionen: Chance oder Gefahr für die Geschichtliche und politische Erwachsenenbildung, in: ders., Historische Zunft und historische Bildung, Weinheim 1995, S. 313–328. Eine Geschichtsdidaktik des Reisens, die die Möglichkeiten und Grenzen der kommerzialisierten Erinnerungskultur reflektiert, ist bisher ein Forschungsdesiderat.

164 Vgl. Symposium: Disney and the Historians – Where Do We Go From Here?, in: The Public Historian 17 (Fall 1995), S. 41–89; Walters, Ronald G., Public History and Disney's America, in: Perspectives 33 (March 1995), S. 1 und S. 3–4.
165 Wallace, Mike, Disney's America, in: ders., Mickey Mouse History, S. 159–174, hier S. 164.
166 Nahrstedt, Wolfgang, Die Kulturreise – Gedanken zur Charakterisierung einer Reiseform, in: Dreyer, Axel (Hg.), Kulturtourismus, München 1996, S. 5–23, hier S. 17.
167 „Nach dem KZ ins Hofbräuhaus." Vom offensiven Umgang mit der braunen Vergangenheit verspricht sich die Kommune [Dachau, S. R.] eine Imagekorrektur, die den Tourismus fördern könnte, in: Der Spiegel 21/1998, S. 86–87.
168 Brandenburger Tor, Neue Wache, Reichstag, Hotel Adlon, Berliner Mauer, Palast der Republik, Baustelle Potsdamer Platz. Vgl. auch Engel, Helmut, Die Denkmäler- und Geschichtslandschaft der Mitte Berlins, in: ders. und Wolfgang Ribbe (Hgg.), Hauptstadt Berlin – Wohin mit der Mitte?, Berlin 1993, S. 81–87; Lau, Karlheinz, „Schaut auf diese Stadt". Hauptstadt-Metropole Berlin, in: Praxis Geschichte 1/1999, S. 6–10.
169 Geschichtsmeile Wilhelmstraße, Topographie des Terrors, Haus der Wannseekonferenz, Gedenkstätte Deutscher Widerstand, Gedenkstätte Plötzensee, Deutsch-russisches Museum Berlin-Karlshorst, Museum Haus am Checkpoint Charly, Erinnerungsstätte Notaufnahmelager Berlin-Marienfelde, Gedenkstätte Berlin-Höhenschönhausen und Forschungs- und Gedenkstätte Normannenstraße.

„Denn Berlin, [...], ist längst die Hauptstadt der historischen Zeichen, die all ihren Epochen eine historische Reverenz erweist. Der dogmatische Schlummer Preußens, der Schlagschatten des Nationalsozialismus, die Kleinbürgermoderne der DDR, schließlich der von Christo verwandelte Reichstag und selbst die neue Wache."[170]

Das Zusammenspiel von architektonischen Überresten verschiedener Epochen und gestalteten Erinnerungsorten ermöglicht ein differenziertes Bild auf die wechselvolle deutsche Geschichte, die mit der Stadt Berlin verbunden bleiben wird.

Auch *historisierende Werbung* hat als Bestandteil der kommerzialisierten Erinnerungskultur Einfluß auf das Geschichtsbewußtsein. Mike Seidensticker unterscheidet die thematisch historisierende Werbung, als warenkundlich sachbezogene Erinnerung, und die unthematisch historisierende Werbung, die Überreste, Ereignisse oder Personen als historische Requisite benutzt. Er verdichtet die in der Werbung am häufigsten verwendeten Motive auf fünf thematische Assoziationsfelder: die höfische Kultur, das Rittertum, die Volkstümlichkeit, das Mönchtum, Kaufleute und Handwerker.[171]

2.3.5 Zum Spannungsverhältnis von öffentlicher und individueller Erinnerung

Die von Martin Walser gehaltene Dankesrede *Erfahrungen beim Verfassen einer Sonntagsrede* anläßlich der Verleihung des Friedenspreises des deutschen Buchhandels im Oktober 1998 löste unter großer öffentlicher Resonanz eine Kontroverse mit dem Vorsitzenden des Zentralrats der Juden in Deutschland, Ignatz Bubis, aus. Die Auseinandersetzung führte zu einer Parteinahme weiterer Persönlichkeiten und endete in einem Streit über die Diskursordnung.[172]

Walser, der die Sinnentleerung öffentlichen ritualisierten Gedenkens thematisierte, provozierte durch seinen vieldeutigen literarischen Text und fahrlässige Signalwörter wie „wegschauen", „Drohroutine" und „Moralkeule" Mißver-

---

170 Assheuer, Thomas, Die Aufgabe der Erinnerung, in: Die Zeit, 17.1.1997.
171 Vgl. Seidensticker, Mike, Geschichte in der Werbung, in: Bergmann, Handbuch der Geschichtsdidaktik (^{5}1997), S. 648–655, hier S. 648 ff.
172 Vgl. Assheuer, Thomas, Ein normaler Staat?, in: Die Zeit, 12.11.1998; Maron, Monika, Hat Walser zwei Reden gehalten?, in: Die Zeit, 19.11.1998; Leicht, Robert, Warum Walser irrt. Auch die Nachgeborenen haften für das Erbe von Auschwitz, in: Die Zeit, 3.12.1998; Mohr, Total Normal?, S. 40 ff.; Broder, Henryk M. und Reinhard Mohr, Ein befreiender Streit?, in: Der Spiegel 50/1998, S. 230–232; Willemsen, Roger, Vergesst das Gedenken. Über ein Erinnern ohne Erinnerung, in: Die Woche, 20.11.1998; Kirsch, Jan-Holger, Identität durch Normalität. Der Konflikt um Martin Walsers Friedenspreis Rede, in: Leviathan 27 (1999), S. 309–353.

ständnisse. Öffentlichen Widerspruch erregte er mit der Schlüsselpassage, die zugleich Redeabsicht ist:

„Mit seinem Gewissen ist jeder allein. Öffentliche Gewissensakte sind deshalb in der Gefahr symbolisch zu werden. Und nichts ist dem Gewissen fremder als Symbolik, wie gut sie auch gemeint sei. Diese ‚durchgängige Zurückgezogenheit in sich selbst' ist nicht repräsentierbar. Sie muß ‚innerliche Einsamkeit' bleiben."[173]

Walsers Überlegung impliziert eine Trennung von individueller Erinnerung und öffentlichem Gedenken. Er operiert mit dem Begriff Gewissen, der für die jüngeren Generationen unangemessen erscheint. Für sie kann es nur um Erinnerung gehen.

Aleida und Jan Assmann haben festgestellt, daß das individuelle Gedächtnis kulturell geformt ist und sich aus der Kommunikation mit anderen konstituiert. Nach Halbwachs sind dies Gruppen mit gemeinsamer Identität: Familien, Parteien, Verbände, Nationen.[174]

Das Spannungsverhältnis von öffentlicher und individueller Erinnerung ist immer wieder Gegenstand von Kontroversen, wie die um das *Denkmal für die ermordeten Juden Europas*. In diesem Zusammenhang hat Peter Steinbach darauf hingewiesen, daß es in der Erinnerung an die individuelle Lebensgeschichte um die eigene Person, Familie oder Gruppe und das eigene Deutungsmuster gehe. Öffentliche Erinnerung erfordere Empathie zur Wahrnehmung leidvoller Erfahrungen der anderen. Nur wenn die Gesamtheit der Leidensgeschichten respektiert würden, könne öffentliches Gedenken auf eine breite Grundlage gestellt werden.[175]

Walsers Trennung zwischen öffentlichem und individuellem Erinnern, sowie der daraus geforderte Rückzug in die Privatheit, ist nicht haltbar. Beide Formen des Erinnerns sind komplementär. Öffentliches Gedenken dient der übergeordneten Verständigung über den Gegenstand der Erinnerung. Wie emotionale Distanz durch Mangel an verinnerlichtem Gedenken abgebaut werden kann, bleibt eine Herausforderung.[176]

---

173 Walser, Martin, Erfahrungen beim Verfassen einer Sonntagsrede, Frankfurt am Main 1998, S. 22.
174 Vgl. Assmann, Kollektives Gedächtnis, S. 10; Assmann, Niemand lebt im Augenblick.
175 Steinbach, Peter, Die Vergegenwärtigung von Vergangenem – Zum Spannungsverhältnis zwischen individueller Erinnerung und öffentlichem Gedenken, in: Aus Politik und Zeitgeschichte B 3–4 (1997), S. 3–13, hier S. 4 ff.
176 Wolffsohn, Michael, Von der äußerlichen zur verinnerlichten „Vergangenheitsbewältigung". Gedanken und Fakten zu Erinnerungen, in: Aus Politik und Zeitgeschichte B 3–4 (1997), S. 14–22.

3. Geschichtsdidaktik und demokratische Erinnerungskultur

Geschichte wird als Prozeß der Wechselwirkung zwischen dem Historiker und seinen Fakten, als Dialog zwischen Gegenwart und Vergangenheit verstanden. In demokratischen Gesellschaften ist Geschichte als reflektierte Erinnerung Teil der politischen Kultur: sie dient der Auseinandersetzung mit der Gegenwart und deren Vergangenheitsbezug, der Legitimation, ist im politischen und sozialen Zusammenhang identitäts- und sinnstiftend, bietet Orientierung, fördert Emanzipation und Ideologiekritik. Geschichtswissenschaft wird als Einheit von Geschichtstheorie, Geschichtsforschung und Geschichtsdidaktik charakterisiert. Die Geschichtsdidaktik integriert die Ergebnisse der Geschichtswissenschaft und stellt die Kommunikation zwischen Wissenschaft und einzelnen Zielgruppen her. Ihr Bezugsrahmen ist die Gesamtheit der Öffentlichkeit. Der zentrale Forschungsgegenstand der Geschichtsdidaktik ist das Geschichtsbewußtsein, der Zusammenhang von Vergangenheitsbewußtsein, Gegenwartsverständnis und Zukunftsperspektive.

Innerhalb der internationalen Geschichtsdidaktik, in der Bundesrepublik, den USA, Frankreich, Großbritannien und den Niederlanden, wurde seit Mitte der 70er Jahre der geschichtsdidaktische Bezugsrahmen auf die gesamte Öffentlichkeit erweitert.

Im Dialog zwischen Gegenwart und Vergangenheit ist das wichtigste Moment die Erinnerung. Erinnern entfaltet sich in Kommunikation und Erinnerungsmedien, die die Koordination und die Kontinuität der Erinnerung sichern. Eine Erinnerungskultur konstituiert sich aus dem ständig veränderlichen Zusammenhang von Kommunikation, Erinnern und Medien. Die moderne Erinnerungskultur ist durch Demokratisierung, Materialisierung und Ästhetisierung gekennzeichnet.

Die kulturwissenschaftliche Beschäftigung mit der Erinnerung und dem Gedächtnis geht auf Maurice Halbwachs zurück, der eine Theorie des kollektiven Gedächtnis entwarf. Er grenzte das kollektive Gedächtnis vom individuellen ab und charakterisierte es als Raum-Zeit-bezogen, Gruppen-bezogen und rekonstruktiv. Basierend auf Halbwachs unterscheidet sich das kollektive Gedächtnis für Jan und Aleida Assmann in ein kommunikatives und ein kulturelles. Das kommunikative Gedächtnis basiere auf einem engen, das kulturelle auf einem weiten Zeithorizont. Nach achtzig bis hundert Jahren setze ein Transformationsprozeß, die Umwandlung des kommunikativen in ein kulturelles Gedächtnis, ein. Lutz Niethammer stellt in diesem Zeitraum eine fließende Übergangsphase zwischen kommunikativem und kulturellem Gedächtnisses fest, die er als *Floating Gap* bezeichnet.

Den Gedächtnisbegriff auf ganze Gesellschaften und Nationen zu beziehen, erweist sich als problematisch, weil er wesentliche Strukturmerkmale und Funktionen der modernen Erinnerungskultur nicht erfassen kann. Da der Schwerpunkt der vorliegenden Untersuchung auf dem Erinnerungsprozeß als Leistung ganzer Gesellschaften und nicht auf deren kulturellem Speicher liegt, wird der Erinnerungsbegriff für angemessener gehalten. Erinnern wird als Funktion des kommunikativen und kulturellen Gedächtnisses verstanden, als Vorgang der Vergegenwärtigung von Vergangenem anhand unterschiedlicher Medien. Erinnerung ist wie das Gedächtnis eine diachrone Dimension der Kultur, allerdings nicht als Reproduktion, sondern als Rekonstruktion. In der reflektierten Erinnerung an die Zeitgeschichte, die als Epoche der Mitlebenden verstanden wird, ist die Verflechtung von Funktions- (bewohnt) und Speichergedächtnis (unbewohnt) immens. Eine extreme Überlagerung von Funktions- und Speichergedächtnis liegt im *Floating Gap* vor.

Der kollektiven Erinnerung steht das kollektive Vergessen gegenüber, das durch Ausschließung, Unterdrückung und Verdrängung gekennzeichnet ist. Die Amnesie war in der Weltgeschichte ein üblicher Prozeß.

Die öffentliche Erinnerung vollzieht sich in spezifischen Formen, ritueller Wiederholung und bezieht sich auf über-individuelle Ereignisse. Öffentlichkeit wird als Voraussetzung und Entfaltungsgrundlage kommunikativen Handels und der Politischen Kultur verstanden. Die bürgerliche Öffentlichkeit ist zerstört: Sie zerfiel in Teil-Öffentlichkeiten und entwickelte sich zu einer Öffentlichkeit der Massenkommunikation.

Eine demokratische Erinnerungskultur impliziert eine Vielfalt sozialer Identitäten und das Nebeneinander rivalisierender und alternativer Erinnerungen, die Erinnerungskonflikte auslösen können. Derartige Erinnerungskonflikte entladen sich in öffentlichen Kontroversen wie die um das *Denkmal für die ermordeten Juden Europas*, die Ausstellung *Vernichtungskrieg* und um die Ausstellung der *Enola Gay*.

Die Erinnerungskulturen der westlichen Demokratien werden auf der Ebene von Nationen von immer wiederkehrenden Themen bestimmt. Für die am Zweiten Weltkrieg beteiligten Länder bedeutete das Kriegsende keineswegs eine *Stunde Null*. Die kontroversen Auseinandersetzungen mit beiden Weltkriegen, dem Nationalsozialismus und dem Holocaust halten bis zum heutigen Tage an.

Die öffentliche Erinnerungskultur differenziert sich durch verschiedene Handlungsfelder, in denen Erinnerung in spezifischen Formen und mit unterschiedlichen Medien umgesetzt wird: das affektive Handlungsfeld (Nationalfeiertage und politische Gedenktage), das ästhetisch-expressive Handlungsfeld (Orte der Erinnerung), das instrumentell-kognitive Handlungsfeld (Geschichtswissenschaft) und das politisch-moralische Handlungsfeld (Vergangenheitspolitik). Der Begriff Medien bezieht sich sowohl auf die Erinnerungsmedien als auch auf deren multimediale Präsentation in publizistischen Medien. Dabei wird von einem derzeitigen tiefgreifenden Medienwandel von der Schriftkultur zu elektronischen Medien ausgegangen. Mit Ausnahme des instrumentell-kognitiven werden die Handlungsfelder im Sinne der jeweils vorherrschen Erinnerungspolitik genutzt.

Die Kommerzialisierung von Erinnerung spielt in Erlebnisgesellschaften eine immer größer werdende Rolle. Die vermarktete Erinnerung ist überwiegend äthetisiert, personalisiert, viril und monoperspektivisch. Sie dient als Kulisse in Kulturindustrie, Tourismus und Werbung.

Das viel beklagte Spannungsverhältnis zwischen öffentlichem Gedenken und individueller Erinnerung impliziert eine Trennung zwischen diesen beiden Formen. Jan und Aleida Assmann haben nachgewiesen, daß auch das individuelle Gedächtnis kulturell geformt ist und sich aus der Kommunikation mit anderen konstituiert, die nach Halbwachs Gruppen mit gemeinsamer Identität sind.

Geschichte kann sich in pluralistischen Gesellschaften nur in eine Vielzahl von Geschichtsbildern auflösen: Die Erforschung der Wahrheit ist eine kollektive Anstrengung.

Teil III
Public History in den USA
Vom Studiengang zum Teil der
politischen Kultur

1. Tour d'horizon: *The New History* – Gegenstände, Methoden und Perspektiven seit den sechziger Jahren

1.1 *New History*

Unter dem Eindruck der sozialen Bewegungen der sechziger und siebziger Jahre, veränderte sich die amerikanische Geschichtsschreibung so tiefgreifend, daß sie fortan als *New History*[1] bezeichnet wurde. Die traditionelle politische Geschichtsschreibung, die sich an dem *Grand Narrative,* an Persönlichkeiten und nationalen Strukturen orientierte, wurde in den Hintergrund gedrängt. Aufgrund der Einführung neuer Methoden aus den Nachbardisziplinen wurde das bisherige Wissenschaftsverständnis und der Objektivitätsbegriff in Frage gestellt.[2]

> „The new history is history written in deliberate reaction against the traditional ‚paradigm' ... It will be convenient to describe this traditional paradigm as ‚Rankean history' after the great German historian Leopold von Ranke (1795–1886), although he was less confined by it than his followers were. ... We might also call this paradigm the common-sense view of history, not to praise it but to make the point that it has often – too often – been assumed to be *the* way of doing history, rather than being perceived as one among various possible approaches to the past."[3]

Grundlage der *New History* ist ein Perspektivwechsel, die Betrachtungsweise *from the bottom up*: die Lebenserfahrungen „kleiner Leute", der Machtlosen und Marginalisierten, werden zum Mittelpunkt der Betrachtung. Beeinflußt durch die französische *Annales-Schule* interessierten sich amerikanische Historiker für langfristige *Strukturen* des sozialen Wandels und kollektiver Mentalitäten, der *Longue Durée*.[4] Zum Forschungsgegenstand wurden neben den

---

1 Der Begriff *New History* wurde zuerst 1912 von James Harvey Robinson verwendet.
2 Vgl. auch zum Folgenden Foner, Eric, Introduction to the First Edition, in: ders. (Hg.), The New American History, Philadelphia ²1997, S. ix-xii; Kammen, Michael, The Historian's Vocation and the State of the Discipline in the United States, in: ders. (Hg.), The Past Before Us. Contemporary Historical Writing in the United States, Ithaca 1980, S. 19–46; Burke, Peter, Overture: The New History, its Past and its Future, in: ders. (Hg.), New Perspectives on Historical Writing, Cambridge 1991, S. 1–23; Heideking, Jürgen und Vera Nünning, Einführung in die amerikanische Geschichte, München 1998, S. 50–61. Zur nouvelle histoire in Frankreich vgl. Le Goff, Jacques et al. (Hgg.), La nouvelle histoire, Paris 1978.
3 Burke, Overture, in: ders., Historical Writing, S. 2 f.
4 Stearns, Peter N., Longue Durée, in: ders. (Hg.), Encyclopedia of Social History, New York 1994, S. 426–428.

WASPs⁵ soziale Gruppen und Minderheiten, die bisher nur am Rande der Betrachtung standen: *Native Americans*, Afro-Amerikaner, Frauen, Sklaven und Arbeiter. Neomarxistische Historiker, die *Radical Historians*, machten sich zu Anwälten dieser Gruppen.⁶

Mit dieser Ausweitung von Gegenständen und Perspektiven gewann auch die Erschließung neuer Quellen und die Anwendung neuer Methoden an Bedeutung. Die Interpretation von ausschließlich schriftlichen Dokumenten wurde um die Auswertung verschiedenster verbaler, ikonischer und haptischer Quellen wie Arbeitsverträgen, Testamenten, Photographien, Bildern, Denkmälern und Alltagsgegenständen erweitert.⁷ Die quantitative Auswertung von Quellen, die als *Quantitative History* oder ironisierend als *Cliometrics* bezeichnet wurde, gewann mit der Ausweitung der elektronischen Datenverarbeitung zunehmend an Bedeutung. Durch Quantifizierung versuchten besonders Sozial- und Wirtschaftshistoriker „objektive" Ergebnisse zu erzielen, um naturwissenschaftlichen Maßstäben gerecht zu werden.⁸ Im Gegensatz zu dieser statistischen Vorgehensweise arbeitete die *Psychohistory* mit Konzepten aus der Psychologie, um historische Ereignisse und Entscheidungsprozesse zu erklären.⁹

Die *Local*¹⁰ und *MicroHistory,*¹¹ die seit dem ausgehenden 19. Jahrhundert vorwiegend von Amateuren getragen wurde, hat seit den achtziger Jahren durch ihre Verbindung zur *New History* eine deutliche Aufwertung erfahren. Diese Perspektive diente mit Lokal- und Fallstudien der Rekonstruktion der Innenseite, die mit den übergeordneten politischen, wirtschaftlichen und sozialen Strukturen in Beziehung gesetzt werden muß.¹²

Die Rekonstruktion der Innenseite basiert auf der mündlichen Befragung von Zeitzeugen, der *Oral History,* wodurch Quellendefizite, die durch mündliche Überlieferung entstanden sind, ausgeglichen werden können.¹³ Die der empiri-

---

5 *White Anglo-Saxon Protestants.*
6 Stearns, Radical History, in: ders., Social History, S. 616; Neuchterlein, James, Radical Historians, in: The History Teacher 15 (1981), S. 25–42; Wiener, Jonathan M., Radical Historians and the Crisis in American History, 1959–1980, in: JAH 76 (1989), S. 399–434; Nolte, Paul, Amerikanische Sozialgeschichte in der Erweiterung. Tendenzen, Kontroversen und Ergebnisse seit Mitte der achtziger Jahre, in: AfS 36 (1996), S. 363–394, hier S. 366 f. Bekanntester Vertreter dieses Ansatzes ist Howard Zinn, dessen Buch „A People's History ot the United States. From 1492 to the Present" inzwischen in der 2. Auflage vorliegt (London und New York ²1996).
7 Gaskell, Ivan, History of Images, in: Burke, Historical Writing, S. 168–192.
8 Kousser, J. Morgan, Quantitative Social-Scientific History, in: Kammen, The Past Before Us, S. 433–456.
9 Loewenberg, Peter, Psychohistory, in: Kammen, The Past Before Us, S. 408–432.
10 Zoidis, Marilyn, Local History, in: Stearns, Social History, S. 425–426.
11 Levi, Giovanni, On Microhistory, in: Burke, Historical Writing, S. 93–113.
12 Kammen, Carol (Hg.), The Pursuit of Local History. Readings on Theory and Practice, Walnut Creek 1996; dies., On Doing Local History. Reflections on What Historians Do, Why, and What it Means, Nashville 1986.
13 Allen, Barbara und William Lynwood Montell, From Memory to History. Using Oral Sources in Local Historical Research, Nashville 1981.

schen Sozialwissenschaft entlehnte Methode, die schon antike Historiker wie Herodot beherrschten, wurde 1948 durch den Historiker Allen Nevins in die amerikanische Geschichtswissenschaft eingebracht. Nevins führte an der Columbia University Eliteninterviews mit Persönlichkeiten des öffentlichen Lebens durch und baute das erste *Oral History Archive* auf.[14] Die weitere Expansion der *Elite Oral History* in den sechziger Jahren und eine Verbindung von *Oral History* und *New History*, führten zu zwei unterschiedlichen Strömungen: Neben die Eliteninterviews traten solche, die die Lebens- und Alltagserfahrungen der „kleinen Leute" in den Mittelpunkt stellten. *Oral History* erwies sich als wichtiges Instrument bei der Erforschung nicht-schriftlicher Kulturen wie der der *Native Americans*. Beide Richtungen wurden 1966 durch die Gründung der *Oral History Association (OHA)* zusammengeführt. Bis heute bemüht sich die *OHA* um akademische Akzeptanz durch höhere professionelle Standards, Förderung der historischen Forschung und Kooperation mit schulischen und universitären Bildungseinrichtungen.[15] Einige Universitäten verfügen über spezielle *Oral History Research Centers*, die eigene Richtlinien erarbeiteten.[16]

Die Kritik an der Methode hält jedoch an: Verlust von Authentizität durch den Einfluß des Interviewers auf den Zeitzeugen, dessen Erinnerungsfähigkeit und die Verläßlichkeit seiner Aussagen, mangelnde Distanz, der Verlust von Mimik und Gestik durch eine Transkription und die Gefahr von belanglosen Ergebnissen für die historische Forschung. Dennoch hat sich die *Oral History* in der amerikanischen Geschichtswissenschaft etabliert. Offenbar wurde ihr Wert als Korrektiv gegenüber schriftlichen Quellen erkannt.[17] Die Beliebtheit der *Local History* in Großbritannien erklärt auch hier die verstärkte Rezeption der *Oral History*.[18]

---

14 Aufgrund längerer Verschlußzeiten von Akten bleiben weiterhin Eliteninterviews, beispielsweise mit Präsidenten, eine sinnvolle Methode, vorzeitig Informationen zu sichern. Vgl. McMahan, Eva M., Elite Oral History Discourse. A Study of Cooperation and Coherence, Tuscaloosa 1989.
15 Vgl. die seit 1973 jährlich erscheinende Zeitschrift *Oral History Review* und die Homepage der OHA unter http://www.indiana.edu/~oah.
16 Vgl. *Indiana University's Oral History Research Center Bloomington*, das unter http://www.indiana.edu/~ohrc eine Anleitung zu Techniken der *Oral History* (Barbara Truesdell) und eine Auswahlbibliographie anbietet.
17 Vgl. Niethammer, Lutz, Oral History in den USA. Zur Entwicklung und Problematik diachroner Befragungen, in: AfS 18 (1978), S. 457–501, hier S. 463 ff.; Thompson, Paul E., The Voice of the Past. Oral History, Oxford 1978; Dunaway, David K. und Willa K. Baum, Oral History. An Interdisciplinary Anthology, Walnut Creek ²1996; Portelli, Allessandro, The Battle of Valle Giulia. Oral History and the Art of Dialogue, Wisconsin 1997; Long, Roger D., The Personal Dimension in Doing Oral History, in: The History Teacher 24 (1991), S. 307–312; Miller, Montserrat Marti, Oral History, in: Stearns, Social History, S. 535–536; Jeffrey, Jaclyn und Glenance Edwall, Memory and History. Essays on Recalling und Interpreting Experience, Lanham 1994; McMahan, Eva und Kim Lacy Rogers, Interactive Oral History Interviewing, Hillsdale 1994.
18 Vgl. Perks, Robert, Oral History. An Annotated Bibliography, London 1990; ders. und Ali-

Seit Mitte der achtziger Jahre hat der kulturgeschichtliche Einfluß auf die *New History* durch poststrukturalistische und anthropologische Theorien zugenommen. Besondere Beachtung haben die Arbeiten des Kulturhistorikers Hayden White gefunden, der behauptete, durch die Art des *Emplotment* einer historischen Untersuchung sei bereits ein Erklärungsmuster vorgegeben.[19] Seine Schlußfolgerung, daß es keinen nennenswerten Unterschied zwischen Geschichtsschreibung und Fiktion gebe, wurde von den *New Historians* bestritten. Dennoch hat die Rezeption von White ein verstärktes Interesse an poststrukturalistischen Theorien hervorgebracht. Zur zentralen Grundannahme der *New Historians* wurde der Konstruktcharakter der Realität. Diskursen im Sinne Foucaults sowie der Sprache wurden eine Schlüsselrolle bei der Konstituierung und Veränderung von Realität zugeschrieben. Die Bedeutung der Sprache in Texten wurde derart betont, daß von einem *Linguistic Turn* in der amerikanischen Geschichtsschreibung gesprochen wird.[20]

Kulturanthropologische Methoden und Konzepte von Clifford Geertz wurden in die Geschichtswissenschaft eingebracht. Die *Thick Description*, eine dichte Beschreibung von alltäglichen Ereignissen, ermöglichte grundlegende Strukturen von Kulturen aufzudecken, die die jeweiligen Symbole, Rituale und Zeremonien bestimmen.[21]

In den neunziger Jahren war die *New History* von Grenzüberschreitungen einzelner Teilgebiete gekennzeichnet. Marginalisierte Gruppen wurden zueinander in Beziehung gesetzt, die Ebene der politischen Geschichte wieder stärker betont und neue kulturgeschichtliche Ansätze bezogen sich auf unterschiedlichste Gegenstände.

Die *New History* kann in *New Political History*, *New Social History* und *New Cultural History* unterschieden werden.[22]

---

stair Thomson (Hgg.), The Oral History Reader, London und New York 1998; Williams, Michael A., Researching Local History. The Human Journey, London und New York 1996.

19 Vgl. White, Hayden, Metahistory: Die historische Einbildungskraft im 19. Jahrhundert in Europa, Frankfurt am Main 1991; ders., Auch Klio dichtet oder die Fiktion des Faktischen: Studien zur Tropologie des historischen Diskurses, Stuttgart 1986.

20 Toews, John E., Intellectual History after the Linguist Turn: The Autonomy of Meaning and the Irreducibility of Experience, in: AHR 92 (1987), S. 879–907.

21 Geertz, Clifford, Thick Description: Toward an Interpretive Theory of Culture, in: ders., The Interpreation of Cultures: Selected Essays, New York 1973, S. 3–30.

22 Die geringe Bedeutung der *Political History* für die *New History* ist offensichtlich. Bei einigen Autoren bleibt sie sogar unerwähnt: Vgl. Foner, The New American History. Wirtschaftsgeschichte wird nicht wie in Europa vorwiegend in Historischen Seminaren, sondern in eigenständigen Departments der Wirtschaftswissenschaften betrieben und in der Regel nicht der *New History* zugerechnet.

1.1.1 New Political History

Nachdem die politische Geschichte seit den sechziger Jahren durch sozialgeschichtliche Zugänge marginalisiert wurde, erfuhr sie eine Aufwertung in den neunzigern. Die Bedeutung des Politischen für das historische Verstehen gewann wieder an Einfluß.[23]

Die *Political History* beschäftigt sich heute nicht mehr ausschließlich mit der *Presidential Synthesis*, sondern vielmehr mit politischen Entscheidungsprozessen sämtlicher Regierungsinstitutionen. In enger Verbindung zur Politikwissenschaft analysieren *Political Historians* jede Form von Machtbeziehung innerhalb des Staates. In Kooperation mit der politischen Kulturforschung, der Soziologie und der Anthropologie wird politisch relevantes Handeln durch demokratische Institutionen, soziale Gruppen, Interessenvertretungen und Medien in der *Public Sphere* erforscht.[24] Die Ausdehnung der *Political History* erfolgte unter dem Eindruck eines erweiterten Politikbegriffs seit den sechziger Jahren:

„The territory of the political has expanded, in the sense that historians (following theorists like Michel Foucault) are increasingly inclined to discuss the struggle for power at the level of the factory, the school, or even the family."[25]

Die *New Political History* ergänzte die Makroebene, die amerikanische Demokratie- und Verfassungsgeschichte, die *History of Foreign Relations* und *International History,* um die Mikroebene des alltäglichen politischen Handelns aller Bürger des Staates. Sie betonte verschiedene Perspektiven, die beteiligten Kräfte und die Rolle von kulturellen Konflikten.[26]

1.1.2 New Social History

Sozialgeschichte galt traditionell als *History with the Politics left out:* Amateure widmeten sich der Erhaltung und Beschreibung von Alltagsgegenständen, dem „pots and pans antiquarism". Den Beginn der *New Social History* mit den wissenschaftlichen Implikationen der *New History* markierte 1973 das Buch *The*

---

23 Vgl. Leff, Mark H., Revisioning U.S. Political History, in: AHR 100 (1995), S. 829–853; Stearns, Peter N., Introduction: Social History and Its Evolution, in: ders. (Hg.), Expanding the Past: A Reader in Social History, New York 1988, S. 3–16, hier S. 10 f.
24 Freitag, Sandrina B., Public Sphere, in: Stearns, Social History, S. 601–603; Heideking, Amerikanische Geschichte, S. 63.
25 Burke, Overture, in: ders., Historical Writing, S. 1.
26 Bogue, Allan G., The New Political History in the 70s, in: Kammen, The Past Before Us, S. 231–251.

Other Bostonians zur Lage von Einwandererfamilien von Stephen Thernstrom.[27]

Peter Burke definierte 1980 *New Social History* als „history of social relationships, social structure, everyday life, private life, social solidarities, social conflicts, social classes, and social groups seen as both separate and mutually dependent units."[28]

In Kooperation mit Sozialwissenschaftlern und Politologen orientierten sich die *New Social Historians* an übergreifenden Prozessen wie Urbanisierung, Industrialisierung und Bürokratisierung und deren Wirkung auf Individuen, Gruppen und Schichten. Das Feld der *Social History* hat in den letzten dreißig Jahren so stark expandiert, daß heute weder Einstimmigkeit über eine Definition noch über die Zugehörigkeit von Subfeldern erzielt werden kann.[29]

Einen Kern der *New Social History* bildet seit ihrer Entstehung die *Labor History*, die sich für die Perspektive *from the bottom up* bestens eignete.[30] Die seit den sechziger Jahren betriebene *Family History*, beschäftigt sich immer weniger mit quantitativen, demographischen und genealogischen Untersuchungen. Die verschiedenen Formen privaten Zusammenlebens in der Vergangenheit und die *History of Sexuality* rückten in den neunziger Jahren in den Mittelpunkt der Forschung.[31] In der Konstituierungsphase der neuen Sozialgeschichte zählten interdisziplinäre Ansätze auf dem Gebiet der *Social Mobility*, der *Urban History* und der *Community Studies* zu ihren zentralen Inhalten.[32] Die in den sechziger Jahren politisch motivierte, feministische *Women's History*, die vorwiegend von Historikerinnen getragen wurde, ist heute als fester Bestandteil der amerikanischen Geschichtswissenschaft anerkannt. Eine kulturgeschichtliche Umorientierung erfolgte Mitte der achtziger Jahre: Mit den *Gender Studies* sollten Lebenswelten von Frauen erfaßt werden, die durch kulturelle Vereinbarungen und soziale Ordnungen in Abgrenzung zu männlichen Lebenswelten geschaffen werden.[33]

27 Thernstrom, Stephen, The Other Bostonians. Poverty and Progress in the American Metropolis, 1880–1970, Cambridge 1973.
28 Zitiert nach Kessler-Harris, Alice, Social History, in: Foner, The New American History, S. 231–256, hier S. 232.
29 Stearns, Peter, Social History, in: ders., Social History, S. 683–688, hier S. 683.
30 Vgl. Fink, Leon, American Labor History, in: Foner, The New American History, S. 333–352; Brody, David, Labor History in the 1970s: Toward a History of the American Worker, in: Kammen, The Past Before Us, S. 252–269; Nolte, Amerikanische Sozialgeschichte, S. 381 ff.; Heideking, Amerikanische Geschichte, S. 83 ff.;
31 Vgl. Freedman, Estelle B., The History of the Family and the History of Sexuality, in: Foner, The New American History, S. 285–310; Heideking, Amerikanische Geschichte, S. 88 ff.
32 Vgl. Kaelble, Hartmut, Mobility, in: Stearns, Social History, S. 505–509; Freitag, Sandrina B., Community, in: Stearns, Social History, S. 160–161; Neils Conzen, Kathleen, Community Studies, Urban History, and American Local History, in: Kammen, The Past Before Us, S. 270–291; Nolte, Amerikanische Sozialgeschichte, S. 363 ff., Kocka, Jürgen, Stadtgeschichte, Mobilität und Schichtung, in: AfS 18 (1978), S. 546–558; Modell, John, Die „Neue Sozialgeschichte" in Amerika, in: GG 1 (1975), S. 155–170; Heideking, Amerikanische Geschichte, S. 90 ff.
33 Vgl. Scott, Joan, Women's History, in: Burke, Historical Writing, S. 42–66; Gordon, Linda,

Ethnicity und *Immigration* sind Schlüsselbegriffe in der amerikanischen Geschichte, die durch die Auseinandersetzung zwischen weißen Einwanderern und amerikanischen Ureinwohnern, Sklaverei und dem Verhältnis verschiedenster Einwanderergruppen geprägt sind.[34] *Ethnicity History* umfaßt die Geschichte der Indianer und Afro-Amerikaner *(Black History)*. Mit ihr verbunden ist die *Immigration History,* die sich mit dem Weg einzelner Gruppen nach Amerika, ihren Lebens-, Siedlungs- und Arbeitsformen und ihrer Akkulturation beschäftigt.[35] Auch die im Zusammenhang mit der Umweltbewegung entstandene interdisziplinäre *Environmental History,* die die wechselseitigen Einflüsse von Mensch und Natur untersucht, ist ein Teil der amerikanischen Sozialgeschichte.[36] Mit der *Lesbian and Gay History* wurde jüngst ein weiteres Feld eröffnet.[37]

Insgesamt ist die *New Social History* durch Grenzüberschreitung und Verbindung einzelner Subfelder sowie durch eine ständige Expansion gekennzeichnet. Dies hat in den vergangenen dreißig Jahren zu einer extremen Spezialisierung und Unübersichtlichkeit des Forschungsfeldes geführt.

1.1.3 *New Cultural History*

New Cultural History bezeichnet die Erforschung „der Gesamtheit lebensweltlicher Wirklichkeitserfahrungen, Wirklichkeitsdeutungen und Wirklichkeitsgestaltungen."[38] Kulturelle Veränderungen werden nicht mehr durch sozialen Wandel erklärt: Die Kultur wird als eine Kraft begriffen, die soziale und politische Strukturen prägt und von ihnen geprägt wird. *Cultural History* ist ein Teil der amerikanischen *Intellectual History,*[39] die zusammen mit der *Religious History* über eine längere Tradition verfügt.[40]

Unter dem Begriff *New Cultural History* werden heute unterschiedlichste Tendenzen der Kulturgeschichte zusammengefaßt:

U.S. Women's History, in: Foner, The New American History, S. 257–284; Nolte, Amerikanische Sozialgeschichte; S. 385 ff. Heideking, Amerikanische Geschichte, S. 131 ff.

34 Vgl. Morawska, Ewa, Ethnicity, in: Stearns, Social History, S. 240–242; Baily, Samuel L., Immigration, in: Stearns, Social History, S. 340–343
35 Vgl. Shenton, James P. und Kevin Kenny, Ethnicity and Immigration, in: Foner, The New American History, S. 353–373; Heideking, Amerikanische Geschichte, S. 106 ff.; Edmunds, R. David, Native Americans, New Voices: American Indian History, 1895–1995, in: AHR 100 (1995), S. 717–740.
36 Heideking, Amerikanische Geschichte, S. 101 f.
37 D'Emilio, John, Not a simple Matter: Gay History and Gay Historians, in: JAH 76 (1989), S. 435–442.
38 Heideking, Amerikanische Geschichte, S. 141.
39 Die *Intellectual History* ist mit der europäischen Geistes- und Ideengeschichte vergleichbar. Vgl. Darnton, Robert, Intellectual and Cultural History, in: Kammen, The Past Before US, S. 327–354.
40 Heideking, Amerikanische Geschichte, S. 141 ff.

„It is impossible in any comprehensive way to describe the various contemporary versions of cultural history – there are studies of women's, bourgois, immigrant, working-class, and African-American cultures, among other groups; and there are inquiries into American public culture, economic culture, consumer culture, political culture, religious culture, and intellectual culture."[41]

Ein wesentlicher Gegenstand der *New Cultural History* ist die *Folk Culture*. Sie umfaßt rituelle Ausdrucksformen der unteren Schichten wie Mündlichkeit und *face-to-face*-Kommunikation. Sie dient der Erforschung vorindustrieller Gesellschaften, Minderheiten und Ethnien.

Mit der *Popular Culture*, die von populären Genres wie *MTV*, Soaps, Musicals und Disney bestimmt wird, werden Mentalitäten von Konsumenten und Anbietern beschrieben. Als Gegensatz gilt die *High Culture*. Gelegentlich wird *Popular Culture* mit *Mass Culture* gleichgesetzt. Dies setzt voraus, daß Produkte der Massenkultur gleichzeitig populär waren.[42]

Die Kommerzialisierung von Freizeit und die andauernde Expansion der Freizeitindustrie seit dem 19. Jahrhundert zeigen, daß die *Consumer Culture* Teil des *American Way of Life* ist. Zu Forschungsgegenständen der *New Cultural History* zählen der Einfluß von Werbung, Fernsehen und Verbrauchern auf die *Consumer Culture* des 20. Jahrhunderts. Konsum wird von Historikern mehrheitlich als positiver interaktiver Prozeß gewertet, der auch unteren Schichten Entscheidungs- und Entfaltungsmöglichkeiten bietet. Marxistische Deutungen des Massenkonsums als Instrument zur Verfestigung kapitalistischer Strukturen, sind demgegenüber in den Hintergrund getreten.[43]

Mit Methoden der kulturellen Anthropologie und Literaturtheorie analysieren *New Cultural Historians* die Bedeutung von Ritualen, Symbolen, Verhaltensweisen und Texten, aus denen Erkenntnisse über Werte und Einstellungen der Handelnden gewonnen werden können.[44] Als Grundlage dient die *Material Culture*, die von Menschen geschaffene oder veränderte haptische Quellen wie Maschinen, Werkzeuge, Häuser, Kleidung und Kunsthandwerk umfaßt. Die *Material Culture Studies* wurden in den achtziger Jahren durch Thomas J. Schlereth begründet. Er definiert *Material Culture*

---

41 Bender, Thomas, Intellectual and Cultural History, in: Foner, The New American History, S. 181–202, hier S. 189.
42 Vgl. Cullen, Jim, The Art of Democracy. A Concise History of Popular Culture in the United States, New York 1996; Lipsitz, George, Time Passages. Collective Memory and American Popular Culture, Minneapolis ³1994; AHR Forum: Popular Culture, in: AHR 97 (1992), S. 1369–1430; Heideking, Amerikanische Geschichte, S. 148 ff.
43 Butsch, Richard (Hg.), For Fun and Profit: The Transformation of Leisure into Consumption, Philadelphia 1990.
44 Hunt, Lynn, Introduction: History, Culture, and Text, in: dies., The New Cultural History, Berkeley 1989, S. 1–22.

„… as a mode of inquiry primarily (but not exclusively) focused on a type of evidence. Material culture thus becomes an investigation that … uses artifacts (along with relevant documentary, statistical, and oral data) to explore cultural questions both in certain established disciplines (such as history or anthropology) and in certain research fields (such as the history of technology or the applied arts)."[45]

Kulturgeschichtliche Zugänge finden derzeit große Resonanz, weil sie Verbindungen zwischen verschiedenen Ansätzen herstellen und eine integrative Betrachtung der amerikanischen Geschichte möglich machen. Peter Burke spricht von einem „‚cultural turn' in the study of humanity and society."[46] Die *New Cultural History* unterliegt allerdings der Gefahr, ihre Konturen zu verlieren, falls sie in Zukunft nicht präziser definiert und theoretisch fundiert wird.[47]

1.2 *New History* und Probleme der amerikanischen Geschichtswissenschaft

Die Ansätze der *New History* haben in der Geschichtswissenschaft und Öffentlichkeit zu einer Sensibilisierung für unterschiedliche Perspektiven und einem verschärften Problembewußtsein geführt. Die umstrittene Praxis der *Political Correctness*, die die Ablehnung aller diskriminierenden Ausdrucks- und Verhaltensweisen bezeichnet, hat sich auf die Inhalte der amerikanischen Geschichtswissenschaft ausgewirkt.[48] *Race*, *Class* und *Gender* müssen als Schlüsselbegriffe dieses Zugangs gelten.[49]

1.2.1 Fragmentierung und Suche nach einer Synthese

Die Subfelder der amerikanischen Geschichtswissenschaft und ihre Forschungsgegenstände zeichnen sich heute durch eine extreme Spezialisierung, Multiperspektivität, Integration verschiedenster Ansätze und Methoden sowie durch in-

---

45 Schlereth, Thomas J., Cultural History and Material Culture: Everyday Life, Landscapes and Museums, Ann Arbor 1990, S. 26 f. Vgl. ferner ders., Artifacts and the American Past, Nashville 1980; ders., Material Culture: A Research Guide, Lawrence 1985; ders., Material Culture Research and Historical Explanation, in: The Public Historian 7 (Fall 1985), S. 21–36; Kingery, W. David (Hg.), History from Things, Essays on Material Culture, Washington 1996; Miller, Daniel, Material Culture and Mass Consumption, Oxford 1987; Hitz, Elisabeth, Material Culture, in: Stearns, Social History, S. 453–455.
46 Burke, Peter, Varieties of Cultural History, Cambridge und Oxford 1997, S. 183.
47 Heideking, Amerikanische Geschichte, S. 160 ff.
48 Zum Thema *Political Correctness* vgl. Haselbach, Dieter, Zur gegenwärtigen politischen Kultur in Nordamerika, in: NPL 40 (1995), S. 116–133.
49 Degler, Carl N., Remaking American History, in: JAH 67 (1980), S. 7–25.

terdisziplinäre Fragestellungen aus. Die viel beschworene *Diversity* hat zu einer Fragmentierung der Disziplin geführt. Eine zusammenhängende Darstellung der amerikanischen Geschichte, ein *Master Narrative*, scheint unerreichbar. Die Kommunikation zwischen Historikern verschiedener Subfelder ist nicht gewährleistet.[50]

Die Frage, wie eine Synthese der amerikanischen Geschichtsschreibung erreicht werden kann, steht seit über einem Jahrzehnt im Mittelpunkt der Diskussion, spielte in den den „Cultural Wars" eine bedeutende Rolle und eskalierte 1994 in der Kontroverse um die *National History Standards*.[51] Auf der einen Seite stehen die Historiker, die die Möglichkeit einer Synthese grundsätzlich bezweifeln.[52] Auf der anderen Seite streiten Historiker über das integrierende Moment, das eine Synthese herbeiführen könnte. Die jüngere Generation plädiert für eine multikulturelle Geschichtsauffassung, in der die verschiedenen Gruppen und Ethnien im Vordergrund stehen.[53] Joyce Appleby betont, daß die amerikanische Geschichte auch in der Vergangenheit von Verschiedenheit geprägt war:

„The history of the United States has become fragmented in recent years not in comparison to the actuality of an earlier simplicity, but in reference to the simplified story that was told about the nation's past."[54]

Historiker der älteren Generation wie Arthur Schlesinger und John Higham wenden sich gegen den Multikulturalismus, folgen der älteren Auffassung vom *Melting Pot* und fordern eine Geschichtsschreibung, die sich sowohl aus Zentren wie Peripherien konstituiert.[55] Andere sehen im *Politischen*[56] oder in der *Kultur*[57] eine integrierende Kraft für die Disziplin. Thomas Bender fordert eine Geschichtsschreibung, die politische, soziale und kulturelle Interdependenzen berücksichtigt und sich am Werk Eric Foners orientiert.[58] Letztlich bleibt die Frage der Notwendigkeit einer Synthese und ihre Realisierung offen.

50 Vgl. Bender, Thomas, „Venturesome and Cautious": American History in the 1990s, in: JAH 81 (1994), S. 992–1003, hier S. 993 ff.; ders., Wholes and Parts: The Need for Synthesis in American History, in: JAH 73 (1986), S. 120–136; Journal of American History: A Round Table: Synthesis in American History, in: JAH 74 (1987), S. 107–130.
51 Nolte, Amerikanische Sozialgeschichte, S. 392.
52 Vgl. Novick, Noble Dream, S. 592; Megill, Allan, Fragmentation and the Future of Historiography, in: AHR 96 (1991), S. 693–698, hier S. 698.
53 Vgl. die erste Geschichte der USA aus multiperspektivischer Sicht: Takaki, Ronald, A different Mirror. A History of Multicultural America, Boston 1993.
54 Appleby, Telling the Truth, S. 294. Vgl. ferner dies., Recovering America's Historic Diversity: Beyond Exceptionalism, in: JAH 79 (1992), S. 419–431.
55 Vgl. Schlesinger, Arthur M. Jr., The Disuniting of America, New York 1992, S. 119 ff.; Higham, John, The Future of American History, in: JAH 80 (1994), S. 1289–1309, hier S. 1305.
56 Vgl. Leff, U.S. Political History, S. 853; Stearns, Introduction, in: ders., Expanding the Past, S. 11, Burke, Overture, in: ders., Historical Writing, S. 19.
57 Kammen, Michael, Extending the Reach of American Cultural History, in: American Studies 29 (1984), S. 19–42.
58 Bender, „Venturesome and coutious", S. 996 f.

1.2.2 Verlust der Objektivität? Peter Novick's *That Noble Dream*

„In those days there was no king in Israel; every man did that which was right in his own eyes."[59] Mit diesem Bibelzitat aus dem Schlußkapitel des Buches *That Noble Dream: The „Objectivity Question" and the American Historical Profession* charakterisierte Peter Novick 1988 den Zustand der amerikanischen Geschichtswissenschaft als eine zersplitterte Zunft, die ihre einstige Homogenität in Methode und Interpretation unter dem Eindruck der *New History* verloren habe. Historiker verstünden sich als Vertreter einzelner Richtungen, behinderten damit den disziplinweiten Diskurs über allgemeine historiographische Fragestellungen. Als Beispiel dient Novick die *Objectivity Question*, das Objektivitätsideal der amerikanischen Geschichtswissenschaft des 20. Jahrhunderts. Er wählt einen ideengeschichtlichen Zugang, indem er das Verhältnis zur Objektivitätsfrage von den *Founding Fathers* der amerikanischen Geschichtswissenschaft über die *Progressive Historians* bis hin zu den *New Historians* analysiert.

„The founding fathers of the American historical discipline had grounded objectivity in a program of universalism versus particularism, nationalism versus localism, and professionalized versus amateur history. By the 1980s all of the elements of this program had become problematic."[60]

Der sich selbst als objektiv verstehende Historiker Novick sieht in der *New History* und ihren konstruktivistischen Implikationen die Zerstörung des „noblen Traums" der Objektivität und damit des Konsensus der amerikanischen Geschichtswissenschaft.

Paradox und zugleich ein Verdienst des Buches ist die disziplinweite Diskussion nach seiner Veröffentlichung, deren Ausbleiben Anlaß zu Novicks Untersuchung gegeben hatte und sie in diesem Punkt widerlegte.[61]

---

59 Buch Richter 21,25.
60 Ebd., S. 521.
61 Vgl. Novick, That Noble Dream; Waechter, Matthias, Die Objektivitätsfrage und die amerikanische Geschichtswissenschaft, in: GWU 44 (1993), S. 181–188; AHR Forum: Peter Novick's That Noble Dream: The Objectivity Question and the Future of the Historical Profession, in: AHR 96 (1991), S. 675–708; Haskell, Thomas L., Objectivity is not Neutrality: Rhetoric vs. Practice in Peter Novick's That Noble Dream, in: History and Theory 29 (1990), S. 129–157. Zur Auseinandersetzung über Wahrheit und Objektivität in der amerikanischen Geschichtswissenschaft allgemein vgl. Appleby, Telling the Truth, S. 241 ff.

1.3 Exkurs: Interessenvertretungen amerikanischer Historiker

In den USA wurde ein dichtes Netz von Organisationen geschaffen, die die spezialisierten Interessen von Historikern in Forschung und Praxisfeldern vertreten und ihre unterschiedlichen Auffassungen von Geschichte repräsentieren. In den Verbänden und ihren Publikationen, zeigt sich die Diversität der amerikanischen Geschichtswissenschaft.[62] Zusammengenommen sind sie eine beachtliche Lobby der historischen Disziplin.

Die traditionsreichen Verbände *American Historical Association* (AHA) und *Organization of American Historians* (OAH) verstehen sich als übergeordnete Interessenvertretungen für Historiker in Forschung, Schule und außerschulischer Öffentlichkeit. In ihren Publikationen *American Historical Review*, dem Mitteilungsblatt *Perspectives* (AHA) und *Journal of American History*, *OAH Magazine of History*, *OAH Newsletter* (OAH) versuchen sie, diesem Anspruch auch thematisch gerecht zu werden.[63] Sie werden durch regionale Verbände und Gesellschaften wie die *Western Historical Association* und *Southern Historical Association* ergänzt.

Die *Mid-Atlantic Radical Historians Organization* (MARHO) vertritt seit den siebziger Jahren neomarxistische Historiker, die den Paradigmawechsel der *New History* konsequent durchführten. Seit 1974 erscheint ihre Zeitschrift *The Radical History Review (RHR)*.[64]

Weitere Organisationen haben sich spezialisiert: Die 1966 gegründete *Oral History Association* „seeks to bring together all persons interested in oral history as a way of collecting human memories."[65] Sie gibt die *Oral History Review* (OHR) und den *Oral History Newsletter* heraus. Auf das Gebiet der *Local History* hat sich die *American Association for State and Local History* (AASLH) spezialisiert, die 1940 als Reaktion auf das Desinteresse der Geschichtswissenschaft an der Lokalgeschichte gegründet wurde. Die Zeitschrift *History News* und das Informationsblatt *Dispatch* wendet sich an Historiker in der Forschung und in den Praxisfeldern.[66] Die *American Association of Museums* (AAM) vertritt die Interessen der historischen Museen und Gedenkstätten und ihrer Mitarbeiter. Sie publiziert *Museum News* und das Informationsblatt *Aviso*.[67] Ein Forum für Industriegeschichte und -überreste ist die *Society for Industrial Archeology*, die eine gleichnamige Zeitschrift herausgibt.[68]

---

62 Vgl. Cantelon, Philip L., The American Historical Association and Public History: An Interview with Samuel R. Gammon, in: The Public Historian 6 (Winter 1984), S. 47–58, hier S. 50.
63 *Mission Statements* und *Constitutions* von AHA und OAH unter http://www.theaha.org und http://www.indiana.edu/~oah.
64 http://www.chnm.gmu.edu/rhr.
65 Homepage der OHA unter http:// www.baylor.edu/~OHA.
66 http://www.friends-partners.org/oldfriends/ccsi/csusa/arts/statehis.html.
67 http://www.aam-us.org/about.htm.
68 http://www.ss.mtu.edu/IA.

Als Reaktion auf die Krise der Disziplin zu Beginn der sechziger Jahre entstanden Organisationen, die das öffentliche Interesse an Geschichte erhöhen und in der Folge die Situation von Historikern verbessern sollten: Mitglieder des *Department of History* der *Case Western Reserve University* etablierten 1974 den *National History Day* (NHD). Ziel war es, die Bedeutung von Geschichte in der Schule zu stärken, „to make history education exiting, interesting and relevant."[69] Schüler erforschen ein Jahr lang in Gruppen ein Thema und präsentieren es als Wandzeitung, Theateraufführung, Thesenpapier oder Multimedia-Dokumentation:

> „These different formats also allow students a glimpse into the world of public history, demonstrating the various ways in which public historians present their work to a general audience through museum exhibits, history theater, articles and monographs ...."[70]

1999 wurde für den *National History Day* das Thema *Science, Technology, Invention in History: Impact, Influence, Change* gewählt.[71]

1979 entstand auf Initiative mehrerer Historikerverbände das *National Coordinating Commitee for the Promotion of History* (NCC), das derzeit einen Online Newsletter *Washington Updates* publiziert.[72] Wenig später folgten die *Society for History in the Federal Government* (SHFG)[73] und das *National Council on Public History* (NCPH).[74]

---

69 Gorn, Cathy, National History Day: Reform and Assessment for 21st Century, in: The History Teacher 31 (1998), S. 344–348, hier S. 344.
70 Ebd., S. 345.
71 Ebd., S. 344 f.; Homepage unter http://www.thehistorynet.com/NationalHistoryDay.
72 Vgl. http://www.h-net.msu.edu/~ncc; Putnam Miller, Page, National Coordinating Commitee for the Promotion of History: The Historical Profession's Advocacy Office, in: The History Teacher 31 (1998), S. 240–244.
73 http://www.shfg.org.
74 http://www.iupui.edu/~ncph.

2. Public History

2.1 Siebziger Jahre: Motivation und Entstehung des *Public History Movement*

Unter dem Eindruck der Bildungsexpansion und daraus resultierender Beschäftigungskrise für Historiker im akademischen Bereich in den siebziger Jahren,[1] bemühten sich zahlreiche akademische Lehrer um den zielgerichteten Ausbau der Anwendungsbereiche von Geschichte in bestehenden Praxisfeldern jenseits von Universität und Schule, sogenannte *Non-Teaching Carreers*, und deren theoretische Fundierung. Die Identitätskrise der Disziplin sei unbegründet, da Historiker mit ihren spezifischen Fähigkeiten und Methoden auf dem Arbeitsmarkt bestehen könnten. Sie sollten an Universitäten zu *Public Historians* ausgebildet werden, um „alternative Karrieren"[2] einzuschlagen:

> „Public History is a new-old focus in history. It has evolved as a self-conscious field during the past several years, although much of this subject matter has been part of the repertoire of historians for the past several decades. There is now a new recognition that much historical activity outside the classroom has value, and that it is time that history aspirants be trained in other roles than that of college teacher."[3]

Neben pragmatischen Aspekten basierte die *Public History* Bewegung auf der Kritik am Selbstverständnis der amerikanischen Geschichtswissenschaft, die ausschließlich forschende Historiker hervorbringe. Durch die Entstehung einer Geschichtswissenschaft am Ende des 19. Jahrhunderts sei der Kontakt zur Öffentlichkeit abgebrochen, die sich zuvor intensiv mit Geschichte beschäftigt habe. Die moderne, postindustrielle Gesellschaft benötige die Fähigkeiten und Methoden von Historikern auch außerhalb von Forschungseinrichtungen. Einerseits wurde Geschichte als historische Dienstleistung verstanden, die von

---

[1] Hoff Wilson, Joan, Is the Historical Profession an „Endangered Species"?, in: The Public Historian 2 (Winter 1980), S. 4–21, hier S. 9 ff. Art und Umfang der Beschäftigungskrise wird nicht erläutert.
[2] Der Begriff *Alternative Carreers* wurde später von Gegnern der *Public History* pejorativ verwendet. Vgl. Johnson, G. Wesley et al., Public History: A New Area of Teaching, Research, and Employment, in: Perspectives 18 (March 1980), S. 8–10, hier S. 8.
[3] Ebd., S. 8.

Nachfrage und Auftraggebern bestimmt wird.⁴ Andererseits sei es Aufgabe des *Public Historian,* das Geschichtsbewußtsein in der Gesellschaft zu fördern.⁵

Ziel der *Public History Bewegung waristory* Bewegung war die Aufwertung alternativer Zugänge zu Geschichte in der außerschulischen und außeruniversitären Öffentlichkeit und die Betonung von angewandter Geschichtswissenschaft. Sie stand damit in der Tradition von Carl Beckers Ansprache *Everyman his own historian* vor der *American Historical Association* im Jahr 1931.⁶

Der Begriff *Public History* wurde Mitte der siebziger Jahre von Robert Kelley an der *University of California* in Santa Barbara entwickelt. *Public* wird als Gegensatz zu *academic* verstanden. Ein Indiz, daß die Universitäten nicht als Teil der Öffentlichkeit angesehen wurden. Von Kelley stammt die erste Definition des Begriffs *Public History:*

> „In its simplest meaning, Public History refers to the employment of historians and the historical method outside the academia: in government, private corporations, the media, historical societies and museums, even in private practice. Public historians are at work whenever, in their professional capacity, they are part of the public process."⁷

Wesley Johnson legte acht Praxisfelder der *Public History* zugrunde, die später trotz vieler Variationen in Zusammensetzung und Anordnung, klassisch wurden: *Government* (Politik und Verwaltung), *Business* (Privatwirtschaft), *Research Organizations* (Historische Beratung, Einzelprojekte), *Media, Historical Preservation* (Denkmalschutz), *Historical Interpretation* (Museen, Verbände, Politische Bildung), *Archives and Records Management* (Archiv- und Dokumentationswesen) und *Teaching of Public History.*⁸

2.1.1 Erste Studiengänge: *Public Historical Studies und Applied History and Social Science*

Zeitgleich mit dem Aufkommen der *Public History* Bewegung wurden an zwei Universitäten Pionierprogramme geschaffen: Robert Kelley und G. Wesley Johnson entwickelten 1975/76 die *Public Historical Studies* an der *University*

---

4 Vgl. ders., Editor's Preface, in: The Public Historian 1 (Fall 1978), S. 4–10, hier S. 4 ff.; Kelley, Robert, Public History: Ist Origins, Nature, and Prospects, in: The Public Historian 1 (Fall 1978), S. 16–28, hier S. 16 ff.; Grele, Ronald J., Whose Public? Whose History? What is the Goal of a Public Historian?, in: The Public Historian 3 (Winter 1981), S. 40–48; Martin, Dianne, History goes Public, in: History News 34 (May 1979), S. 121–143; Blatt, Martin, Public History, in: Stearns, Social History, S. 597–599.
5 Vgl. Martin, History goes Public, S. 143; Grele, Whose Public?, S. 48.
6 Vgl. Becker, Everyman his own historian, S. 234; Grele, Whose Public?, S. 47.
7 Kelley, Public History, S. 16.
8 Johnson, Preface, S. 6 f.

of California, Santa Barbara und Peter N. Stearns und Joel A. Tarr 1976 den Studiengang *Applied History and Social Science* an der *Carnegie Mellon University*, Pittsburgh (Pennsylvania). Beide Programme gelten heute ungeachtet ihrer gravierenden inhaltlichen Unterschiede als wegweisend für die weitere Entwicklung der *Public History*.

Dem Studiengang in Santa Barbara lag eine Analyse der besonderen Qualifikationen von Historikern zugrunde, die auch außerhalb von Universität und Schule eingebracht werden können:

> „… narrative communication in concise clear form; an appetite for extended research, an interest in problem solving; and the power of conceptualization. People are important to large organizations who are good in presenting things, learn fast, seize quickly upon ideas, have a wide body of general knowledge to draw upon, understand the workings of the larger society, and can link things together."[9]

Kelley und Johnson konzipierten einen Studiengang, der allen von Johnson beschriebenen Subfeldern gerecht werden sollte. Ihr Ziel war es, Historiker als Generalisten auszubilden, um die höchst mögliche Qualifikation für eine spätere Tätigkeit in Politik, Verwaltung, Industrie, Verbänden und anderen Berufsfeldern zu gewährleisten.[10] Der Historiker wurde als Planer, Analytiker und Manager verstanden. Er sollte neben Tätigkeiten in außeruniversitären Praxisfeldern auch solche ausüben können, die wie die medizinische Verwaltung keine Verbindung zur Geschichtswissenschaft haben.[11]

Die *Public Historical Studies* sollten auf zusätzliche, für alle Subfelder relevante Fähigkeiten eines *Public Historian* vorbereiten: Das *Team Research* erfordert die Bereitschaft des *Public Historian*, in einer Gruppe zu forschen. Er sollte die Planung, Durchführung und Präsentation von Forschungsprojekten, inklusive ihrer Finanzierung, erlernen. Dazu zählt die Bereitschaft, Forschungsvorhaben nach den Vorgaben und innerhalb des vom Auftraggeber festgelegten Zeitlimits durchzuführen. Der *Public Historian* sollte eine Professionalität als Historiker entwickeln, die sich nicht aus einer lehrenden Tätigkeit ableitete.[12]

Der M.A.- und Ph.D.-Studiengang *Public Historical Studies* wurde zum ersten Mal für eine Klasse von neun *Graduates* und einen Doktoranden im Herbst 1976, finanziert durch die *Rockefeller Foundation*, an der Universität von Santa Barbara angeboten. Bei der Auswahl der Studierenden achteten Kelley und Johnson besonders darauf, ob sich in deren bisherigen Lebenslauf „a certain entrepreneurial, risk-taking quality of mind and character" abzeichnete.[13]

---

9 Kelley, Public History, S. 23.
10 Johnson, Public History, S. 8 f.
11 Kelley, Public History, S. 23.
12 Johnson, Preface, S. 7 f.
13 Kelley, Public History, S. 24.

Die Studiengänge beinhalteten ein obligatorisches Basisseminar, in dem als begleitendes Forum Theorie, Praxis und ethische Probleme der *Public History* erörtert werden sollten. Um den Studierenden mehr Orientierung zu bieten, besuchten in verschiedensten Praxisfeldern bereits tätige Historiker das Seminar. Neben einem verpflichtenden Lesepensum zu einzelnen Praxisfeldern bereitete das Seminar die Studierenden auf die Entwicklung von Forschungsprojekten und deren termingerechte Fertigstellung vor. Zur Stärkung des Praxisbezugs wurden die Studierenden mit selbständigen Gruppenprojekten zu aktuellen Problemen der Stadt Santa Barbara betraut. Die zu erstellende historische Studie vom Umfang eines Buches sollte für die örtliche Verwaltung nutzbar sein.

Im Wahlbereich des Studiengangs *Public Historical Studies* wurden Seminare in *Quantitative History, History of Planning* und *History of Public Policy* sowie außeruniversitäre Exkursionen und Blockseminare angeboten. In *Reading Seminars* sollten fachliche Kenntnisse erworben werden, die dem *Master's Degree* in Amerikanischer Geschichte entsprechen. Einen Teil der Stunden mußten die Studierenden außerhalb der Disziplin, beispielsweise in Betriebswirtschaft oder Verwaltungslehre, absolvieren.

Im Verlauf des Studiums spezialisierten sie sich nach ihrer Neigung und ihrem späteren Berufswunsch in *Historic Preservation, Planning, Urban Studies, History of Technology, Water Resource History, Environmental Studies* und anderen Bereichen. Dieser Spezialisierung entsprach die Wahl eines sechsmonatigen, bezahlten und selbständig organisierten Praktikums außerhalb von Santa Barbara. Während dieser Zeit wurde unter der Betreuung eines Mentors vor Ort und eines Universitätsprofessors der Universität in Santa Barbara ein aktuelles Problem der jeweiligen Organisationen, Behörden und Betriebe durch die Studierenden historisch erforscht. Die Arbeit wurde später als Abschlußarbeit des Graduiertenstudiengangs anerkannt.[14]

Der Ph.D.-Studiengang *Public Historical Studies* erforderte das Anfertigen einer Dissertation, deren Thema für eine Organisation oder Institution von Interesse war. Für die mündlichen und schriftlichen Prüfungen wählte der Doktorand drei Themengebiete aus: ein Themengebiet aus der allgemeinen Geschichte, zwei mit direktem Bezug zu *Public History*.

Kelley und Johnson waren sich bewußt, daß ihr erstes *Public History Curriculum*[15] noch nicht ausgereift war:

---

14 Vgl. Kelley, Public History, S. 24 ff.; Johnson, Public History, S. 9. Das *Internship* ist im Unterschied zu einem *Practicum* mit einer zweiten Ausbildungsphase vergleichbar.

15 Eine eindeutige Definition von Curriculum und Curriculumtheorie ist nicht möglich. Curriculum ist seit dem 17. Jahrhundert (Comenius) als didaktischer Terminus bekannt. In der anglo-amerikanischen Terminologie werden unter Curriculum einzelne Aspekte der Didaktik – wie Ziele, Inhalte und Lernprozesse – verstanden. Vgl. Kuhn, Annette, Geschichtsdidaktik und Curiculumentwicklung, in: Bergmann, Klaus, Handbuch der Geschichtsdidaktik (^{5}1997), S. 227–331, hier S. 327 ff.; Robinsohn, Saul B., Bildungsreform als Revision des Curriculum und Ein Strukturkonzept für Curriculumentwicklung, Neuwied ^{5}1975.

„... no one had ever done before what we are trying to do. We had to learn everything, from the first step. What was Public History? Its theory? Its practice? What skills were most important? How should they be taught?"[16]

Unklar bleibt, ob sich dieses *Public History Curriculum* an den Implikationen der *New History* orientierte. Dafür spricht, daß Robert Kelley, der amerikanische Geschichte lehrte, und Johnson, spezialisiert auf dem Gebiet der *Community History*, als Vertreter der *New History* galten.[17] Die Beiträge des ersten Jahrgangs des *Public Historian*, der von Kelley und Johnson begründet wurde, orientierten sich an den Forschungsgegenständen der *New Social* und *New Political History*.[18] Bemerkenswert ist die Tatsache, daß Kelley und Johnson sich in ihrem Curriculum nicht ausdrücklich auf den Paradigmawechsel der *New History* bezogen. Die Verfechter der *New History* hatten stets eine Neubestimmung des Verhältnisses von Geschichtswissenschaft und übriger Öffentlichkeit gefordert.[19]

Der Studiengang *Applied History and Social Science* an der Carnegie-Mellon University,[20] der von den ausgewiesenen *New Social Historians* Peter N. Stearns und Joel A. Tarr konzipiert wurde, zielte allein auf den Anwendungsbereich der *Public Policy*.[21] Aufgrund der Anwendungsorientierung gilt *Applied History* als „a distinctive subset of public history".[22] Grundlage des interdisziplinär ausgerichteten Programms war die Kritik an der Selbstdarstellung von Historikern in der Öffentlichkeit, die ihre Kompetenz in der politischen Analyse nicht ausreichend hervorhoben. Wirtschaftswissenschaftler, die die Politikberatung dominierten, würden nicht über die Fähigkeit verfügen, Informationen so zu verarbeiten, daß sie effektive politische Entscheidungen in den verschiedensten Bereichen fällen könnten.[23] Historiker sollten sich nicht länger nur mit der Sicherung und Erhaltung von Quellen beschäftigen, sondern durch historische Forschung und Beratung auf den politischen Prozeß Einfluß nehmen.[24]

---

16 Kelley, Robert, Kelley's rebuttal, in: History News 38 (February 1983), S. 6–7, hier S. 6.
17 Vgl. Higham, John, Robert Kelley: Historian of Political Culture, in: The Public Historian 17 (Summer 1995), S. 61–75, hier S. 73 f.; Kelley, Robert, The Idea of Policy History, in: The Public Historian 10 (Summer 1988), S. 35–39.
18 Vgl. The Public Historian 1 (Spring 1979, Summer 1979).
19 Vgl. Grele, Whose Public?, S. 46, Stearns, Peter N., The New Social History: An Overview, in: Gardner, James B. und George R. Adams (Hgg.), Ordinary People und Everyday Life. Perspectives on the New Social History, Nashville 1983, S. 3–21, hier S. 4.
20 *Applied History* wurde ab Herbst 1976 als M.A. und Ph.D.- Studiengang, ab 1978/79 auch als B.A.-Studiengang angeboten.
21 Der Begriff *Public Policy* bleibt unübersetzt. Er beschreibt politische Maßnahmen im weitesten Sinne: „Public Policy is defined as an intentional course of action followed by a government institution or official for resolving an issue of public concern." (Cochran, Clarke E. et al., American Public Policy. An Introduction, New York ^{5}1996, S. 18)
22 Stearns, Peter N., Applied History. Policy Roles and Standards for Historians, in: Callahan, Daniel et al., Applying the Humanities, New York 1985, S. 221–245, hier S. 227.
23 Vgl. Stearns, Peter N. und Joel A. Tarr, Applied History: A New-Old Departure, in: The History Teacher 14 (1981), S. 517–531, hier S. 518.
24 Stearns, Applied History, S. 227 ff.

Als Vordenker dieses Ansatzes gelten Ernest R. May und Richard E. Neustadt, die sich seit Beginn der siebziger Jahre an der *John F. Kennedy School for Government* an der Harvard University mit dem Nutzen von historischem Denken für aktuelle politische Entscheidungen beschäftigten.[25]

Der Studiengang *Applied History* wurde von einem sozialgeschichtlichen Zugang bestimmt und durch sozial- und politikwissenschaftliche Perspektiven ergänzt. Stearns und Tarr waren sich bewußt, daß sie sich damit von den eigentlichen Inhalten der Geschichtswissenschaft entfernten:

> „... applied historical research will differ from „pure" history, possibly by becoming more generally interdisciplinary, more committed to team research; certainly in its selection of research problems on the basis of policy needs, in a commitment to produce research results on a client-determined schedule, and often in the formatting of research results."[26]

Um als *Applied Historian* im außeruniversitären Bereich neben Soziologen, Politologen, Wirtschaftswissenschaftlern und Juristen bestehen zu können, bereitete der Studiengang neben den gängigen Qualifikationen von Historikern, wie Interpretation, Kritikfähigkeit, Organisation und Entdeckergeist, auf drei Formen von Problemlösungsstrategien vor. Erstens sollten historische Analogien für politische Entscheidungen erkannt und falsche Analogien abgewendet *(Testing of Analogy)*, zweitens die Fähigkeit erlernt werden, historische Trends zu erkennen und auszuwerten *(Trend Assessment)*, und drittens durch das Wissen um die Komplexität des historischen Wandels und der „Ungleichzeitigkeit des Gleichzeitigen" ein größeres Bewußtsein für die Problematik aktueller Entscheidungen erzeugt werden *(Provision of Perspective)*.

Ein wesentlicher Teil der Studienleistungen des interdisziplinären Studiengangs mußte aus den Bereichen *History, Social Science, Urban and Public Affairs* und *Engineering and Public Policy* gewählt werden, um die Methoden und Konzepte der Geschichtswissenschaft und ihrer Nachbardisziplinen zu erlernen. In einem einjährigen Basisseminar sollte die Theorie und Praxis der *Applied History and Social Science* durch Besuche bei Praktikern, Forschungsberichte und selbständigen Projekten der Studierenden erlernt werden. Sie erhielten zeitlich begrenzte Forschungsaufträge, die termingerecht und bestmöglich, aber nicht wissenschaftlich erschöpfend bearbeitet werden sollten. Das Studium endete mit einem Forschungspraktikum, dessen Abschlußarbeit im Seminar präsentiert und

---

25 Vgl. May, „Lessons" of the Past; Neustadt, Richard E., Uses of History in Public Policy, in: The History Teacher 15 (1982), S. 503–507; ders. und Ernest R. May, Thinking in Time. The Uses of History for Decision-Makers, New York 1986. Vgl. auch zum Verhältnis von Historikern und Politikern: Trask, David F., A Reflection on Historians and Policymakers, in: The History Teacher 11 (1978), S. 219–226.
26 Stearns, Peter N., Applied History and Social History, in: JSH 14 (1981), S. 533–537, hier S. 533.

oftmals als Dissertation weitergeführt wurde.²⁷ Die Themen der studentischen Schwerpunkte repräsentieren das Spektrum des Studiengangs, der hauptsächlich auf die Bereiche Politik und öffentliche Verwaltung ausgerichtet war:

> „… manpower retraining; impact of federal funding on medical school; military procurement; urban transportation; social security policy toward women; occupational safety regulation; worker productivity; state taxation."²⁸

Die beiden ersten *Public History* Studiengänge unterschieden sich in ihren Praxisfeldern, ihrer Verbindung zur *New History*, in der Berücksichtigung der Nachbardisziplinen und in ihren Forschungsthemen, die nicht zuletzt durch die Forschungsschwerpunkte ihrer Gründerväter bestimmt waren. Neben dem Anliegen, Geschichte auch außerhalb von Universität und Schule anzuwenden, erzielten sie in gegenwartsgenetischen Untersuchungen, die durch aktuelle Probleme angeregt wurden, ihre größte Gemeinsamkeit.

2.1.2 Institutionalisierung des *Public History Movement:* Das *National Council on Public History*

Die *Public History* Bewegung hatte als Alternative zur ausschließlich akademisch betriebenen Geschichte in der zweiten Hälfte der siebziger Jahre so viel Zustimmung und Zulauf erfahren, daß sie einer Interessenvertretung bedurfte. Schon 1979 existierten an amerikanischen Universitäten und *Colleges* über vierzig *Graduate* und *Undergraduate* Studiengänge, die der *Public History* zugerechnet wurden. Die teilweise schon zu Beginn der siebziger Jahre entwickelten Studiengänge, konzentrierten sich größtenteils auf ein ausgewähltes Praxisfeld.²⁹ Mehrere Praxisfelder umfassende Studiengänge im Sinne von *Public* oder *Applied History* wurden, abgesehen von der *University of California* (Santa Barbara) und der *Carnegie-Mellon University* (Pittsburgh), lediglich an der *University of Arizona* (Tuscon), der *State University of New York* (Binghampton), der *Washington State University* und der *University of Wisconsin-Milwaukee* angeboten.³⁰

Als Vorläufer des *National Council on Public History* (NCPH) gilt das *National Coordinating Committee for the Promotion of History* (NCC), das fünf Historikerverbände, unter ihnen AHA und OAH, bereits 1976 als Antwort

---

27 Vgl. Stearns, Applied History: A New-Old Departure, S. 519 ff.; Johnson, Public History, S. 8 f.
28 Stearns, Applied History: A New-Old Departure, S. 531.
29 Vgl. Schulz, Constance B., Becoming a Public Historian, in: Gardner, James B. und LaPaglia, Peter S. (Hgg.), Public History: Essays from the Field, Malabar 1999, S. 23–40, hier S. 30.
30 Vgl. den ausführlichen Überblick Public History in the Academy: An Overview of University und College Offerings, in: The Public Historian 2 (Fall 1979), S. 84–116.

auf die Beschäftigungskrise gegründet hatten. Unter der Leitung von Gründungsdirektorin Arnita Jones setzte sich das NCC zum Ziel

> „… to promote historical studies generally, but especially in the schools at all levels, to broaden historical knowledge among the general public, to restore confidence in the discipline of history throughout society, and to educate employers in the public and private sector to the value of employing professional historians."[31]

Jones entwickelte ein Netzwerk von Historikern, die eine alternative Karriere eingeschlagen hatten.[32]

Den Beginn der Institutionalisierung der *Public History* Bewegung markiert 1978 die Gründung der wissenschaftlichen Zeitschrift *The Public Historian* (TPH) durch G. Wesley Johnson an der *University of California* in Santa Barbara. Die Zeitschrift sollte der jungen Bewegung als Forum dienen:

> „… whereby people can exchange ideas, opportunities, methods of interpretation, and professional ethics for a developing field. In other words, we hope this journal will facilitate the creation of a new community of interest among persons practicing history at its various levels …"[33]

Die erste Ausgabe des *Public Historian* wurde durch Mittel der *Rockefeller Foundation* finanziert, die folgenden durch die steigende Zahl der Abonnements.

Johnson gelang es 1978 mit Unterstützung des *Arizona Humanities Council,* eine erste *Public History* Konferenz in Phoenix (Arizona) zu veranstalten, bei der sich die Idee eines *National Council on Public History* entwickelte. Im April 1979 fand in Montecito (Kalifornien) das erste *National Public History Symposium* statt.[34] Seine fünf Sektionen *Evolution of Public History, Public History and the Humanities, Public History Curriculum, Public History Sectors and Practitioners* und *The Future of Public History* dienten dem Informations- und Erfahrungsaustausch der Teilnehmer, weniger einer inhaltlichen Konkretisierung des *Public History Curriculum*.[35] Auf dem Symposium wurde eine Lenkungsgruppe aus 22 Wissenschaftlern gebildet, die sich im September 1979 in Washington, auf ein *National Council on Public History* verständigte, das auf

---

31 Jones, Arnita, The National Coordinating Comittee: Programs and Possibilities, in: The Public Historian 1 (Fall 1978), S. 49–60, hier S. 52.
32 Howe, Barbara J., Reflections on an Idea: NCPH's first Decade, in: The Public Historian 11 (Summer 1989), S. 69–85, hier S. 70.
33 Johnson, Preface, S. 9.
34 Vgl. Schulz, Becoming a Public Historian, S. 31; Howe, Reflections on a Idea, S. 71 f.
35 First National Symposium on Public History: A Report, in: The Public Historian 2 (Fall 1979), S. 7–82.

einer zweiten nationalen Konferenz im April 1980 in Pittsburgh gegründet werden sollte.³⁶ Die Lenkungsgruppe entschied sich gegen die Bezeichnung *Applied History* und für *Public History*.

Auf der Pittsburgher Konferenz wählten die Teilnehmer einen Organisationsausschuß,³⁷ der gewährleistete, daß das *National Council on Public History* am 2. Mai 1980 bei der Bezirksregierung von Columbia eingetragen werden konnte.

> „The National Council on Public History works to advance the professionalism of public history and to advocate enhanced public and governmental support for historical programs. The NCPH includes museum professionals, government historians, historical consultants and employees in consulting, archivists, professors and students with public history interests, and many others."³⁸

The Public Historian wurde neben einem Mitteilungsblatt, dem *National Council on Public History Newsletter*, als Hauptpublikation des NCPH angenommen. Von 1983 bis 1985 diente ein zusätzlicher Informationsdienst, *Teaching Public History*, als Diskussionsforum für die Entwicklung und Professionalisierung von *Public History* Studiengängen. 1986 wurden beide Newsletter zu den *Public History News* zusammengeführt.³⁹

2.2 Achtziger Jahre: Konsolidierung der Bewegung und Konkretisierung des Curriculums

2.2.1 Verstärkung der Professionalisierung und Verhältnis zur *Academic History*

Die Gründung des NCPH sollte, abgesehen von der Schaffung einer größeren Lobby für *Public Historians,* die Glaubwürdigkeit der Bewegung in akademischen Kreisen erhöhen:

> „In the last decade, public historians have established historical organizations that exhibit all the trappings of academically oriented organizations, replete with professional meetings consisting on formal papers, a journal, and even an annual address by the president on chair."⁴⁰

---

36 Johnson, G. Wesley, Editor's Preface: Toward a National Council on Public History, in: The Public Historian 1 (Summer 1978), S. 6–10.
37 Mitglieder: G. Wesley Johnson, Arnita Jones, David F. Trask und Darlene Roth.
38 Homepage des NCPH unter http://www.iupui.edu/~ncph/home.html.
39 Vgl. Howe, Reflections on an Idea, S. 73 f.; Schulze, Becoming a Public Historian, S. 31.
40 Scardaville, Michael C., Looking Backward Toward the Future: An Assessment of the Public History Movement, in: The Public Historian 9 (Fall 1987), S. 35–42, hier S. 41.

Die seit 1979 jährlich durchgeführten *National Conferences on Public History* förderten mit ihrer Diskussion um die Grundlagen der *Public History*, wissenschaftliche Themen und in der Kooperation mit nationalen und regionalen Historikerverbänden die weitere Akzeptanz der Bewegung.[41]

Zu den Errungenschaften des NCPH in den achtziger Jahren zählten wissenschaftliche Veröffentlichungen, die das Materialdefizit in Ausbildung und Praxis ausglichen. 1981 wurde von Glenda Riley an der Universität von Iowa ein Video *History Goes Public* produziert, das vom *National Endowment for the Humanities* gefördert wurde und in verschiedene Praxisfelder einführte.[42] Schon 1983 legten David F. Trask und Robert W. Pomeroy III *The Craft of Public History: An Annotated Select Bibliography* vor, die umfangreiche Literatur und Zeitschriften aus sämtlichen Praxisfeldern versammelte.[43] Eine Einführung in *Public History* und ihre Praxisfelder wurde 1986 von Barbara J. Howe und Emory L. Kemp herausgegeben.[44] Es folgten die Ratgeber *Careers for Graduates in History* Chart (1984),[45] *Public History Education in America: A Guide* (1985/86), *Guide to Continuing Education for Public Historians* (1987), *Directory of History Consultants* (1988)[46] und *Careers for Students of History* (1989).[47] Zu spezialisierten Themen sind die Anthologien *Ethics and Public History* (1990) und *Public and Academic History* (1990) erschienen.[48]

---

41 Konferenzen: *History and Public Policy* (Pittsburgh, 1980), *Presentation of North Carolina Division of Archives and History* (Raleigh, 1981), *History and its Publics* (Chicago, 1982), *Public History in Canada* (Waterloo/Kanada, 1983), *The Diversity of Public History* (Los Angeles, 1984/ in Kooperation mit der OAH), gemeinsame Konferenz mit der *Southwest Oral History Association*, dem *Coordinating Committee for History in Arizona* und der *Public Works Historical Society* (Phoenix, 1985), gemeinsame Konferenz mit der OAH (New York 1986), *Federal Government* (Washington, 1987/ in Kooperation mit der *Society for History in the Federal Government*), gemeinsame Konferenz mit der *Society of American Archivists* (Denver, 1988) und gemeinsame Konferenz mit der OAH (Saint Louis, 1989). Vgl. Howe, Reflections on an Idea, S. 73 ff.

42 Riley, Glenda, History Goes Public (video), Washington 1981. Eine zweite Auflage des Videos *Public History Today* wurde 1990 vorgelegt. Vgl. die Homepage des NCPH unter http://www.iupui.edu/~ncph/home.html.

43 Trask, David F. und Pomoroy, Robert W. III, The Craft of Public History: An Annotated Select Bibliography, Westport 1983. Die Bibliographie verdeutlicht den Überhang von interpretativer im Gegensatz zu methodischer Literatur in einzelnen Praxisfeldern der *Public History* (z. B. Kapitel *Media and History*). Vgl. auch die Rezension von Kyvig, der mangelnde Konsequenz im Aufbau, methodische und theoretische Schwächen kritisiert: Kyvig, David E., Rev. The Craft of Public History, in: The Public Historian 6 (Summer 1984), S. 98–100.

44 Howe, Barbara J. und Emory L. Kemp, Public History: An Introduction, Malabar 1986.

45 Herausgeber: National Center for the Study of History in Kooperation mit NCPH.

46 Howe, Reflections on an Idea, S. 80 ff.

47 Howe, Barbara J., Careers for Students of History, o.O. 1989 (in Kooperation mit AHA): Howe entfaltet sämtliche Berufsfelder für Historiker.

48 Karamanski, Theodore J., Ethics and Public History: An Anthology, Malabar 1990; Leffler, Phyllis K. und Joseph Brent, Public and Academic History: A Philosopy and Paradigm, Malabar 1990.

Ferner konnten Publikationen, die nicht durch das NCPH angeregt wurden, wie *Presenting the Past* (1986, *Radical Historians Organization*) und *Past meets Present* (1987, *Smithsonian Institution*), die auf eine gleichnamige Konferenz des *New York Council for the Humanities* zurückging, genutzt werden.[49] Die Publikationen der AASLH, wie *The Nearby History Series*[50] und *History News*, und der OHA, wie die *Pamphlet Series* und die *Oral History Review*, erörterten methodische Grundlagen.

Die Vorbehalte der etablierten Geschichtswissenschaft gegenüber der *Public History* Bewegung begleiteten sie während der gesamten achtziger Jahre. David Glassberg kritisierte im *Journal of American History*:

„Indeed, the emergence of „public history" as a separate field reflects such specialization, as if no other historical scholarship need have relevance outside the academy. But it is also true that those in positions to shape public historical consciousness – local civic officials and mass media – have by and large failed to use historians' interpretations in relevant ways."[51]

Die *Public Historians* gerieten in die Defensive: Sie entgegneten Versuchen der *Academic Historians*, Historiker, die alternative Karrieren einschlugen, als zweitrangig zu betrachten. Sie stellten fest, die etablierte Geschichtswissenschaft stehe in der Gefahr, von der gleichbleibenden Qualität ihres Produktes derart überzeugt zu sein, daß sie für inhaltliche oder methodische Revisionen nicht aufgeschlossen sei.[52] *Public Historians* warfen der Zunft vor, Historiker zu vernachlässigen, die ihren Beruf in verschiedenen Praxisfeldern ausübten.[53] Sie hoben hervor, daß auch solche Historiker den Prinzipien und Methoden der Zunft verpflichtet seien und Unterschiede lediglich in der Art der Vermittlung bestünden. Das Versprechen der *Public History* Bewegung sei es gewesen, den Vermittlungsaspekt und die Unabhängigkeit von den Universitäten zu betonen.[54] Für diese

---

49 Vgl. Porter Benson, Presenting the Past; Blatti, Jo (Hg.), Past meets Present. Essays about Historic Interpretation and Public Audiences, Washington 1987.
50 Vgl. Butchard, Ronald E., Local Schools. Exploring Their History, Nashville 1986; Danzer, Gerald A., Public Places. Exploring Their History, Nashville 1987; Howe, Barbara J. et al., Houses and Homes. Exploring Their History, Nashville 1987; Wind, James P., Places of Worship. Exploring Their History, Nashville 1990; Kerr, Austin K., Local Business. Exploring Their History, Nashville 1990 und die Sammelrezensionen von Weitzman, David, Rev. Nearby History, in: The Public Historian 5 (Fall 1983), S. 144–146, wie Yellis, Ken, Finding the Fun in Fundamentals: The Nearby History Series, in: The Public Historian 13 (Winter 1991), S. 61–69.
51 Glassberg, David, History and the Public: Legacies of the Progressive Era, in: JAH 73 (1987), S. 957–980, hier S. 980.
52 Stowe, Noel J., The Promises and Challanges for Public History, in: The Public Historian 9 (Winter 1987), S. 47–56, hier S. 48 ff.
53 Scardaville, Looking, Backward, S. 43.
54 Vgl. Bookspan, Shelley, Liberating the Historian: The Promise of Public History, in: The Public Historian 6 (Winter 1984), S. 59–62, hier S. 59 ff.; Fishel, Leslie H. Jr., Public History and the Academy, in: Howe, Public History, S. 8–19, hier S. 11 f.

Unabhängigkeit wurde die Einheit von Geschichtstheorie, -forschung und -vermittlung preisgegeben.

Aus Anlaß dieses Konfliktes erschien 1990 die Untersuchung *Public and Academic History: A Philosophy and Paradigm* von Leffler und Brent, die auf eine Reintegration von *Public* und *Academic History* zielte. Sie basierte auf der Annahme, daß die *Academic History* infolge der Verwissenschaftlichung von Geschichte den Bezug zur Öffentlichkeit verloren habe. Leffler und Brent entwarfen eine historische Methode für *Public* und *Academic History*, die die Reintegration durch eine fundamentale Erneuerung der historischen Disziplin in *Research, Analysis* und *Expression/Presentation* zu erreichen suchte. Sie gingen davon aus, daß das Objektivitätsideal überwunden sei. *Academic Historians* sollten von den Ansätzen und Methoden der *Public Historians* lernen:

> „Public historians have demonstrated that the incorporation of three diverse kinds of sources-oral, material culture, and documentary-and the absorption of skills, techniques, and methods from related disciplines, can greatly enrich the understanding of a cultural heritage."[55]

Die Methoden von *Academic* und *Public Historians* sollten kombiniert, die Mikro- und Makroebene zusammengeführt werden. Für die Präsentation von Forschungsergebnissen forderten Leffler und Brent eine Neubestimmung von Adressaten der *Academic Historians*, da sie bisher lediglich füreinander schrieben.[56]

2.2.2 Konkretisierung des Curriculums

Die Expansion der *Public History* Studiengänge erforderte die Entwicklung eines umfangreichen Curriculums für das Feld der *Public History*.[57] Die in den siebziger Jahren von Kelley/Johnson und Stearns/Tarr vorgelegten Curricula waren theoretisch unausgereift: „Public History as a field is still very embryonic; some of our speakers today had to find definitions of it for the first time."[58] Für die Ausbildung eines übergeordneten Curriculums wurde die beginnende Theoriebildung der achtziger Jahre grundlegend.

Die *Public History* Bewegung entwickelte ein Jahrzehnt nach ihrer Entstehung ein gestärktes Selbstbewußtsein. Ihre Vertreter hielten die Begründung ei-

---

55 Leffler, Public and Academic History, S. 87.
56 Vgl. ebd., S. 83 ff.
57 1987 waren es bereits über hundert Universitäten in den USA, die *Public* oder *Applied History* als Studiengang anboten. Vgl. Johnson, G. Wesley und Noel J. Stowe, The Field of Public History: Planning the Curriculum-An Introduction, in: The Public Historian 9 (Summer 1987), S. 10–19, hier S. 10.
58 De Graaf, Lawrence, Summary: An Academic Perspective, in: The Public Historian 2 (Spring 1980), S. 65–70, hier S. 65.

ner neuen Schule der amerikanischen Geschichtswissenschaft durch den Ausbau von Theorie und Curriculum für möglich. Sie waren entschlossen, den experimentellen Charakter der *Public History* durch Vereinheitlichung und Standardisierung zu beenden.[59]

Die 1987 aus Mitteln des *National Endowment for the Humanities* (NEH) durchgeführte Konferenz *How to develop a Public History Curriculum?* an der *University of California* in Santa Barbara zeigte, daß die beiden Pionierprogramme der Universitäten in Santa Barbara und Pittsburgh in zwei grundsätzlich verschiedene Curricula aufgingen. Die *Public Historical Studies,* in denen *Public Historians* zu Generalisten ausgebildet wurden, begründeten das *Skill-Centered Curriculum.* Das *Single-Focus Curriculum* orientierte sich am Studiengang *Applied History,* der für Spezialisierung im Bereich der *Public Policy* stand. Das *Skill-Centered Curriculum,* das *Public Policy* beinhaltet, hat sich langfristig an den amerikanischen Universitäten durchgesetzt.[60]

Zentren des *Single-Focus Curriculum* in *Applied History* bildeten sich an der *Carnegie-Mellon University* in Pittsburgh und der *George Washington University.*[61] Die Vorteile der *Applied History* und ihres Curriculums liegen im eindeutig abgegrenzten Geltungsbereich der *Public Policy,* der in enger Verbindung zur etablierten Geschichtswissenschaft steht. Daher waren Erfolge in der Theoriebildung, den Strategien historischen Denkens im politischen Prozeß, politikrelevante Forschungsergebnisse und die Aufmerksamkeit von Politik, Verwaltung und Verbänden kurzfristig erreichbar.[62] Als schwerwiegender Nachteil galt die eingeschränkte Vermittelbarkeit von Studierenden auf dem Arbeitsmarkt.

---

59 Johnson, The Field of Public History, S. 11 ff.
60 Cohen, Parker Hubbard, A Guide to Graduate Programs in Public History, Indianapolis 1996. Die Synopse S. 131 ff. zeigt die kleine Zahl der Studiengänge, die sich mit dem Bereich der *Public Policy* beschäftigen.
61 Die Studiengänge tragen heute den Titel *History and Policy Program* (Carnegie-Mellon) *und History and Public Policy* (Washington). Vgl. Cohen, Graduate Programs, S. 30, 46.
62 Vgl. Stearns, Peter N. und Joel A. Tarr, Curriculum in Applied History: Toward the Future, in: The Public Historian 9 (Summer 1987), S. 111–125, hier S. 121 ff.; Stearns, Peter N., History and Policy Analysis: Toward Maturity, in: The Public Historian 4 (Summer 1982), S. 5–29; Achenbaum, Andrew W., The Making of an Applied Historian: Stage Two, in: The Public Historian 5 (Spring 1983), S. 21–46; Graham, Otis L. Jr., The Uses and Misuses od History: Roles in Policymaking, in: The Public Historian 5 (Spring 1983), S. 5–19; Stearns, Peter N., Forecasting the Future: Historical Analogies and Technological Determinism, in: The Public Historian 5 (Summer 1983), S. 31–54; Berkowitz, Edward D., History, Public Policy and Reality, in: JSH 18 (1984), S. 79–89; ders., Public History, Academic History, and Policy Analysis: A Case Study with Commentary, in: The Public Historian 10 (Fall 1988), S. 43–63; McGovern, George, The Historian as Policy Analyst, in: The Public Historian 11 (Spring 1989), S. 37–46.

2.2.2.1 Der Begriff Public History

Der von Robert Kelley 1976 eingeführte Begriff *Public History* hat sich in den achtziger Jahren etabliert. Dennoch blieb er auch unter den *Public Historians* umstritten. Die Schwierigkeit, ihn zu definieren, wirkte auf Ziele, Inhalte und Methoden des *Public History Curriculums* zurück. Abweichende Definitionen führten zu Unterschieden im Curriculum einzelner Studiengänge.

Das grundlegende Problem einer Definition liegt in der Semantik von *Public* und *History*. Eine einheitliche Auffassung von Geschichtswissenschaft und dem Wesen der Öffentlichkeit konnte nicht erzielt werden. Größtenteils wurden beide Begriffe nicht reflektiert.[63] Der Begriff *Applied History* ist ebenso unbestimmt, da er nicht auf Anwendungsbereiche und Adressaten verweist.

Im Sinne Kelleys beschrieb der Terminus *Public History* lediglich Arbeitsbereiche von Historikern jenseits von Schule und Universität.[64] Aussagen über eine spezifische Auffassung von Geschichte und die theoretische Rückbindung von außeruniversitären Tätigkeitsfeldern an die historische Disziplin wurden nicht vorgenommen:

> „Public History has been defined by some in terms of its sectors of historical practice. While useful in relating public history to specific careers, this definition has limitations as a basis for planning curriculum. It reveals no intellectual characteristics common to the whole field."[65]

Die zweite Möglichkeit, *Public History* zu definieren, lag in ihren Unterschieden zur traditionellen Geschichtswissenschaft: *Public Historians* waren überwiegend keine unabhängigen Forscher, die eigenständig und zeitlich unbegrenzte Forschungsvorhaben durchführten, um sie später anderen Forschern zu präsentieren. Sie beschäftigten sich mit interdisziplinären Auftragsarbeiten, die oftmals in Gruppen bearbeitet, zeitlich begrenzt erledigt und zuletzt einem nicht-akademischen Publikum präsentiert werden mußten. Dieser pragmatische Weg der Definition führte zu einer gespaltenen Identität der *Public Historians*, die sich als Historiker verstanden, aber nach dieser Definition nicht Teil der historischen Disziplin waren.

Eine Definition, die die besondere Kompetenz von *Public Historians*, wie mündliche und schriftliche Kommunikation, kritisches Denken, Strategien der

---

63 Grele, Whose Public?, S. 41 f. Lediglich die *Radical Historians* setzten sich kritisch mit dem Verhältnis von Wissenschaft und nicht-wissenschaftlichem Publikum, Erinnerung, der *American Heritage*, der Massenkultur und dem Geschichtsbewußtsein auseinander. Vgl. Porter, Benson, Presenting the Past; Frisch, Michael, A Shared Authority. Essays on the Craft and Meaning of Oral and Public History, New York 1990.
64 Kelley, Public History, S. 16.
65 De Graaf, Lawrence B., Distinctiveness or Integration? The Future of Public History Curriculum, in: The Public Historian 9 (Summer 1987), S. 47–66, hier S. 48. Vgl. auch Scardaville, Looking Backward, S. 40.

Problemlösung und Informationsmanagement hervorhob,[66] erwies sich als ebenso unzureichend. Sie stellte die besonderen Qualifikationen von Historikern gegenüber anderen Geistes- und Sozialwissenschaftlern, die solche Kompetenzen gleichermaßen entwickeln konnten, nicht heraus.

Keine der vorgelegten Definitionen berücksichtigte die fundamentale Frage, ob *Public History* als Teil der amerikanischen Geschichtswissenschaft oder als eigenständiger Verbund potentieller Berufsfelder für Historiker zu betrachten ist.[67] Lediglich Leslie H. Fishel betonte indirekt, daß *Public History* der Geschichtswissenschaft zuzurechnen sei: „Public History is the adaptation and application of the historian's skills and outlook for the benefit of private and public enterprises."[68]

Die Frage nach Unterschieden und Gemeinsamkeiten von *Public* und *Academic Historians* führte zurück zur Ausgangsfrage von Ronald Grele: Wessen Öffentlichkeit? Wessen Geschichte?[69]

Eine umfassende Definition von *Public History*, die ihre Praxisfelder, ihre Adressaten und ihre Verbindung zur Geschichtswissenschaft charakterisiert, wurde in den achtziger Jahren nicht vorgelegt.

2.2.2.2 Selbstverständnis und Ziele

Mit der Bemühung um ein übergeordnetes Curriculum stellte sich die Frage nach dem Selbstverständnis der *Public Historians*, ihrem Verhältnis zur Basisdisziplin Geschichte.[70] *Public Historians* sind als Historiker Teil der historischen Disziplin, gehen aber über sie hinaus. Sie sind den Methoden historischen Forschens verpflichtet. Gravierende Unterschiede zum traditionellen Historiker zeigen sich in ihrer Tätigkeit außerhalb von Universität und Schule und den Präsentationsformen von Forschungsergebnissen.[71] Sie verstehen sich als Dienstleister, die Auftragsarbeiten ausführen. Dies geschieht im Bewußtsein, daß eine *Marketplace Mentality* nicht mit den Grundsätzen der traditionellen Geschichtswissenschaft, wie der Objektivität, kollidiert. Sie fordern von der Geschichtswissenschaft, mehr unternehmerischen Geist und Konkurrenzfähigkeit zu entwickeln.[72]

---

66 Pomeroy, Robert W., Historians' Skills and Business Needs, in: The Public Historian 1 (Winter 1978), S. 8–14.
67 De Graaf, Distinctiveness, S. 48 ff.
68 Fishel, Public History and the Academy, S. 12.
69 Grele, Whose Public?, S. 40 ff. Ansatzweise behandeln Leffler und Brent diese Frage: Vgl. Leffler, Public and Academic History, S. 15–18.
70 De Graaf, Distinctiveness, S. 49 ff.
71 Ebd., S. 61 f.
72 Vgl. Johnson, The Field of Public History, S. 12 ff.; Scardaville, Michael C., Program Development in Public History: A Look to the Future, in: The Public Historian 9 (Summer 1987), S. 163–170, hier S. 165 f.

Public Historians verstehen sich als professionelle Historiker, die sich von Amateuren in Bereichen wie Lokal- und Familiengeschichte absetzen. Die Ausbildung von Professionalität ist Bestandteil der Basisseminare in *Public History* Studiengängen. Sie zeigt sich in den besonderen Fähigkeiten der *Public Historians*, die während des Studiums erlernt werden sollen:

> „How to make a professional quality oral presentation in public. How to write a professional report on a project topic for a broad audience. How to write a research proposal, complete with budget and timetable of completion. What kind of fee to charge a client who needs help. How to distinguish between a situation in which a person's professional ethics are kept intact and one in which they might be compromised by a business, agency, or client, that expects contract work done to their specifications and for their ultimate exclusive use. How to function as a member of a group project or research team rather than as an individual historian. How to research and write problem-oriented projects in which the problem is given by the agency or a client [...]."[73]

Die pragmatischen Ziele der *Public History* Bewegung haben sich in der ersten Dekade nicht verändert. Im Vordergrund stand die Überwindung der Beschäftigungskrise für Historiker.[74] Ein öffentlicher Auftrag der *Public Historians*, das Geschichtsbewußtsein zu fördern oder die *American Heritage* zu pflegen, wurde seitens der Vordenker des *Public History* Curriculums nicht thematisiert.[75]

2.2.2.3 Komponenten eines übergeordneten Curriculums

Die in den siebziger und achtziger Jahren an amerikanischen Universitäten etablierten *Public History* Studiengänge zeigten eine Vielfalt von Curricula, die durch spezifische institutionelle, personelle und finanzielle Faktoren geprägt waren. Ein verbindliches Standard-Curriculum konnte daher nicht realisiert werden und erschien nicht wünschenswert.[76] Ziele und Komponenten einzelner Curricula wiesen durchaus Gemeinsamkeiten auf, so daß sich Umrisse eines übergeordneten Curriculums beschreiben lassen.[77] Ein solches übergeordnetes Curriculum ist ein Indiz für die beginnende Theoriebildung in *Public History*.

---

73 Johnson, G. Wesley, Professionalism: Foundation of Public History Instruction, in: The Public Historian 9 (Summer 1987), S. 96–110, hier S. 108.
74 Scardaville, Program Development in Public History, S. 164.
75 Mit diesen Fragen beschäftigten sich die *Radical Historians*.
76 Vgl. Scardaville, Program Development in Public History, S. 164 und Cohen, Graduate Programs.
77 Noel J. Stowe gibt Anregungen zu Aufbau und Entwicklung eines public history Studiengangs und dessen Verankerung in der Fakultät. Vgl. Stowe, Noel J., Developing a Public History Curriculum Beyond the 1980s: Challanges and Foresight, in: The Public Historian 9 (Summer 1987), S. 20–37.

Die Mehrzahl der *Public History* Programme orientierte sich an einem Verbund von Praxisfeldern[78] und folgte damit dem von Robert Kelley entwickelten *Skill-Centered Curriculum*. Ziel dieses Curriculums war nicht die Vermittlung spezialisierter Kenntnisse in möglichst vielen Praxisfeldern, vielmehr die Ausbildung von Schlüsselqualifikationen, die es dem *Public Historian* ermöglichten, in allen Praxisfeldern professionell tätig zu sein.[79]

Thematisch orientierte sich das *Public History* Curriculum an den Forschungsgegenständen der *New History*, insbesondere der *New Social History*,[80] der *New Cultural History* sowie teilweise an Themen und Methoden der Sozialwissenschaften. Abgesehen von den *Applied History* Programmen geriet die politische Geschichte in den Hintergrund. Die *Local History*, die infolge der *New History* eine wissenschaftliche Aufwertung erfahren hatte, wurde ein beliebtes Praxisfeld und zugleich bedeutendes Forschungsgebiet der *Public History*. Diese Urform der *Public History* nahm in den *Public History* Curricula eine exponierte Stellung ein: *Public History* Projekte basierten überwiegend auf lokaler und regionaler Geschichte[81] und deren Quellen.[82] Die Beliebtheit der *Local History* war auf das besondere Interesse der Öffentlichkeit zurückzuführen. *Local History* ist von der ausschließlich im akademischen Raum betriebenen *Community History* abzugrenzen, die sich mit sozialen Prozessen und Strukturen wie Urbanisierung, Industrialisierung und Mobilität beschäftigt und in enger Verbindung zur *Social History* steht.[83]

Das *Public History* Curriculum der achtziger Jahre konstituierte sich aus drei Stufen: den *Undergraduate*, *Graduate* und *Ph.D. Programs*. Die Struktur der Studiengänge wurde von den *Graduate Programs* bestimmt, die Anforderungen den anderen Studiengängen jeweils angepaßt. Der Schwerpunkt der *Undergraduate Programs* lag in der Einführung in das Gebiet der *Public History*, bei den Ph.D. Programmen im selbständigen Anfertigen einer Dissertation zu einem spezialisierten, öffentlichkeitsrelevanten Thema.[84]

---

78 Die Zahl der Praxisfelder variierte zwischen drei und zehn. Wenige Studiengänge spezialisierten sich auf nur ein Praxisfeld: *Archival Programs* der University of Michigan (Ann Arbor) und der Western Washington University. Vgl. Cohen, Graduate Programs, S. 66 f.; Mariz, George: Public History: Western Washington University's Archival Program, in: The History Teacher 17 (1984), S. 489–510.
79 Vgl. Kelley, Robert, On the Teaching of Public History, in: The Public Historian 9 (Summer 1987), S. 38–46, hier S. 40; Stowe, The Field of Public History, S. 18.
80 Vgl. speziell zu *Labor History* and *Public History* das Themenheft The Public Historian 11 (Fall 1989).
81 In lokalen Museen, öffentlichen und privaten Archiven, Verwaltungen, Geschichtsvereinen und -werkstätten und vor Ort betriebenem Denkmalschutz.
82 Verbale (z. B. Akten der lokalen Verwaltung), ikonische (Fotosammlungen) und haptische Quellen (materielle Überreste); *Oral History* Projekte.
83 Starr, Raymond, The Role of Local History Course in a Public History Curriculum, in: The Public Historian 9 (Summer 1987), S. 80–95, hier S. 84 ff. Starr bietet ferner ausführliche bibliographische Hinweise zu Handbüchern der *Local History*. Vgl. auch das Themenheft *Public History and Local History* des Public Historian 5 (1993), S. 8–87.
84 Cohen, Graduate Programs.

Der obligatorische Teil der *Public History* Studiengänge wurde durch ein Basisseminar[85] begründet, einer Einführung in Theorie und Methoden der *Public History*, die den Studierenden einen Überblick über das Gebiet verschaffen sollte. Patricia Mooney Melvin forderte für das einführende Seminar eine Reflexion der Rolle von Historikern und dem Nutzen der Geschichtswissenschaft:

„Without a clearer understanding of the historian's craft, however, students cannot appreciate fully an analysis of either the historical profession or the applicability of historical skills in a wide variety of settings."[86]

Im Anschluß sollte die Geschichte der amerikanischen Geschichtswissenschaft behandelt werden, die für das Verständnis der *Public History* Bewegung unerläßlich sei. Lawrence de Graaf faßte zusammen, diese erste Komponente eines jeden *Public History* Studiengangs „should be a substantial, often multi-course, core in techniques of research writing, and historical thinking."[87]

Zum Pflichtbereich der *Public History* Studiengänge zählten außerdem Methodenkurse in *Historical Methods, Quantitative Methods* und *Public History Methods*,[88] die Ausweis des interdisziplinären Charakters der Studiengänge sind.[89]

Der Wahlbereich der Studiengänge wurde von den Praxisfeldern der *Public History* bestimmt, deren Anzahl und Ausgestaltung vom Angebot der jeweiligen Universität abhing. Die Studienordnungen bestimmten, ob auch hier einzelne Seminare verpflichtend besucht werden mußten.[90] Die Teilnahme an Seminaren in Praxisfeldern mündete in eine Spezialisierung seitens der Studierenden, die später in einem eng gefaßten Bereich ihr *Internship* absolvierten, auf das sie eine Abschlußarbeit aufbauten.

Die von G. Wesley Johnson schon in den siebziger Jahren entwickelte Struktur der Praxisfelder[91] wurde durch Glenda Riley und Lawrence de Graaf in den achtziger Jahren konkretisiert. Riley entwickelte 1982 ein alternatives „integratives Modell", das Theorie und Methoden der *Public History* reflektierte und sie auf einzelne Praxisfelder bezog. Basierend auf Johnson, differenzierte sie zehn Bereiche:

---

85 Z. B. Core Seminar, Introduction to Public History, Public History Research and Analysis Seminar. Vgl. Cohen, Graduate Programs.
86 Mooney, Melvin, Patricia, The Quest of the Professional Historian: The Introduction to Public History Course, in: The Public Historian 9 (Summer 1987), S. 68–79, hier S. 68.
87 De Graaf, Distinctiveness, S. 63.
88 Anstelle der *Public History Methods* wurden teilweise einzelne Seminare in *Oral History* und/oder *Material Culture* angeboten.
89 Cohen, Graduate Programs.
90 Einige Universitäten boten umfangreiche Wahlmöglichkeiten, andere legten die Praxisfelder in der Studienordnung fest., Vgl. Cohen, Graduate Programs.
91 Johnsons lineare Struktur der Praxisfelder: (I) *Government*, (II) *Business*, (III) *Research Organizations*, (IV) *Media*, (V) *Historical Preservation*, (VI) *Historical Interpretation*, (VII) *Archives and Records Management* und (VIII) *Teaching of Public History*. Vgl. Johnson, Preface, S. 6 f.

„(1) histeography and definition of public history, (2) theory and management of historical collections, (3) registration and cataloging of historical collections, (4) philosphy and techniques of exhibiting historical artifacts and documents, (5) other interpretative techniques, (6) historical editing, publications and other media, (7) preservation and conservation of artifacts and documents, (8) historical and policy analysis, (9) historical research and (10) carreer related skills."[92]

De Graaf entwarf 1987 eine unsystematische Struktur der Praxisfelder, berücksichtigte aber neue Aspekte. Die Reintegration von *Public* und *Academic History* sollte die Grundlage für ein zukünftiges *Public History* Curriculum bilden, das in einer engen wechselseitigen Beziehung zur etablierten Geschichtswissenschaft stehen sollte. Das Curriculum konstituierte sich neben einem Basis-Seminar aus den Bereichen „(I) *archival administration*, (II) *local history*, (III) *historical preservation*, (VI) *cultural resource management and preservation*, (V) *museum exhibits and interpreation/material culture*, (VI) *audience and forms of presentation*, (VII) *popular history*, (VIII) *visual history*, (IX) *information management* and (X) *historical administration*."[93]

Diesen theoretisch entwickelten Modellen entsprach in der Praxis kaum ein Studiengang. Um Konzentrationen von Praxisfeldern in Studiengängen zu erfassen, entwickelte Parker Hubbard Cohen ein Register aus *Archives, Business, Editing, Historical Administration, Historical Archaeology, Historic Preservation/Cultural Resources Management, Local/Community History, Media, Museum Studies, Oral History, Public Policy* und *Publishing*, das in keiner Weise inhaltliche oder methodische Differenzierungen berücksichtigte.[94]

In *Public History Curricula* wurden stets die besonderen Arbeits- und Sozialformen betont. Abweichend von herkömmlichen Geschichtsstudiengängen wurde ein Schwerpunkt auf Gruppenprojekte gelegt.[95] Im Mittelpunkt standen handlungs-, erfahrungs- und produktionsorientierte Seminare *(Experiential Learning, Liberal Learning)*:[96]

„History departments should also afford students the opportunity of doing history beyond the usual assignments of library research and scholary writing. Field experiences such as setting up exhibits, making films, editing, and

---

92 Riley, Glenda, Organizing a Public History Course: An Alternative Approach, in: The History Teacher 16 (1982), S. 35–52, hier S. 36. Riley erstellt im Verlauf des Aufsatzes eine ausführliche Bibliographie zu jedem der einzelnen Bereiche.
93 De Graaf, Distinctiveness, S. 53 ff.
94 Cohen, Graduate Programs, S. 131–136.
95 Howe, Barbara J., Student Historians in the „Real World" of Community Celebrations, in: The Public Historian 9 (Summer 1987), S. 126–137; Stowe, Public History Curriculum, S. 32
96 Vgl. Karamanski, Theodore J., Experience and Experimentation: The Role of Academic Programs in the Public History Movement, in: The Public Historian 9 (Summer 1987), S. 138–148; Stowe, The Field of Public History, S. 18 f.

oral interviewing [...]. Independent study exposes individual students to a still wider variety of historical work."[97]

Weiterer Bestandteil des Curriculums wurde der möglichst häufige und enge Kontakt zu bereits in der Praxis tätigen Historikern in Form von gegenseitigen Besuchen vor Ort und in der Universität.[98]

Das *Internship*, eine längere, betreute Ausbildungsphase in der Praxis, das auf den Abschluß des Studiums hinführte, sollte die Studierenden in die Realität der historischen Arbeit in der Öffentlichkeit einführen.[99] Einige Universitäten boten zusätzlich ein kürzeres Praktikum an.[100]

Die letzte strukturelle Komponente eines übergeordneten Curriculums bildete das *Carreer Counselling*: Die Beratung von Studierenden im Übergang vom Studium in eine Beschäftigung sollte Orientierung über außeruniversitäre Beschäftigungsmöglichkeiten, Verträge und Stipendien bieten.[101]

2.2.2.4 Methoden historischen Forschens im Public History Curriculum: Oral History und Material Culture

Public Historians sind den Methoden historischen Forschens verpflichtet. Der im Historismus als verbindlicher Kanon festgelegte, hermeneutisch orientierte Dreischritt von Heuristik, Quellenkritik und Interpretation wurde durch die Übernahme analytischer Methoden anderer Wissenschaften, wie *Quantifizierung* und *Oral History*, erweitert und verändert. Unter historischer Methode ist demnach heute die Anwendung hermeneutischer und analytischer Verfahren sowie deren Integration zu verstehen. Sie garantiert die Objektivität historischer Aussagen im Sinne der intersubjektiven Verbindlichkeit.[102]

Grundlegende Idee der *Public History* war, die historische Methode um die Darstellung und Präsentation des Erforschten in der allgemeinen Öffentlichkeit zu erweitern. Mit der interdisziplinären *Oral History* und *Material Culture* wurden im Sinne der *New History* neue Quellen erschlossen. Zugleich konnten *Oral History* Interviews und nonverbale Überreste, die ihrerseits Erinnerungsmedien sind, als Medien historischen Lernens genutzt werden. Durch ihre Verbindlichkeit, Eindringlichkeit und Anschaulichkeit sollte der Dialog zwischen professionellen Historikern und der Öffentlichkeit gesichert werden.[103]

---

97 De Graaf, Distinctiveness, S. 62.
98 Vgl. Riley, Organizing a Public History Course, S. 35; Johnson, Professionalism, S. 109.
99 Vgl. De Graaf, Distinctiveness, S. 62. Howe, Student Historians in the „Real World".
100 Beispielsweise die Middle Tennessee State University (Murfreesboro). Vgl. Cohen, Graduate Programs, S. 68.
101 Vgl. De Graaf, Distinctiveness, S. 62 f.; Stowe, Public History Curriculum, S. 34.
102 Rüsen, Jörn, Historische Methode, in: Bergmann, Handbuch der Geschichtsdidaktik (⁵1997), S. 140–144, hier S. 141 ff.
103 Vgl. Blatti, Jo, Public History and Oral History, in: JAH 77 (1990), S. 615–625, hier S. 615;

Oral History wurde integraler Bestandteil des Curriculums, da sie das wichtigste Werkzeug der *Public Historians* ist.[104] Im Bereich der politischen Geschichte ermöglichte sie mehr Transparenz durch Eliteninterviews, sie unterstützte den Perspektiv- wechsel der Sozialgeschichte in lebensgeschichtlichen Interviews „kleiner Leute", brachte professionelle Standards in die Lokalgeschichte[105] und diente der Vermittlung in Fernseh-Dokumentationen, Filmen und Museen. Aufgabe des *Public Historians* war es, die Öffentlichkeit für die Vorzüge und Probleme dieser im Forschungsprozeß entstandenen Quellengattung, in Abgrenzung von journalistischen Genres, zu sensibilisieren.[106] Umstritten war, ob durch die *Public Historians* jenseits der 1979 durch die *Oral History Association* entwickelten *Evaluation Guidelines*[107] mehr Präzision oder mehr Flexiblität in die Theorie und Methode der *Oral History* gebracht werden sollte.[108] Insgesamt wurde die Beziehung von *Public History* und *Oral History* theoretisch völlig unzureichend beschrieben.[109]

Bedeutend für das Curriculum und ebenso wenig theoretisch begründet war der Zusammenhang von *Public History* und *Material Culture*.[110] Die Methodenkurse in *Material Culture* orientierten sich an Thomas J. Schlereths Buch *Artifacts and the American Past*, der Beispiele ikonischer Quellen, Erinnerungsorte und -landschaften sowie deren Quellenkritik erörterte.[111] Diese Objektkultur wird von Schlereth als historische Quelle und weniger als Medium der außerschulischen Vermittlung betrachtet:

„Material culture study attempts to explain why things were made, why they took the forms they did, and what social, functional, aesthetic or symbolic needs they serve. ... The historian's primary purpose in using artifacts is always to interpret them in their cultural history context."[112]

Ettema, Michael J., History Museums and the Culture of Materialism, in: Blatti, Past meets Present, S. 62–85, hier S. 77.
104 Ritchie, Donald A., The Oral History/Public History Connection, in: Howe, Public History, S. 57–69, hier S. 66 f.
105 Baum, Willa K., Oral History for the Local Historical Society, Nashville ³1987.
106 Morrissey, Charles T., Public Historians and Oral History: Problems of Concept and Methods, in: The Public Historian 2 (Winter 1980), S. 22–29, hier S. 26 f.
107 Oral History Association (Hg.), Oral History Evaluation Guidelines, Lexington 1980.
108 Vgl. Morrissey, Public Historians and Oral History, S. 22 ff.; Blatz, Perry, K., Craftmanship and Flexibility in Oral History: A Pluralistic Approach to Methodology and Theory, in: The Public Historian (Fall 1990), S. 7–22.
109 Michael Frisch behandelt beide Bereiche, ohne eine theoretische Verbindung herzustellen. Vgl. Frisch, A Shared Authority.
110 Zur Bedeutung von nonverbalen Überresten in der Sozialgeschichte vgl. die Sammelrezension von Mary Johnson, What's in a Butterchurn or a Sadiron? Some Thoughts on Using Artifacts in Social History, in: The Public Historian 5 (Winter 1983), S. 61–81 (Schwerpunkt: Haushaltsgegenstände in verschiedenen Jahrhunderten).
111 Norris, Richard P., Rev. Schlereth, in: The Public Historian 3 (Spring 1981), S. 93–96.
112 Schlereth, Artifacts, S. 3.

Die Wirkung von Objekten auf das Publikum in historischen Museen reflektierte lediglich Michael J. Ettema, der zwischen einer formalistischen und einer analytischen Betrachtung nonverbaler Überreste unterschied. Die formalistische stelle die Ästhetik, das Antiquarische, die Nostalgie und den technologischen Fortschritt in den Mittelpunkt, die analytische nutze Objekte, die nicht für sich selbst sprächen, als Medium. Objekte dienten der Identifikation und der Kommunikation mit dem Publikum, um es für historische Fragestellungen zu gewinnen.[113] Welche Bedeutung dabei Objekte der *Popular Culture* einnehmen, wurde nicht ausgeführt. Maines und Glynn wiesen erst in den neunziger Jahren darauf hin, daß einige Objekte als Ikonen eine exponierte Stelle einnehmen.[114]

2.2.2.5 Professionelle Standards und Ethik-Kodex

Die wissenschaftliche Beschäftigung mit Geschichte in der Öffentlichkeit kann sich maßgeblich von der Geschichtswissenschaft, die an Universitäten betrieben wird, unterscheiden. Der freien Wissenschaft, die es *Academic Historians* erlaubt, Forschungsvorhaben frei zu wählen und in beliebigem Zeitraum durchzuführen, stehen in einigen Bereichen der *Public History* die Interessen von Auftraggebern gegenüber. Besonders betroffen sind in der Privatwirtschaft und in der Politikberatung tätige Historiker. Sie sind in Unternehmen an Stategien der Profitsteigerung oder in der Politik an der Interessenbildung beteiligt. Sie stehen in der Gefahr, ihre Rolle vom distanziert analysierenden Historiker zu einer aktiv beteiligten Person zu wechseln, und können dadurch in Konflikte zu den Grundsätzen der Geschichtswissenschaft geraten. Nach Ronald C. Tobey liegen Konfliktpotentiale der *Public Historians* in Interessen, die an sie herangetragen werden, in der eingeschränkten Möglichkeit, ihre Ergebnisse disziplinweit zur Diskussion zu stellen, und in ihrer mangelnden Selbstreflexion als Vertreter einer Wissenschaft.[115]

Vor dem Hintergrund dieser Probleme begann 1982 eine Diskussion um professionelle Standards und einen Ethik-Kodex in *Public History*, die von selbständigen Historikern angeregt wurde. Verschiedene nichtakademische Organisationen hatten seit den ausgehenden sechziger Jahren Richtlinien entwickelt, die eine professionelle Beschäftigung mit Geschichte in der Öffentlichkeit erleichtern sollten: *Goals and Guidelines of the Oral History Association* (1968),

---

113 Ettema, Culture of Materialism, S. 72 ff.
114 Maines, Rachel P. und James J. Glynn, Numious Objects, in: The Public Historian 15 (Winter 1993), S. 9–25. Die Enola Gay steht als Ikone für das Ende des Zweiten Weltkriegs und den Atombombenabwurf auf Hiroshima, weniger als Beispiel für einen B-29 Bomber aus den 40er Jahren (S. 11).
115 Vgl. Tobey, Ronald C., The Public Historian as Advocate: Is Special Attention to Professional Ethics Necessary?, in: The Public Historian 8 (Winter 1986), S. 21–30, hier S. 22 ff.; Karamanski, Theodore J., Ethics and Public History: An Introduction, in: The Public Historian 8 (Winter 1986), S. 5–12, hier S. 10 f.

Museum Ethics (AAM, 1978), *Code of Ethics for Archivists* (SAA,1980), *Code of Ethics and Standards of Research Performance* (SOPA, 1981), *Standards of Professional Conduct* (CCPH, 1984), *Principles and Standards for Federal Historical Programs* (SHFG, 1984). Nach ausgiebiger Diskussion konnte das NCPH im April 1985 *Ethical Guidelines for the Historians* vorlegen.[116] Das Papier bezog sich auf die Beziehung des Historikers zu seinen Quellen, zu Kunden und Arbeitgebern, zu Kollegen, zur Öffentlichkeit und seiner Verantwortung gegenüber den Grundsätzen der Geschichtswissenschaft: Die Arbeit des Historikers diene der Erhaltung, Pflege und Bewertung historischer Quellen. Die Geschlossenheit von Quellensammlungen sei die Basis für die Interpretation der Vergangenheit. Diese erfordere die Nutzung aller für den Forschungsgegenstand relevanten Informationen. Historikern müsse freier und offener Zugang zu Archivalien gewährt werden. Gegenüber Arbeitgebern seinen sie der historischen Wahrheit verpflichtet, die sich aus den zur Verfügung stehenden Quellen ergebe. Historiker sollten respektvoll mit dem Vertrauen von Kunden, Arbeitgebern und Studenten umgehen. Historiker arbeiteten gemäß vertraglich festgelegten Aufträgen und Absprachen. Daraus resultierende Forschungsergebnisse unterlägen der Schweigepflicht. Sie teilten ihre Erfahrungen im wissenschaftlichen Austausch mit anderen Historikern und setzten sich für die Förderung des Nachwuchses ein. Die Aktivitäten des Historikers würden nicht durch Rasse, Farbe, Religion, Geschlecht, nationale Herkunft, politische Einstellung, Behinderung, Alter oder Familienstand seiner Kollegen beeinflußt. Sie hätten Achtung vor der Arbeit anderer. Im Rahmen einer Bewerbung legten sie lückenlos ihren bisherigen Werdegang offen. Historiker dienten als Vorbilder in der Erhaltung der für das Gemeinwesen relevanten Quellen. Sie bemühten sich um die Stärkung von Geschichte und Geschichtsbewußtsein in Schule, Privatwirtschaft, Vereinen und der gesamten Öffentlichkeit. Sie repräsentierten die Geschichtswissenschaft in verantwortlicher Weise in der Öffentlichkeit, indem sie nur solche politischen oder ökonomischen Interessen verträten, die mit der historischen Wahrheit vereinbar seien. [Sic!, S. R.] Historiker seien der Wahrheit verpflichtet. Vorurteile, die mutwillige Zerstörung von Quellen und vorsätzliche Verbreitung falscher Informationen zählten zu unprofessionellem Verhalten. Historiker repräsentierten die Vergangenheit in ihrer Komplexität.[117]

Seit Beginn der Diskussion war die Notwendigkeit spezieller Richtlinien für den Bereich der *Public History* umstritten. Einerseits wurde argumentiert, daß

---

116 Vgl. Karamanski, Theodore J., Introduction: Ethics and the Use of History, in: ders. (Hg.), Ethics and Public History: An Anthology, Malabar 1990, S. 1–15, hier S. 2 ff. (Richtlinien S. 85 ff.); Reuss, Martin, Federal Historians: Ethics and Responsibility in the Bureaucracy, in: The Public Historian 8 (Winter 1986), S. 13–20. Ebenso wurden Standards für den akademischen Bereich vorgelegt: *Statement on Professional Ethics* (AAUP, 1966) und *Statement on Standards of Professional Conduct* (AHA, 1987).

117 NCPH (Hg.), Ethical Guidelines for the Historian, in: Karamanski, Ethics and Public History, S. 76–77.

die wissenschaftliche Beschäftigung mit Geschichte in der Öffentlichkeit durch Richtlinien festgelegt werden müsse, da sie von akademisch betriebener Geschichtswissenschaft abweiche.[118] Ein Ethik-Kodex sollte die Integrität der Geschichtswissenschaft bewahren, die die Grundlage für die Einstellung von Historikern in Privatwirtschaft und Verwaltung bildete:

> „Historians' general reputation for varacity and integrity is one of the reasons that corporations hire historians to produce corporate histories. The point is simple: it is the best interest of public historians to foster standards of professional performance that buttress the integrity of the historical profession. This is another way of saying that our honor *is* for sale, and that we should do everything to protect it. Who would want to hire a historian if it was generally believed that we are merely paid liars?"[119]

Andererseits bezweifelte Roy Lopata die Wirksamkeit eines Ethik-Kodex in der Praxis der *Public Historians*. Er hielt es für ausreichend, die traditionellen Methoden historischen Forschens auf Dienstleistungen zu übertragen.[120]

Der Ethik-Kodex bot keine Garantie für die in der Diskussion geforderten Aufrichtigkeit *(Honesty)* der *Public Historians*, die höher als das Objektivitätsideal gehandelt wurde.[121] Er konnte aber ihre Glaubwürdigkeit *(Credibility)* erhöhen[122], da er für Außenstehende Transparenz in die Grundsätze der *Public Historians* brachte. Dies konnte sich positiv auf das Verhältnis zwischen *Public Historian* und Auftraggeber auswirken, da sich beide im Zweifelsfall auf den Kodex berufen konnten, sofern er Grundlage ihres Vertrags war.[123]

Eine Einführung in professionelle Standards war Bestandteil des *Public History* Curriculums. Studierende wurden mit Kernproblemen der *Public Historians* „such as contract negotiations, client relations, confidentiality, and the nature of historical truth" konfrontiert.[124]

---

118 Tobey, The Public Historian, S. 21 ff.
119 Hurtado, Albert L., Historians and Their Employers: A Perspective on Professional Ethics, in: The Public Historian 8 (Winter 1986), S. 47–51, hier S. 51.
120 Lopata, Roy, Ethics in Public History: Clio Meets Ulasewizc, in: The Public Historian 8 (Winter 1986), S. 39–45, hier S. 40 ff.
121 Vgl. Ryant, Carl, The Public Historian and Business History: A Question of Ethics, in: The Public Historian 8 (Winter 1986), S. 31–38, hier S. 36 f.; Reuss, Federal Historians, S. 19. Carl Ryant bewertet die Aufrichtigkeit der *Public Historians* sogar höher als ihre Objektivität.
122 Hordes, Stanley M., Does He Who Pays the Piper Call the Tune? Historians, Ethics, and the Community, in: The Public Historian 8 (Winter 1986), S. 53–56, hier S. 56.
123 Vgl. Hurtado, Historians and Their Employers, S. 50; Reuss, Federal Historians, S. 14.
124 Karamanski, Ethics, S. 8. Vgl. ferner, Tobey, The Public Historian, S. 29.

2.2.3 Exkurs: Die Rotterdamer Konferenz und Public History in Westeuropa

Anfang der achtziger Jahre versuchte G. Wesley Johnson die *Public History* Bewegung mit zahlreichen Reisen nach West- und Osteuropa zu internationalisieren.[125] Er trat mit einigen Mitgliedern des *Economic and Social History Committee* des *Social Science Research Council* (SSRC), unter ihnen Michael Drake und Henk van Dijk, in Kontakt. Drake beschräftigte sich mit der politischen Relevanz von Wirtschafts- und Sozialgeschichte in Großbritannien,[126] van Dijk hatte in den Niederlanden an der *Erasmus Universiteit Rotterdam* einen sozialgeschichtlich orientierten *Public History* Studiengang für Undergraduates initiiert. In einer britisch-niederländischen Kooperation konnte vom 15. bis 18. September 1982 an der *Subfaculteit Maatschappij-geschiedenis*[127] der Universität Rotterdam die Konferenz *Applied Historical Studies* durchgeführt werden. Sie beschäftigte sich mit Möglichkeiten und Grenzen der Anwendung von Wirtschafts- und Sozialgeschichte. Die Teilnehmer aus den Niederlanden, Großbritannien, Frankreich, Belgien und den USA konzentrierten sich, vergleichbar mit den Ansätzen von May (Harvard) und Stearns/Tarr (Carnegie-Mellon), auf die Bedeutung historischer Forschung für die Lösung aktueller politischer und sozialer Probleme:

„Underlying the whole Rotterdam Conference was the question of the relationship between historical knowledge and contemporary concerns. Could history make a bigger contribution to the world which harbored it in the shape of knowledge, or of individuals trained in historical methods? In both of these areas it was the utility of historical study that was the question."[128]

Die Ausrichtung der Rotterdamer Konferenz war auf den Erfolg der Sozialgeschichte in Westeuropa zurückzuführen. Der eigentliche Kern der *Public History*, die universitäre Ausbildung von Historikern für alternative Karrieren, wurde nur am Rande thematisiert. Anthony Sutcliffe führte dies auf die spezifisch europäischen Verhältnisse zurück. Die Nachfrage nach Historikern sei in der Privatwirtschaft geringer gewesen als in den USA. Eine internationale *Public History* Bewegung, wie sie sich Johnson erhoffte, konnte nicht begründet werden: „The Rotterdam conference clearly marked neither the beginning nor the end of the discussion of public history in Europe."[129]

---

125 Johnson, G. Wesley, An American Impression of Public History in Europe, in: The Public Historian 6 (Fall 1984), S. 87–97.
126 Drake, Michael, Applied Historical Studies. An Introductory Reader, London 1973.
127 Abteilung für Sozialgeschichte.
128 Sutcliffe, Anthony R., Gleams and Echoes of Public History in Western Europe: Before and After the Rotterdam Conference, in: The Public Historian 6 (Fall 1984), S. 7–16, hier S. 11. Sutcliffe bietet eine detaillierte Liste der Referate (S. 10 f.)
129 Ebd., S. 15.

Aus amerikanischer Perspektive bildeten sich an westeuropäischen Universitäten in den achtziger Jahren Zentren, die sich mit *Public History* oder vergleichbaren Inhalten beschäftigten. Anthony Sutcliffe konnte in Großbritannien im Rahmen der wirtschaftsgeschichtlichen Abteilung der *University of Sheffield* ein *Centre for Applied Historical Studies* nach dem Vorbild des *Applied History* Programms der Carnegie-Mellon University aufbauen. Als zweite treibende Kraft in Europa galt Henk van Dijk, der sich an den Inhalten des Santa Barabara Curriculums orientierte. Francois Bédarida, Leiter des *Institut d'Histoire du Temps Présent* in Paris, rezipierte die Ideen der *Public History* Bewegung und setzte sie in einzelnen Seminaren um. Der Geschichtsdidaktiker Jochen Huhn, den Johnson 1981 an der Universität-Gesamthochschule Kassel besuchte,[130] prägte in der Bundesrepublik den Begriff der *Geschichte in der außerschulischen Öffentlichkeit*. Er forderte die systematische Ausweitung geschichtsdidaktischer Theorie, Empirie und Praxis auf Vermittlungsbereiche außerhalb von Schule und Universität und eine diesen Vermittlungsaufgaben angemessene Ausbildung von Historikern.[131]

Die Hoffnung Johnsons auf eine internationale *Public History* Bewegung hat sich nicht erfüllt. Seit den ausgehenden sechziger Jahren entstanden in mehreren europäischen Staaten beachtenswerte Einzelinitiativen, die aber nicht zu einer homogenen Bewegung führten.[132] Insbesondere die *History Workshop* Bewegung in Großbritannien versuchte die Arbeit von Historikern und den außeruniversitären Umgang mit Geschichte, vor allem in der Arbeiterschaft, zu verbinden.[133]

---

130 Vgl. Sutcliffe, Gleams and Echoes, S. 15 f.; Beck, Peter J., Forward with History: Studying the Past for Careers in the Future, in: The Public Historian 6 (Fall 1984), S. 49–64; Rousso, Henry, Applied History or the Historian as Miracle-Worker, in: The Public Historian 6 (Fall 1984), S. 65–85; Johnson, An American Impression, S. 89 ff. Johnson traf außerdem Lutz Niethammer an der Universität Essen, den er als führenden Vertreter der *Oral History* in der Bundesrepublik betrachtete. Eine belgische Initiative der katholischen Universität Louvain, die ein Zusatzstudium für Historiker anbot, wurde von amerikanischer Seite nicht beachtet. Vgl. D'Haenens, A., Pour une éducation permanente dans une université ouverte: Le Groupe Clio 70 et le Centre de Recherches sur la Communication en Histoire de l'Université de Louven, Lovain 1975.

131 Vgl. Huhn, Jochen, Geschichte in der außerschulischen Öffentlichkeit, in: Bergmann, Klaus et al. (Hgg.), Handbuch der Geschichtsdidaktik, Düsseldorf ³1985, S. 717–722, hier S. 720 f.; ders., Magisterabschluß ohne Chance? Überlegungen zum Verhältnis von Wissenschaft und Berufspraxis, in: GD 10 (1985), S. 83–89.

132 Beispiele bieten Pellens, Karl; Siegfried Quandt und Hans Süssmuth (Hgg.), Historical Culture – Historical Communication. International Bibliography, Frankfurt am Main 1994. Bisher liegt im Rahmen der international vergleichenden Geschichtsdidaktik keine Untersuchung vor, die die Entwicklung der außerschulischen Vermittlung von Geschichte in europäischen Ländern zusammenfaßt. Die 1980 in der Bundesrepublik gegründete Internationale Gesellschaft für Geschichtsdidaktik hat sich immer wieder um dieses Themenfeld bemüht, ist aber letztlich der Geschichtsvermittlung in der Schule verhaftet geblieben. Vgl. die Zeitschrift Informations, Mitteilungen, Communications (1980 ff.). Angesichts der Vielfalt möglicher Ansätze, Praxisfelder und staatlichen wie regionalen Besonderheiten ist ihre Realisierung fragwürdig.

133 Huhn, Geschichte in der außerschulischen Öffentlichkeit, S. 720. Seit 1976 erscheint die Zeit-

Dieser Ansatz wurde in anderen europäischen Ländern rezipiert. In der Bundesrepublik entstand beispielsweise ein dichtes Netz von Geschichtswerkstätten, deren Arbeit von professionellen Historikern begleitet wurde.[134]

De facto wird heute überall in Westeuropa *Public History* betrieben. Allerdings ist der Begriff *Public History* in Westeuropa ungebräuchlich und wird von den wenigsten Universitäten als Ausbildungsprogramm verstanden.[135] Entgegen Johnsons Prognose blieb die *Public History* Bewegung, die systematische Ausbildung von Historikern für die außerschulische Öffentlichkeit, „made in U.S.A.".[136]

2.3 Neunziger Jahre: Public History, Öffentlichkeit und politische Kultur

Der beachtenswerte Fortschritt der *Public History* in den achtziger Jahren durch die Gründung des *National Council on Public History* (NCPH), der Ausbildung einer von der *Academic History* unabhängigen Indentität als historische Wissenschaft, die Professionalisierung und Entwicklung eines übergeordneten Curriculums konnte in den neunziger Jahren nicht übertroffen werden. Das NCPH, dem 1994 1360 Mitglieder angehörten, war nicht die einzige Organisation, die die Interessen der *Public Historians* vertrat. Es erfüllte daher Aufgaben, die mit denen eines Dachverbands vergleichbar sind:

> „(…) NCPH fills a niche that no other organization does; it provides a home for a wide spectrum of professionals who practice and teach public history. NCPH is also unique in self-counsciously promoting and representing the public practice of our craft in a variety of venues. It is the broad-brush, over-riding interest in the public practice that characterizes NCPH (…)."[137]

Die größte Errungenschaft des NCPH war 1992 die Gründung einer Arbeitsgruppe für die in der historischen Beratung tätigen Mitglieder *(Consultants' Working Group)*.[138]

---

schrift *History Workshop. A journal of socialist and feminist historians*, die seit 1995 als *History Workshop Journal* (HWJ) weitergeführt wird.
134 Vgl. Schneider, Gerhard, Geschichtswerkstätten, in: Bergmann, Handbuch der Geschichtsdidaktik (^{5}1997), S. 736–742; Süssmuth; Geschichtskultur und Geschichtsdidaktik, S. 28; Lüdtke, Alf (Hg.), Alltagsgeschichte. Zur Rekonstruktion historischer Erfahrungen und Lebensweisen, Frankfurt am Main 1989; Zeitschrift Geschichtswerkstatt (1982 ff.), die als WerkstattGeschichte (1992 ff.) fortgeführt wurde.
135 Boniface, Priscilla, History and the Public in the UK, in: The Public Historian 17 (Spring 1997), S. 21–37.
136 Johnson, An American Impression, S. 97.
137 Scarpino, Philip V., Common Ground: Reflections on the Past, Present, and Future of Public History and the NCPH, in: The Public Historian 17 (Winter 1995), S. 11–21, hier S. 12.
138 Vgl. ebd.; Adressbuch freier Historiker des NCPH *(Member Consultants Directory)* unter http://www.iupui.edu/~ncph/consultants.html.

Eine umfassende Theorie der *Public History* konnte auch in den neunziger Jahren nicht entwickelt werden. Lediglich einzelne Aspekte einer solchen Theorie, wie das Verhältnis von *Public Historians* und Öffentlichkeit, wurden vertieft. Der umstrittene Begriff *Public History* wurde durch neue Definitionen präzisiert, die die Bedeutung der Öffentlichkeit hervorhoben. Linda Shopes charakterisierte *Public History* als „the attempt to make thoughtful, critical history (...) meaningful and accessible to nontraditional (...) audiences."[139] Theodore J. Karamanski betonte:

> „All of public history is service. (...) Making history available, making it applicable to people's lives, is the way the historical profession completes ist ethical responsibilities to the larger society. (...)"[140]

Public History erschien in diesen neueren Definitionen als eine Mischung aus „history for the public, about the public, and by the public."[141]

Der thematische Schwerpunkt der *Public History*, die amerikanische Geschichte, wurde beibehalten, da die Voraussetzung für einen Dialog zwischen Historikern und dem nicht-wissenschaftlichen Publikum das Interesse der Öffentlichkeit an der eigenen Geschichte war.[142]

Als wichtigste Forschungsmethoden der *Public Historians* galten wie in den achtziger Jahren *Oral* History und Material Culture.[143] Sie wurden durch neue Methoden der Vermittlung ergänzt, die dem fortschreitenden Informationszeitalter entsprachen. Die Visualisierung der amerikanischen Kultur in Fotografien, Filmen, Darstellungen der neuen Medien und gegenständlichen Überresten kennzeichnete die öffentliche Vermittlung von Geschichte in den neunziger Jahren.[144]

Die Veröffentlichung von Publikationen, die sich mit dem gesamten Gebiet der *Public History* beschäftigten, ging gegenüber den achtziger Jahren deutlich zurück. Anfang der neunziger Jahre erschienen die beiden Bände *History und*

---

139 Zitiert nach Cole, Charles C. Jr., Public History: What Difference Has It Made?, in: The Public Historian 16 (Fall 1994), S. 9–35, hier S. 11. (Zusammenfassung von 22 Essays zur Entwicklung der *Public History*.)
140 Karamanski, Theodore J., Making History Whole: Public Service, Public History, and the Profession, in: The Public Historian 12 (Summer 1990), S. 91–101, hier S. 96.
141 Cole, Public History, S. 11.
142 Dies gilt ebenso für die westeuropäischen Länder, in denen die Vermittlung der eigenen Geschichte den größten Raum beansprucht.
143 Bergstrom, Randolph, Methodical Developments in Public History, in: The Public Historian 13 (Summer 1991), S . 49–51; Putnam Miller Page, Reflections on the Public History Movement, in: The Public Historian 14 (Spring 1992), S. 67–70, hier S. 70; Washburn, Wilcomb E., Material Culture and Public History: Maturing Together?, in: The Public Historian 13 (Spring 1991), S. 53–60.
144 Vgl. Roeder, George H. Jr., Filling in the Picture: Visual Culture, in: RAH 26 (1998), S. 275–293; Slipe, Dan, The Future of Oral History and Moving Images, in: OHR 19 (1991), S. 75–87; Henson, Pamela M. und Terri A. Schorzman, Videohistory: Focusing on the American Past, in: JAH 78 (1991), S. 618–627.

*Public Policy*¹⁴⁵ und *Public History Readings*,¹⁴⁶ die hauptsächlich schon in den achtziger Jahren publizierte Aufsätze versammelten. Roy Rosenzweig und David Thelen veröffentlichten 1998 unter dem Titel *Presence of the Past* die Ergebnisse einer landesweiten Umfrage, die sich mit dem alltäglichen Gebrauch von Geschichte in der Gesellschaft beschäftigte.¹⁴⁷ Die Neuausgabe der 1986 erschienenen Einführung von Howe und Kemp konnte 1999 unter dem Titel *Public History: Essays from the Field* realisiert werden.¹⁴⁸ Demgegenüber war ein Anstieg der sogennanten *grauen Literatur*¹⁴⁹ in verschiedenen Praxisfeldern zu verzeichnen, die seit 1990 in *The Public Historian* besprochen wurde.¹⁵⁰

Die Zahl der *Public History* Studiengänge hat sich im Zeitraum von 1987 bis 1996 beinahe halbiert. Dieser Rückgang auf 55 Programme an amerikanischen Universitäten¹⁵¹ könnte im Zusammenhang mit der abflachenden Beschäftigungskrise für Historiker an Universitäten gestanden haben. 1995/96 fanden 48 % der Absolventen großer und 27 % kleinerer Promotionsprogramme einen universitären Arbeitsplatz.¹⁵² Eine grundsätzliche Erholung des akademischen Arbeitsmarktes könnte weitreichende Folgen für *Public History* Studiengänge haben. Sie wurden in der Vergangenheit teilweise von Studierenden gewählt, die ursprünglich eine akademische Laufbahn planten, zu der ihnen durch die Beschäftigungskrise der Zugang versagt war.¹⁵³ Die Ergebnisse einer 1995/96 durchgeführten Absolventen-Umfrage des NCPH gaben über Motivationen für die Wahl eines *Public History* Studiengangs keine Auskunft.¹⁵⁴

Die verbleibenden Studiengänge orientierten sich an den Themen und Strukturen des in den achtziger Jahren entwickelten Curriculums.¹⁵⁵ Die 1996 veröf-

---

145 Mock, David B. (Hg.), History and Public Policy, Malabar 1991.
146 Leffler, Phyllis K. und Joseph Brent (Hgg.), Public History Readings, Malabar 1992.
147 Rosenzweig, Roy und David Thelen (Hgg.), The Presence of the Past. Popular Uses of History in American Life, New York 1998.
148 Gardner, James B. und Peter S. LaPaglia, Public History: Essays from the Field, Malabar 1999.
149 Gemeint sind Publikationen, die nicht über den Buchhandel zu beziehen sind, sondern von Institutionen, Parteien und Vereinen selbst vertrieben werden. Sie richten sich an ein begrenztes Publikum und sind daher halb-öffentliche Publikationen.
150 Bastian, Beverly E. und Randolph Bergstrom, Reviewing Gray Literature: Drawing Public History's Most Applied Works Out of the Shadows, in: The Public Historian 15 (Spring 1993), S. 63–77.
151 Andrea, Alfred J., On Public History, in: Historian 53 (Winter 1991), S. 381–385. Die Hompage des NCPH bietet unter http://www.ipui.edu/~ncph/graduatedegrees.html 60 Links zu *Public History* Programmen an amerikanischen Universitäten.
152 Margadant, Ted W., The Production of PhDs and the Academic Job Market for Historians, in: Perspectives 37 (May 1999), S. 1 und 41–44, hier S. 44. Diese Zahl sank allerdings in den Jahren 1997/98 auf 29 % (große Programme) und 17 % (kleine Programme).
153 Karamanski, Making History Whole, S. 99.
154 Mooney-Melvin, Patricia und Jerry L. Fousty, What Did You Do After Graduation: Results for the NCPH Survey of Public History Alumni, in: Public History News 19 (Fall 1998), S. 1–3.
155 Howe, Barbara J., State of the State of Teaching Public History, in: Teaching History 18 (1993), S. 51–58.

fentlichte Sammlung von Seminarplänen *(Syllabi)*¹⁵⁶ aus 21 verschiedenen Studiengängen bestätigte die vorhandenen Komponenten: Basisseminare, Seminare in diversen Praxisfeldern mit interdisziplinären Fragestellungen, Methoden historischen Arbeitens, *Public History* Methoden, Gruppenprojekte, Praktika, zweite Ausbildungsphase und anschließende Abschlußarbeit.¹⁵⁷ Der Einfluß des fortscheitenden Computer- und Informationszeitalters auf die *Public History Education* zeigte sich in der wachsenden Bedeutung neuer Medien:

> „Whether locating, authenticating, or using primary sources on which all historians depend, public historians will increasingly turn to information networks. Such network have great potential for providing historians with new audiences, new technical mechanism for historical skills, new venues for promoting the importance of the past."¹⁵⁸

2.3.1 Die Entdeckung der Öffentlichkeit

Die in den siebziger und achtziger Jahren vernachlässigte Frage, wie die Kommunikation von Geschichtswissenschaft und Öffentlichkeit gestaltet werden könnte, wurde in den neunziger Jahren zum primären Forschungsinteresse der *Public History* Bewegung. Die Bedeutung von Geschichte für das alltägliche Handeln von Menschen, hat die amerikanische Geschichtswissenschaft im 20. Jahrhundert immer wieder beschäftigt. Carl Becker schrieb bereits 1932:

> „The history that lies inert in unread books does not work in the world. The history that does work in the world, the history that influences the course of history, is living history, the pattern of remembered events, whether true or false, that enlarges and enriches the collective specious present, the specious present of Mr. Everyman."¹⁵⁹

Der Perspektivwechsel der *New History*, die insbesondere von den *Radical Historians* realisierte Sicht „von unten", zielte ebenso auf die Beteiligung des nicht-akademischen Publikums.¹⁶⁰ Carl Degler warnte 1980 vor einer wachsenden Kluft zwischen professionellen Historikern und der Öffentlichkeit. Die Geschichtswissenschaft habe die Identitätsstiftung durch die amerikanische Ge-

---

156 Syllabus: Detaillierter Verlaufsplan eines Seminars, der Themen, verbindliches Lesepensum und zu erbringende Studienleistungen festlegt.
157 Vgl. Cohen, Parker Hubbard und Robert Vane (Hgg.), A Collection of Public History Course Syllabi, Indianapolis 1996. Einblick in aktuelle *Public History Course Syllabi* bieten die Homepages der historischen Seminare im Internet.
158 Schulz, Becoming A Public Historian, S. 38.
159 Becker, Everyman his own historian, S. 234.
160 Levine, Susan, History for Non-Historians, in: RHR 18 (Fall 1978), S. 95–96.

schichte als Bedürfnis der Menschen nicht erkannt.[161] Mitte der neunziger Jahre begann unter dem Eindruck öffentlicher Kontroversen um die amerikanische Vergangenheit – *Columbus Quincentenary, National History Standards, Enola Gay, Disney's America* – eine umfangreiche Diskussion in der Geschichtswissenschaft, wie die Verbindung zur Öffentlichkeit wieder hergestellt werden könne.[162] Thomas Bender forderte, die Disziplin müsse, um ein nicht-wissenschaftliches Publikum zu erreichen, zwischen wissenschaftlichen und öffentlichen Fragestellungen unterscheiden.[163] Die Beobachtung, daß das Interesse der Menschen an der amerikanischen Geschichte auf ihrer Bedeutung für das eigene Leben und Handeln basiert,[164] führte unter kulturwissenschaftlichen Einflüssen in den neunziger Jahren zu einer intensiven Auseinandersetzung mit der Erinnerung.[165] Einerseits können rivalisierende Erinnerungen Erinnerungskonflikte auslösen, die den öffentlichen Umgang mit Geschichte erschweren.[166] Andererseits kann Erinnerung mit ihren Medien zwischen Wissenschaft und Öffentlichkeit vermitteln.[167] Die von der Erinnerung ausgehende Kraft, die sich bisher lediglich in der Begeisterung an der *American Heritage* und *Popular Culture* sowie deren Kommerzialisierung äußerte,[168] wurde von der amerikanischen Geschichtswissenschaft bislang nicht genutzt:

„The juxtaposition of memory and history helps distinguish between public understanding of events and up-to-date scholary interpretation, but memory is also used by the historical profession as a code word for bad history. Memory is a powerful force in human experience that is dangerous to ignore because it plays an important role in creating both personal and social contents."[169]

David Glassberg sah in der Beschäftigung mit der Erinnerung ein neues Paradigma der amerikanischen Geschichtswissenschaft, das neue Zugänge für *Public*

---

161 Degler, Remaking American History, S. 21ff.
162 Vgl. Brinkley, Alan, Historians and Their Publics, in: JAH 81 (1994), S. 1027–1030; Linenthal, Edward T., Committing History in Public, in: JAH 81 (1994), S. 986–991; Cassity, Michael, History and the Public Purpose, in: JAH 81 (1994), S. 969–976.
163 Bender, „Venturesome and Cautious", S. 999.
164 Vgl. Degler, Remaking American History, S. 21 f.; Mooney Melvin, Patricia, Professional Historians and „Destiny's Gate", in: The Public Historian 17 (Summer 1995), S. 9–24, hier S. 22 f.; dies., Professional Historians and the Challange of Redefinition, in: Gardner, Public History, S. 5–21, hier S. 17.
165 Thelen, David, Memory and American History, in: JAH 75 (1989), S. 1117–1129.
166 Appleby, Should We All Become Public Historians?, S. 3; Thelen, Memory, S. 1126.
167 Leff, U.S. Political History, S. 838.
168 Vgl. Rosenzweig, Roy, Marketing the Past: American Heritage and Popular History in the United States, 1954–1984, in: RHR 32 (1985), S. 7–29; Dorgan, Michelle J., Why Heritage is Not a Bad Word: The Role of Historians in the Heritage Industry, in: Public History News 18 (Fall 1997), S. 2–3; Mooney Melvin, Patricia, Harnessing the Romance of the Past: Preservation, Tourism, and History, in: The Public Historian 13 (Summer 1991), S. 35–48.
169 Franco, Barbara, Doing History in Public: Balancing Historical Fact and Public Meaning, in: Perspectives 33 (May/June 1995), S. 5–8, hier S. 6. iHistory

History eröffne. Er beschrieb 1996 in seinem Aufsatz *Public History and the Study of Memory* drei neue Felder der *Public History*. Der Umgang mit der Geschichte artikuliere sich erstens in der politischen Kultur: Die öffentlichen Kontroversen der neunziger Jahre, die sich mit der Interpretation und Darstellung der amerikanischen Geschichte in der Öffentlichkeit beschäftigten, zeigten, daß *Public History* Teil der politischen Kultur sei *(Public History as Politcal Culture)*. Die Aufgabe des *Public Historian*

> „(...) may be more to create spaces for dialogue about history and for the collection of memories, and to insure that various voices are heard in those spaces, than to provide a finished interpretation of events translating the latest professional scholarship for a popular audience."[170]

In der Metaphorik historischer Darstellungen in Massenmedien und in touristischen Attraktionen läge zweitens ein besonderes Potential der *Public History*, das zum öffentlichen Dialog über die Vergangenheit anrege *(Public History as Popular Culture)*.[171] Die *Popular Culture* sei nicht dazu bestimmt, über Politikkonzepte oder kollektive Identitäten zu kommunizieren, sondern erreiche über ökonomische Interessen ein weites Publikum. Auch in Produkten der Massenkultur würden kollektive Erinnerungen transportiert, deren versteckte Bedeutungen vom Publikum dekodiert werden müßten. Glassberg meinte, daß die Analyse der *Popular Culture* Aufschlüsse über die Rezeption außerschulisch vermittelter Geschichte geben könnte.

Und drittens gewännen Erinnerungsorte durch *Public Historians* an Bedeutung und böten Orientierung in der Gesellschaft *(Public History as Place Consciousness)*. Erinnerungsorte und Geschichtsbewußtsein stünden in einer wechselseitigen Beziehung: Die Geschichte, die einem Ort beigemessen werde, konstituiere sich aus dem Geschichtsbewußtsein und wirke auf dieses zurück. Die Bedeutung von Erinnerungsorten für eine Gemeinschaft sollte im Rahmen des *Cultural Resources Management* erforscht werden. Glassberg sah im Paradigma der Erinnerung gleichermaßer die Basis für die wissenschaftliche Beschäftigung mit Geschichte und ein Medium für die *Public Historians*, das Geschichtsbewußtsein in der Gesellschaft zu stärken.[172]

Die Entdeckung der Erinnerung als integratives Moment von akademisch und öffentlich betriebener Geschichte löste nicht die Frage, an welche Öffent-

---

170 Glassberg, Public History and the Study of Memory, S. 14.
171 Der Ausdruck *Popular History* wird vermieden.
172 Ebd., S. 11 ff. Vgl. ferner die positiven Diskussionsbeiträge des Roundtable: Responses to David Glassberg's „Public History and the Study of Memory", in: The Public Historian 19 (Spring 1997), S. 31–72 (David Lowenthal, Michael Frisch, Edward T. Linenthal, Michael Kammen, Linda Shopes, Jo Blatti, Robert R. Archibald, Barbara Franco, David Glassberg) und Britton, Diane F., Public History and Public Memory, in: The Public Historian 19 (Summer 1997), S. 11–23. Linenthal plädierte dafür, die drei Felder um *Material Culture as Public History* zu erweitern.

lichkeit oder Teilöffentlichkeit, sich *Public Historians* wenden: an Laienhistoriker, an Leser von historischen Sachbüchern oder Romanen, an Besucher von Kinos, Museen und Erinnerungsorten?[173] Roy Rosenzweig und David Thelen[174] näherten sich dieser Frage in einem seit 1989/90 vom *Indiana Humanities Council* unterstützten Projekt, das die Rolle von Geschichte im alltäglichen Leben von Menschen thematisierte. Das *Committee on History-Making in America* (COHMIA), seit Herbst 1990 unter der Leitung von Lois Silverman als *Center on History-Making*[175] an der Indiana University etabliert, führte eine Telefonumfrage *How do Americans understand their Pasts?* durch. Um die Kommunikation zwischen Historikern und ihrem Publikum zu erleichtern, sollte die Auswertung der Befragung generelle Funktionen der Beschäftigung mit Geschichte hervorbringen. Im Rahmen der repräsentativen Umfrage wurden von Mai 1995 bis Juni 1997 1453 Interviews durchgeführt. Die Teilnehmer wurden zu ihrem Verhältnis zur Vergangenheit befragt – durch welche Aktivitäten (Fotos, Filme, Museen, Familientreffen, Bücher) sie sich mit der Vergangenheit beschäftigten, welchen Informationsquellen (Museen, persönliche Berichte, Lehrer, Dozenten, Sachbücher, Filme) sie am meisten vertrauten, in welcher Weise (Familie, Museen, Bücher, Kino, Fernsehen) sie sich mit der Vergangenheit konfrontierten und welche Vergangenheit (Familie, Ethnie, Gemeinschaft, Staat) für sie die bedeutendste sei. Die Ergebnisse[176] bestätigten, daß Geschichte für die Mehrheit der Bevölkerung ein nicht ersetzbares Element in der Lebensbewältigung darstellt: *Popular Historymaking*[177] diene der Identitätsstiftung, konstituiere Zusammenhänge, betone Unvergänglichkeit (Gegenwart), bilde Verantwortungsbewußtsein (Zukunft), ließe Menschen an Geschichte partizipieren, schaffe Ausgleich und Vertrauen (Erfahrung). Biographieforschung, *Oral Hi-*

---

173 Scarpino, Common Ground, S. 20.
174 Beide Initiatoren sind keine ausgewiesenen *Public Historians*: Roy Rosenzweig, ursprünglich *Radical Historian*, lehrt Geschichte und leitet das *Center for History and New Media* an der George Manson University. David Thelen lehrt an der Indiana University Geschichte und ist Herausgeber des *Journal of American History*.
175 Vgl. das fortlaufende Biobliographie-Projekt, das auch „graue Literatur" berücksichtigt: Silverman, Lois, A Bibliography on History-Making, Washington 1993.
176 Ausführliche Informationen zu Fragestellungen, Methoden und Ergebnissen unter http://chnm.gmu.edu/survey. Im nationalen Durchschnitt haben 91 % der Befragten in den letzten 12 Monaten Fotografien mit Familien und Freunden angesehen, 53 % lasen ein Buch über die Vergangenheit und 20 % waren Mitglied in einem Geschichtsverein. Historischen Museen wurde als Informationsquelle das größte Vertrauen geschenkt, Kino- und Fernsehfilmen das geringste. Der überwiegende Teil der Befragten fühlte sich besonders durch die eigene Familie mit der Vergangenheit verbunden, am wenigsten durch den Geschichtsunterricht in der Schule. Die Afro-Amerikaner und die Pine Ridge Oglada Sioux fühlten sich im Gegensatz zu den weißen Amerikanern der Vergangenheit ihrer Gruppe stärker verbunden als der der Vereinigten Staaten. Bemerkenswert ist ferner, daß das besondere Interessse an historischen Museen unabhängig von Bildungsstand, Ethnie und sozialem Status war.
177 Im Gegensatz zu professionellen Historikern und Laienhistorikern, die sich gezielt mit der Vergangenheit auseinandersetzen, bezeichnet *Popular Historymaking* die Anwendung und den Konsum von Filmen, Ausstellungen usw. in Alltag und Freizeit.

story und *Microhistory* helfe die Kluft zwischen professionellen und populären Interessen zu überwinden, die Makro- und die Mikroperspektive zu integrieren. Professionelle Historiker seien gefordert, die Amerikaner an multiperspektivische Geschichtsauffassungen heranzuführen und Nostalgie zu zerstreuen. Unter Beibehaltung der globalen sollten sie ihre Vorbehalte gegenüber der lokalen Perspektive abbauen:[178]

> „History professionals need to work harder at listening to and respecting the many ways popular historymakers traverse the terrain of the past that is so present for all of us."[179]

2.3.2 *Public History* und ihre Position innerhalb der amerikanischen Geschichtswissenschaft

Der Weg der *Public History* in den siebziger und achtziger Jahren wurde stets von Kritik und Kontroversen begleitet. Sie wurde zu einem subversiven Element der amerikanischen Geschichtswissenschaft, indem sie das Wissenschaftsverständnis grundlegend in Frage stellte:

> „Among other things, it threatens the academic reward system, with its tripartite organization of research, teaching, and service and its evaluation of the monograph to the single standard of exellence in research."[180]

Public Historians forderten die Erweiterung des akademischen Auftrags, die Kommunikation mit dem nicht-wissenschaftlichen Publikum, das von der traditionellen Geschichtswissenschaft weitgehend ignoriert wurde. Sie sahen in der Kommunikation mit der amerikanischen Öffentlichkeit, die neue Präsentationsformen erforderte, die integrierende Kraft für die fragmentierte Geschichtswissenschaft.[181] Die Sensibilisierung der Disziplin für dieses Anliegen gelang ihnen schließlich. 1994 gründete die *American Historical Association* ein Komitee *(Ad Hoc Committee on Redefining Scholary Work)*,[182] das einen neuen Wissenschaftsbegriff erarbeiten sollte.

---

178 Rosenzweig, Roy und David Thelen, The Presence of the Past. Popular Uses of History in the American Life, New York 1998, S. 1 ff. und S. 209 ff. (Appendix 1–2).
179 Ebd., S. 189.
180 Scarpino, Common Ground, S. 15.
181 Ebd., S. 14 f.
182 Mitglieder: Robert A. Blackey (California State University, San Bernardino), Blanche Wiesen Cook (John Jay College of Criminal Justice), Susan Scolow (Emory University), Philip V. Scarpino (AHA), Noel J. Stowe (NCPH), James Powell (Syracuse University), Roger Sharp (Syracuse University), Charli Barton (University of Massachusetts), Gerald F. Lindemann (University of Michigan), David Miller (Carnegie Mellon University), James B. Gardner (AHA, ex officio).

Den konzeptionellen Rahmen der Arbeit des Komitees bildete der Aufsatz *The New American Scholar: Scholarship and the Proposes of the University* von Eugene Rice. Er empfahl, die drei konstituierenden Elemente der Wissenschaft (*Research, Teaching* und *Service*) durch vier Elemente zu ersetzen: *The Advancement of Knowledge, the Integration of Knowledge, the Application of Knowledge* und *the Transformation of Knowledge*. Die Mitglieder des Komitees übertrugen Rices Modell auf die Verhältnisse der amerikanischen Geschichtswissenschaft. Unter *Advancement of Knowledge* wurde historische Forschung verstanden, die auf verbalen, ikonischen und haptischen Quellen basiert. Die Forschungsergebnisse würden in Monographien, Zeitschriftenaufsätzen, Konferenzbeiträgen, Dokumentationen, historisch-kritischen Editionen und Projektberichten der Auftragsforschung publiziert. Das zweite Element, *Integration of Knowledge*, diene der Synthese von Forschungsergebnissen in Rezensionen, *textbooks*, Zeitungen, populärwissenschaftlichen Veröffentlichungen, Magazinen und Enzyklopädien. *Application of Knowledge* wurde mit *Public History* gleichgesetzt – die Anwendung historischen Wissens in öffentlichen Institutionen und Programmen, historischer Beratung, Medienprojekten, Geschichtsschreibung für Institutionen und Unternehmen, Denkmalschutz und Archiven. Das vierte Element, *Transformation of Knowledge*, bezog sich auf die Vermittlung von Forschungsergebnissen in Schule, Universität und außerschulischer Öffentlichkeit, sowie die Entwicklung von Curricula und Materialien. Die Mitglieder des Komitees betonten, daß dieses viergliedrige Modell nicht verbindlich sei, sondern lediglich demonstriere, wie neue Dimensionen der Beschäftigung mit Geschichte zu einem neuen Wissenschaftsverständnis führen könnten.[183]

Das *Committee on Public History* der *Organization of American Historians* beantragte, das von der AHA vorgelegte Modell zu übernehmen. Dies löste innerhalb der OAH Protest aus. Den Mitgliedern des AHA Komitees wurde vorgeworfen:

> „(…) to ‚call a dog's tail a leg', manipulating language to serve their own needs while deminishing the importance of research and demoralizing those in the profession committed to academic exellence."[184]

Das *Committee on Public History* konnte die Ablehnung des Modells durch den Vorstand nicht verhindern.[185]

Das Ergebnis des erneuerten Wissenschaftsbegriffs war hinsichtlich der Reintegration von *Public* und *Academic History* ein bemerkenswerter Erfolg. Ziele,

---

183 Redefining Historical Scholarship: Report of the American Historical Association Ad Hoc Commitee on Redefining Scholary Work, in: Perspectives 32 (March 1994), S. 19–20 und 22–23, hier S. 20 ff.
184 Gardner, James B., The Redefinition of Historical Scholarship: Calling a Tail a Leg?, in: The Public Historian 20 (Fall 1998), S. 43–57, hier S. 52.
185 Ebd., S. 52.

Inhalte und Methoden der *Public History* wurden in das AHA Modell vollständig integriert. Die *Public Historians* hatten seit den siebziger Jahren darauf hingewiesen, daß eine Annäherung von *Public* und *Academic Historians* nur über eine Revision des Wissenschaftsverständnisses zu erreichen sei.[186] Dennoch reagierten sie verhalten: Der Bericht der AHA habe keine weitreichenden Veränderungen eingeleitet, sondern lediglich eine notwendige Diskussion eröffnet.[187]

Die Verteter der *Public History* Bewegung haben sich in den letzten 25 Jahren ihren Platz in der amerikanischen Geschichtswissenschaft erkämpft.[188] Ob sie ihr Versprechen, durch Ausbildung von Historikern in außerschulischen Praxisfeldern neue Berufs- perspektiven zu eröffnen, eingelöst haben, wurde statistisch nicht nachgewiesen.[189] Das Anliegen, die amerikanische Geschichtswissenschaft für eine intensive Kommunikation mit dem nicht-akademischen Publikum zu gewinnen, hat zu einem weitreichenden Interesse der Disziplin an den Funktionen von Geschichte in der amerikanischen Gesellschaft geführt.[190] In den Veröffentlichungen der Historikerverbände wurden in den neunziger Jahren nach dem Vorbild der Zeitschrift *The Public Historian* Kinofilme, Fernsehdokumentationen und Ausstellungen besprochen.[191]

Die Hoffnung Johnsons, durch eine fundierte Theoriebildung, könnte mit *Public History* eine neue Schule der amerikanischen Geschichtswissenschaft begründet werden, ist nicht aufgegangen. Die Disziplin akzeptierte *Public History* neben den von der neuen Sozialgeschichte hervorgebrachten Spezialisierungen wie *Urban History, Women's History* und *Ethnicity History* als weiteres Subfeld. Sie verkannte, daß die Schaffung neuer Beschäftigungsmöglichkeiten für Historiker und Förderung des Geschichtsbewußtseins der amerikanischen Gesellschaft disziplinweites Engagement erforderte.[192] Die Vision, alle Historiker müßten sich als *Public Historians* verstehen, hat sich nicht erfüllt.[193]

---

186 Vgl. Scarpino, Philip V., Some Thoughts on Defining, Evaluating, and Rewarding Public Scholarship, in: The Public Historian 15 (Spring 1993), S. 55–61, hier S. 59 ff.; Bookspan, Shelley, Changing Professional Standards: Growth, not Compromise, in: The Public Historian 20 (Fall 1998), S. 7–9, hier S. 8 f.
187 Gardner, Redefining Historical Scholarship, S. 57.
188 Graham, Otis L. Jr., The Organization of American Historians and Public History – A Progress, in: The Public Historian 18 (Summer 1996), S. 7–10.
189 Eine Erhebung, welche Ausbildung die derzeit in den verschiedenen Praxisfeldern tätigen Historiker absolviert haben und wie viele von ihnen *Public Historians* sind, liegt nicht vor.
190 Cole, What Difference Has It Made?, S. 35.
191 Zuletzt richtete die American Historical Association 1995 in ihrem newsletter eine Kolumne ein, die sich mit Theorie, Methoden und Forschungsprojekten der *Public History* beschäftigte. Vgl. Perspectives to Feature Public History Column, in: Perspectives 33 (May/June 1995), S. 29.
192 Karamanski, Making History Whole, S. 97 f.
193 Appleby, Joyce, Should We All Become Public Historians?, in: Perspectives 35 (March 1997), S. 3–4.

2.4 Das Profil der Zeitschrift *The Public Historian*

Als Diskussionsforum der *Public History* Bewegung gründete G. Wesley Johnson die Zeitschrift *The Public Historian* (TPH), die an der *University of California* in Santa Barbara entwickelt wurde und zum ersten Mal im Herbst 1978 erschien:

> „Finally, we firmly believe that this new class of professionals, the Public Historian, should be subjected to the same kind of peer review and evaluation that obtain in the academic world. (...) The goal of *The Public Historian* will be to provide a forum whereby people can exchange ideas, opportunities, methods of interpretation, and professional ethics for a developing field. In other words, we hope this journal will facilitate the creation of a new community of interest among persons practicing history at its various levels as we have defined (...) in the list of sectors."[194]

1980 übernahm das eben gegründete *National Council on Public History* die Zeitschrift als ihr Vereinsorgan.[195] Als Herausgeber fungierten G. Wesley Johnson (1978–1987),[196] Carroll Pursell (1987–1989), Otis L. Graham, Jr. (1989–1997)[197] und Shelley Bookspan (seit 1998). 1999 umfaßte die geringe Auflage der Zeitschrift rund 1800 Exemplare.[198]

Die Gliederung des TPH, bestehend aus Forschungsberichten *(Research)*, Praxisanalysen und -berichten *(Issues and Analysis)* und einem Rezensionsteil *(Book Reviews)*, entsprach von Beginn an der einer wissenschaftlichen Zeitschrift. Diese Grundstruktur variierte besonders der Herausgeber Graham in jeder Ausgabe durch spezielle Sparten: *Studies in Public History, Research in Public History, State of the Art, Report from the Field, Oral History, Viewpoint, Interview, New Directions, Roundtable, Pioneers of Public History.* Der Rezensionsteil wurde in den letzten zwei Jahrzehnten ständig umfangreicher und differenzierter. Die ursprünglichen Buchrezensionen ergänzten Ausstellungs-, Film-, Video-, Roman-, Audio- und Softwarebesprechungen.[199] Nach Einführung der Rezension „grauer Literatur" wurde die Sparte *Book Review* von 1991–1997 als *Print Review* geführt, 1998 von Bookspan allerdings wieder zurückgenommen. Die Zahl der Sam-

---

194 Johnson, Preface, S. 9.
195 Bookspan, Shelley, The Public Historian: A Journal of Public History, in: The Public Historian 20 (Winter 1998), S. 5–7, hier S. 5.
196 Johnson, G. Wesley, The Origins of *The Public Historian* an d the National Council on Public History, in: The Public Historian 21 (Summer 1999), S. 167–179.
197 Graham, Otis L., The Third Watch: Editing *TPH*, 1989–1997, in: The Public Historian 21 (Summer 1999), S. 185–191.
198 E-Mail von Lindsey Reed *(Managing Editor)* am 19.10.1999 an die Verfasserin.
199 Filme wurden seit Vol. 5 (Summer 1983), Ausstellungen und historische Romane seit Vol. 5 (Fall 1983), Cassetten/CDs seit Vol. 12 (Winter 1990), Software seit Vol. 14 (Fall 1992) und elektronische Medien seit Vol. 18 (Winter 1996) rezensiert.

melrezensionen steigerte sich bis Mitte der neunziger Jahre auf etwa drei pro Ausgabe[200] und wurden seit 1993 durch *Special Review Sections* ergänzt.[201] Besprochen wurden vorwiegend Neuerscheinungen, die für die Praxisfelder der *Public History* relevant waren oder die Themen und Methoden der *New History* repräsentierten. Veröffentlichungen, die die amerikanische Geschichtswissenschaft übergreifend betrafen, wurden nur am Rande berücksichtigt.[202]

Zu den Stärken des TPH zählen die exellenten Ausgaben mit Schwerpunktthemen[203] oder *Roundtables*,[204] die aber das Theoriedefizit nach der Konstituierungsphase der *Public History* (seit Mitte der achtziger Jahre) nicht vollständig ausgleichen konnten. Der größte Teil der Beiträge waren Fallstudien und Praxisberichte, die teilweise unkritisch und überwiegend von Regionalismus geprägt waren. Die wissenschaftliche Aussagekraft dieser Beiträge schwankte. Internationale Bezüge wurden mit Ausnahme des Schwerpunktheftes *The Debut of Public History in Europe* (Herbst 1984), nur vereinzelt geboten.[205] Der Rezensionsteil bestand in den letzten zwanzig Jahrgängen aus kritischen Beiträgen zu Literatur und anderen Medien historischer Vermittlung, die in den gängigen Zeitschriften der amerikanischen Geschichtswissenschaft[206] bis Ende der achtziger Jahre keine Beachtung fanden.

---

200 Beispielsweise Delgado, James P., Historical Archeology and the Recovery of the Past, in: The Public Historian 13 (Spring 1991), S. 85–100; Gillis, John R., Remembering Memory: A Challange for Public Historians in a Post-National Era, in: The Public Historian 14 (Fall 1992), S. 91–101; Van West, Carroll, New Viewpoints on Old Places: The Future of Architectural Surveys; in: The Public Historian 21 (Winter 1999), S. 99–104.

201 Public History and World War II, Vol. 15 (Summer 1993).

202 Vgl. Stearns, Peter N., Rev. Telling the Truth about History by Joyce Appleby, Lynn Hunt, and Margaret Jacob, in: The Public Historian 20 (Winter 1998), S. 89–90.

203 Editing, Publishing, and Public History, Vol. 5 (Spring 1983); Public History and Local History, Vol. 5 (Fall 1983); The Debut of Public History in Europe, Vol. 6 (Fall 1984); The Field of Public History: Planning the Curriculum, Vol. 9 (Summer 1987); Labor History and Public History, Vol. 11 (Fall 1989); Preservation Technology, Vol. 13 (Summer 1991); Imposing the Past on the Present: History, the Public, and the Columbus Quincentenary, Vol. 14 (Fall 1992); Symposium: Disney and the Historians – Where Do We Go From Here?, Vol. 17 (Fall 1995); Representing Native American History, Vol. 18 (Fall 1998); Colonial Williamsburg: Planning and Public History, Vol. 20 (Summer 1998).

204 Promotion and Tenure Criteria for the Faculty in Applied History, Vol. 6 (Spring 1984); Ethics and Public History, Vol. 8 (Winter 1986); Historians and the Webster Case, Vol. 12 (Summer 1990); „The Ideal of Objectivity" and the Profession of History, Vol. 13 (Spring 1991); Curating History in Museums: Some Thoughts Provoked by the „West as America", Vol. 14 (Summer 1992); Responses to Hugh Davis Graham's „The Stunded Career of Policy History: A Critique and Agenda", Vol. 15 (Fall 1993).

205 Vgl. English, John R., The Tradition of Public History in Canada, in: The Public Historian 5 (Winter 1983), S. 47–59; Hall, Andrew und Cynthia Kros, New Premises for Public History in South Africa, in: The Public Historian 16 (Spring 1994), S. 15–32; Boniface, Priscilla, History and the Public in the United Kingdom, in: The Public Historian 17 (Spring 1995), S. 21–37; Neufeld, David, Commemorating the Cold War in Canada: Considering the DEW Line, in: The Public Historian 20 (Winter 1998), S. 9–20.

206 American Historical Review, Journal of American History, Reviews in American History.

Im *Public Historian* wurden die theoretischen und methodischen Probleme der *Public History* diskutiert, darüber hinaus Einblicke in die verschiedensten Praxisfelder geboten und somit eine Lücke in der Zeitschriftenlandschaft der amerikanischen Geschichtswissenschaft ausgefüllt. Johnsons Anspruch, ein Diskussionsforum für die *Public Historians* zu schaffen, hat sich erfüllt. Fraglich bleibt, ob diese Zeitschrift angesichts eines merklichen Desinteresses an den die gesamte Geschichtswissenschaft betreffenden Problemen, das sich am Beispiel der Kontroverse um die *Enola Gay* zeigte, langfristig die Integration von *Public History* und *Academic History* fördert.

2.5 *History goes Public* – Berufe für Historiker außerhalb von Universität und Schule

Zu den wichtigsten Aufgaben der *Public History* Bewegung zählte seit ihrer Entstehung die Erschließung und Analyse der Berufsfelder für Historiker außerhalb von Universität und Schule. Neben dem *National Council on Public History* (NCPH) widmete sich das 1984 gegründete *National Center for the Study of History* (NCSH) vornehmlich dieser Aufgabe:

> „The center promotes the study of history and encourages its application in nonacademic settings. To this end, the NCSH publishes educational material, advises teachers and students, and otherwise supports projects with compatible concerns."[207]

Im Rahmen dieser privat finanzierten und ehrenamtlich geführten Stiftung wurde 1986 ein eigener Verlag *(The Serenus Press)* gegründet, um kostengünstiges Informationsmaterial[208] für den Gebrauch in Schule und Universität zu veröffentlichen.

Ein systematischer Zugang zu den Berufsfeldern für Historiker wird durch die Vielzahl der Möglichkeiten angewandter Geschichtswissenschaft erschwert. Ein Archivar kann beispielsweise in einem Archiv auf der Ebene des Staats, des Bundesstaates, der Stadt tätig sein, ebenso in einem privaten Unternehmensarchiv oder einem privaten Radio- oder Fernseharchiv. Robert W. Pomeroy, Direktor des NCSH, unterschied drei übergeordnete Sektoren, in denen Historiker tätig werden können: Erstens den *Nonprofit Sector*, der Archive, Historikerverbände, Geschichtsvereine, Bibliotheken, Museen, Forschungsinstitute und Interessenverbände umfasse. Zweitens charakterisierte er als größten Bereich den *Private Sector*, der von historischer Beratung, privaten Archiven, Denkmalschutz und -pflege, Verlagen, Medien, Werbung, Banken, Versicherungen, Marktforschung

---

207 Broschüre des NCSH (1999), o.S.
208 Plakate, Broschüren, Handbücher, Videos.

und Tourismus bestimmt werde. Historiker arbeiteten im dritten Bereich, dem *Public Sector*, in Institutionen der politischen Bildung und der internationalen Beziehungen, staatlichen Einrichtungen (Museen, Archive, Forschungsinstitute, Denkmalschutz), in der Stadt- und Raumplanung und im wissenschaftlichen Dienst der Parlamente.[209] Barbara J. Howe legte schon 1989 im Auftrag des NCPH und AHA die Broschüre *Careers for Students of History* vor, die insbesondere Studenten einen systematischen Überblick der Tätigkeiten des Historikers verschaffen und Anregungen zur Gestaltung des Geschichtsstudiums bieten sollte. Im Gegensatz zu Pomeroy beschrieb sie Tätigkeiten der Historiker, ungeachtet ob sie im öffentlichen oder privaten Auftrag ausgeführt wurden: *Historians as Educators* (Erinnerungsorte, Museen), *as Researchers* (Politikberatung, Museen, Historikerverbände, Denkmalschutz), *as Writers and Editors* (Journalismus, Edition historischer Sachbücher), *as Information Managers* (Archive, Bibliotheken, Informationsmanagement), *as Advocates* (Parteien und Verbände, Stiftungen), *as Businesspeople* (Unternehmen, Vertragshistoriker).[210] Beide Zugänge zeigten, daß eine Systematisierung ohne Überschneidungen nicht möglich ist. Der Ansatz von Howe, die Konzentration auf Berufsfelder statt auf Sektoren, erscheint plausibel, da die *Public History* Studiengänge im Sinne des *Skill-Centered* Curriculum auf Berufswege in ausgesuchten Praxisfeldern vorbereiten. Howe geht davon aus, daß für die genannten Positionen ein *Master's Degree* erforderlich ist, Pomeroy hält eine Promotion gegenüber dem M.A. für vorteilhafter.[211]

Außer den genannten Broschüren bieten die *Public History* Bibliographie und beide Handbücher der achtziger und neunziger Jahre Analysen der Berufsfelder, die durch zahlreiche Literaturverweise ergänzt werden.[212] Grundsätzlich ist zwischen Literatur, die Ziele, Inhalte und Methoden außerschulischer Vermittlung thematisiert (Einführungen, Handbücher), und solcher, die wiederum den Vermittlungsprozeß analysiert (z. B. in Kino- und Fernsehfilmen oder Rezeptionsforschung), zu unterscheiden.

2.5.1 Informationsmanagement

Die Voraussetzung für historische Forschung ist der freie und offene Zugang zu allen verfügbaren Quellen und Informationen. Historiker sind gleichermaßen Nutzer dieser Ressourcen und sorgen für ihre Erschließung und Erhaltung.

Die Transformation der westlichen Industriegesellschaften zu Informationsgesellschaften seit den sechziger Jahren erforderte ein umfangreiches Informationsmanagement, das die Beschaffung, Organisation, Aufbewahrung, Speiche-

---

209 Pomeroy, Robert W., Careers for Students of History (Chart), Limington 1999.
210 Howe, Careers, S. 1 ff.
211 Vgl. ebd.; Pomeroy, Careers. Hier wird die Abwertung der akademischen Abschlüsse als Folge der Bildungsexpansion deutlich.
212 Vgl. Trask, The Craft of Public History; Howe, Public History; Gardner, Public History.

rung, das Abfragen und die Verbreitung von Informationen umfaßte und neue Berufe hervorbrachte. Diese Leistungen werden von Historikern im Archiv-, Bibliotheks- und Dokumentationswesen erbracht.[213] Obwohl diese Beschäftigungsfelder traditionell mit der Geschichtswissenschaft verbunden waren, haben sie sich inzwischen soweit spezialisiert, daß Zusatzqualifikationen benötigt und eigene Identitäten ausgebildet wurden: Historiker verstehen sich als Archivare, Bibliothekare und wissenschaftliche Dokumentare.[214]

Das *Archival Management*, repräsentiert durch die *Society of American Archivists* (SAA), basiert auf schriftlichen und nichtschriftlichen historischen Quellen von Privatpersonen, Institutionen, Gruppen und Regierungen. Archivare

„(...) are responsible for the establishment and maintenance of physical and intellectual control over the records in their care. As part of their work, they appraise documentation to determine its value, arrange and describe the material, refer for repair and preservation of the records as needed, and make the material available for users."[215]

Beschäftigungsmöglichkeiten bieten staatliche Archive (national, bundesstaatlich, kommunal), Archive der Parlamente, Ministerien, Gewerkschaften und Organisationen der politischen Bildung, Kirchenarchive, neuerdings auch Unternehmensarchive[216] und Archive des Gesundheitswesens (Krankenhäuser, Versicherungen).[217]

Als Spezialisierung des *Archival Manager* gilt der *Records Manager*, organisiert in der *Association of Records Managers and Administrators, International*

---

213 McCrank, Lawrence J., Public Historians in the Information Professions: Problems in Education and Credentials, in: The Public Historian 7 (Summer 1985), S. 7–22. In den USA wird zwischen *Archival Management* und *Records Management* unterschieden (s.u.).
214 Vgl. auch zu den folgenden Kapiteln Howe, Careers, S. 41–51; Pomeroy, Careers.
215 Howe, Careers, S. 43.
216 Vgl. Niebuhr Eulenberg, Julia, The Corporate Archives: Management Tool and Historical Resource, in: The Public Historian 6 (Winter 1984), S. 21–37; Mooney, Philip F., The Practice of History in Corporate America, in: Howe, Public History, S. 427–439. Jones, Arnita R. und Philip L., Cantelon, Corporate Archives and History: Making the Past Work, Malabar 1993 (Beispiele für Unternehmensarchive: *Texas Instruments, Aerospace, Walt Disney Archives*); Mayer; Barbara, Preserving Papers and Paint: The Corporate Archives of Benjamin Moore & Co., in: Public History News 19 (Spring 1999), S. 1–2 (im Internet unter http://www.benjaminmoore.com).
217 Zum Zusammenhang von *Public History* und dem Archivwesen vgl. Weldon, Edward, Archives and the Practice of Public History, in: The Public Historian 4 (Summer 1983), S. 49–58; Dearstyne, Bruce W., Archives and Public History: Issues, Problems, and Prospects – An Introduction, in: The Public Historian 8 (Summer 1986), S. 6–9; Hackmann, Larry J., A Perspective on American Archives, in: The Public Historian 8 (Summer 1986), S. 10–28; Cox, Richard J., Archivists and Public Historians in the United States, in: The Public Historian 8 (Summer 1986), S. 29–45; Miller, Frederic, Archives and Historical Manuscripts, in: Howe, Public History, S. 36–56. Zur Situation öffentlicher Archive: Whitaker, Albert R., Jr., Durable Goods: Public Archives and the Recession, in: Perspectives 30 (May/June 1992), S. 1, 4 und 8.

(ARMA). Das *Records Management* entstand in den 40er Jahren infolge der massenhaft produzierten Regierungsakten zur Zeit des *New Deal* (1933–1939) und des Zweiten Weltkriegs. Diese ökonomische und effiziente Form der Aufbewahrung, Nutzung und Erhaltung der schriftlichen Zeugnisse des 20. Jahrhunderts wurde von zahlreichen privaten Organisationen übernommen, die nicht mehr in der Lage waren, die Masse schriftlicher Dokumente zu bewältigen.[218]

Information Management, vertreten durch die *American Society for Information Science* (ASIS), beschäftigt sich im Sinne der Informationswissenschaft mit der Entwicklung von Systemen, die die Anordnung, Speicherung und Nutzung von Informationen erleichtern. Mit einer Zusatzausbildung können Historiker als *Library System Analyst* (Entwicklung von Bibliothekssystemen), *Documentation Specialist* (wissenschaftlicher Dokumentar), *Business Aanalyst* (Entwicklung von Informationssystemen für Unternehmen) und *On-line Search Specialist* (Informationsbroker) tätig werden.

Das *Information Management* wird durch das Bibliothekswesen vervollständigt, das die *American Library Association* (ALA) definiert als

„(...) profession concerned with the application of knowledge of media and those principles, theories, techniques, and technologies (that, S. R.) contribute to the establishment, preservation, organization, and utilization of collections of library materials and to the dissemination of information through media."[219]

Ein Historiker kann in Bibliotheken, aufbauend auf einer Zusatzqualifikation, die Position eines *Catalog Librarian* (Organisation), *Reference Librarian* (Serviceleistungen, Systematik, Bestand), *Research Librarian* (wissenschaftliche Dienste) und *Technical Librarian* (technischer Ablauf, Betreuung der Benutzer) einnehmen.[220]

2.5.2 Historische Beratung in Institutionen der Demokratie und in Unternehmen

Das Geschichtsstudium bietet eine solide Grundlage für Berufswege in den Institutionen der Demokratie: In der Regierung, in Parteien als Träger der politischen Willensbildung, in Organisationen und Verbänden *(Pressure Groups, Lobbyists)* als Orte der Interessenbildung, in privaten und öffentlichen Stiftungen und den Einrichtungen der politischen Bildung. Historische Beratung *(Histori-*

---

218 Tryron, Roy, H., Archivists and Records Managers, in: Gardner, Public History, S. 57–74.
219 Young, Heatsill (Hg.), ALA Glossary of Library and Information Science, Chicago 1983, S. 118.
220 Vgl. Colwell, Carolyn, Academic Libraries and Historians, in: Howe, Public History, S. 105–109; D'Aniello, Charles A., Librarians and Bibliographers, in: Gardner, Public History, S. 157–167.

cal Consulting) gewinnt ferner zunehmend im Bereich Kommunikation in privaten Unternehmen an Bedeutung.

Historiker arbeiten im Rahmen der Politikberatung als *Administrative Assistants*, erforschen die historische Dimension politischer Themen, fertigen Analysen an,[221] beantworten Anfragen der Bürger zum politischen Tagesgeschehen, archivieren Dokumente und veröffentlichen bibliographisches Material.[222] Daß Historiker selbst politische Ämter besetzen und somit aktiven Einfluß auf den politischen Prozeß *(Public Policy Making)* nehmen können, wird von Howe und Pomeroy ausdrücklich betont. Historiker in der Politik sollen die historische Perspektive in den aktuellen politischen Entscheidungsprozeß einbringen und politische, soziale, wirtschaftliche und militärische Fragen aus der Perspektive der Geschichtswissenschaft betrachten. Im Rahmen des *Legislative Staff Work* können Historiker als persönliche Referenten oder Referenten eines Ausschusses eine zentrale Rolle in der Entwicklung neuer und der Verbesserung bestehender Gesetze einnehmen.[223] In diesem Zusammenhang entwickeln sie Archivsysteme für Behörden und gewährleisten die Kommunikation zwischen Politik und Wissenschaft. Vergleichbare Tätigkeiten üben Historiker als Referenten in Parteien und Verbänden aus,[224] ebenso in den Interessenvertretungen der eigenen Disziplin.

In privaten Stiftungen und Stiftungen des öffentlichen Rechts[225] entwickeln Historiker Projekte *(Project Directors)*, bearbeiten und entscheiden über Projektanträge und Stipendien *(Peer Review)*, betreuen als Mentoren Praktikanten, betreiben Öffentlichkeitsarbeit und *Fundraising*, vertreten die Forschungsinteressen der Geschichtswissenschaft und anderer Geisteswissenschaften. Der Dachverband *Federation of State Humanities Councils (FSHC)* bietet Workshops an, die der Weiterbildung von Stiftungsreferenten dienen.

Historiker finden in privaten Unternehmen in den Bereichen Kommunikation, Marketing, Informationsmanagement, Rechtsberatung und Verwaltung eine Beschäftigung. Die Unternehmenskommunikation, die interne wie externe Funktionen wahrnimmt, umfaßt die Aufarbeitung der Unternehmensgeschichte, die Vorbereitung von Jubiläen, den Aufbau und die Betreuung von Unternehmensarchiven oder kleinerer Quellensammlungen.[226]

---

221 McGovern, George, The Historian as Policy Analyst, in: The Public Historian 11 (Spring 1989), S. 37–46.
222 Vgl. Reuss, Martin, Public History in the Federal Government, in: Howe, Public History, S. 293–309; Ofcansky, Thomas P., The History of the United States Air Force History Program, in: Howe, Public History, S. 310–323; Tise, Larry E., The Practice of Public History in the State Government, in: Howe, Public History, S. 324–334.
223 Guzzo, Peter, State Legislative Research: Opportunities for Historians in Applied Research, in: The Public Historian 2 (Spring 1980), S. 39–42.
224 Vgl. Mock, David B., History in the Public Arena, in: Howe, Public History, S. 401–413; Berkowitz, Edward, History and Public Policy, in: Howe, Public History, S. 414–425.
225 Beispielsweise die *State Humanities Councils*, das *National Endowment for the Humanities* (NEH) und die *National Science Foundation's Division of Social and Economic Science*.
226 Vgl. Hedlin, Edie, Business Archives: An Introduction, Chicago 1978; Pomeroy, Robert W., Historians' Skills and Business Needs, in: The Public Historian 1 (Winter 1979), S. 8–14; Fo-

2.5.3 Museen und *Cultural Resources Management*

Museen und das *Cultural Ressources Management* (CRM), umfangreiche Praxisfelder der *Public History*, sind gleichermaßen im nationalen Rahmen und in ihrer Verbindung zur *Local History*[227] bedeutende Institutionen der historisch-politischen Bildung.

Die Fülle historischer Museen in den USA reicht vom *National Museum of American History* der *Smithsonian Institution*[228] bis hin zu kleinen Ausstellungen in privaten Räumen in ländlichen Regionen.[229] Allein auf der Ebene der Bundesstaaten werden von der *U.S. Army and National Guard* und dem *U.S. Department of Navy and Marine Corps* rund 80 historische Museen und Projekte betrieben. Neben den Kommunen und Bundesländern liegen 350 Parks, Gedenkstätten und andere Erinnerungsorte in der Verantwortung des *National Park Service* (NPS),[230] der ein Register denkmalschutzwürdiger Orte *(National Register of Historic Places)* führt.[231]

Die wesentliche Tätigkeit von Historikern in Museen und Einrichtungen der Erinnerungsorte betrifft die Forschung: *Basic Research* orientiert sich an den

reman, Richard, History Inside Business, in: The Public Historian 3 (Summer 1981), S. 41–61; Lewis, David W. und Wesley Philips Newton, in: The Public Historian 3 (Summer 1981), S. 63–74; Hart Douglass, Enid, Corporate History – Why?, in: The Public Historian 3 (Summer 1981), S. 75–80; Roscow, James P., Collecting and Writing ARCOS's History, in: The Public Historian 3 (Summer 1981), S. 81–86; Dellheim, Charles, Business in Time: The Historian and Corporate Culture, in: The Public Historian 8 (Spring 1986), S. 9–22. Adkins, Elisabeth W., In Business and Corporations: Serving as the Corporate Memory, in: Gardner, Public History, S. 371–384. Beispiele für Unternehmensgeschichte im Internet: *The Boeing Company* (http://www.boeing.com/companyoffices/history/boeing); *Crayola* (http://www.crayola.com/ history/history/html); *Motorola, Inc.* (http://www.mot.com/General/Timeln24.html).

227 Patterson, Robert B., At Local Historical Agencies, Museums, and Societies, in: Gardner, Public History, S. 295–306.
228 Private Museumsstiftung, die fast alle Museen der *Mall* (Washington) betreibt, unter anderen auch das National Air and Space Museum.
229 Vgl. Leon, Warren und Roy Rosenzweig (Hgg.), History Museums in the United States. A Critical Assessment, Urbana 1989; Crew, Spencer R., Who Owns History?: History in the Museum, in: The History Teacher 30 (1996), S. 83–88. Die Interessen der amerikanischen Museen und ihrer Mitarbeiter werden von der *American Association of Museums* (AAM) vertreten, deren virtueller *Bookstore* im Internet unter http://www.aam-us.org/cgi-bin/aam/nonmembers/web_store.cgi umfangreiche bibliographische Hinweise bietet.
230 Im Internet unter http://www.nps.gov *(Park Net)*. Vgl. ferner Mackintosh, Barry, The National Park Service Moves into Historical Interpretation, in: The Public Historian 9 (Spring 1987), S. 51–63; Webb, Melody, Cultural Landscapes in the National Park Service, in: The Public Historian 9 (Spring 1987), S. 77–89. Deines, Ann, A Historian's Experience in the National Park Service, in: Perspectives (January 1999), S. 27–28 und 32; Noble, Bruce J., At Historical Parks: Balancing a Multitude of Interests, in: Gardner, Public History, S. 279–294.
231 Rogers, Jerry L., The National Register of Historic Places: A Personal Perspective on the First Twenty Years, in: The Public Historian 9 (Spring 1987), S. 91–104. Gemeinsam mit dem *National Trust for Historic Preservation* wurde das Programm *Teaching with Historic Places* entwickelt, um Schulen, lokalen Museen und Geschichtsvereinen Materialien und Arbeitshilfen zur Verfügung zu stellen.

thematischen Schwerpunkten der Einrichtung, *Applied Research* umfaßt das Identifizieren, Verifizieren, Beschreiben und Katalogisieren von Objekten einer Sammlung *(Curator, Conservator), Audience Research* bezieht sich auf die Besucherrezeption und *Programmatic Research* bezeichnet die ständige Weiterentwicklung und Reflexion von Ausstellungen, Programmen und Materialien der Einrichtung *(Publication* und *Public Relation Specialists)*. Weitere Beschäftigungen bieten die pädagogischen Rahmenprogramme: Historiker erarbeiten Informationsmaterial, betreuen Führungen, entwickeln Multimedia-Präsentationen und spezielle Programme für Kinder *(Education Specialist)*.[232]

Das CRM umfaßt eine Vielzahl verschiedener Aktivitäten, die sich auf die Erhaltung der Ressourcen kulturellen Erbes beziehen:

„Cultural resources can include extant archeological, historical, or architectural artifacts, sites, and structures as well as all phenomena that may be of cultural value to the nation, a state, a locality, a community, or an aggregate of people."[233]

CRM faßt die Erforschung, die Auswahl, die Erhaltung, den Schutz, die Pflege, die Rekonstruktion und die Nutzung historischer Quellen in nationalen Kontexten zusammen. Der weitgehend mit CRM synonym verwendete Begriff *Historic Preservation* bezeichnet allgemein den amerikanischen Denkmalschutz,[234] der auf den drei Gesetzen *National Historic Preservation Act of 1966*,[235] dem *National Environmental Policy Act* (1969) und dem *Executive Order 11593* (1971) basiert und durch den *National Trust for Historic Preservation* repräsentiert wird.[236]

Historiker forschen im Bereich des CRM neben Architekten, Landschaftsarchitekten, Biologen, Botanikern, Ingenieuren, Geologen, Archäologen und Ethnologen. Sie erarbeiten Interpretationen historischer Landschaften, Orte, Gebäude und Objekte[237] und bestimmen deren Bedeutung für Gegenwart und

---

232 Collins, Zipporah W. (Hg.), Museums, Adults and the Humanities. A Guide for Educational Programming, Washington 1981; Ames, Kenneth L. et al. (Hgg.), Ideas and Images. Developing Interpretive History Exhibits, Nashville 1992; Danilov, Victor J., Museum Careers and Training. A Professional Guide, Westport 1994.
233 Johnson, Ronald W., The Historian and Cultural Resource Management, in: The Public Historian 3 (Spring 1981), S. 43–51, hier S. 43.
234 Vgl. Howe, Barbara, Historic Preservation: An Interdisciplinary Field, in: dies., Public History, S. 158–173; Lee, Antoinette J., Historic Preservationists and Cultural Resources Managers: Preserving America's Historic Places, in: Gardner, Public History, S. 129–139.
235 Vgl. Glass, James A., The Beginnings of a New National Historic Preservation Program 1957 to 1969, Nashville 1990; Cirillo Archer, Madeline, Where We Stand: Preservation Issues in the 1990s, in: The Public Historian 12 (Fall 1991), S. 25–40.
236 Weitere Organisationen, die die Interessen des Denkmalschutzes wahrnehmen: *Association for Preservation Technology*, die *National Conference of State Preservation Officers* und das *National Council for Preservation Education*.
237 Vgl. Tilden, Freeman, Interpreting Our Heritage. Principles and Practices for Visitor Services in Parks, Museums, and Historic Places, Chapel Hill 1957; Anderson, William T. und Shirley Payne Low, Interpretation of Historic Sites, Nashville 1976; Mikesell, Stephen D., Historic

Zukunft. Mit der Ablösung des Industriezeitalters durch das Informationszeitalter wurde die Industriearchäologie zu einem der wichtigsten Subfelder des CRM.[238] Beschäftigungsmöglichkeiten bieten nationale und bundesstaatliche Einrichtungen, beispielsweise die *State Historic Preservation Offices* (SHPO), das *U.S. Army Corps of Engeneers*, der *USDA Forest Service*, das *Bureau of Land Management* und der *National Park Service*. Ferner liegt in der Verbindung von Erinnerungsorten und Geschichtstourismus ein beachtliches Potential für die Beteiligung von Historikern:

> „People will continue to visit heritage sites with or without the participation of historians, possible leaving interpretation to those less qualified. Consequently, professional historians must become involved in the heritage industry at the local, state, and federal levels. Their responsibilities include understanding the difference between history and heritage, commitment to interpreting heritage sites, learning about the travel industry, and participating in heritage organizations to ensure that the sites will provide a credible and high quality learning experience for the public."[239]

2.5.4 Wissenschaftliche Publikationen und Journalismus

Das Schreiben, traditionell die wichtigste Tätigkeit der Historiker, bleibt in einigen Zusammenhängen ihre primäre Aufgabe. Neben Monographien, Zeitschriftenaufsätzen und Schulbüchern schreiben Historiker heute Drehbücher für Spiel- und Kinofilme, Fernsehserien, Hörspiele, Informationsbroschüren für Erinnerungsorte, Erläuterungstexte für Ausstellungen, Exposés, Berichte, Gutachten, Zeitungsartikel und historische Romane.

Editors and Writers veröffentlichen wissenschaftliche Beiträge für Universitätsverlage, Historikerverbände, Geschichtsvereine und andere Organisationen, die wissenschaftliche Publikationen vertreiben. Sie schreiben für Tages- und Wochenzeitungen, Magazine und Schulbücher. Organisiert sind sie in der *Asso-

---

Preservation that Counts: Quantitative Methods for Evaluating Historic Resources, in: The Public Historian 8 (Fall 1986), S. 61–74.
238 Historiker, die im Bereich der Industriearchäologie tätig sind, werden durch die *Society of Industrial Archeology* (SIA, im Internet unter http://www.ss.mtu.edu/IA/) vertreten. Vgl. ferner Hudson, Kenneth, World industrial archaeology, Cambridge, London, New York 1979; Palmer, Marilyn und Peter Neaverson, Industrial Archaeology, London , New York 1998; Kemp, Emory L., A Perspective on Our Industrial Past Through Industrial Archeology, in: Howe, Public History, S. 174–198; Wallace, Mike, Industrial Museums and the History of Deindustrialization, in: The Public Historian 9 (Winter 1987), S. 9–20.
239 Dorgan, Michelle J., Why Heritage is not a Bad Word: The Role of Historians in the Heritage Industry, in: Public History News 18 (Fall 1997), S. 1–3, hier S. 1. Vgl. ferner Mooney Melvin, Patricia, Harnessing the Romance of the Past: Preservation, Tourism, and History, in: The Public Historian 13 (Summer 1991), S. 35–48; Pretzer, William S., At Historic Sites and Outdoor Museums: A High Performance Act, in: Gardner, Public History, S. 257–277.

ciation of American Publishers, der *Association of American University Presses* oder der *Society of Scholary Publishing*.²⁴⁰ In speziellen Editionsprojekten *(Documentary Editing)*, die mehrheitlich von der *National Historical Publications and Records Commission* (NHPRC) finanziert werden, erschließen und kommentieren Historiker schwer zugängliche Quellen.²⁴¹

Die Fähigkeiten von Historikern eignen sich, um im Journalismus tätig zu werden. In Printmedien, Rundfunk und Fernsehen können sie sich allerdings nur eingeschränkt historischen Themen widmen. Zeitgeschichtliche Dokumentationen, die häufigste Form der Vermittlung von Geschichte in Radio und Fernsehen, erfordern umfangreiche Kenntnisse in der *Oral History* Methode. Das Internet eröffnet Historikern als Informationsmedium neue Perspektiven in der Nutzung historischer Quellen, im wissenschaftlichen Publizieren und der außerschulischen Vermittlung von Geschichte.²⁴² Andererseits birgt es die Gefahr der Verbreitung wissenschaftlich nicht gesicherter Inhalte und der Trivialisierung. Im Rahmen der historischen Museen hat es das Genre der Online-Ausstellungen hervorgebracht.²⁴³

2.5.5 Unterhaltungsindustrie

Das lebensweltliche Interesse an Geschichte äußert sich in historischer Faszination, die von der Unterhaltungsindustrie kommerziell genutzt wird. Historiker arbeiten in den nicht-schriftlichen Kommunikationsmedien wie Produktionen von Fernseh- und Kinofilmen, CDs, CD-Roms und Internetanwendungen. Obwohl das *Infotainment* oder *Edutainment* dem Publikum Zugänge zu historischen Fragestellungen eröffnet, dominiert die Komponente der Unterhaltung.

---

240 Vgl. das Schwerpunktheft des Public Historian Vol. 4 (Spring 1982) Editing, Publishing, and Public History, S. 5–56; Bills, Scott L., Historians in Publishing: A Career as Editor?, in: Howe, Public History, S. 95–104; Greer, Daniel, Editors and Publishers: Making Books for Readers, in: Gardner, Public History, S. 103–115.
241 *Documentary Editors* werden von der *Association for Documentary Editing* professionell vertreten. Vgl. Oberg, Barbara, Historical Editing: Correspondence, in: Howe, Public History, S. 84–94; Falk, Candace, Documentary Editors: Not as Boring as It Sounds, in: Gardner, Public History, S. 87–101.
242 Vgl. Trinkle, Dennis A., The History Highway. A Guide to Internet Resources, New York 1997; De Loughry, Thomas J., History, Post-Print, in: The Cronicle of Higher Education, 12. Januar 1994, S. A 19–20; Newmark, Mark S., Navigating the Internet for Sources in American History, in: The History Teacher 30 (1997), S. 283–293; O'Malley, Michael und Roy Rosenzweig, Brave New World or Blind Alley? American History on the World Wide Web, in: JAH 84 (1997), S. 132–155; Corley, Julie A., Can the Web Really Do It All? Perceptions of Historical Research on the Internet, in: The Public Historian 20 (Winter 1998), S. 49–57; Cody, Sue Ann, Historical Museums on the World Wide Web: An Exploration and Critical Analysis, in: The Public Historian 19 (Fall 1997), S. 29–53; New Technologies and the Practice of History, in: Perspectives 37 (February 1999), S. 1–46.
243 Vgl. die Online-Ausstellung *The Nazi Olympics Berlin 1936* des *United States Holocaust Memorial Museum* unter http://www.ushmm.org/olmpics/zindex.htm.

Die Diskussionen, die Fernseh- und Kinofilmproduktionen in den neunziger Jahren in der amerikanischen Geschichtswissenschaft auslösten, offenbaren die überwiegend analytische Betrachtung von Geschichte im Film: Die Fernsehserie *The Civil War*[244] von Ken Burns und die Kinofilme *Glory* (1989), *Born in the Fourth of July* (1989), *Thunderheart* (1992), *JFK* (1991), *Forrest Gump* (1994) und *Nixon* (1995) provozierten Auseinandersetzungen der Historiker über die nationale Erinnerungskultur und die Rolle der amerikanischen Filmindustrie.[245] Demgegenüber stehen auch seitens der *Public History* praktische Ansätze zur Vermittlung der amerikanischen Geschichte im Film im Hintergrund. Lediglich an der *George Washington University* wird im Rahmen des 1991 gegründeten *Centers for History and Media* ein Studiengang *Documentary Film Making* angeboten.[246] Die Vermittlung von Geschichte in den neuen Medien wird ungeachtet ihrer Verbreitung von der amerikanischen Geschichtswissenschaft noch nicht konsequent genug als bedeutendes Tätigkeitsfeld für Historiker wahrgenommen. CD-Roms wie *Who Built America?*[247] und Internetpräsentationen wie *Virtual Auschwitz*[248] demonstrieren die Möglichkeiten interaktiven historischen Lernens. Allein das *Center for History and New Media*, eine Kooperation zwischen der *George Manson University,* dem *American Social History Project*

---

244 Vgl. Toplin, Robert Brent, Television's Civil War, in: Perspectives 28 (September 1990), S. 1 und 22–24; ders. (Hg.), Ken Burn's The Civil War. Historians Respond, New York 1996; Attie, Jeanie, Illusions of History: A Review of the Civil War, in: RHR 52 (1992), S. 94–104; Thelen, David, The Movie Maker as Historian: Conversations with Ken Burns, in: JAH 81 (1994), S. 1031–1050.
245 Vgl. Dittmar, Linda und Gene Michaud (Hgg.), From Hanoi to Hollywood. The Vietnam War in American Film, New Brunswick 1990; Anderegg, Michael (Hg.), Inventing Vietnam. The War in Film and Television, Philadelphia 1991; Rosenstone, Robert A., Visions of the Past. The Challange of Film to Our Idea of History, Cambridge 1995; Toplin, Robert Brent, History by Hollywood. The Use and Abuse of the American Past, Urbana 1996; Burgoyne, Robert, Film Nation. Hollywood Looks at U.S. History, Minneapolis 1997; AHR Forum JFK, in: AHR 97 (1992), S. 487–511; Sturken, Marita, Reenactment, Fantasy, and the Paranoia of History: Oliver Stones Docudramas, in: History and Theory 36 (1997), S. 64–79; Higashi, Sumiko, Rethinking Film as American History, in: Rethinking History 2 (1998), S. 87–101, Reel History. A Special Issue, in: Perspectives 37 (April 1999), S. 1–32.
246 Vgl. die Homepages des *Centers for History in the Media* unter http://www.gwu.edu/~history/ research/media; Gilden Seavey, Nina, The Center for History in the Media, in: Perspectives 30 (Januar 1992), S. 1 und 7–11; dies., Film and Media Producers: Taking History off the Page and Putting it on the Screen, in: Gardner, Public History, S. 117–128; Walkowitz, Daniel J., Visual History: The Craft of the Historian-Filmmaker, in: The Public Historian 7 (Winter 1995), S. 53–64; Andersen, Fred, The Warner Bros. Research Department: Putting History to Work in the Classic Studio Era, in: The Public Historian 17 (Winter 1995), S. 51–70.
247 Die mit dem *Robinson Prize* der AHA ausgezeichnete CD-Rom von Steve Brier, Roy Rosenzweig und Josh Brown basiert auf einem gleichnamigen Geschichtsbuch (2 Bde.) zur amerikanischen Geschichte von 1876–1914 und erschien 1992 im Voyager Verlag (New York). 450 Textseiten, vier Stunden Audio-Material und 45 Minuten Film werden durch eine Suchfunktion und die Möglichkeit, Anmerkungen in ein integriertes *Notebook* einzutragen, ergänzt. Vgl. dazu unter http://voyager.learntech.com/cdrom/catalogpage.cgi?wba.
248 Im Internet unter http://shrike.depaul.edu/~Ihandzli/auschwitz.

und dem *Center for Media and Learning (City University of New York)* widmet sich dieser Herausforderung.²⁴⁹

2.5.6 Freie Historiker

Eine amerikanische Besonderheit sind die zahlreichen selbständig tätigen, überwiegend promovierten Historiker, die sich oftmals zu kleinen Unternehmen, wie die von Philip L. Cantelon in Rockville (Maryland) initiierte *History Associates Inc.* (HAI), zusammenschließen.²⁵⁰ Das erste Unternehmen dieser Art, *The History Group,* wurde 1975 von Darlene Roth in Atlanta gegründet.²⁵¹ Sie erfüllen auf der Basis von Verträgen *(Contract Historians)* die gesamte Palette historischer Dienstleistungen: Historische Beratung in Verbindung mit Unternehmensgeschichte und -archiv,²⁵² Politikberatung *(History Consulting),*²⁵³ Denkmalschutz, Kulturtourismus, Entwicklung historischer Ausstellungen,²⁵⁴ Begleitmaterialien, Organisation von Rahmenprogrammen, Gutachten, Dokumentationen, Jubiläumsschriften, wissenschaftliche Beiträge für Zeitungen, Magazine, Zeitschriften, Bücher und Internet, Drehbücher und Beratung für Radio-, Fernseh-, Kino- und CD-Rom-Produktionen sowie Genealogie. Ihre Auftraggeber sind staatliche Einrichtungen, Parteien, Verbände, Unternehmen, Anwaltssozietäten, Museen, Vereine, Familien und Privatpersonen.²⁵⁵ Sie verstehen sich als professionelle Historiker, die Geschichte nicht lehren, sondern historische Dienstleistungen im Sinne der professionellen Standards ausführen: Sie sind „hired, not bought".²⁵⁶

249 Homepage des Centers unter http://www.gmu.edu/chnm.
250 *History Associates Inc.* (etwa 60 Mitarbeiter) präsentieren sich im Internet unter http://www.historyassociates.com. Vgl. ferner andere Consulting-Unternehmen unter http://www.winthropgroup.com *(The Winthrop Group);* http://www.historyfactory.com *(The History Factory);* http://hrassoc.com/index.htm *(Historical Research Associates, Inc.);* http://milestonespast.com *(Milestones Consulting).* Das NCPH führt auf seiner Homepage ein Adressbuch freier Historiker unter http://iupui.edu/~ncph/consultants.html.
251 Roth, Darlene, The Mechanics of a History Business, in: The Public Historian 1 (Spring 1979), S. 26–40.
252 Castaneda, Christopher J., Writing Contract Business History, in: The Public Historian 21 (Winter 1999), S. 11–29.
253 Mighetto, Lisa, Carreers in Public History: Consulting Offers a Variety of Oppotunities, in: Perspectives 33 (Dezember 1995), S. 7–8.
254 Clarke-Hazlett, Christopher (freier Historiker), Of the People, in: American Quarterly 51 (1999), S. 426–436; ders., Interpreting Environmental History through Material Culture, in: Material History Review 46 (Fall 1997), S. 5–16. Rezensionen der Ausstellungen von Clarke-Hazlett: Wajda, Shirley Teresa, Neither Rich nor Poor: Searching for the American Middle Class, in: JAH 79 (1992), S. 1091–1096; Gradwohl, Judith, UnEarthing the Secret Life of Stuff: American and the Environment, in: The Public Historian 19 (Summer 1997), S. 91–92.
255 Auftragsangebote des föderalen Einrichtungen bietet *Commerce Business Daily* (CBD) als online Version unter http://www.cbdweb.com
256 Vgl. Cantelon, Philip L., As A Business: Hired, Not Bought, in: Gardner, Public History, S. 385–395; Overbeck, Ruth Ann, History As A Business, in Howe, Public History, S. 440–452.

2.6 Kritik an der *Public History* Bewegung

Seit ihrer Entstehung in den siebziger Jahren wurde die *Public History* Bewegung aus verschiedenen Motivationen und Anlässen, von unterschiedlichen Gruppen und Akteuren der amerikanischen Geschichtswissenschaft und nicht zuletzt durch eigene Vertreter kritisiert. Auch fundamentale Kritik, die von der etablierten Geschichtswissenschaft artikuliert wurde, konnte abgewehrt werden und führte letztlich zu einer inneren Stärkung der Bewegung. Dies wurde allerdings nicht über die offene Konfrontation mit den Kritikern ausgetragen, sondern erfolgte überwiegend indirekt und defensiv.[257]

2.6.1 Konfrontation mit der *American Association for State and Local History*

Die Etablierung der beiden Pionierprogramme in *Public History* der *University of California* und der *Carnegie-Mellon University* provozierten schon Ende der siebziger Jahre den Widerspruch bei Vertretern der *Local History*. Infolge der Verwissenschaftlichung von Geschichte am Ende des 19. Jahrhunderts, geriet die *Local History* ins Abseits. Sie galt als vorwissenschaftlich und wurde daher von weniger Akademikern als von Amateurhistorikern getragen. Erst durch den Perspektivwechsel der *New History*, der „Geschichte von unten", erfuhr sie eine akademische Aufwertung. Die *Local History* ist gleichzeitig eines der wichtigsten Praxisfelder der *Public History*, da Geschichte in persönlichen und lokalen Zusammenhängen konstitutiv auf das Geschichtsbewußtsein wirkt.

De facto war *Public History* keineswegs neu, denn eine öffentliche Beschäftigung mit Geschichte hat stets stattgefunden, allerdings in weiten Teilen des 20. Jahrhunderts ohne Verbindung zur Geschichtswissenschaft. Die noch zu Beginn des 19. Jahrhunderts weitgehend mündlich tradierten Geschichten und Mythen wurden parallel zur Akademisierung von Geschichte am Ende des Jahrhunderts in die *Local History* überführt, die seit 1940 durch die AASLH vertreten wird. Ihre Mitglieder werteten das Bemühen der *Public Historians*, Historiker für Tätigkeiten im Rahmen der *Local* und *Community History* an Universitäten auszubilden, als Affront gegen ihr eigenes Wirken. Sie bezweifelten die Kompetenz der *Public Historians*, lokalgeschichtliche Inhalte vermitteln zu können. Jerry George schrieb 1979 im Editorial der *History News*:

„Some of you who for years have been doing, in a historical society or museum or archives or historic site or government agency, something that is now being called „public history" will resent the implication that it is any-

---

[257] Es existieren nur wenige Aufsätze, die sich umfassend mit der Kritik an *Public History* auseinandersetzen.

thing new at all. Some of you will particularly resent that impetus for the „public-history" concept is coming from academic historians, many of whom for years disdained or ignored work besides teaching or research. Recently I have talked personally with some of the academics who are developing university programs in public history, and I don't mind admitting that their obliviousness to the work of the AASLH and their naivete about what it takes to work in a historical agency besides a graduate degree in history are more than a little bothersome to me."[258]

In den Anfangsjahren wurde *Public History* häufig als Lokalgeschichte verstanden und in der Konkurrenz zu der bestehenden kritisiert.[259] Dabei wurde nicht realisiert, daß beide Zugänge zur Lokalgeschichte vollkommen unterschiedliche Ziele verfolgten: Die AASLH war eine Interessenvertretung, die Amateure und Historiker mit Publikationen und Workshops in der Beschäftigung mit Lokalgeschichte unterstützte. Ein *Public History* Studiengang hingegen sollte einen akademisch ausgebildeten Historiker im Sinne des *Skill-Centered Curriculum* dazu qualifizieren, in lokalen Archiven, Museen, Gedenkstätten, Geschichtsvereinen und -werkstätten professionell tätig zu werden.

Obwohl sich dieses Mißverständnis im Laufe der achtziger Jahre auflöste, verteidigten die Vertreter der AASLH ihre Domäne erfolgreich. Eine intensive Kooperation mit dem NCPH fand nie statt.

2.6.2 *Public History*, Objektivität und die amerikanische Geschichtswissenschaft

Die *Public Historians* befanden sich seit ihren Anfängen in einer doppelten Frontstellung: Neben den *Local Historians* gerieten sie in Konflikt mit der etablierten Geschichtswissenschaft, die sich durch die *Public History* in ihren traditionellen Prinzipien erschüttert sah.

Eine umfassende und zusammenhängende Kritik dieser Seite wurde 1988 von Peter Novick im Rahmen seiner Untersuchung *That Noble Dream. The „Objectivity Question" and the American Historical Profession* formuliert. *Black History, Women's history* und *Public History*, die zusammen unter der Überschrift *Every group his own historian* behandelt wurden, hätten die Fragmentierung der Disziplin und die Vernachlässigung des Objektivitätsideals beschleunigt. Insbesondere *Public History* habe den traditionellen Wissenschaftsbegriff preisgegeben:

---

258 George, Jerry, Take A „Public Historian" to Lunch, in. History News 34 (May 1979), S. 120.
259 Beispielsweise bei Green, Howard, A Critique of the Professional Public History Movement, in: RHR 25 (1981), S. 164–171, hier S. 165 ff.

„Each of the modes of public history, though each in different ways, raised the objectivity question. In the aggregate, the public history phenomenon produced calls for reexamination, redefinition, and reevaluation of the very idea of historical professionalism."[260]

Novick stellte fest, weite Teile der *Public History* seien unkritisch, eigentlich *Popular History,* und besonders *Oral History* Interviews zeichneten sich durch die Überidentifikation mit den Zeitzeugen und ihrer Perspektive aus. Einige *Public Historians* sähen sich nicht als professionelle Historiker, sondern als Anwälte der Gruppen, die nach der eigenen Geschichte suchten. Unter Verletzung der professionellen Maßstäbe prostituierten sie sich ferner, indem sie sich den Interessen ihrer Auftraggeber auslieferten.[261]

Die Objektivitätsfrage sei stets der wunde Punkt der *Public Historians* gewesen, auf die sie in einem defensiven Ton in ihren programmatischen Schriften immer wieder Bezug genommen hätten. Der aus diesen Diskussionen hervorgegangene Ethik-Kodex bestätige infolge des naiven Umgangs mit historischer Objektivität im Zusammenhang mit Auftragsarbeiten den Eindruck der *Academic Historians,* daß sich *Public Historians* dem Objektivitätsideal nicht mehr verpflichtet fühlten.

Ein weiteres Merkmal der *Public History* Bewegung sei die stetige Beteuerung gewesen, daß sie weder Historiker zweiter Klasse seien, noch *Public History* eine Berufsperspektive für weniger begabte Studierende sei, sondern ihre Tätigkeit mit denen an den Universitäten als gleichwertig zu behandeln sei. Je mehr *Academic Historians* auf sie herabblickten, desto mehr hätten sie ihre Professionalität betont. Sie hätten ihren Ethik-Kodex zum Symbol ihres professionellen Status erhoben, gar zu einem Hippokratischen Eid. Gleichzeitig habe der populistische Flügel der *Public History* Bewegung im Zuge der generellen Vorbehalte gegenüber Wissenschaft in den siebziger und achtziger Jahren Professionalität als Isolation von der eigentlichen Geschichte empfunden, die nur noch in einem Elfenbeinturm praktiziert werde.[262]

Auf diesen generellen Angriff reagierten die *Public Historians* verspätet, verhalten und überwiegend indirekt. Im *Public Historian* wurde erst 1991 ein Diskussionsforum *„The Ideal of Objectivity" and the Profession of History* veröffentlicht.[263] Richard W. Hewlett sah in der Untersuchung ein bedeutendes Werk für die *Public Historians,* da Novick in den ersten Kapiteln seiner amerikanischen Historiographiegeschichte auf Carl Becker und Charles A. Beard zurückgreife,[264]

---

260 Novick, That Noble Dream, S. 512.
261 Dazu auch O'Donnell, Terence, Pitfalls Along the Path of Public History, in: Benson, Presenting the Past, S. 239–244, hier S. 243.
262 Novick, That Noble Dream, S. 512 ff.
263 Vgl. auch zum Folgenden Graham, Otis L., Roundtable: „The Ideal of Objectivity" and the Profession of History, in: The Public Historian 13 (Spring 1991), S. 9–23.
264 Novick, That Noble Dream, S. 92–97.

deren Geschichtsauffassung die intellektuellen Wurzeln der *Public History* Bewegung darstellten. Ironischerweise stelle Novick die *Public Historians* später als Außenseiter dar, die die Verbindung zur amerikanischen Geschichtswissenschaft verloren hätten und in keiner Kontinuität zu den *Progressive Historians* stünden. David Glassberg bemerkte, Novick habe eine Geschichte der *Academic Historians* geschrieben und damit die öffentliche Beschäftigung mit Geschichte, die vor der Entstehung der *Public History* Bewegung stattgefunden habe, ignoriert. Er habe die Bedeutung der *Public History*, besonders ihren Beitrag zur amerikanischen Geschichtswissenschaft, unterschätzt:

„Public historians have begun asking a host of exciting questions concerning how various versions of the past are created, institutionalized, and communicated. Such questions explore not only what historians say, but also how they are understood; not only which versions of the past is presented, but also which meanings it evokes and what it prompts audiences to remember."[265]

Glassberg räumte ein, daß *Public Historians* aufgrund der Komplexität historischen Wissens, der Schwierigkeit, multiperspektivische Geschichtsauffassungen hervorzubringen und den Erwartungen von Auftraggebern und Publikum, die einfache, unzweifelhafte und gefällige Wahrheiten bevorzugten, unter Druck gerieten.

Rebecca Conard widersprach Novick, indem sie die *Public History* Bewegung nicht als pragmatische Antwort auf die Beschäftigungskrise der siebziger Jahre interpretierte, sondern als notwendige Folge der Nachfrage nach historischen Dienstleistungen, die von der etablierten Geschichtswissenschaft nicht erbracht wurden.

Novicks Kritik wurde später in Rückblicken auf die Entwicklung der *Public History* Bewegung bis zum Beginn der neunziger Jahre thematisiert. David E. Kyvig entgegnete Novick 1991 in der Zeitschrift *The History Teacher*:

„Some academic critics, such as Peter Novick, regard public historians as having prostituted their intellectual integrity by leaving academe for work in other settings. The record, however, suggests otherwise. The public history community's constant discussion of its responsibilities to the past as well as the present reflects a high degree of sensitivity to matters of professional ethics."[266]

---

265 Ebd., S. 17.
266 Kyvig, David E., Introducing Students to Public History, in: The History Teacher 24 (1991), S. 443–454, hier S. 447. Vgl. eine ähnliche Argumentation: ders., Public or Perish: Thoughts on Historians' Responsibilities, in: The Public Historian 13 (Fall 1991), S. 11–23, hier S. 17.

Brit Allan Storey betonte 1992 in seiner Jahresansprache als NCPH-Präsident, daß *Public* wie *Academic Historians* objektive Geschichtswissenschaft betreiben, allerdings nicht im Sinne Leopold von Rankes, dessen Objektivitätsideal überwunden sei.[267]

Peter Novick bezieht sich in seiner zehnseitigen Beurteilung überwiegend auf ganz frühe programmatische Aufsätze der Vordenker der *Public History* Bewegung. Er verkennt *Public History*, die er zusammen mit *Black History* und *Women's History* behandelt, als Subfeld der neuen Sozialgeschichte. Grundsätzlich wurde *Public History* zwar durch die Implikationen der *New History* – insbesondere durch die Ablösung des Ranke-Paradigmas – beeinflußt, ist aber dennoch als eigenständiger Bereich der amerikanischen Geschichtswissenschaft zu sehen. Die *Public Historians* haben die Frage der öffentlichen Vermittlung von Geschichte außerhalb von Schule und Universität, die sich inhaltlich grundsätzlich auf alle Themen und Zugänge zur amerikanischen Geschichte beziehen kann, zu ihrem primären Anliegen gemacht. In der Tat hat sich die *Public History* Bewegung um eine Neudefinition des Wissenschaftsbegriffs, der den Anforderungen der außerschulischen Vermittlung von Geschichte und ihrem Verständnis von Geschichtswissenschaft als historischer Dienstleistung gerecht wird, bemüht. Dieser Wissenschaftsbegriff, der mit dem der *New Historians* weitgehend identisch war, wurde im Ethik-Kodex der *Public Historians* festgelegt: Er ermahnte die Historiker in ihrer Verpflichtung zu historischer Wahrheit und verdeutlichte den Auftraggebern das Selbstverständnis von Historikern. Die *Public Historians* begegneten der Nachfrage nach historischen Dienstleistungen, die zu ignorieren vermessen wäre, mit professionellen Standards. Novicks Vorwurf, die *Public History* Bewegung hätte in Teilen eine Popularisierung von Geschichte vorangetrieben, ist nicht haltbar. Im Gegenteil sollte sie durch die universitäre Ausbildung von Historikern für Berufswege im Bereich der außerschulischen Vermittlung verhindert werden.[268]

Novick beurteilt den Objektivitätsbegriff der *Public History* anhand des überkommenen Ideals der aufstrebenden Geschichtswissenschaft des ausgehenden 19. Jahrhunderts, das in Modifikationen bis in die sechziger Jahre hinein erhalten blieb. Die Mehrzahl der *Public Historians* hat den Paradigmawechsel der *New History* im Sinne der Demokratisierung von Geschichtsschreibung und Förderung pluralistischer Geschichtsbilder forciert. Dies hat zu einer extremen Spezialisierung geführt, die Novick als Fragmentierung der Disziplin charakterisiert. Die *Public Historians* sind hingegen der Auffassung, die die Geschichtswissenschaft einende Komponente sei weder die Objektivität, noch Aspekte der politischen Geschichte, sondern die Kommunikation mit dem Publikum, die Novick völlig ausblendet. Paradoxerweise ist der überwiegende Teil der *Public*

---

[267] Storey, Brit Allan, Hanging by four Pine Needles (Or, Confessions of a Public Historian), in: The Public Historian 14 (Summer 1992), S. 11–22, hier S. 19 ff.

[268] Gleiches gilt für den Vorwurf der Fiktionalisierung von Geschichte. Vgl. Graham, Otis L., History + Fiction= Faction/Miction, in: The Public Historian 16 (Winter 1994), S. 10–13.

Historians akademisch verankert: sie halten mindestens ein M.A., sind häufig promoviert,[269] haben Lehraufträge an Universitäten und schreiben Beiträge für wissenschaftliche Veröffentlichungen. Ebenso unterscheidet sich *The Public Historian* zwar in seinen Inhalten von anderen Zeitschriften der Geschichtswissenschaft, nicht aber in seiner akademischen Ausrichtung. Diese Entwicklung ist einerseits nicht im Sinne der Gründerväter der *Public History*, deren Anliegen die Unabhängigkeit der Historiker von den Universitäten war. Andererseits zeigt sie, daß die Einheit von Geschichtstheorie, -forschung und -didaktik nicht aufgelöst werden kann.

2.6.3 Theoriedefizit und Curriculumentwicklung (1976–1987)

Die Ausbildung von Historikern für Vermittlungsaufgaben außerhalb von Universität und Schule erforderte die systematische Ausweitung der didaktischen Theorie auf den Gesamtbereich der Öffentlichkeit. *Public History* beinhaltet keine umfassende Theorie der öffentlichen Vermittlung von Geschichte. Es wurden lediglich einzelne Aspekte einer solchen Theorie erarbeitet, die aber letztlich unverbunden blieben.

Die Entstehung der *Public History* Bewegung hatte eine ausschließlich pragmatische Ursache. Die Beschäftigungskrise der Historiker sollte durch sogenannte *Non-Teaching Careers* überwunden werden. Darin lagen zwei Gefahren: Erstens kann der pragmatische Zugang zu einer Falle werden, sobald sich die Beschäftigungssituation in Universitäten und Schulen grundsätzlich bessert.[270] Zweitens verdeckt die Bezeichnung „nicht-lehrend", daß alle Historiker unmittelbar oder mittelbar Bildungsaufgaben wahrnehmen:

> „Almost all historians are teachers. We may teach in different venues, such as museums, historic sites, classrooms, government agencies, or courtrooms. We may use different methods; but with few exceptions, most of us are teachers."[271]

Die aus diesem pragmatischen Zugang entstandenen Theorieansätze geben keinen Aufschluß über eine grundsätzliche Auffassung von Geschichte. Überwiegend sind *Public Historians* gleichzeitig *New Historians*, aber wie die Beispiele Kelley und Johnson zeigen, nicht unbedingt Bestandteil ihrer Theorie. Die wichtigste Bezugsgröße der außerschulischen Vermittlung von Geschichte, die Öffentlichkeit, wurde bis zu den neunziger Jahren in der *Public History* Theorie

---

269 Alfred J. Andrea hielt die Promotionsstudiengänge in *Public History* gegenüber dem Wunsch nach Unabhängigkeit von den Universitäten für widersprüchlich. Andrea, On Public History, S. 382.
270 Karamanski, Making History Whole, S. 98.
271 Scarpino, Common Ground, S. 11.

nicht thematisiert. Ronald J. Grele erkannte in einem sehr frühen Aufsatz von 1981 dieses Defizit und forderte die nähere Bestimmung der Öffentlichkeit oder der Teilöffentlichkeiten, an die sich *Public History* wendet.[272] Scarpino konkretisierte diese Forderung 1995:

> „When we talk about the public, do we mean the people who use the services of professional historians? (...) Do we mean anyone at all who is interested in history (...)? Do we mean formal and informal learners? Do we mean those who use history for public relations, profit, policy, or politics?"[273]

Die Betonung der Erinnerung als integratives Moment von akademisch und öffentlich betriebener Geschichte als Folge des kulturwissenschaftlichen Einflusses auf die *Public History* diente als Grundlage für die von Roy Rosenzweig und David Thelen 1995–97 durchgeführte Umfrage *How do Americans understand their Pasts?* Ihre Ergebnisse, das besondere Interesse der Menschen an der Geschichte der eigenen Familie, an historischen Romanen und Museen, führten nicht zu einer näheren Bestimmung der Adressaten von *Public History*.

Die Handlungsfelder öffentlicher Erinnerung werden in den theoretischen Überlegungen zur *Public History* nicht systematisch berücksichtigt. Obwohl seit Beginn der neunziger Jahre die Forderung nach einem verstärkten Bildungsauftrag der *Public Historians* wuchs, fehlte es an einem Bewußtsein für politische Implikationen auf die amerikanische Erinnerungskultur. Die amerikanische Geschichtspolitik und ihr Einfluß auf Nationalfeiertage, politische Gedenktage und die Gestaltung von Erinnerungsorten wurde seitens der *Public Historians* nicht reflektiert. Eine Sensibilisierung der gesamten Geschichtswissenschaft für das Thema der Vergangenheitspolitik zeigten die heftigen Auseinandersetzungen um den Atombombenabwurf auf Hiroshima und den Vietnam-Krieg.

Der Begriff *Public History* hat nicht nur semantische Probleme hervorgebracht: Die Gründungsversammlung des NCPH entschied sich gegen den eingrenzenden Begriff *Applied History*, der für die Anwendung von Geschichtswissenschaft in der Politik reserviert blieb und als Teilbereich der *Public History* gilt, und für den Begriff *Public History*, der gleichzeitig die Vermittlung und die öffentliche Beschäftigung mit Geschichte beschreibt. Die mangelnden Konturen des Begriffs wirkten auf die *Public History* Curricula, die von unterschiedlicher Gewichtung in Inhalten und Methoden geprägt sind, zurück. Der Zusatz *public*, der als Gegensatz zu *academic* gemeint war, wurde häufig kritisiert. Douglas Greenberg hielt *Public History* für einen Kunstbegriff, den George Bancroft nicht verstanden und Frederick Jackson Turner für überflüssig gehalten hätten, da er keine andere Tätigkeit beschreibe als die, die Historiker schon immer im Dienste der Öffentlichkeit geleistet hätten: Forschung und

---

272 Grele, Whose History? Whose Public?
273 Scarpino, Common Ground, S. 20.

Lehre.²⁷⁴ Die Tatsache, daß „öffentlich" nicht mehr den Gegensatz zu „privat",²⁷⁵ sondern zu „akademisch" bezeichnen sollte, war für die amerikanische Geschichtswissenschaft nicht akzeptabel, da sie sich als öffentlich verstand. Novick stellte fest, *Public History* sei mehrheitlich *Private History*, die in Organisationen der Regierung und der Privatwirtschaft stattfände.²⁷⁶ *Public History* ist ein mehrdeutiges Schlagwort, das eine ganze Reihe von Aktivitäten angewandter Geschichtswissenschaft und den öffentlichen Umgang mit Geschichte zusammenfaßt. In Europa fand es keinen Anklang, da es sich in andere Sprachen nicht übersetzen läßt. In den USA hat man bis heute, mangels einer besseren Lösung, an ihm festgehalten.

Die Verbindung von Methoden der *Oral History* und der *Material Culture* im Rahmen der *Public History* war ein bemerkenswerter Fortschritt für die Methodenlehre der außerschulischen Vermittlung von Geschichte. Gleiches gilt für die Visualisierung der Vermittlung in Photographien und Filmen.

Infolge der Abgrenzung zur akademisch betriebenen Geschichte betonen die *Public Historians* den inneren Zusammenhang von Forschung und Lehre nicht ausreichend. Die Vermittlung von Geschichte in Museen, Gedenkstätten, Archiven, in neuen und alten Medien muß auf der gleichzeitigen Forschungstätigkeit der jeweiligen Einrichtungen beruhen.

Die beiden Mitte der siebziger Jahre entwickelten Pionierprogramme in Santa Barbara und Pittsburgh waren in ihrem Curriculum unausgereift.²⁷⁷ Die von Johnson vorgelegte Klassifizierung von acht Praxisfeldern entsprach in keiner Weise ihren komplexen Zusammenhängen. Das *Skill-Centered Curriculum* von Kelley/Johnson setzte sich langfristig gegen das *Single-Focus Curriculum* von Stearns/Tarr an den Universitäten durch.²⁷⁸ Wie die Qualifikationen der Absolventen von Studiengängen, die auf die Vermittlung von übergeordneten Fähigkeiten für sämtliche Praxisfelder zielen, von denen anderer Geisteswissenschaftler abgegrenzt werden können, blieb ungelöst. Ebenso fraglich bleibt, ob besonders spezialisierte Historiker im Archiv- oder Bibliothekswesen, ihre Identität als Archivare und Bibliothekare zugunsten der eines *Public Historians* preisgeben.

Das übergeordnete Curriculum, das zwischen 1976 und 1987 auf der Basis bestehender Theoriebildung umgesetzt werden konnte, wurde dem Anspruch der Selbsttätigkeit von Studierenden gerecht: Dem Umfang der in Gruppen durchzuführenden Forschungsvorhaben, den handlungs-, produktions- und er-

---

274 Greenberg, Douglas, „History Is A Luxury": Mrs. Thatcher, Mr. Disney, and (Public) History, in: RAH 26 (1998), S. 294–311, hier S. 294.
275 Clary, David A., Trouble Is My Business: A Private View of „Public History", in: The American Archivist 44 (1981), S. 105–112.
276 Novick, That Noble Dream, S. 513.
277 Green, A Critique, S. 167 ff.
278 Graham, Hugh Davis, The Stunted Career of Policy History: A Critique and an Agenda, in: The Public Historian 15 (Spring 1993), S. 15–37; Stearns, Peter und Joel A. Tarr, Straightening the Policy History Tree, in: The Public Historian 15 (Fall 1993), S. 63–67.

fahrungsorientierten Seminaren und der Spezialisierung in der zweiten Ausbildungsphase mit integrierter Abschlußarbeit standen jedoch nur wenige verbindliche Basis- und Methodenkurse gegenüber.

2.6.4 Anspruch und Umsetzung: *Public History* Studiengänge

Die *Public History* Studiengänge stellen hohe Anforderungen an Studierende und Dozenten. Die Schwierigkeiten der Anfangsphase zeigten sich in den unerprobten Curricula und fehlenden Unterrichtsmaterialien.[279]

Das Studium der *Public History* erfordert ein Persönlichkeitsprofil der Studierenden, das sich beispielsweise in ihrer besonderen Kommunikationsfähigkeit und in unternehmerischem Geist zeigt. Demnach steht es nicht allen Studierenden offen: Diejenigen, die einem solchen Profil nicht entsprechen, werden ausgegrenzt.[280]

Ein innerer Widerspruch liegt in den generalistisch angelegten Studiengängen. Obwohl diese Studiengänge übergeordnete Qualifikationen, die für eine Vielzahl von Praxisfeldern relevant sind, vermitteln sollen, münden sie in der Spezialisierung von *Internship* und Abschlußarbeit. Fraglich ist, ob damit Optionen in diversen Praxisfeldern eröffnet werden oder nur in jenen, auf die sich die Studierenden während des Studiums spezialisiert haben. Ein Studiengang im Sinne des *Skill-Centered Curriculum* kann nur grundlegende Kenntnisse für einzelne Tätigkeitsfelder des Historikers vermitteln, die anschließend durch die Erfahrungen in der Praxis vervollständigt werden. Daher besteht die Gefahr, daß die Kenntnisse der Studierenden aus der Perspektive der bereits in der Praxis tätigen Historiker als oberflächlich wahrgenommen werden. Einige Tätigkeiten sind in der Tat so spezialisiert, daß die erforderlichen Kenntnisse nicht im Rahmen eines *Public History* Studiengangs erworben werden können.

Public History Studiengänge wurden überwiegend als *Graduate* und *Ph.D.* Programme angeboten und später an einigen Universitäten um *Undergraduate* Programme erweitert.[281] Ein Studium der *Public History* ist eine zusätzliche Qualifikation, die auf soliden Kenntnissen der amerikanischen Geschichte und sicherem Beherrschen der Methoden der Geschichtswissenschaft aufbaut.[282] Allein Studierende, die bereits Historiker sind, können sich als *Public Historians*

---

279 Stearns, Peter N. und Joel A. Tarr, Curriculum in Applied History: Toward the Future, in: The Public Historian 9 (Summer 1987), S. 111–125, hier S. 114 ff.
280 Auch Stearns und Kelley betonen die Notwendigkeit von „talentierten Studierenden". Vgl. Stearns, Curriculum in Applied History, S. 119 f.; Kelley, On the Teaching, S. 43.
281 Beispielsweise die *California State University* (Chico), die *James Madison University* (Harrisonburg/Virginia) und die *Western Michigan Univesity* (Kalamazoo). Vgl. Cohen, Graduate Programs.
282 Stearns, Curriculum in Applied History, S. 117 ff. Stearns kritisiert das mangelnde Wissen der Studierenden, das sich negativ auf das *Applied History* Studium auswirkt.

spezialisieren und diesen Rollenwechsel reflektieren. *Public History* ist daher als *Undergraduate* Programm ungeeignet.

Die Kritik seitens der *Public History* Studierenden wurde insbesondere von Absolventen der Pionierprogramme vorgetragen. Gayle Clark Olson, an die der erste Doktortitel in *Public History* verliehen wurde, kritisierte die mangelnde Anleitung der Studierenden in der Beschaffung eines bezahlten Praktikums und Vorbereitung auf die Bewerbungsphase durch die Dozenten an der Universität von Santa Barbara. Shelley Bookspan, inzwischen Herausgeberin des *Public Historian* und ebenso Absolventin des Promotionsstudiengangs in Santa Barbara, stimmte den Defiziten im *Career Counselling* zu:

„The student complaint is probably true. There are too many promises. But look, teachers and heads of programs are academics. They just don't have the contacts in the outside world to help a group with internships."[283]

Ob *Public History* Studiengänge tatsächlich bessere Berufschancen eröffnen wurde bisher empirisch nicht erforscht. Von Bedeutung ist die Frage, ob ihre Absolventen in der außerschulischen Vermittlung einen Beschäftigungsvorteil gegenüber traditionell ausgebildeten Historikern haben.

2.6.5 Verdienste der *Public History* Bewegung

Public History, mit der sich auffällig viele Amerikanisten und Historikerinnen beschäftigen, hat sich nicht zu einer Schule der amerikanischen Geschichtswissenschaft entwickelt. Das Anliegen der Bewegung, alle Historiker müßten sich als *Public Historians* verstehen, hat sich nicht erfüllt. Dennoch eröffnete die *Public History* Bewegung mit ihrer Forderung nach Erweiterung des akademischen Auftrags und der Kommunikation mit dem nicht-wissenschaftlichen Publikum neue Perspektiven für die amerikanische Geschichtswissenschaft. Sie forcierte das Interesse der Disziplin für die Funktionen von Geschichte im alltäglichen Leben und in der amerikanischen Gesellschaft. Sie konnte beide großen Historikerverbände für dieses Anliegen gewinnen:[284] Auf die damit verbundene Forderung nach einem neuen Wissenschaftsbegriff reagierte die AHA mit dem *Ad Hoc Committee on Redefining Scholary Work*, die OAH gründete für Fragen der *Public History* ein eigenes Komitee. Der amerikanischen Geschichts-

---

283 Zitiert nach Phillips, Charles, Gayle Clark Olson, History Entrepreneur. Public history's first Ph.D. puts her skills to work outside the academy, in: History News 37 (October 1982), S. 28–31, hier S. 31. Die Diskussion wurde in zwei Leserbriefen fortgesetzt: Kelley, Robert, Kelley's rebuttal, in: History News 38 (February 1983), S. 6–7; Alderson, William T., Contra Kelley, in: History News 38 (March 1983), S. 5.
284 Novick, That Noble Dream, S. 520 ff.

wissenschaft wurde bewußt, daß die Beschäftigung mit Geschichte jenseits der Universitäten Aufmerksamkeit beansprucht:

> „It ends with the plea that all of us, in whatever venues we work, come once again to see and really to believe that the work of history is too important to be *addressed* only to other historians; if we do not come to that collective commitment, the public will soon conclude the work of history is too important to be *done* by historians. If, as the community of scholars, we do not heed the signs around us, Mrs. Thatcher's dictum that history is a luxury will come true, and society's idea of what history is will be shaped not only by Mickey Mouse but by Goofy as well."[285]

---

285 Greenberg, „History Is A Luxury", S. 309.

3. Public History in den USA: Geschichtswissenschaft als historische Dienstleistung

Public History ist Teil der amerikanischen Geschichtswissenschaft und eine Dienstleistung. Ihr geschichtstheoretischer Bezug liegt in der *New History* der sechziger und siebziger Jahre, die einen Perspektivwechsel, die Geschichte „von unten", in der amerikanischen Geschichtswissenschaft herbeiführte. Mit der Ausweitung von Gegenständen und Perspektiven gewannen neue Methoden an Bedeutung: Neben die Interpretation schriftlicher Dokumente trat die *Oral History*, die *Quantitative History* und die Auswertung verschiedenster verbaler, ikonischer und haptischer Quellen. Infolge dieser Entwicklung wurde die Politische Geschichte durch sozial- und kulturgeschichtliche Zugänge marginalisiert. Die *New Social History* und ihre Subfelder forcierten mit ihrer vielbeschworenen Verschiedenheit eine extreme Spezialisierung. Multikulturelle Ansätze sowie die Integration interdisziplinärer Ansätze und Methoden, führten letztlich zu einer Fragmentierung der amerikanischen Geschichtswissenschaft. Eine zusammenhängende Darstellung der amerikanischen Geschichte, ein *Master Narrative*, scheint seither unerreichbar. Ob das integrierende Moment, das eine Synthese herstellen könnte in einer multikulturellen Geschichtsauffassung, im Politischen oder in der Kultur liegt, bleibt offen. Peter Novick beklagte in seiner 1988 veröffentlichten Studie *That Noble Dream* den inneren Zustand der amerikanischen Geschichtswissenschaft, die er als zersplitterte Zunft charakterisierte. Er stellte den Verlust der einstigen Homogenität der Disziplin in Methode und Interpretation, den die *New History* zu verantworten habe, am Beispiel des Objektivitätsideals seit Beginn der amerikanischen Geschichtswissenschaft dar. Die unterschiedlichen Geschichtsauffassungen und spezialisierten Interessen von Historikern werden durch ein dichtes Netz an Organisationen, angeführt von den traditionsreichen Historikerverbänden AHA und OAH, repräsentiert. Sie stellen eine beachtliche Lobby der historischen Disziplin dar.

Die *Public History* Bewegung stand in unmittelbarem Zusammenhang mit der Bildungsexpansion und der daraus resultierenden Beschäftigungskrise für Historiker an den Universitäten in den siebziger Jahren. Universitätsprofessoren bemühten sich um den zielgerichteten Ausbau der Anwendungsbereiche von Geschichte in Praxisfeldern jenseits von Universität und Schule, den *Non-Teaching Careers*, und deren theoretischer Fundierung. Dieser pragmatische Zugang wurde durch die Kritik an der amerikanischen Geschichtswissenschaft ergänzt, die ausschließlich forschende Historiker hervorbringe. Infolge der Konstituierung der Geschichtswissenschaft am Ende des 19. Jahrhunderts sei der Kontakt zur Öffentlichkeit abgebrochen, die sich zuvor intensiv mit Geschichte beschäftigt habe. Die *Public History* Bewegung zielte auf die Aufwertung alternativer Zugänge zu Geschichte in der außerschulischen Öffentlichkeit und auf die Betonung angewandter Geschichtswissenschaft. Der umstrittene Begriff *Public History*, den Robert Kelley Mitte der siebziger Jahre an der *University of California* in Santa Barbara prägte, bezeichnete den Gegensatz zu akademisch betriebener Geschichtswissenschaft. Dies ist ein Indiz dafür, daß die Universitäten nicht als Teil der Öffentlichkeit betrachtet wurden.

Ende der siebziger Jahre wurden zwei gegensätzliche Pionierprogramme in *Public History* geschaffen: Kelley und Johnson entwickelten an der *University of California* (Santa Barbara) die *Public Historical Studies*, einen generalistisch angelegten Studiengang, der Studierende für verschiedene Berufsfelder qualifizieren sollte. Im Gegensatz dazu konzipierten Stearns und Tarr an der *Carnegie Mellon University* (Pittsburgh) ein spezialisiertes Programm, *Applied History and Social Science*, das lediglich auf die Anwendung von Geschichte im Rahmen der *Public Policy* zielte. Beide Programme gelten, obwohl sie sich von geschichtswissenschaftlichen Inhalten entfernten, als Prototypen für *Public History* Studiengänge und waren wegweisend für deren weitere Entwicklung.

Als Alternative zur ausschließlich akademisch betriebenen Geschichte erhielt die *Public History* Bewegung in der zweiten Hälfte der siebziger Jahre soviel Zulauf, daß im April 1980 in Pittsburgh eine Interessenvertretung, das *National Council on Public History*, gegründet werden konnte. *The Public Historian*, die bereits 1978 begründete wissenschaftliche Zeitschrift der Bewegung, wurde als Hauptpublikation des NCPH angenommen.

Die Förderung wissenschaftlicher Publikationen, die das Materialdefizit in Ausbildung und Praxis ausglichen, zählte zu den Errungenschaften des NCPH in den achtziger Jahren. Ungeachtet der gestiegenen Professionalität der *Public Historians* gerieten sie gegenüber den *Academic Historians* in die Defensive. Sie entgegneten Angriffen, Historiker zweiter Klasse zu sein, mit Vorschlägen für die Reintegration von *Public* und *Academic History* durch die fundamentale Erneuerung der historischen Disziplin.

In bezug auf das *Public History* Curriculum sollte ein Jahrzehnt nach der Entstehung der Bewegung der experimentelle Charakter durch Vereinheitlichung und Standardisierung beendet werden. Durch Ausbau von Theorie und Curriculum hielten die *Public Historians* sogar die Begründung einer neuen Schule der amerikanischen Geschichtswissenschaft für möglich. Die beiden Pionierprogramme gingen in zwei unterschiedliche Curricula auf. Das *Skill-Centered Curriculum* (Kelley/Johnson) setzte sich langfristig gegenüber dem *Single-Focus Curriculum* (Stearns/Tarr) an den amerikanischen Universitäten durch. Eine umfassende Definition der *Public History*, die ihre Praxisfelder, Adressaten und ihre Verbindung zur Geschichtswissenschaft charakterisiert, wurde in den achtziger Jahren nicht vorgelegt. Ein Grundproblem lag in der Semantik des Begriffs *Public History*. Beide Segmente des Begriffs wurden größtenteils nicht reflektiert. Eine einheitliche Auffassung von Geschichtswissenschaft und dem

Wesen der Öffentlichkeit konnte nicht erzielt werden. In der Bemühung um ein übergeordnetes Curriculum stellte sich ferner die Frage nach dem Selbstverständnis der *Public Historians:* Sie sind professionelle Historiker, den Methoden des historischen Forschens verpflichtet und somit Teil der historischen Disziplin. In ihrer Tätigkeit außerhalb von Universität und Schule und den Präsentationsformen der Forschungsergebnisse gehen sie über die traditionelle Geschichtswissenschaft hinaus. Im Bewußtsein, daß sich Geschichtswissenschaft auch nach den Gesetzen des Marktes betreiben läßt, verstehen sie sich als Dienstleister, die Auftragsarbeiten ausführen. Sie fordern von der Geschichtswissenschaft mehr unternehmerischen Geist und Konkurrenzfähigkeit. Ein verbindliches Standard-Curriculum konnte angesichts der Vielfalt der Studiengänge an amerikanischen Universitäten nicht realisiert werden und erschien nicht wünschenswert. Dennoch weisen die Curricula eine Vielzahl von Gemeinsamkeiten auf, aus denen sich Grundzüge eines übergeordneten Curriculums ableiten lassen. Das *Skill-Centered Curriculum* orientierte sich an den Forschungsgegenständen der *New History*. Exponierte Stellung erhielt die *Local History*, die infolge der *New History* eine akademische Aufwertung erfahren hatte. Das dreistufige Curriculum aus *Undergraduate, Graduate* und *Ph.D. Programs* wurde von den *Graduate Programs* dominiert. Der obligatorische Bereich eines *Public History* Studiengangs wurde durch ein Kern- oder Basisseminar bestritten, das den Studierenden einen Überblick in Entwicklung, Theorie und Methoden der *Public History* bieten sollte. Zum Pflichtpensum der interdisziplinären Studiengänge zählten außerdem Seminare in den Methoden der Geschichtswissenschaft, der *Public History (Oral History/Material Culture)* und denen der Nachbardisziplinen (Quantifizierung). Der Wahlbereich wurde von den Praxisfeldern der *Public History* bestimmt, die in der Spezialisierung von *Internship* und anschließender Abschlußarbeit mündeten. In *Public History* Curricula wurden stets die besonderen Arbeits- und Sozialformen betont, die sich in Gruppenprojekten wie in handlungs-, erfahrungs- und produktionsorientierten Seminaren äußerten. Abgerundet wurden die Curricula durch das *Career Counselling,* das nicht immer erfolgreich betrieben wurde. Die Integration der Methoden der *Oral History* und der *Material Culture* war ein bemerkenswerter Fortschritt für die Methodenlehre der außerschulischen Vermittlung, obwohl ihre Verbindung zu *Public History* theoretisch unzureichend beschrieben wurde. Erinnerungsmedien wie *Oral History* Interviews und nonverbale Überreste konnten fortan als Medien historischen Lernens genutzt werden.

Die wissenschaftliche Beschäftigung mit Geschichte kann sich für Historiker, die in der Privatwirtschaft und in der Politikberatung tätig sind, maßgeblich von der Geschichtswissenschaft an Universitäten unterscheiden. Sie sind den Interessen ihrer Auftraggeber verpflichtet und wechseln ihre Rolle vom distanziert analysierenden Historiker zu einer aktiv beteiligten Person. Um Konfliktsituationen zu vermeiden, die sich aus den Grundsätzen der Geschichtswissenschaft ergeben können, legte das NCPH im April 1985 einen Ethik-Kodex für *Public Historians* vor. Er beschäftigte sich mit der Beziehung des Historikers zu seinen Quellen, zu Kunden und Arbeitgebern, zur Öffentlichkeit und seiner Verantwortung gegenüber den Prinzipien der Geschichtswissenschaft. Der Ethik-Kodex bot keine Garantie für die in der Diskussion geforderte Aufrichtigkeit der *Public Historians*, die höher als das Objektivitätsideal eingeschätzt wurde. Da er aber für Außenstehende Transparenz in die Grundsätze der *Public Historians* brachte, konnte er ihre Glaubwürdigkeit erhöhen.

Wesley Johnson versuchte Anfang der achtziger Jahre, die *Public History* Bewegung zu internationalisieren. In einer britisch-niederländischen Kooperation fand 1982 an der Universität Rotterdam eine Tagung *Applied Historical Studies* statt, aus der aber keine europäische *Public History* Bewegung hervorging. Aus amerikanischer Perspektive bildeten sich Zentren an der *University of Sheffield*, der Universität Rotterdam, dem *Institut d'Histoire du Temps Présent* in Paris und an der Universität-Gesamthochschule Kassel, die sich mit den der *Public History* vergleichbaren Inhalten beschäftigten. De facto wird heute überall in Europa *Public History* betrieben, doch die *Public History* Bewegung blieb ein amerikanisches Phänomen.

In den neunziger Jahren konnte der beachtenswerte Fortschritt der siebziger und achtziger Jahre nicht fortgesetzt werden. Die Zahl der Veröffentlichungen, die sich mit dem gesamten Gebiet der *Public History* beschäftigten, ging deutlich zurück. Ebenso halbierte sich die Zahl der Studiengänge an amerikanischen Universitäten auf 55 Programme. Dieser Rückgang könnte im Zusammenhang mit der Erholung des akademischen Arbeitsmarktes gestanden haben. Eine umfassende Theorie der *Public History* konnte auch in den neunziger Jahren nicht vorgelegt werden. Lediglich einzelne Aspekte einer solchen Theorie, wie das Verhältnis zur Öffentlichkeit, wurden vertieft. Den umstrittenen Begriff *Public History* präzisierten neue Definitionen. Neue Methoden der Vermittlung, insbesondere die Visualisierung, ergänzten die *Oral History* und *Material Culture*.

Primäres Forschungsinteresse wurde die bis dahin vernachlässigte Frage, wie die Kommunikation zwischen Wissenschaft und Öffentlichkeit gestaltet werden könnte. Dieses Interesse forcierten die öffentlichen Kontroversen um das *Columbus Quintencenary*, die *National History Standards*, die *Enola Gay* und *Disney's America*. Gleichzeitig belegen sie, daß *Public History* als Teil der politischen Kultur angesehen werden muß. Kulturwissenschaftliche Einflüsse der neunziger Jahre und die Beobachtung, daß das Interesse der Menschen an der Geschichte auf ihrer Bedeutung für das eigene Leben und Handeln basiert, führten zu einer intensiven Auseinandersetzung mit der Erinnerung. Das von der Erinnerung und ihren Medien ausgehende Potential der Vermittlung zwischen Wissenschaft und Öffentlichkeit, wurde bislang von der amerikanischen Geschichtswissenschaft nicht genutzt. David Glassberg sah in der Erinnerung ein neues Paradigma als Basis für die wissenschaftliche Beschäftigung mit Geschichte und ein Medium der *Public Historians*, das Geschichtsbewußtsein in der Gesellschaft zu stärken. Erinnerung als integratives Moment von Wissenschaft und Öffentlichkeit löste nicht die Frage, an welche Öffentlichkeit oder Teilöffentlichkeiten sich *Public Historians* wenden. Auch die von Roy Rosenzweig und David Thelen 1995–97 durchgeführte Befragung *How do Americans understand their Pasts?* bestätigte lediglich die Bedeutung von Geschichte für die Lebensbewältigung der Menschen.

In den neunziger Jahren gelang der *Public History* Bewegung schließlich die Sensibilisierung der Disziplin für ihr Anliegen, der Kommunikation mit dem nicht-wissenschaftlichen Publikum, das von der etablierten Geschichtswissenschaft weitgehend ignoriert wurde. In der Kommunikation mit der amerikanischen Öffentlichkeit sahen sie die integrierende Kraft für die fragmentierte Disziplin. Dennoch ist die Hoffnung Johnsons, *Public History* könnte eine neue Schule der amerikanischen Geschichtswissenschaft begründen, nicht erfüllt worden. Die Disziplin akzeptierte *Public History* schließlich als ein Subfeld der *New History*.

Die Erschließung und Analyse von Berufsfeldern für Historiker außerhalb von Universität und Schule zählte seit der Entstehung der *Public History* Bewegung zu ihren wichtigsten Aufgaben. Die systematische Beschreibung der Berufsfelder wird durch die Vielzahl der Möglichkeiten angewandter Geschichtswissenschaft erschwert. Beschäftigungsmöglichkeiten bieten das Informationsmanagement, die historische Beratung in Institutionen der Demokratie und in Unternehmen, Museen und das *Cultural Resources Management*, wissenschaftliche Publikationen und Journalismus und die Unterhaltungsindustrie. Als eine amerikanische Besonderheit gelten die selbständigen Historiker, die sich häufig zu kleinen Unternehmen zusammenschließen. Auf der Basis von Verträgen erfüllen sie die gesamte Palette historischer Dienstleistungen.

Die *Public History* Bewegung wurde seit ihrer Entstehung aus verschiedenen Motivationen und von unterschiedlichen Akteuren der amerikanischen Geschichtswissenschaft kritisiert. Sie befand sich in einer doppelten Frontstellung zu den Vertretern der AASLH und der etablierten Geschichtswissenschaft. Die Lokalhistoriker sahen die *Public History* als Affront gegen ihr eigenes Wirken. Sie bezweifelten die Kompetenz der *Public Historians*, Historiker für Tätigkeiten im Rahmen der Lokalgeschichte an Universitäten auszubilden. Die Geschichtswissenschaft hingegen sah sich ihren traditionellen Prinzipien erschüttert. Peter Novick warf den *Public Historians* in seiner Untersuchung *That Noble Dream* vor, die Fragmentierung der Disziplin und die Vernachlässigung des Objektivitätsideals beschleunigt sowie den traditionellen Wissenschaftsbegriff preisgegeben zu haben. Ferner seien weite Teile der *Public History* unkritisch, unwissenschaftlich und populär.

Public History beinhaltet keine umfassende Theorie der außerschulischen Vermittlung von Geschichte, die für die Ausbildung von Historikern für Vermittlungsaufgaben jenseits von Universität und Schule notwendig gewesen wäre. Die wichtigste Bezugsgröße der außerschulischen Vermittlung von Geschichte, die Öffentlichkeit, wurde bis in die neunziger Jahre nicht thematisiert. Die Handlungsfelder öffentlicher Erinnerung wurden ebenso wie die amerikanische Geschichtspolitik nicht systematisch berücksichtigt. *Public History* wurde zu einem mehrdeutigen Schlagwort, das eine ganze Reihe von Aktivitäten angewandter Geschichtswissenschaft und den öffentlichen Umgang mit Geschichte zusammenfaßt. Der innere Zusammenhang von Forschung und Vermittlung wurde infolge der Abgrenzung zur akademisch betriebenen Geschichte nicht ausreichend betont. Das übergeordnete Curriculum, das auf der Basis der bestehender Theoriebildung zwischen 1976 und 1987 entwickelt wurde, wurde dem Anspruch der Selbsttätigkeit von Studierenden gerecht.

Public History Studiengänge verlangen ein spezifisches Persönlichkeitsprofil von den Studierenden und stehen demnach nicht allen offen. Ein innerer Widerspruch liegt in den generalistisch angelegten Studiengängen, die sich im Verlauf des Studiums extrem spezialisieren. *Public History* eignet sich nicht als *Undergraduate* Programm, da sie als Zusatzqualifikation auf solide Kenntnisse der amerikanischen Geschichte und dem sicheren Beherrschen der Methoden der Geschichtswissenschaft aufbaut. Ob *Public History* Studiengänge gegenüber der traditionellen Historikerausbildung tatsächlich bessere Berufschancen eröffnen, wurde bisher statistisch nicht nachgewiesen.

Teil IV
Die außerschulische Vermittlung von Geschichte in der Bundesrepublik Deutschland

1. Tour d'horizon: Der Paradigmawechsel in der westdeutschen Geschichtswissenschaft und die Auswirkungen auf ihr Verhältnis zum nicht-wissenschaftlichen Publikum

Die mit der Aufbruchstimmung in der Bundesrepublik seit Mitte der sechziger Jahre verbundenen Forderungen nach mehr Demokratie in allen Bereichen der Gesellschaft manifestierten sich in den Begriffen Chancengleichheit, Emanzipation, Mitbestimmung, Abbau von überflüssiger Herrschaft, Konfliktbereitschaft, Kritik und dem Recht auf Bildung; zuletzt in der sozial-liberalen Koalition, die seit 1969 aufforderte, mehr Demokratie zu wagen. Sie wirkten unmittelbar auf die Entwicklung der bundesdeutschen Geschichtswissenschaft und die Entstehung einer neuen Geschichtsdidaktik zurück.

1.1 Historische Sozialwissenschaft

Der in der Fischer-Kontroverse bereits angebahnte Perspektivwechsel auf die neuere deutsche Geschichte wurde von einer Gruppe junger Historiker aufgegriffen und um die Kritik am überkommenen Historismus und der Forderung nach mehr Theorie in der Geschichtswissenschaft erweitert. Ihre Auffassung von Geschichtswissenschaft als Historischer Sozialwissenschaft oder Gesellschaftsgeschichte und die öffentlich geführte Diskussion um eine stärkere Theorieorientierung führte letztlich zur Überwindung der Krise der Disziplin in den sechziger Jahren.[1] Jörn Rüsen deutet diese Identitätskrise, die das Schulfach Geschichte fundamental bedrohte,[2] als eine Krise des Historismus.[3]

Die Sozialhistoriker vertraten den Anspruch, das historistische Geschichtsverständnis in ein moderneres und den Erfahrungen der Zeitgeschichte angemessenes transformiert, infolge der Integration von Methoden der systematischen Sozialwissenschaften die Erkenntnismöglichkeiten erweitert und neue Darstellungsformen

---

1 Vgl. Süssmuth, Geschichtskultur und Geschichtsdidaktik, S. 22 f.; Kuss, Geschichtsdidaktik und Geschichtsunterricht, S. 749 f.; Koselleck, Reinhart, Über die Theoriebedürftigkeit der Geschichtswissenschaft, in: Conze, Werner, Theorie der Geschichtswissenschaft und Praxis des Geschichtsunterrichts, Stuttgart 1972, S. 10–28, hier S. 25; Bergmann, Klaus und Hans-Jürgen Pandel, Geschichte und Zukunft. Didaktische Reflexionen über veröffentlichtes Geschichtsbewußtsein, Frankfurt am Main 1975; Jäckel, Eberhard und Ernst Weymar (Hgg.), Die Funktion der Geschichte in unserer Zeit, Stuttgart 1975.
2 Süssmuth, Hans, Geschichtsunterricht ohne Zukunft? Zum Diskussionsstand der Geschichtsdidaktik in der Bundesrepublik Deutschland (Bde. 1–2), Stuttgart 1972.
3 Jaeger, Friedrich und Jörn Rüsen, Geschichte des Historismus. Eine Einführung, München 1992, S. 118 ff.

entwickelt zu haben. Ihre Forschungsinteressen wurden programmatisch im Vorwort der neu gegründeten Zeitschrift *Geschichte und Gesellschaft* formuliert:

„Gegenstand der Zeitschrift ist die Gesellschaft und deren Geschichte – Gesellschaftsgeschichte im weiten Sinn, verstanden als die Geschichte sozialer, politischer, ökonomischer, soziokultureller und geistiger Phänomene, die in bestimmten gesellschaftlichen Formationen verankert sind. Das zentrale Thema ist die Erforschung und Darstellung von Prozessen und Strukturen gesellschaftlichen Wandels. Dabei wird die Analyse sozialer Schichtungen, politischer Herrschaftsformen, ökonomischer Entwicklungen und soziokultureller Phänomene im Vordergrund stehen; Veränderung und Dauer sollen gleichermaßen im Auge behalten werden."[4]

Die politische Verantwortung der Historischen Sozialwissenschaft beruhte auf der Verpflichtung zur Kritischen Theorie und deren Verbindung mit der von Hans-Ulrich Wehler vertretenen Modernisierungstheorie: Hauptaufgabe einer deutschen Gesellschaftsgeschichte war es zu ergründen, warum die Industrialisierung, die als Hauptmoment der ökonomischen Modernisierung und Voraussetzung für eine freie Gesellschaftsordnung angesehen wurde, in Deutschland anders als in Westeuropa mit der Konsequenz des Nationalsozialismus stattfand.

Den Vertretern der Historischen Sozialwissenschaft gelang die Innovation der historischen Methode, indem die traditionellen hermeneutischen mit analytischen, den Sozialwissenschaften entlehnten Verfahren verbunden wurden. Sie entgegneten der klassischen Darstellungsform der Erzählung mit der „historischen Argumentation", betonten explizite Fragen, Hypothesen, Zweifel, kausale und funktionale Erklärungen, Begriffsdefinitionen und Reflexionen.[5]

Mit dem Bemühen, eine Geschichtswissenschaft jenseits des Historismus[6] zu etablieren, gelang es den Sozialhistorikern schließlich, die vorherrschende histori-

---

4 Vorwort der Herausgeber, in: GG 1 (1975), S. 5–7, hier S. 5.
5 Vgl. Wehler, Hans-Ulrich (Hg.), Geschichte als Historische Sozialwissenschaft, Frankfurt am Main 1973; ders. (Hg.), Modernisierungstheorie und Geschichte, Göttingen 1975; Kocka, Jürgen, Sozialgeschichte – Strukturgeschichte – Gesellschaftsgeschichte, in: AfS 15 (1975), S. 1–42; Iggers, Georg G., Geschichtswissenschaft im 20. Jahrhundert. Ein kritischer Überblick im internationalen Zusammenhang, Göttingen ²1996, S. 54–63; Rürup, Reinhard, Historische Sozialwissenschaft. Beiträge zur Einführung in die Forschungspraxis, Göttingen 1977; Süssmuth, Hans, Historische Sozialwissenschaft und Historische Anthropologie, in: Rüsen, Jörn und Hans Süssmuth (Hgg.), Theorien der Geschichtswissenschaft, Düsseldorf 1980, S. 138–173, hier S. 140 ff.; Kocka, Jürgen, Historische Sozialwissenschaft, in: Bergmann, Klaus et al. (Hgg.), Handbuch der Geschichtsdidaktik, Düsseldorf ³1985, S. 170–172 (in der Ausgabe von 1997 entfällt der Artikel *Historische Sozialwissenschaft* und wird von Kocka unter *Sozialgeschichte, Gesellschaftsgeschichte* zusammengefaßt); Rüsen, Jörn, Grundlagenreflexion und Paradigmawechsel in der westdeutschen Geschichtswissenschaft, in: Gd 11 (1986), S. 388–405, hier S. 396 ff.; Kocka, Jürgen, Paradigmawechsel? Die Perspektive der „Historischen Sozialwissenschaft", in: Mütter, Bernd und Siegfried Quandt (Hgg.), Wissenschaftsgeschichte und aktuelle Herausforderungen, Marburg 1988, S. 65–80.
6 Mommsen, Wolfgang J., Die Geschichtswissenschaft jenseits des Historismus, Düsseldorf 1972.

stische Geschichtsauffassung abzulösen. Es besteht kein Konsens darüber, ob tatsächlich ein konsequenter Paradigmawechsel stattfand, da der Historismus auch nach seiner Krise in den frühen siebziger Jahren fortwirkte.[7] Jürgen Kocka betont die tiefgreifende Veränderung, die Erweiterung und Pluralisierung des alten Paradigmas, warnt jedoch vor der vieldeutigen Bezeichnung „Paradigmawechsel".[8] Im Sinne Thomas S. Kuhns liegt jedoch ein Paradigmawechsel genau dann vor, wenn traditionelle Paradigmen durch neue ergänzt werden, weil sie nicht mehr ausreichen, die veränderten Problemstellungen zu lösen.[9] Das Paradigma der Historischen Sozialwissenschaft hat die Dominanz des historistischen und seiner Konfigurationen gebrochen und damit einen Paradigmawechsel herbeigeführt.[10]

Die Vertreter der Historischen Sozialwissenschaft betonten ihren Praxisbezug:

„Zentraler Ausgangspunkt ist die Intention, den Zusammenhang zwischen historischer Forschung und gesellschaftlicher Praxis zu reflektieren und zu vermitteln. Dieser Absicht liegt die Prämisse zugrunde, daß das Erkenntnisinteresse des Historikers entscheidend durch seinen gesellschaftlichen Kontext beeinflußt wird und daß die Ergebnisse historischer Forschung auf die Entwicklung historischen und gesellschaftlichen Bewußtseins wirken. Der politischen oder gesellschaftsfunktionalen Aufgabe historisch-sozialwissenschaftlicher Forschung und historisch-sozialwissenschaftlichen Lernens wird ein zentraler Stellenwert beigemessen."[11]

Kocka grenzte diesen Praxisbezug einerseits gegen eine Geschichtswissenschaft ab, die zum Selbstzweck betrieben wird, andererseits gegen eine Instrumentalisierung für außerwissenschaftliche Zwecke.[12]

Nach dem Selbstverständnis der Historischen Sozialwissenschaft bestand eine enge Verbindung von Fachwissenschaft und Fachdidaktik,[13] für Kocka sogar ein fließender Übergang. Der Historiker sei zur eigenen didaktischen Reflexion seiner fachwissenschaftlichen Forschung verpflichtet, da sich eine reflexive und didaktische Verortung aus den Grundprinzipien der kritisch, historisch-sozialwissenschaftlichen Forschung ergäben. Diese Aufgabe könne nicht vom fachwis-

---

7 Vgl. Kuss, Geschichtsdidaktik und Geschichtsunterricht, S. 751, Kocka, Paradigmawechsel, S. 73 ff.
8 Kocka, Paradigmawechsel, S. 74.
9 Kuhn, Thomas S., Die Struktur wissenschaftlicher Revolutionen, Frankfurt am Main ^{5}1981.
10 Süssmuth, Historische Sozialwissenschaft, S. 166.
11 Ebd. S. 141 f. Vgl. ferner Kocka, Paradigmawechsel, S. 69; Süssmuth, Geschichtskultur und Geschichtsdidaktik, S. 22.
12 Kocka, Paradigmawechsel, S. 69 f.
13 Die Affinität von Historischer Sozialwissenschaft und Geschichtsdidaktik hat sich in den 80er Jahren in zahlreichen Kooperationen niedergeschlagen: Jeismann, Karl-Ernst und Siegfried Quandt (Hg.), Geschichtsdarstellung. Determinanten und Prinzipien, Göttingen 1982; Quandt, Siegfried und Hans Süssmuth (Hgg.), Historisches Erzählen. Formen und Funktionen, Göttingen 1982; Süssmuth, Hans, Historische Anthropologie. Der Mensch in der Geschichte, Göttingen 1984.

senschaftlichen Forschungsprozeß getrennt und an Spezialisten des didaktisch-kommunikativen Forschungsprozesses delegiert werden, da dies zu einer Fremdbestimmung des Fachwissenschaftlers führe. Dennoch seien enge arbeitsteilige Kooperationen zwischen Fachwissenschaftlern und Fachdidaktikern sinnvoll. Kocka stellte fest, die Historische Sozialwissenschaft habe infolge von größerer Wissenschaftlichkeit und Professionalisierung als Konsequenz ihrer analytischen Kraft und ihres Wirklichkeitsanspruchs die Kommunikation mit der nichtwissenschaftlichen Öffentlichkeit erschwert. Dies zeige sich in der Theorieverhaftung, in der Häufigkeit der Selbstreflexion, der Zunahme der Fachsprache und schwer vermittelbarer strukturgeschichtlicher Elemente. Nach Kocka können die Ergebnisse einer struktur-, prozeß- und theorieorientierten Geschichtswissenschaft nicht erzählt oder in Form von Personalisierung dargestellt werden, sondern bedürfen der Argumentation. Didaktische Chancen lägen in der Integration von Elementen des Streitgesprächs in die Darstellung, dem Gegenwarts- und Problembezug der Historischen Sozialwissenschaft,[14] Strukturen und Prozesse über Ereignisse und Personen zur Darstellung zu bringen oder durch Lebensgeschichten anschaulich zu machen. Das didaktische Prinzip der *Betroffenheit* von Adressaten und Rezipienten sollte in Vermittlungsprozessen angewandt werden.[15] Der Anspruch der Historischen Sozialwissenschaft sei unvereinbar mit kommunikationswissenschaftlichen Modellen, die die Nutzorientierung auf Grundlage empirischer Markt- und Publikumsforschung in den Vordergrund stellten. Ihr ging es um Beiträge zur Kritik,[16] die historische Dienstleistungen grundsätzlich ausschließen.

1.2 Kritik an der Historischen Sozialwissenschaft: Alltagsgeschichte, Mikrogeschichte und Historische Anthropologie

Die Gesellschaftsgeschichte arbeitet mit Makroaggregaten: Die Menschen und ihre existentiellen Lebenserfahrungen verschwinden hinter den Strukturen. Die Kritik an der Historischen Sozialwissenschaft basierte auf der Infragestellung der optimistischen Beurteilung des technischen und zivilisatorischen Fortschritts, die Widerlegung der Modernisierungstheorien durch Begleiterscheinungen wie Verelendung, atomare Bedrohung und ökologische Katastrophen. Die menschlichen Kosten der Modernisierungsprozesse seien übersehen, die

---

14 Jäger, Geschichte des Historismus, S. 183.
15 Vgl. ferner Kocka, Jürgen und Bernd Mütter, Strukturgeschichte als Darstellungsproblem, in: Knopp, Guido und Siegfried Quandt (Hgg.), Geschichte im Fernsehen. Ein Handbuch, Darmstadt 1988, S. 242–252; Hardtwig, Wolfgang, Personalisierung als Darstellungsprinzip, in: Knopp, Geschichte im Fernsehen, S. 234–241.
16 Vgl. Kocka, Paradigmawechsel, S. 70 ff.; ders., Sozialgeschichte – Strukturgeschichte – Historische Sozialwissenschaft. Vorüberlegungen zu ihrer Didaktik, in: Gd 2 (1977), S. 284–297, hier S. 295 ff.

kleinen Leute aus der Geschichte ausgeblendet worden. Die Betonung von subjektiv erfahrener Geschichte erforderte eine neue Auffassung von Geschichtswissenschaft, die Alltags- und Mikrogeschichte,[17] die sich bewußt als Gegenbewegung zu der theorieorientierten Gesellschaftsgeschichte verstand. Mit einer *Geschichte von unten* oder *von innen* führte sie einen Perspektivwechsel in der Geschichtsschreibung herbei. Die Geschichte des Alltags und seiner Subjekte wurden als Motoren historischen Wandels entdeckt. Anstelle einer Geschichte sollten nun die vielen Geschichten beachtet werden. Im Mittelpunkt der alltagsgeschichtlichen Forschung standen *Ego-Dokumente*,[18] biographische Texte von Gerichtsaussagen bis zu lebensgeschichtlichen Interviews,[19] die einen Zugang zur Subjektivität der Untersuchten ermöglichten. Im Gegensatz zu der Historischen Sozialwissenschaft bedienten sich die Alltagshistoriker wieder der hermeneutischen Methode, insbesondere der von dem Kulturanthropologen Clifford Geertz eingebrachten *dichten Beschreibung*. Der methodische Zugang des Verstehens unterschied sich von dem des Historismus, da nicht mehr einzelne Handlungen oder Interaktionen, sondern „kollektiv prägende Deutungsmuster menschlicher Selbst- und Welterfahrung"[20] nachvollzogen werden sollten.

Die Kritik der Vertreter der Historischen Sozialwissenschaft richtete sich gegen einen *Neo-Historismus*, der aus der detailverliebten Beschreibung des Alltags entstünde, und gegen die Ignoranz der Totalität gesellschaftlicher Wirklichkeit. Ferner bemängelten sie die fundamentale Ablehnung von Theorien durch die Alltagshistoriker, die sogar gegenüber einer Bestimmung der sozialgeschichtlichen Kategorie *Alltag* nicht aufgeschlossen waren.

Ungeachtet der Kritik an der etablierten Sozialgeschichte übernahmen die Alltags- und Mikrohistoriker grundlegende Konzeptionen der sozialwissenschaftlichen Tradition: Modernisierungsprozesse, soziale Konflikte und soziale Ungleichheit wurden als Grundfaktoren der Geschichte anerkannt. Die theoretisch fundierte und professionalisierte Alltagsgeschichte,[21] verstanden als erweiterte Sozialgeschichte, vermochte mit der Ergänzung von Mikroaggregaten ein Defizit der Historischen Sozialwissenschaft auszugleichen.[22]

---

17 Mikrogeschichte hatte ihren Ursprung in Italien und grenzt sich mit ihrem Schwerpunkt Spätmittelalter und Frühe Neuzeit thematisch von der Alltagsgeschichte ab. Vgl. Schulze, Winfried, Mikro-Historie, in: Bergmann, Handbuch der Geschichtsdidaktik (^{3}1985), S. 173–175; Ulbricht, Otto, Mikrogeschichte: Versuch einer Vorstellung, in: GWU 45 (1994), S. 347–365.
18 Schulze, Winfried (Hg.), Ego-Dokumente. Beiträge zur Selbstanalyse in der Vormoderne, Berlin 1994.
19 Zum Stand der *Oral History* Forschung in der Bundesrepublik und ihrer Bedeutung für die außerschulische Vermittlung von Geschichte siehe unten.
20 Jäger, Geschichte des Historismus, S. 188.
21 Lüdtke, Alf (Hg.), Alltagsgeschichte. Zur Rekonstruktion historischer Erfahrungen und Lebensweisen, Frankfurt am Main 1989.
22 Vgl. Iggers, Geschichtswissenschaft, S. 59 und S. 73 ff., Süssmuth, Geschichtskultur und Geschichtsdidaktik, S. 22 f.; Niethammer, Lutz, Anmerkungen zur Alltagsgeschichte, in: Gd 5 (1980), S. 231–242; Bergmann, Klaus und Rolf Schörken, Geschichte im Alltag – Alltag in der Geschichte, Düsseldorf 1982; Ullrich, Volker, Alltagsgeschichte. Über einen neuen Ge-

Alltags- und Mikrogeschichte suchte die Geschichtswissenschaft zu demokratisieren. Dies führte Mitte der achtziger Jahre zu der Entstehung einer neuen Geschichtsbewegung, die Laienhistorikern in Geschichtswerkstätten die Möglichkeit bot, unter Anleitung von professionellen Historikern an lokalgeschichtlichen Forschungsvorhaben teilzunehmen. Nach dem Vorbild der englischen *history workshops* wurden alternative Einrichtungen geschaffen, die sich 1983 zu einem überregionalen Verein *Geschichtswerkstatt e. V.* zusammenschlossen.[23] Der Schülerwettbewerb Deutsche Geschichte rezipierte diese Bewegung mit den Wettbewerbsthemen *Alltag im Nationalsozialismus. Vom Ende der Weimarer Republik bis zum Zweiten Weltkrieg* (1980/81) und *Alltag im Nationalsozialismus. Die Kriegsjahre in Deutschland* (1982/83), die teils vollkommen neue Erkenntnisse hervorbrachten.[24] Die akademische Geschichtswissenschaft kritisierte die Laien aufgrund ihrer Theorieferne und unkritischer Identifikationen mit den zu untersuchenden Objekten als *Barfußhistoriker*.[25]

Die Historische Sozialwissenschaft befand sich in einem Kommunikationsrückstand mit der außerschulischen Öffentlichkeit:

„Gerade die Theorielastigkeit, der Verzicht darauf, von den konkreten Lebenswelten der Menschen her Geschichte zu rekonstruieren, hat wesentlich dazu beigetragen, daß die Sozialgeschichtsschreibung in der Bundesrepublik über das Ghetto der Universitätsseminare hinaus kaum in die Öffentlichkeit hineingewirkt, geschweige denn das Bewußtsein derer erreicht hat, in deren Namen sie zu sprechen meinte."[26]

---

schichtstrend in der Bundesrepublik, in: NPL 29 (1984), S. 50–71; ders., Entdeckungsreise in den historischen Alltag. Versuch einer Annäherung an die „neue Geschichtsbewegung", in: GWU 36 (1985), S. 403–414; Becher, Geschichte – Nutzen oder Nachteil, S. 60–90; Wierling, Dorothee, Alltags- und Erfahrungsgeschichte, in: Bergmann, Handbuch der Geschichtsdidaktik (^{5}1997), S. 233–235; Lüdtke, Alf, Alltagsgeschichte, Mikro-Historie, historische Anthropologie, in: Goertz, Hans-Jürgen (Hg.), Geschichte. Ein Grundkurs, Reinbek bei Hamburg 1998, S. 557–578.

23 Vgl. Heer, Hannes und Volker Ullrich, Geschichte entdecken. Erfahrungen und Projekte einer neuen Geschichtsbewegung, Reinbek bei Hamburg 1985; Beckmann, Ralf, Vom Nutzen und Nachteil der ‚Geschichte von unten' für das Leben – Eine Zwischenbilanz von Modellen aktiver Geschichtsarbeit, in: Gd 9 (1984), S. 255–266; Frei, Alfred Georg, Geschichte aus den „Graswurzeln"? Geschichtswerkstätten in der historischen Kulturarbeit, in: Aus Politik und Zeitgeschichte B 2 (1988), S. 35–46; Schneider, Gerhard, Geschichtswerkstätten, in: Bergmann, Handbuch der Geschichtsdidaktik (^{5}1997), S. 736–742; die Zeitschriften Geschichtswerkstatt (1982–1994) und WerkstattGeschichte (1992 ff.).

24 Kenkmann, Alfons (Hg.), Jugendliche erforschen die Vergangenheit. Annotierte Bibliographie zum Schülerwettbewerb Deutsche Geschichte um den Preis des Bundespräsidenten, Hamburg 1997.

25 Lindenberger, Thomas, Wer hat Angst vor den Barfußhistorikern? Plädoyer für einen rationalen Dialog, in: Gd 11 (1986), S. 17–20.

26 Ullrich, Alltagsgeschichte, S. 50.

Dieser Rückstand wurde von den Konzepten der Alltags- und Mikrogeschichte, der Verbindung von Identitätssuche und „Faszination des Konkreten", sowie Artikulations- und Handlungsmöglichkeiten des nichtwissenschaftlichen Publikums, aufgehoben.[27]

Als weitere Konsequenz des Paradigmawechsels in der westdeutschen Geschichtswissenschaft und Reaktion auf die Theorielastigkeit der Historischen Sozialwissenschaft gilt die Historische Anthropologie. Sie erweiterte die interdisziplinäre Wissenschaft vom Menschen um die historische Perspektive und suchte die Geschichtswissenschaft zu anthropologisieren. Im Mittelpunkt der Historischen Anthropologie stehen die Menschen in ihrer Vielfalt kulturell geprägter Lebensformen, Lebenserfahrungen und Lebensäußerungen. Sie beschäftigt sich nicht mit Konstanten, sondern mit der Vielfalt und der Veränderlichkeit der kulturellen und gesellschaftlichen Bedingungen menschlichen Lebens.[28] Sie schafft mit ihren Fragestellungen, die die Zivilisation, die Staatenbildung, Lebenszyklen, das Verhältnis zwischen Alt und Jung, Krieg und Frieden, Ängste, Hoffnungen und menschliches Handeln thematisieren, Verbindungen zwischen der Mikro- und Makroperspektive und erweitert die Ansätze der Historischen Sozialwissenschaft. Im Gegensatz zur Alltagsgeschichte gelang es der Historischen Anthropologie die Gegensätze zwischen Mikro- und Makroperspektive aufzuheben, indem sie den Menschen zum Mittelpunkt der Forschung machte, der mit beiden gleichermaßen verbunden ist.[29]

Die Krise der Disziplin, die eine Krise des Historismus war, konnte mittels der öffentlich geführten Diskussion um Historische Sozialwissenschaft und Paradigmawechsel, sowie in der Auseinandersetzung mit ihrer Kritik in Alltagsgeschichte, Mikrogeschichte und Historischer Anthropologie überwunden werden. Das Interesse der Öffentlichkeit an historischen Themen wurde während der siebziger Jahre zurückgewonnen.

---

27 Ullrich, Entdeckungsreise in den historischen Alltag, S. 405.
28 Vgl. Süssmuth, Hans, Geschichte und Anthropologie. Wege zur Erforschung des Menschen, in: ders., Historische Anthropologie, S. 5–18, hier S. 9 f.; Medick, Hans, Historische Anthropologie. Eine interdisziplinäre Perspektive, in: Bergmann, Handbuch der Geschichtsdidaktik (⁵1997), S. 213–217, hier S. 213.
29 Kocka, Jürgen, Historisch-anthropologische Fragestellungen – ein Defizit der Historischen Sozialwissenschaft?, in: Süssmuth, Historische Anthropologie, S. 73–83, hier S. 77 ff.

2. Geschichtsdidaktische Ansätze der außerschulischen Vermittlung von Geschichte seit 1975

Mit dem durch die Historische Sozialwissenschaft produzierten Wissen konnten neue Ansprüche auf Orientierung der Lebenspraxis in der Öffentlichkeit erhoben und die Entstehung einer Geschichtsdidaktik, die diesen Anspruch in neuen Strategien des Lehrens und Lernens umsetzte, forciert werden.[1]

Für den Bereich des bisherigen Selbstverständnisses der Geschichtsdidaktik als Schulfachdidaktik wurden verschiedene Ansätze entwickelt, die die Curriculum- und Lerntheorie rezipierten. Der Durchbruch zu dieser Entwicklung gelang 1971 Joachim Rohlfes mit seinem Buch *Umrisse einer Didaktik der Geschichte*.[2] Gemeinsam war den konkurrierenden geschichtsdidaktischen Konzepten die Berücksichtigung von Gesellschafts- und Geschichtstheorie. Die vieldiskutierten Ansätze der *kritisch-kommunikativen Geschichtsdidaktik*, die von Klaus Bergmann, Annette Kuhn und Hans-Jürgen Pandel vertreten wurde, die *lerntheoretisch orientierte Geschichtsdidaktik* von Bodo von Borries, Rolf Schörken und Joachim Rohlfes, die in unterschiedlicher Ausprägung *fachwissenschaftlich orientierte Geschichtsdidaktik* von Karl-Ernst Jeismann, Siegfried Quandt, Jörn Rüsen, Hans Süssmuth und Uwe Uffelmann, die *unterrichtspraktische Geschichtsdidaktik* von Kurt Fina, Wolfgang Hug und Heinz Dieter Schmid, sowie die *erfahrungsorientierte Geschichtsdidaktik* von Peter Knoch und Peter Schulz-Hageleit, haben heute noch Bestand. In der Kontroverse um die Hessischen Rahmenrichtlinien im Jahr 1973 zeigte sich jedoch ein grundsätzlicher Dissens. Er bezog sich im wesentlichen auf die Frage, ob geschichtsdidaktisches Denken primär von einer gesellschaftstheoretischen oder einer geschichtstheoretischen Grundlage auszugehen habe. Die eine Seite wurde von der kritisch-kommunikativen Geschichtsdidaktik vertreten, die auf Kritik und Emanzipation zielte, die andere von der fachwissenschaftlich orientierten, die sich auf die Prinzipien der Geschichtswissenschaft und deren gegenwartserhellende Funktionen stützte.[3]

---

1 Rüsen, Grundlagenreflexion, S. 398.
2 Rohlfes, Joachim, Umrisse einer Didaktik der Geschichte, Göttingen 1971.
3 Vgl. Kuss, Geschichtsdidaktik und Geschichtsunterricht, S. 752 ff.; Süssmuth, Geschichtskultur und Geschichtsdidaktik, S. 23 ff.; Kuss, Horst, Historisches Lernen im Wandel. Geschichtsdidaktik und Geschichtsunterricht in der alten und neuen Bundesrepublik, in: Aus Politik und Zeitgeschichte B 41 (1994), S. 21–30, hier S. 25; Rohlfes, Joachim, Geschichtsunterricht und Geschichtsdidaktik von den 50er bis zu den 80er Jahren, in: Leidinger, Paul (Hg.), Geschichtsunterricht und Geschichtsdidaktik vom Kaiserreich bis zur Gegenwart, Stuttgart 1988, S. 154–170, hier S. 166 f.; Süssmuth, Geschichtsdidaktische Positionen.

Die extreme Funktionalisierung von Geschichte für gesellschaftspolitische Ziele durch die emanzipatorische Didaktik, die verdeutlichte, wie einfach Geschichte für politische Zwecke instrumentalisiert werden kann, führte zu einer Erweiterung des Didaktikbegriffs auf der Ebene der Wissenschaftstheorie durch Karl-Ernst Jeismann.[4] Er betonte wieder den Zusammenhang von Geschichtsdidaktik und Geschichtswissenschaft, die aber keine Abbilddidaktik sein sollte. In seinem programmatischen Aufsatz von 1977 formulierte Jeismann:

„Didaktik der Geschichte" hat es zu tun mit dem Geschichtsbewußtsein in der Gesellschaft sowohl in seiner Zuständlichkeit, den vorhandenen Inhalten und Denkfiguren, wie in seinem Wandel, dem ständigen Um- und Aufbau historischer Vorstellungen, der stets sich erneuernden und verändernden Rekonstruktion des Wissens von der Vergangenheit. Sie interessiert sich für das Geschichtsbewußtsein auf allen Ebenen, in allen Gruppen der Gesellschaft sowohl um seiner selbst willen wie unter der Frage, welche Bedeutung dieses Geschichtsbewußtsein für das Selbstverständnis der Gegenwart gewinnt; sie sucht Wege, dieses Geschichtsbewußtsein auf eine Weise zu bilden oder zu beeinflussen, die zugleich dem Anspruch auf adäquate und der Forderung nach Richtigkeit entsprechende Vergangenheitserkenntnis wie auf Vernunft des Selbstverständnisses der Gegenwart entspricht."[5]

Die Geschichtsdidaktik wurde infolge der Erweiterung ihres Bezugsrahmens eine theoretische Disziplin, deren zentrale Aufgabe die Erforschung des *Geschichtsbewußtseins* ist.[6] Diese Auffassung dokumentierte auch die 1976 begründete Zeitschrift *Geschichtsdidaktik*.[7] Dennoch konnte die Geschichtsdidaktik das Argumentations- und Kommunikationspotential der Geschichtswissenschaft in ihrem Verhältnis zu Öffentlichkeit erheblich steigern.[8]

---

4 Vgl. Walz, Rainer, Geschichtsdidaktik, in: Goertz, Geschichte, S. 694–723, hier S. 699 f.; Jeismann, Karl-Ernst, Geschichtsbewußtsein als zentrale Kategorie der Geschichtsdidaktik, in: Jahrbuch für Geschichtsdidaktik 1 (1988), S. 1–24, hier S. 4.
5 Jeismann, Didaktik, S. 29.
6 Walz, Geschichtsdidaktik, S. 699; Kuss, Historisches Lernen im Wandel, S. 26. Allerdings ist festzuhalten, daß daraus auch unmittelbare Vorschläge zu Unterrichtsverfahren erwuchsen. Vgl. Behrmann, Günter C., Karl-Ernst Jeismann und Hans Süssmuth, Geschichte und Politik. Didaktische Grundlegung eines kooperativen Unterrichts, Paderborn 1978, hier S. 55 ff.
7 Braucht die Geschichtsdidaktik ein neues Organ? Überlegungen, die Herausgeber und Verlag zu diesem Experiment veranlaßt haben, in: Gd 1 (1976), S. 1–2.
8 Rüsen, Grundlagenreflexion, S. 398.

2.1 Geschichtsbewußtsein als alle Vermittlungsprozesse umfassende didaktische Kategorie

Der erweiterte Didaktikbegriff führte in der zweiten Hälfte der siebziger Jahre zu einer Konjunktur des Begriffs *Geschichtsbewußtsein* in der geschichtsdidaktischen Literatur. Er ermöglichte die Abgrenzung zu dem älteren pädagogisch orientierten Begriff der historischen *Bildung* und dem gesellschaftskritischen Begriff der *Emanzipation*. Im Begriff des Geschichtsbewußtseins konnte die mehrheitlich gewünschte Distanzierung von der Allgemeinen Didaktik und die Hinwendung zur Geschichtswissenschaft realisiert werden,[9] ferner der Gegenwartsbezug der Historischen Sozialwissenschaft.[10]

Es existieren zahlreiche Definitionen des Geschichtsbewußtseins, denen der Versuch gemein ist, die drei Zeitdimensionen Vergangenheit, Gegenwart und Zukunft aufeinander zu beziehen und aus ihrer Verschränkung eine Gegenwarts- und Zukunftsorientierung abzuleiten. Jörn Rüsen beschreibt diese Orientierungsfunktion als „Sinnbildung über Zeiterfahrung".[11]

Der Begriff *Geschichtsbewußtsein* wurde zunächst 1972 von Rolf Schörken in die Diskussion gebracht. Er verstand lebensweltliches Geschichtsbewußtsein als psychosoziale Voraussetzung und subjektive Bedingung des Geschichtsunterrichts. Sein didaktischer Ansatz war das Kommunikationsproblem zwischen Geschichtswissenschaft und Lebenswelt.[12] Karl-Ernst Jeismann sah hingegen im Geschichtsbewußtsein die Fundamentalkategorie der Geschichtsdidaktik, die ihren gesamten Bezugs- und Operationsraum bezeichnet. Er definierte es als

„die Art, in der Vergangenheit in Vorstellung und Erkenntnis gegenwärtig ist [...], als Wissen um die Geschichtlichkeit [...], das Vergangenheit, Gegenwart und Zukunft als Horizont des gegenwärtigen Bewußtseins begreift [...]."[13]

Jeismann differenzierte erstens ein lebensweltlich-laienhaftes, zweitens ein pädagogisch-politisch wünschbares Geschichtsbewußtsein und drittens ein solches laienhaftes, das nach politisch-pädagogischen Vorstellungen verändert werden kann. Die Instanz, die über die Gültigkeit historischer Vorstellungen entscheidet, sei die Geschichtswissenschaft, die zwar auch aus lebensweltlichen Zusammen-

---

9 Pandel, Hans-Jürgen, Stichworte zur Geschichtsdidaktik: Geschichtsbewußtsein, in: GWU 44 (1993), S. 725–729, hier S. 725.
10 Schörken, Rolf, Der Gegenwartsbezug der Geschichte, Stuttgart 1981.
11 Rüsen, Jörn, Historische Vernunft, Göttingen 1983, S. 48–58.
12 Vgl. Schörken, Geschichtsdidaktik und Geschichtsbewußtsein, in: GWU 23 (1972), S. 81–89; Quandt, Siegfried und Gudrun Eckerle, Das System der Geschichtsdidaktik und der Zusammenhang von historischem und politischem Lernen, in: NPL 25 (1980), S. 382–407, hier S. 385 f.
13 Jeismann, Karl-Ernst, Geschichtsbewußtsein – Theorie, in: Bergmann, Handbuch der Geschichtsdidaktik (^{5}1997), S. 42–44, hier S. 42.

hängen hervorgeht, aber reflektiert sei.[14] Nach Jeismann umfaßte Geschichtsbewußtsein

> „den Gegenstand des Lehrens und Lernens; beschreibt das geistige Vermögen, das im Lernprozeß angesprochen und ausgebildet wird sowie seine Vorprägungen durch das soziale Umfeld; enthält die Ziele und Inhalte, die Verfahrensweisen und Folgen der unterrichtlichen Vermittlung historischer Vorstellungen."[15]

Joachim Rohlfes kritisierte den Begriff des Geschichtsbewußtseins, weil „er mehr eine Chiffre für ein globales didaktisches Strukturierungskonzept als ein systematisch durchdachter oder empirisch erforschter Sachverhalt" sei, der zu einer Leerformel werden könne.[16] Jeismann bestätigte den formelhaften Gebrauch des Begriffs in der bildungspolitischen Diskussion, allerdings nicht im Bereich des historischen Lernens als Gegenstand der Geschichtsdidaktik.[17] Die von Jeismann vertretene Auffassung, daß der zentrale Gegenstand der Geschichtsdidaktik die Erforschung des Geschichtsbewußtseins sei, konnte sich innerhalb der Disziplin durchsetzen.[18]

Reflexives Geschichtsbewußtsein ist eine komplexe Kompetenz von Individuen und Kollektiven,[19] die sich auf die Qualifikation zu historischem Denken und gesellschaftlichem Handeln bezieht. Die von Hans-Jürgen Pandel erarbeitete Struktur des Geschichtsbewußtseins zeigt, daß lebensgeschichtliche Dimensionen von Geschichte (Zeit-, Wirklichkeits-, Veränderungsbewußtsein) mit gesellschaftlichen Dimensionen (politisches, ökonomisch-soziales, moralisches und Identitätsbewußtsein) verbunden sind.[20]

Der Begriff Geschichtsbewußtsein erfüllt mehrere Funktionen. Er umfaßt das Ziel, das heißt die Konstituierung von Geschichtsbewußtsein, der schulischen und außerschulischen Vermittlung von Geschichte. Gleichzeitig beschreibt er die subjektiven Voraussetzungen der Adressaten – ein rudimentäres Geschichtsbewußtsein – in Lernprozessen.

---

14 Vgl. Quandt, Das System der Geschichtsdidaktik, S. 386; Jeismann, Geschichtsbewußtsein als zentrale Kategorie der Geschichtsdidaktik, S. 12 ff.
15 Jeismann, Karl-Ernst, „Geschichtsbewußtsein". Überlegungen zu einer zentralen Kategorie eines neuen Ansatzes der Geschichtsdidaktik, in: Süssmuth, Geschichtsdidaktische Positionen, S. 179–222, hier S. 185.
16 Rohlfes, Joachim, Geschichtsbewußtsein: Leerformel oder Fundamentalkategorie?, in: Becher, Geschichte – Nutzen oder Nachteil, S. 92–95.
17 Jeismann, Geschichtsbewußtsein als zentrale Kategorie der Geschichtsdidaktik, S. 1 f.
18 Kuss, Geschichtsdidaktik und Geschichtsunterricht, S. 755.
19 Süssmuth, Geschichtskultur und Geschichtsdidaktik, S. 26.
20 Vgl. Pandel, Geschichtsbewußtsein, S. 726; ders., Dimensionen des Geschichtsbewußtseins. Ein Versuch, seine Struktur für Empirie und Pragmatik diskutierbar zu machen, in: Gd 12 (1987), S. 130–142; ders., Dimensionen und Struktur des Geschichtsbewußtseins, in: Süssmuth, Geschichtsunterricht im vereinten Deutschland (Teil I), S. 55–73.

Pandel unterscheidet in Anlehnung an Werner Weidenfeld vier mögliche Zugänge, die Geschichtsbewußtsein aufbauen oder verändern können. Lebenserfahrungen haben unmittelbaren Einfluß auf den *existentiellen Zugang* zum Geschichtsbewußtsein. Ein *identitiver Zugang* eröffnet sich, wenn das Geschichtsbewußtsein infolge der Veränderung des Selbstverständnisses und der Neuinterpretation der eigenen Lebensgeschichte revidiert wird. Der *lebensweltliche Zugang* zum Geschichtsbewußtsein wird vom kulturellen Kontext bestimmt, in dessen Rahmen die Vergangenheit in Literatur, Festen, Spielfilmen, Denkmälern und Straßennamen gedeutet wird. Die bewußte und kognitiv orientierte Auseinandersetzung mit wissenschaftlicher Geschichte in Geschichtsschreibung, Geschichtsunterricht und publizistischen Diskursen charakterisiert den *intellektuellen Zugang*.[21]

Die lange erwarteten empirischen Untersuchungen zum Geschichtsbewußtsein[22] hat insbesondere Bodo von Borries vorgelegt. Seine Untersuchungen zum kindlich-jugendlichen Geschichtsbewußtsein knüpfen an die Konzeptionen Jeismanns und Rüsens an, die Geschichtsbewußtsein als Kombination von Vergangenheitsdeutungen, Gegenwartswahrnehmungen und Zukunftserwartungen verstehen, und von jeweils drei gestuften Leistungen ausgehen: *Historische Wahrnehmung, Deutung, Orientierung* (Rüsen) und *Analyse, Sachurteil, Werturteil* (Jeismann). Zwecks Erhöhung der analytischen Präzision unterscheidet von Borries vier Ebenen des Geschichtsbewußtseins, die *biografisch-zeitgeschichtliche Erfahrung*, das *soziale Gedächtnis*, die *kulturelle Überlieferung* und die *methodisierte Geschichtswissenschaft*.[23]

Die seit Mitte der siebziger Jahre geforderten repräsentativen und umfassenden empirischen Untersuchungen zum außerschulischen Geschichtsbewußtsein, in denen sein gesellschaftsspezifischer Charakter mit den Kategorien Klasse,

---

21 Vgl. Pandel, Geschichtsbewußtsein, S. 726 f.; Weidenfeld, Werner und Felix Philipp Lutz, Die gespaltene Nation. Das Geschichtsbewußtsein der Deutschen nach der Einheit, in: Aus Politik und Zeitgeschichte B 31–32 (1992), S. 3–22.
22 Vgl. Fürnrohr, Walter und Hans-Georg Kirchhoff (Hgg.), Ansätze empirischer Forschung im Bereich der Geschichtsdidaktik, Stuttgart 1976; Jeismann, Karl-Ernst, Eine Disziplin entdeckt ihr Gebiet, in: Gd 2 (1976), S. 322–335; Pandel, Hans-Jürgen, Einführung – Empirische Erforschung des Geschichtsbewußtseins – immer noch ein Desiderat, in: Jahrbuch für Geschichtsdidaktik 1 (1988), S. 97–100.
23 Borries, Bodo von, Geschichtsbewußtsein – Empirie, in: Bergmann, Handbuch der Geschichtsdidaktik (^{5}1997), S. 45–51, hier S. 45 ff.; ferner ders. et al. (Hgg.), Geschichtsbewußtsein empirisch, Pfaffenweiler 1991, ders., Kindlich-jugendliche Geschichtsverarbeitung in West- und Ostdeutschland 1990, Pfaffenweiler 1992, ders. und Jörn Rüsen (Hgg.), Zur Genese historischer Denkformen. Qualitative und quantitative empirische Zugänge, Pfaffenweiler 1994; ders. et al., Geschichtsbewußtsein im interkulturellen Vergleich. Zwei empirische Pilotstudien, Pfaffenweiler 1994; ders., Das Geschichtsbewußtsein Jugendlicher. Erste repräsentative Untersuchung über Vergangenheitsdeutungen, Gegenwartswahrnehmungen und Zukunftserwartungen in Ost- und Westdeutschland, Weinheim 1995.

Geschlecht, Generation und Schicht erforscht werden sollte,²⁴ sind ein Desiderat geblieben:

„Insgesamt ist eine exaktere Kenntnis der tatsächlichen Motivations-, Wissens-, Legenden-, Urteils- und Bedürfnisbestände bei den Adressaten von Geschichtskommunikation, bei allen Vermittlern von Geschichte, d. h. bei Fernsehredakteuren und Sachbuchautoren, Museumsdirektoren und Stadtarchivaren nicht weniger als bei Lehrer(inne)n, dringend wünschenswert. „Marktanalysen" historischer Nachfrage in der Gesellschaft fehlen noch weitgehend."²⁵

Die wenigen empirischen Untersuchungen, die Teilbereiche des außerschulischen Geschichtsbewußtseins aller Altersstufen abdecken, kombinieren qualitative und quantitative Methoden. Sie bestätigen die absolute Dominanz der Zeitgeschichte.²⁶ Die größte Herausforderung empirischer Untersuchungen bleibt die Umsetzung ihrer Befunde in geschichtsdidaktische Strategien.²⁷

Die Erforschung der Entstehung und Entwicklung individuellen Geschichtsbewußtseins, seiner Strukturen und Bedingungen, die Grundlage aller Vermittlungsprozesse sein müßte, steht noch am Anfang. Weder die Lern- und Entwicklungspsychologie noch empirische Untersuchungen bieten ausreichende Ansätze zur Ontogenese des Geschichtsbewußtseins. Dagmar Klose geht für die Konstituierung von Geschichtsbewußtsein von endogenen Voraussetzungen und exogenen Faktoren, dem Wechselspiel des Sinn-Bezugs historischen Lernens und soziokulturellen Bedingungen, aus.²⁸

Die Erweiterung des geschichtsdidaktischen Bezugsrahmens ermöglichte, den Beitrag ausgewählter Institutionen außerschulischer Vermittlung zur Konstituierung und Veränderung von Geschichtsbewußtsein zu untersuchen. Wolfgang Becker und Siegfried Quandt spezialisierten sich auf das Fernsehen als Vermittler von Geschichtsbewußtsein. Am Beispiel des Jubiläumsjahrs 1989, dem 40. Jahrestag der Gründung der Bundesrepublik Deutschland, belegten sie, daß auch unterhaltsam dargebotene historisch-politische Bildung auf das Geschichtsbewußtsein einwirkt.²⁹ Franz-Josef Jakobi beklagte das Desiderat ei-

---

24 Vgl. Pandel, Empirische Erforschung des Geschichtsbewußtseins, S. 99; Jeismann, Eine Disziplin entdeckt ihr Gebiet, S. 331 f.; die Sektion *Empirie im außerschulischen Bereich der Geschichtsdidaktik*, in: Fürnrohr, Ansätze empirischer Forschung, S. 246–324.
25 Borries, Geschichtsbewußtsein – Empirie, S. 49.
26 Vgl. Weidenfeld, Die gespaltene Nation; ders. und Karl-Rudolf Korte, Die Deutschen. Profil einer Nation, Stuttgart 1991.
27 Pandel, Geschichtsbewußtsein, S. 728. Das Problem wurde auf der Tagung der Konferenz für Geschichtsdidaktik im Oktober 1997 thematisiert. Vgl. Richter, Erika, Geschichtsbewußtsein und Methoden historischen Lernens, in: GPD 26 (1998), S. 50–52.
28 Klose, Dagmar, Geschichtsbewußtsein – Ontogenese, in: Bergmann, Handbuch der Geschichtsdidaktik (⁵1997), S. 51–56.
29 Becker, Wolfgang und Siegfried Quandt, Das Fernsehen als Vermittler von Geschichtsbewußtsein, Bonn 1991, hier S. 71 ff.

ner Archivdidaktik, das sich aus dem Zusammenhang von Geschichtsbewußtsein und historischem Lernen ergebe.[30]

2.2 Siebziger Jahre: Geschichte und Öffentlichkeit, Geschichte als Lebenswelt

Seit Mitte der siebziger Jahre entwickelte die bundesdeutsche Öffentlichkeit gegenüber der Geringschätzung von Geschichte im vergangenen Jahrzehnt ein erstaunliches Interesse an historischen Themen. Historische Ausstellungen, Museen, Romane, Fernsehdokumentationen und -spielfilme erfreuten sich großer Beliebtheit und markieren den Beginn eines *Geschichtsbooms*,[31] der bis heute anhält.[32] Über seine Ursachen kann nur spekuliert werden: Der Antrieb dieser Entwicklung könnte das Bedürfnis nach historischer Orientierung und Identität, als Kompensation fortschreitender Modernisierung und Zukunftsungewißheit, gewesen sein.[33]

Die Eröffnung des 31. Deutschen Historikertags 1976 in Mannheim durch den Bundespräsidenten Walter Scheel wurde vielfach als Symptom für die Wiederannäherung von Geschichte und Öffentlichkeit verstanden. Scheel betonte die Bedeutung historischen Denkens für die politische Bildung und forderte von der Geschichtsschreibung die Pflege des demokratischen Bewußtseins.[34]

Diese Entwicklung führte zu einem besonderen Interesse der Geschichtsdidaktik und -wissenschaft an den lebensweltlichen Funktionen von Geschichte und an dem Verhältnis von Geschichtswissenschaft und Öffentlichkeit.[35] Die Bielefelder Forschungsgruppe *Zwischen Linguistik und Geschichte* griff das Thema 1976 in einer Arbeitstagung *Film und Geschichte* auf.[36] 1977 tagte die

---

30 Jakobi, Franz-Josef, Archive und Geschichtsbewußtsein. Zur didaktischen Dimension der Archiv- arbeit, in: Leidinger, Paul und Dieter Metzler (Hgg.), Geschichte und Geschichtsbewußtsein. Festschrift für Karl-Ernst Jeismann zum 65. Geburtstag, Münster 1990, S. 680–704, hier S. 700.
31 Vorwort, in: Füßmann, Historische Faszination, S. V-VI.
32 Rüsen, Jörn, Geschichte und Öffentlichkeit, in: Gd 3 (1978), S. 96-111, hier S. 96; Süssmuth, Geschichtsdidaktik, S. 10.
33 Vgl. die Kompensationstheorie von Ritter, Joachim, Subjektivität. Sechs Aufsätze, Frankfurt am Main 1974, S. 10 ff.; ferner Grütter, Heinrich Theodor, Warum fasziniert die Vergangenheit?, in: Füßmann, Historische Faszination, S. 45-57, hier S. 52; Marquard, Odo, Ausrangieren und Bewahren, in: Die Politische Meinung, Heft 333 (1997), S. 82-84; Lübbe, Hermann, Zeit-Verhältnisse. Zur Kulturphilosophie des Fortschritts, Graz, Wien, Köln 1983; zum inneren Zusammenhang von Vergangenheit und Zukunft Rüsen, Jörn, Die Zukunft der Vergangenheit, in: Universitas 53 (1998), S. 228-237.
34 Ansprache von Bundespräsident Walter Scheel bei der Eröffnungsveranstaltung des Deutschen Historikertages 1976 am 22. September 1976 in Mannheim, in: GPD 4 (1976), S. 69-75, hier S. 75.
35 Vgl. Rohlfes, Joachim, Geschichte in der Öffentlichkeit, in: GWU 29 (1978), S. 307-311, hier S. 307; von Staehr, Gerda und Thomas Berger, Geschichte in der Öffentlichkeit, in: Gd 3 (1978), S. 85-90, hier S. 85.
36 Borowsky, Peter et al. (Hgg.), Geschichte in Presse, Funk und Fernsehen. Berichte aus der Pra-

Ranke-Gesellschaft zum Thema *Geschichte im öffentlichen Leben der Nachkriegszeit*.[37]

2.2.1 Auftakt 1977: Die Konferenz für Geschichtsdidaktik *Geschichte und Öffentlichkeit* in Osnabrück

Nahezu zeitgleich fand in Osnabrück die dritte Versammlung der 1975 von Walter Fürnrohr ins Leben gerufenen *Konferenz für Geschichtsdidaktik* statt, die sich mit dem Thema *Geschichte in der Öffentlichkeit* befaßte. In fünf Sektionen wurden neue Untersuchungsfelder der Geschichtsdidaktik diskutiert: Historische Museen und Ausstellungen, die Rolle der Geschichte in der Selbstdarstellung von Gemeinden, historische Belletristik, Geschichte in der Zeitungs- und Zeitschriftenpresse und Geschichte in Film, Funk und Fernsehen.[38] Umfassende Forschungsergebnisse für die Bereiche der außerschulischen Vermittlung von Geschichte lagen nicht vor, so daß der Bezug zu den Erkenntnissen schulischer Vermittlung symptomatisch für die Frühphase des neuen Forschungsgebiets der Geschichtsdidaktik wurde.

Auch Jörn Rüsen, der in seinem Eröffnungsvortrag eine skeptische Haltung gegenüber der Frage einnahm, ob sich das Verhältnis von Geschichte und Öffentlichkeit tatsächlich verbessert habe, verwies letztlich auf den Geschichtsunterricht, nicht aber auf Institutionen außerschulischer Vermittlung. Er räumte ein, daß historisches Denken als Medium der Selbstverständigung der Gesellschaft öffentlich mehr Anerkennung erfahre als noch einige Jahre zuvor. Er bezweifelte jedoch, daß die öffentlich in Anspruch genommene und wissenschaftlich betriebene Geschichte kongruent sind. Rüsen sah zwischen diesen beiden Formen eine tiefgreifende Diskrepanz:

„Kann der Ruf der Öffentlichkeit nach politisch brauchbaren Geschichtsbildern die Geschichtswissenschaft nicht auch in das fatale Dilemma bringen, solche Bilder entweder auf Kosten ihrer Wissenschaftlichkeit zu produzieren oder aber an ihrer Wissenschaftlichkeit auf Kosten öffentlich brauchbarer Geschichtsbilder festzuhalten?"[39]

Bedenklich sei die Ästhetisierung von Geschichte zu einem Kulturgut, das zwar als Ware den verbreiteten Konsuminteressen entgegenkomme, sich aber von den

---

xis, Opladen 1976. Der Band versammelt Praxisberichte von Journalisten, die sich mit historischen Themen in den Medien beschäftigen.
37 Schulze, Hagen, Geschichte im öffentlichen Leben der Nachkriegszeit. Die Jahrestagung der Ranke-Gesellschaft 1977, in: GWU 29 (1979), S. 312–320.
38 Kampen, Wilhelm van und Hans Georg Kirchhoff (Hgg.), Geschichte in der Öffentlichkeit, Stuttgart 1979.
39 Rüsen, Geschichte und Öffentlichkeit, S. 97.

Geschichtsdidaktische Ansätze der außerschulischen Vermittlung von Geschichte seit 1975

realen Problemen der Gegenwart entferne. Geschichte und Öffentlichkeit seien nicht nur durch ein äußerliches Verhältnis verbunden. Er charakterisierte historisches Denken als geistige Aneignung von Vergangenheit, durch die dem Handeln eine Zukunftsperspektive eröffnet werde. Historisches Denken sei daher ein notwendiger Bestandteil jeder Öffentlichkeit, durch die eine Gesellschaft sich über sich selbst aufkläre. Historisches Bewußtsein sei ein wesentlicher Faktor jeder Identitätsfindung in und durch öffentliche Kommunikation. Die Bedeutung der Geschichtswissenschaft für das öffentliche Geschichtsbewußtsein liege in der Steigerung der öffentlichen Identitätsbildung der Gesellschaft, indem sie historische Identität auf den Konsens der Betroffenen verpflichte, den sie unter den Wahrheitsansprüchen der Geschichtswissenschaft kommunizierend erzielen können. Als Konsequenz dieser kritischen Öffentlichkeitsfunktion der Geschichtswissenschaft forderte Rüsen für die Geschichtsdidaktik, beim historischen Lernen den Schein einer interesselosen Objektivität nicht aufkommen zu lassen, sondern das Prinzip der Multiperspektivität des Geschichtsunterrichts [sic!]. Das Lernen von Geschichte würde so an das lebensweltliche Interesse der Lernenden zurückgebunden. Die Berücksichtigung der Interessen der Lernenden müsse unter der Direktive erfolgen, die unterschiedlichen Perspektiven der gemeinsamen Geschichte kritisch aufeinander zu beziehen. Es müsse sich demnach um eine Geschichte handeln, deren Erkenntnis zur Öffentlichkeitsbildung nach den entwickelten Vernunftkriterien des historischen Denkens beitrage. Der Öffentlichkeitsfunktion des historischen Denkens entspräche am besten eine Geschichte der Entstehung, des Gelingens und Scheiterns gesellschaftlicher Kommunikation:

„Öffentlichkeit ist Selbstreflexion einer Gesellschaft im Modus von common sense. Durch eine solche Selbstreflexion werden die realen gesellschaftlichen Verhältnisse als Geschichte artikulierbar. Wird in diese Geschichte durch die Geschichtswissenschaft das Sinnkriterium einer gelingenden Kommunikation eingebracht, dann wird sie vernünftig denkbar, und wird sie durch die Geschichtsdidaktik nach diesem Sinnkriterium reflektiert, dann wird sie vernünftig lernbar. Als vernünftig gedachte und gelernte geht sie in die Willensbildung des common sense ein und wird dadurch zu einem Moment real geschehener geschichtlicher Veränderung."[40]

Obwohl sich Rüsen der Überwindung der spezifisch bürgerlichen Formen von Öffentlichkeit bewußt ist, entfaltet er hier im wesentlichen eine auf Verständigung zielende konkrete Utopie eines idealen Diskurses innerhalb einer bürgerlichen Öffentlichkeit.[41]

---

40 Ebd., S. 110.
41 Ebd. S. 96 ff.; Staehr, Geschichte in der Öffentlichkeit, S. 85 f.

Die Diskussionen der Referate der einzelnen Sektionen verdeutlichten den noch unbefriedigenden Forschungsstand, fehlende Theoriebildung und mangelnde praktische Erfahrungen im Bereich der außerschulischen Geschichtsdidaktik. Im Mittelpunkt der Diskussion in der Sektion *Historische Museen und Ausstellungen* standen versprengte praktische Probleme der Ausstellungstechnik, des didaktischen Nutzens von Rekonstruktionen und Kopien, sowie die museumsdidaktische Ausbildung von Lehramtsstudenten.[42] Die inhaltliche Diskussion um Parteinahme für bestimmte Werte und vordergründiger Parteilichkeit entzündete sich anhand des Referates von Detlef Hoffmann, der das pazifistische Konzept der Ausstellung *Ein Krieg wird ausgestellt* des Historischen Museums in Frankfurt erläuterte.[43] *Die Rolle der Geschichte in der Selbstdarstellung von Gemeinden* – ein Thema, das in den folgenden Jahren im Zusammenhang von Geschichte und Tourismus behandelt wurde – provozierte eine Diskussion um den Quellenwert touristischer Prospekte und ihren Nutzen für den Geschichtsunterricht [sic!]. Die Diskussion der Beiträge der Sektion *Historische Belletristik* wurde unter den Gesichtspunkten der Abgrenzung und Gemeinsamkeiten von wissenschaftlichen Texten und historischen Romanen, sowie deren Rezeption geführt. Über die Frage, ob wissenschaftliche Darstellungen und historische Romane sich ausschließende Darstellungsformen sind, konnte keine Einigkeit erzielt werden.[44] Die Sektion *Geschichte in der Zeitungs- und Zeitschriftenpresse* wurde durch das Referat von Gerhard Schneider *Geschichte in der Werbung* bestimmt. Die Analyse kommerzieller Werbung sollte Hinweise auf das triviale Geschichtsbewußtsein, auf geschichtliche Reminiszenzen, Sichtweisen und Wertmuster der Laien, bieten.[45] Die Möglichkeiten der Geschichtsvermittlung durch audio-(visuelle) Medien dokumentierte die Sektion *Geschichte in Film, Funk und Fernsehen*. In der Diskussion dieser Sektion wurde das Kernproblem der außerschulischen Vermittlung, die Kluft zwischen dem wissenschaftlichen Anspruch der Geschichtsdidaktiker und dem künstlerischen Anspruch der Praktiker, offensichtlich:

„Diese Frage stieß buchstäblich ins Leere und hinterließ eine Ratlosigkeit, die mehrmals während der Tagung spürbar wurde: Sind die fachlichen Konzessionen, die in der Regel recht großzügig gemacht werden, um die Zuschauer überhaupt für historische Themen zu interessieren, didaktisch vertretbar,

---

42 Pellens, Karl, Historisches Museum und Museumsdidaktik, in: Kampen, Geschichte in der Öffentlichkeit, S. 17–33.
43 Vgl. Hoffmann, Detlef, Ein Krieg wird ausgestellt. Bericht über eine Ausstellung im historischen Museum Frankfurt/M., in: Kampen, Geschichte in der Öffentlichkeit, S. 34–40; Staehr, Geschichte in der Öffentlichkeit, S. 86 f.; Rohlfes, Geschichte in der Öffentlichkeit, S. 309.
44 Vgl. Staehr, Geschichte in der Öffentlichkeit, S. 88; Rohlfes, Geschichte in der Öffentlichkeit, 310.
45 Vgl. Rohlfes, Geschichte in der Öffentlichkeit, S. 309; Staehr, Geschichte in der Öffentlichkeit, S. 88 f.

oder leisten sie einer Verstümmlung der historischen Aufklärung Vorschub, die diese um einen Teil ihrer Substanz bringt?"[46]

Obwohl dieses Problem ungelöst blieb, verhalf die Tagung *Geschichte in der Öffentlichkeit* einem über den schulischen Bereich hinausgehenden Verständnis von Geschichtsdidaktik zum Durchbruch.[47] Auf diese Entwicklung wirkte die öffentliche Diskussion um die 1979 im bundesdeutschen Fernsehen ausgestrahlte amerikanische Serie „Holocaust" als ein Schlüsselereignis. Fortan galten die Vermittlung von Geschichte in der Schule und in der außerschulischen Öffentlichkeit als die beiden Betätigungsfelder der Geschichtsdidaktik. Dieser Bezugsrahmen schlug sich allerdings nicht in der Beschreibung der Arbeitsfelder der Geschichtsdidaktik nieder, die Hans Süssmuth 1980 – unter Betonung der über die Schulfachdidaktik hinaus gehenden Reichweite des Begriffs Geschichtsdidaktik – in vier Teilbereiche differenzierte: Theorie, Empirie, Geschichte der Geschichtsdidaktik und Geschichtsdidaktik des Auslandes.[48] Das Fehlen einer geschichtsdidaktischen Pragmatik, die Jeismann 1976 noch betonte,[49] war Ausdruck der theoretischen Ausrichtung. Siegfried Quandt warnte sogar vor einer „pragmatischen" Wende, die anti-theoretische Vorbehalte wecken oder fördern könne.[50]

Ein Brückenschlag zwischen Wissenschaft und Öffentlichkeit wurde mit dem *Journal für Geschichte* beabsichtigt, das seit 1979 im Westermann Verlag erschien.[51] Im Gegensatz zu geschichtswissenschaftlichen und -didaktischen Fachzeitschriften und populären Geschichtsmagazinen sollten sowohl wissenschaftliche Forschungsergebnisse vermittelt sowie Impulse, die sich aus dem öffentlichen Umgang mit Geschichte ergeben, aufgegriffen werden. Adressaten des Journals waren gleichermaßen die Fachwelt und historisch Interessierte.[52] Das Konzept bewies in kurzen, übersichtlich gegliederten Artikeln, daß auch professionelle Historiker, unter ihnen Lutz Niethammer, Imanuel Geiss, Arno Klönne, Detlev Peukert, Winfried Schulze, Alf Lüdtke, Ulrich Herbert, Joachim Radkau und Hans Mommsen, vorliegende Forschungsergebnisse für das außerwissenschaftliche Publikum interessant aufbereiten können. Beiträge für das Journal wurden mit Vorspannen, Lesehilfen, Begriffserklärungen, Literaturhinweisen und reichhaltigen Illustrationen, allerdings nicht mit Anmerkungen, versehen. Die zumeist diachron angelegten Themenschwerpunkte, die vom Altertum bis zur Zeitgeschichte reichten, dokumentieren teils sozialgeschichtliche,

---

46 Rohlfes, Geschichte in der Öffentlichkeit, S. 309.
47 Süssmuth, Geschichtskultur und Geschichtsdidaktik, S. 27.
48 Süssmuth, Geschichtsdidaktik, S. 48.
49 Jeismann beschrieb die Arbeitsfelder der Geschichtsdidaktik als Theorie, Empirie und Pragmatik. Vgl. Jeismann, Eine Disziplin entdeckt ihr Gebiet.
50 Quandt, Das System der Geschichtsdidaktik, S. 407.
51 Das *Journal für Geschichte* wurde 1984 vom Beltz Verlag übernommen und 1991 zugunsten von *G – Geschichte mit Pfiff* (Sailer Verlag) aufgegeben.
52 Mackensen, Jürgen, Eine neue Zeitschrift für Geschichte, in: Journal für Geschichte 1/1979, S. 2.

teils alltagsgeschichtliche Perspektiven und boten Einblicke in aktuelle Diskussionen der Geschichtswissenschaft.[53] Joachim Rohlfes hielt diesen Wissenschaftsjournalismus, der den wissenschaftlichen Ansprüchen einiger Fachwissenschaftler infolge von notwendigen Vereinfachungen sicher nicht genügt hat, dennoch „für die Breitenwirkung" der Geschichtswissenschaft für „verblüffend effektiv".[54] Das *Journal für Geschichte* wurde 1984 vom Beltz Verlag übernommen und konzeptionell zu einem Magazin für Geschichtslehrer umgestaltet, das an den Schwerpunktthemen orientierte Unterrichtshilfen anbot. Das Erscheinen der Zeitschrift wurde endgültig 1991 eingestellt. Das *Journal für Geschichte* verschmolz mit der ebenfalls seit 1979 im Sailer Verlag erscheinenden populärwissenschaftlichen Zeitschrift *G – Geschichte mit Pfiff*.[55]

2.2.2 Rolf Schörken: Geschichte als Lebenswelt, Geschichte in der Alltagswelt – Das lebensweltliche Interesse an Geschichte

Der Ausgangspunkt des geschichtsdidaktischen Denkens des 1979 in erster Auflage erschienenen *Handbuchs der Geschichtsdidaktik,* das von Vertretern der emanzipatorisch-kritischen Didaktik herausgegeben wurde,[56] war der Bereich der Lebenswelt und das didaktische Grundproblem der Vermittlung zwischen Wissenschaft und Öffentlichkeit. Dabei sollte eine gesellschaftsweite und nicht nur auf Schule gerichtete Perspektive eingenommen werden, wie das erste Kapitel *Geschichte als Lebenswelt,* eingeführt von Rolf Schörken, zeigte. Dem Kapitel wurden die Stichworte Historische Anthropologie, Alltagsbewußtsein, Zeit, Tradition, Sozialisation, Geschichtsbewußtsein, Identität und Öffentlich-

---

53 Beispiele der Themenschwerpunkte: (1979) Geschichte der Kindheit, Europa, Unterschichten und Randgruppen, Geschichte des Nahostkonflikts, Nostalgie in der Geschichte; (1980) Körpergeschichte, Weltgeschichte, Jugend in der Geschichte, Technik in der Gesellschaft, Bauernwiderstand, Alternative Lebensformen; (1981) Zur Geschichte des Todes, Nation und Nationalismus, Stadtgeschichte, Preußen – Glanz und Gloria?, Kriminalität, Exil und Emigration; (1985) Magie, Frauenräume, Jenseits der Kapitulation, Unterwelt der Städte, Widersprüche im Absolutismus, China zwischen Tradition und Anpassung; (1986) Spurensuche in der Antike, Brunnen-Vergiftung, Bilder-Geschichte, Im Zwielicht der Geheimdienste, Patriarchat, Afrika; (1987) Lebensgefühl im 18. Jahrhundert, Lebensräume und Disziplin, Strukturprobleme der Neuzeit, Blickwinkel, Neue Armut – Alte Armut, Die Welt des Islam; (1990) Mannsbilder, Europa, Südliches Afrika, Das alltägliche Erdbeben, Inszenierte Erinnerung, Konfliktstoff Nation und Nationalität; (1991) Geschlechtsidentitäten, Frauenschicksale.
54 Rohlfes, Joachim, Vermittlung und Rezeption von Geschichte. Ein Forschungs- und Literaturbericht, Stuttgart 1984, S. 32.
55 Metzger, Franz, Das publizistische Selbstverständnis von „G – Geschichte mit Pfiff", in: Quandt, Siegfried und Horst Schichtel (Hgg.), Fachjournalismus Geschichte. Das Gießener Modell, Marburg 1995, S. 225–234.
56 Joachim Rohlfes kritisierte den fehlenden Pluralismus geschichtsdidaktischer Positionen. Wichtige Namen wie Fina, Gies, Glöckel, Huhn, Kosthorst, Marienfeld, Heinz-Dieter Schmid, Schulz-Hageleit oder Weymar fehlten. Vgl. Rohlfes, Vermittlung und Rezeption, S. 31.

keit zugeordnet. Zusammen mit den folgenden Kapiteln *Geschichte als Wissenschaft* und *Geschichte in der didaktischen Reflexion* eröffnete es einen systematischen Zugang zu der jungen Wissenschaftsdisziplin.[57]

Schörken beschäftigte sich zunächst mit Formen der Geschichte als Lebenswelt, die unbewußt auf die Persönlichkeitsbildung einwirken. Die alltägliche Lebenswelt, gleichbedeutend mit Alltag, sei als

„[...] die uns umgebende, als natürlich erscheinende, aus vertrauten Situationen bestehende Welt zu verstehen, in der wir und die anderen uns auf der Basis selbstverständlicher Erwartungen und in der Vorstellung, daß jeder normale Mensch diese Wirklichkeitsauffassung teile, bewegen und verhalten. Die Lebenswelt ist „einfach da", und über ihre Präsenz hinaus bedarf sie keiner zusätzlichen Bestätigung."[58]

Das Ich gehe davon aus, daß es zusammen mit den anderen, mit denen es sich die Lebenswelt teile, eine gemeinsame Auffassung von Alltagsbewußtsein habe. Es sei eine Voraussetzung der praktischen lebensweltlichen Erfahrung, daß das Alltagsbewußtsein bei den Menschen im wesentlichen übereinstimme. Die Beziehung von Lebenswelt und Zeit zeige sich im besonderen Interesse des Ichs an der eigenen Gegenwart, die seine Handlungszone sei. Aber auch vergangene und zukünftige Zeit könne zur Lebenswelt gehören. Die Existenz des Ichs werde durch Zeit strukturiert und reguliert. Aus dieser Zeitstruktur ergebe sich die Geschichtlichkeit der eigenen Existenz, die sich in fundamentalen Lebensdaten wie Geburtstag, Schulbesuch, Berufseintritt und Eheschließung manifestiere. Diese Daten bildeten die Voraussetzung dafür, sich von anderen Individuen abzugrenzen und eine eigene Identität zu beanspruchen.

Die Verbindung von aktueller Lebenswelt und der Vorwelt entstehe aus der Kommunikation mit Menschen aus der Mit- und Umwelt über die Erinnerung an die Vergangenheit. Kenntnisse über die Vergangenheit stammten ferner nicht nur von den Mitlebenden, sondern auch von Urkunden und Denkmälern. Ihnen fehle allerdings der Du-Bezug, die Gleichzeitigkeit und sie seien anonym. Aus der notwendigen Interpretation dieser vorweltlichen Zeichen ergebe sich eine Vagheit, da die vorweltlichen Bezugspersonen nicht mehr befragt werden könnten. Alltägliche Lebenserfahrungen seien sogar eine Voraussetzung der speziellen Forschungsansätze und Methoden des Historikers, obwohl sie nicht mehr unmittelbar zutage lägen. Die Rekonstruktion der Vergangenheit vollziehe sich unter der unausgesprochenen Voraussetzung, daß sie dem Erfahrungshorizont von Lebenswelt, von menschlichen Beziehungen und Möglichkeiten nicht widersprechen dürfe.

---

57 Quandt, Das System der Geschichtsdidaktik, S. 382 f.
58 Schörken, Rolf, Geschichte als Lebenswelt, in: Bergmann, Klaus et al. (Hgg.), Handbuch der Geschichtsdidaktik, Düsseldorf [1]1979, (Bd.1) S. 3–16, hier S. 3.

Lebenswelt sei Teil der Geschichte, weil die gegenwärtige Lebenswelt selbst das Ergebnis von Geschichte sei. Ein Geschichtsbewußtsein sei für die Bewältigung des Alltags jedoch nicht zwingend erforderlich. Dennoch sei das soziale Leben des Menschen im Alltag historisch geprägt, weil es Ergebnis einer Wirklichkeitsinternalisierung in Form der primären Sozialisation sei. In dieser primären Sozialisation würden Normen vermittelt, die sich im historischen Prozeß herausgebildet haben und Ausdruck des historischen Ortes der jeweiligen Gesellschaft seien. Im Prozeß der primären Sozialisation komme Geschichte als Inhalt des Bewußtseins nicht vor, gleichwohl sei sie in den vermittelten und weitergegebenen gesellschaftlichen Normen, Verhaltensweisen und Einstellungen präsent.

In der sekundären Sozialisation müsse sich das Individuum in institutionalisierte Subwelten einleben, sich Einstellungen und Wissensbestände zu eigen machen, eine Vielzahl von Rollen erlernen und sich gleichzeitig Selbständigkeit aneignen. Die Subsysteme überstiegen in ihrer zeitlichen Ausdehnung bei weitem die Lebenszeit des Individuums. Ihre geschriebenen und ungeschriebenen Regeln, ihren Wissensvorrat, ihre Rituale und Symbole, in denen sich ebenfalls Geschichte kristallisiere, resultierten aus der Vergangenheit. Symbolische Rollen wie die eines Richters oder Soldaten seien ohne Geschichte nicht verständlich. Aber auch die Rollen im Alltagsleben würden durch historisch geformte Verhaltenskomponenten konstituiert. Die Aneignung der meisten Rollen durch das Individuum fände durch Nachahmung von Verhaltenssystemen statt, deren wichtige Erscheinungsformen Tradition und Mode seien.

Den zweiten Teil der Einführung des Kapitels *Geschichte als Lebenswelt* widmet Schörken der Geschichte in der Öffentlichkeit. Geschichtliches Wissen, Bewußtsein und Interesse sei längst zu einem selbstverständlichen Bestandteil der Kultur geworden. Schörken unterteilt die Geschichte in der Öffentlichkeit, in der lebensweltliches oder triviales Geschichtsbewußtsein wirksam wird, in drei Bereiche: *Geschichte im Bildungsbereich, Geschichte im Trivialbereich* und *Geschichte als Erlebnis*. Der Bildungs- und Trivialbereich unterschieden sich in Bildungs- und Alltagssprache, in elaboriertem und nicht elaboriertem Code und im Anspruchs- und Argumentationsniveau voneinander. Geschichte als Erlebnis meine den Besuch historischer Stätten in Freizeit und Urlaub. Geschichte im Bildungsbereich werde durch das historische Sachbuch, den historischen Roman, die populärwissenschaftliche historische Biographie, den (kunst-) historischen Bildband, historische Ausstellungen, die Tagespresse, das Fernsehen, die Politik und die Städtewerbung repräsentiert. Zum Trivialbereich zählten das Alltagsgespräch und -gerede, die historische Unterhaltungsliteratur, die Geschichtssatire, das Comic, der Monumentalfilm und die Warenwerbung. Reisetourismus gilt bei Schörken als Hauptkomponente der Geschichte als Erlebnis.

Schörken forderte in seinem Ausblick, die lebensweltliche Konstitution von Geschichte als Gegenstand der erweiterten geschichtsdidaktischen Forschung anzunehmen, betonte abschließend allerdings die Bedeutung von Geschichte als Lebenswelt für das schulische Lernen.[59]

Schörkens Position wird in dem dem Kapitel *Geschichte als Lebenswelt* zugeordneten Stichwort *Alltagsbewußtsein* konkretisiert. Alltagsbewußtsein sei als neuer Untersuchungsgegenstand für die Geschichtsdidaktik von besonderem Interesse, wenn sie beabsichtige auch das triviale Geschichtsbewußtsein im Alltag[60] zu erforschen. Nach Schörken erfüllt die außerwissenschaftliche Beschäftigung mit Geschichte im Alltag vier personale und soziale Funktionen: Die Entlastungsfunktion der Geschichte gelte besonders für die Freizeit. Als Freizeitinhalt dürfe Geschichte nicht mit belastenden Momenten versehen sein, sondern habe Erholungscharakter und biete ein Kontrastprogramm zum grauen Alltag. Der Umgang mit Geschichte in Alltag und Berufsleben könne durch historische Attribute wie Antiquitäten gekennzeichnet sein, die eine Prestigefunktion erfüllten. Eine Stabilisierungsfunktion durch Geschichte liege vor, wenn soziale Gruppen oder einzelne Menschen, die sich in Konflikt- oder Unsicherheitssituationen befänden, eine Stabilisierung durch Erinnerung an die gemeinsame Geschichte erfahren. In besonderem Maße erfülle Geschichte eine Rechtfertigungsfunktion im Alltag. Auf pragmatische Weise werde das eigene Handeln oder die eigene Position durch historische Beispiele legitimiert, auf die man aus dem unüberblickbaren historischen Wissen naiv zurückgreife.[61]

Schörkens Versuch, das lebensweltliche Interesse an Geschichte systematisch zu beschreiben und für die geschichtsdidaktische Forschung zu erschließen, wurde von Siegfried Quandt und Gudrun Eckerle kritisiert. Sie wandten sich gegen den inflationären Gebrauch des Alltagsbegriffs, dessen Nutzen für die Geschichtsdidaktik nicht präzise bestimmt werde.[62] Die von Schörken angenommene Gleichartigkeit der Lebens- und Denkweisen blende historisch-sozial konkrete Gruppenspezifika der Erfahrung, Erwartung und Kommunikation aus. Quandt und Eckerle gingen von der Existenz einer bürgerlichen Öffentlichkeit aus: Dem an Systematik interessierten Leser stelle sich die Frage, ob neben der bewußten Form der Geschichte als Lebenswelt, die Geschichte in der Öffentlichkeit, auch an einen komplementären Bereich wie *Geschichte im Privatleben* gedacht werde.[63]

---

59 Schörken, Geschichte als Lebenswelt, S. 3 ff.
60 Vgl. ferner Schörken, Rolf, Geschichte im Alltag. Über einige Funktionen des trivialen Geschichtsbewußtseins, in: GWU 30 (1979), S. 73–88; Borries, Bodo von, Alltägliches Geschichtsbewußtsein. Erkundung durch Intensivinterviews und Versuch von Fallinterpretationen, in: Gd 5 (1980), S. 243–262.
61 Schörken, Rolf, Alltagsbewußtsein, in: Bergmann, Handbuch der Geschichtsdidaktik ([1]1979), (Bd.1) S. 20–24.
62 Vgl. zu der Problematik des schillernden Alltagsbegriffs: Elias, Norbert, Zum Begriff des Alltags, in: Hammerich, Kurt und Michael Klein (Hgg.), Materialien zur Soziologie des Alltags, in: KZSS Sonderheft 20 (1978), S. 22–29.
63 Quandt, Das System der Geschichtsdidaktik, S. 383 f.

Die Gliederung der Geschichte in der Öffentlichkeit in einen Bildungsbereich, einen Trivialbereich und Geschichte als Erlebnis erscheint aufgrund vielfältiger Überschneidungen wenig überzeugend. Die Systematik der Medien und Agenturen öffentlicher Geschichtsvermittlung ist nicht eindeutig, die Reduktion von Geschichte als Erlebnis auf den Geschichtstourismus nicht haltbar. Das Anspruchs- und Argumentationsniveau sowie elaborierter und nicht-elaborierter Sprachcode können nicht so eindeutig zugeordnet werden, wie Schörken es beabsichtigt.

Rolf Schörken konnte seine Erkenntnisse über lebensweltliche Funktionen der Geschichte und den Alltagsbegriff in seiner 1981 erschienenen Untersuchung *Geschichte in der Alltagswelt* konkretisieren. Er fragte danach, welchen Darbietungsabsichten und -formen Geschichte in populärhistorischen Produktionen, in Zeitungen, im Fernsehen, in touristischen Zusammenhängen, im privaten Zwiegespräch, beim Gang durch die Stadt, bei Wohnungseinrichtungen und organisierten Veranstaltungen unterliegen. Die Untersuchung von Darbietungsabsichten führte ihn zu den Funktionen von Geschichte und der Rolle des lebensweltlichen Geschichtsbewußtseins im Alltag.

Alltag bezeichnet bei Schörken den Gegenbegriff zum systematischen und methodischen Wissenschaftsdenken:

„Alltag oder Lebenswelt ist hier zunächst nichts anderes als ein Bereich, in dem andere Kommunikations- und Vermittlungsformen üblich sind als im Wissenschaftssystem, und d. h. auch, andere Formen des Umgangs mit Geschichte. Alltag tritt in dieser Untersuchung weder als eine von vornherein besonders hochgeschätzte, noch als eine abgewertete Sphäre in Erscheinung. […] Ebensowenig gilt uns der wissenschaftliche Umgang mit Geschichte von vornherein als fester Maßstab, an dem die außerwissenschaftliche Geschichtsvermittlung zu messen sei."[64]

Im Verlauf des 20. Jahrhunderts habe sich eine deutliche Zweiteilung von wissenschaftlichen und populärwissenschaftlichen Produktionen in Aufgabenstellung und Adressatenbezug herausgebildet. Einige Prinzipien historischer Darstellung wie die Erzählung, die Anschaulichkeit, die Personalisierung und die Ereignisgeschichte, die in der Wissenschaft überwunden seien, lebten im Populärbereich fort. Das antiquarische und ästhetische Interesse an Geschichte, die schon in der Vorphase des Historismus als unwissenschaftlich aufgegeben worden seien, existierten weiterhin außerhalb der Wissenschaft. Daraus ergibt sich für Schörken die Frage, in welchem Verhältnis wissenschaftlich betriebene Geschichte zu der lebensweltlichen steht. Geschichte als Wissenschaft sei erst durch das Bedürfnis der Menschen, sich im Fluß der Zeit zu orientieren, möglich geworden. Das historische Interesse werde jedoch erst dadurch zur Wissenschaft, wenn es sich

---

64 Schörken, Rolf, Geschichte in der Alltagswelt, Stuttgart 1981, S. 13.

Geschichtsdidaktische Ansätze der außerschulischen Vermittlung von Geschichte seit 1975

zum lebensweltlichen Geschichtsbewußtsein kritisch verhalte. Die Geschichtswissenschaft habe ein umfangreiches rationales Regelsystem zur intersubjektiven Überprüfung und zur Erhöhung des Geltungsanspruchs ihrer Ergebnisse entwickelt. Wissenschaftliche und lebensweltliche Geschichte seien im Verlauf dieses Prozesses auseinandergedriftet, da sie unterschiedliche Systeme historischen Denkens entwickelt haben. Aus der Perspektive der wissenschaftlich betriebenen Geschichte erscheine die lebenweltliche naiv, umgekehrt erscheine die Geschichtswissenschaft als lebensfremd. Das lebensweltliche Geschichtsbewußtsein sei heute keine reine Form des vorwissenschaftlichen Verhaltens gegenüber Geschichte mehr, vielmehr eine uneinheitliche Mischung aus vorwissenschaftlichen, außerwissenschaftlichen und wissenschaftlichen Elementen.[65]

Aus der von Schörken durchgeführten Untersuchung ergaben sich für lebensweltliche Zusammenhänge zwölf Bedürfnisse nach Geschichte, die er drei Bedürfnisgruppen zuordnete: Das Orientierungsbedürfnis, das Bedürfnis nach Selbsterkennung und Spiegelung und das Bedürfnis nach Erweiterung der eigenen Lebensmöglichkeiten. Der kleinste gemeinsame Nenner des außerwissenschaftlichen Interesses an Geschichte sei der *Lebensbezug*. Die Geschichtswissenschaft habe hingegen im Verlauf ihrer Akademisierung immer weniger Antworten auf die Grundfragen menschlichen Daseins gegeben. Lebensbezüge zeigten sich in der außerwissenschaftlichen Beschäftigung mit Geschichte in vier Bezugsebenen: die der pragmatische Nutzanwendung für den Alltag, die der politischen Legitimationen, die der psychologischen und sozialpsychologischen Einstellungen und die des sozialen und kulturellen Verhaltens.

Abschließend bezog Schörken die Ergebnisse seiner Untersuchung auf die veränderten Bedingungen der Geschichtsvermittlung. Die „historische Kultur", der Prozeß von Geschichtsforschung, -vermittlung und -rezeption, habe eine tiefgreifende Veränderung erfahren. Das wichtigste Merkmal dieser Veränderung sei die Zunahme der Vermittlungsinstanzen wie das Fernsehen, die Differenzierung des Buchmarktes und die Expansion des Tourismus. Zu den Strukturveränderungen der Geschichtsvermittlung zähle ferner die Tatsache, daß die Darstellungsform des Erzählens infolge von Sozialgeschichte, Wirtschaftsgeschichte und Strukturgeschichte immer weniger praktiziert werde. Trotz ihrer Schwächen, der Reduktion von Komplexität, dem Prinzip der Individuation, der Fiktionalität und der Neigung zum Unpolitisch-Privaten, schaffe das Erzählen Zugänge zur Geschichte, indem es sie für die breite Öffentlichkeit ordne und vorstellbar mache. Für die Zukunft gelte, veraltete Formen des Erzählens abzusondern, aber auch neue Formen für die Geschichtsvermittlung zu erschließen.[66]

Schörkens Ansatz, das Kommunikationsproblem zwischen Wissenschaft und Lebenswelt in den Mittelpunkt geschichtsdidaktischer Überlegungen zu stellen,

---

65 Ebd., S. 9–19.
66 Ebd., S. 223–239. Vgl. eine ähnliche Position bei Meier, Christian, Aktuelle Aufgaben der Geschichtswissenschaft und der Geschichtsvermittlung, in: Aus Politik und Zeitgeschichte B 40–41 (1988), S. 29–36, hier S. 34.

konnte sich gegenüber der von Jeismann vertretenen Position, das Geschichtsbewußtsein als zentrale Kategorie des gesamten Operationsraums der Geschichtsdidaktik zu betrachten, nicht durchsetzen. Lebensweltliches Geschichtsbewußtsein galt bei Schörken lediglich als psychosoziale Voraussetzung und subjektive Bedingung historischen Lernens. Schörkens Position mangelt es an Prägnanz und Systematik in der Erfassung bewußter und unbewußter Formen der Geschichte als Lebenswelt. Geschichte in der Öffentlichkeit als bewußte Form der Geschichte als Lebenswelt wurde in späteren Auflagen des Handbuchs der Geschichtsdidaktik nicht mehr thematisiert und durch die Kapitel *Geschichte in der außerschulischen Öffentlichkeit* (1985) und *Aspekte der Geschichtskultur* (1997) ersetzt.[67] Die von Schörken und Jeismann intendierte gesellschaftsweite Ausdehnung der geschichtsdidaktischen Perspektive wurde nicht konsequent vollzogen. Ihr Denken richtete sich letztlich immer auf den schulischen Geschichtsunterricht und die Zielgruppe der Kinder und Jugendlichen.[68]

2.3 Achtziger Jahre: Theoriekonzepte für außerschulische Vermittlungstätigkeiten von Historikern

Der diffuse, aber aufgrund seiner Breitenwirkung attraktive Bereich der Geschichte in der Öffentlichkeit wurde spätestens zu Beginn der achtziger Jahre als Arbeitsgebiet der Geschichtsdidaktik akzeptiert. Das Arbeitsgebiet, das interdisziplinäres Vorgehen erforderte,[69] war jedoch weder begrifflich noch in seinem Aufgabenumfang den operationalisierbaren Untersuchungsfeldern und den didaktischen Absichten und Möglichkeiten erschlossen.[70]

Der Öffentlichkeitsbegriff verschiedener Vertreter der Geschichtsdidaktik war nicht einheitlich. Einige verwiesen auf den Geschichtsunterricht, wenn sie von der öffentlichen Funktion der Geschichtswissenschaft sprachen, andere meinten gerade nicht den Geschichtsunterricht. Selbst wenn der Begriff Öffentlichkeit nicht auf die Schule bezogen wurde, erhielt er unterschiedliche Bedeutungen. In einem umgangssprachlich naiven Sinn bezeichnete er Institutionen und Medien öffentlicher Geschichtsvermittlung. In Anlehnung an die Kritische Theorie wurde Öffentlichkeit als normative Idee im Rahmen eines Fortschrittsmodells verstanden. Siegfried Quandt wandte ein, daß im ersten Fall die norma-

---

67 Vgl. Schörken, Rolf, Geschichte als Lebenswelt, in: Bergmann, Handbuch der Geschichtsdidaktik (^{3}1985), S. 3–10; Schörken, Rolf, Geschichte als Lebenswelt, in: Bergmann, Handbuch der Geschichtsdidaktik (^{5}1997), S. 3–9.
68 Quandt, Das System der Geschichtsdidaktik, S. 388.
69 Jeismann, Karl-Ernst, Didaktik der Geschichte. Bemerkungen zum Zustand der Disziplin, in: Becher, Geschichte – Nutzen oder Nachteil, S. 108–119, hier S. 110.
70 Klöcker, Michael, Geschichte in der Öffentlichkeit. Hinweise zu einem Arbeitsgebiet der Geschichtsdidaktik unter besonderer Berücksichtigung der Erfahrungen und Ergebnisse aus einem Forschungsseminar über die Kölner Stadtgeschichte, in: Geschichte in Köln, Heft 9 (1981), S. 5–53, hier S. 12 f.

tiv-demokratietheoretische Seite und das soziale Moment der Öffentlichkeit vernachlässigt werde, im zweiten Fall die deskriptiv-empirische. Ferner sei die Privatheit, als Komplementärbegriff zur Öffentlichkeit von der Geschichtsdidaktik bisher vernachlässigt worden, obwohl die private historische Kommunikation die öffentliche beeinflusse. Außerdem würde beispielsweise Trivialliteratur, die ebenso unter Geschichte in der Öffentlichkeit gefaßt werde, ausschließlich privat rezipiert.[71]

Der Begriff Öffentlichkeit vermittelte ein undifferenziertes und unkonkretes Adressatenbild der Geschichtsdidaktik:

„Es müssen nicht nur die Institutionen und Medien der Öffentlichkeit, sondern auch deren soziale Träger- und Bezugsgruppen und ihre erfahrungs- und erwartungsbedingten Ansprechbarkeiten sozialpsychologisch und kommunikationstheoretisch untersucht werden, um Geschichte entsprechend den gruppenspezifischen Zugangsmöglichkeiten und Informationsbedürfnissen anbieten zu können. Dabei wäre der Wirkungswunsch des Faches mit der Nutzenfrage verschiedener Publika in einem System doppelseitiger Kommunikation positiv zu verbinden."[72]

Nach Quandt sollten die verschiedenen Öffentlichkeiten, von denen eine der schulische Geschichtsunterricht sei, als qualitativ unterschiedliche Prozesse der Kommunikation über und der Rezeption von Geschichte sozial, intentional, thematisch, medial, organisatorisch beziehungsweise institutionell genauer bestimmt werden. Damit könnten unterschiedliche geschichtsdidaktische Situationen mit unterschiedlichen Eingriffs- und Verbesserungschancen definiert werden.[73]

Mit dem Bewußtsein, daß die Formel Geschichte in der Öffentlichkeit Medien und Agenturen öffentlicher Geschichtsvermittlung nur unpräzise beschreibt und der schulische Geschichtsunterricht und die akademische Geschichtswissenschaft Teil der Öffentlichkeit sind, etablierte sich der auf Joachim Rohlfes zurückgehende Begriff *außerschulische Öffentlichkeit* für den geschichtsdidaktischen Operationsraum jenseits von Universität und Schule.[74]

Die von Rolf Schörken vorgeschlagene, aber unzureichende Strukturierung des Bereichs der außerschulischen Vermittlung wurde in den achtziger Jahren nicht rezipiert. Quandt und Eckerle schlugen generalisierend vor, daß „jener diffuse Großbereich" nach „Zielgruppen, Situationen und Institutionen ge-

---

71 Quandt, Siegfried, Öffentlichkeit, in: Bergmann, Handbuch der Geschichtsdidaktik (³1985), S. 63–66, hier S. 64 f.
72 Ebd., S. 65.
73 Ebd. Das Entfallen des Stichworts *Öffentlichkeit* in der 5. Auflage des Handbuchs der Geschichtsdidaktik (1997) ist unverständlich, da die Öffentlichkeit die wichtigste Bezugsgröße aller geschichtsdidaktischen Bemühungen bleibt.
74 Rohlfes sprach zuerst 1978 von „außerwissenschaftlicher und außerschulischer Vermittlung von geschichtlichem Wissen". Vgl. Rohlfes, Geschichte in der Öffentlichkeit, S. 308.

schichtsdidaktisch genauer aufgegliedert werden" müsse.[75] Für Klöcker ergab sich eine der Weite des Untersuchungsfelds angemessene Strukturierung, wenn die Hauptdeterminanten und möglichen Forschungsausgangspunkte (Kommunikatoren, Medien, Rezipienten, Rezeptionsprozeß) unter Berücksichtigung der historischen Stoffe und weiterer Determinanten des Gesamtkomplexes untersucht würden.[76]

Im Hinblick auf operationalisierbare Untersuchungsfelder zeichneten sich bereits zu Beginn der achtziger Jahre Forschungskonzentrationen ab. Als Medien außerschulischer Vermittlung von Geschichte galten Film, Fernsehen, Radio, Presse und Sachbuch.[77] Neben Schule und Hochschule traten außerschulische Agenturen der Geschichtsvermittlung wie Museen, Erwachsenenbildung, gewerkschaftliche Bildungsarbeit, Geschichtsvereine, Archive, Akademien und Geschichtswerkstätten in den Vordergrund geschichtsdidaktischer Forschung. Eine Reihe von Untersuchungen widmeten sich bisher vernachlässigten Überresten und Ritualen wie Denkmälern, Straßennamen und Festen.[78]

Neben dem globalisierten Anspruch Geschichtsbewußtsein auszubilden, wurden in den achtziger Jahren spezifische Ziele öffentlicher Vermittlungsprozesse kaum formuliert.

Das Selbstverständnis der Geschichtsdidaktik als theoretische Disziplin konnte sich in den achtziger Jahren verfestigen. Siegfried Quandt beschrieb 1984 vier Teilgebiete des Aufgabenfelds der Geschichtsdidaktik, wobei er erstmals den Begriff *Geschichtskultur* einbezog:[79]

„*Theorie* der Voraussetzungen, Ziele und Wege historischer Information, Kommunikation und Erfahrungsbildung; *Empirie* der Bedingungen, Formen und Funktionen historischer Information, Kommunikation und Erfahrungsbildung; *Geschichte* der Geschichtskultur und Geschichtsdidaktik; *internationaler* Vergleich: Geschichtskultur und Geschichtsdidaktik."[80]

Karl-Ernst Jeismann reagierte 1986 auf die Kritik der Geschichtslehrer, die die geschichtsdidaktische Theorie angesichts der begrenzten Möglichkeiten und

---

75 Quandt, Das System der Geschichtsdidaktik, S. 405.
76 Klöcker, Geschichte in der Öffentlichkeit, S. 15.
77 Vgl. auch Bosch, Michael, Geschichte als Fluchtburg? Zum Phänomen historisches Sachbuch, Loccum 1978.
78 Vgl. das Kapitel Geschichte in der außerschulischen Öffentlichkeit, in: Bergmann, Handbuch der Geschichtsdidaktik ([3]1985), S. 715 ff.; Klöcker, Geschichte in der Öffentlichkeit, S. 18 f.
79 Zuvor dominierte der Begriff *historische Kultur*, der nicht reflektiert wurde. Auch der Terminus *Geschichtskultur* bleibt zu diesem Zeitpunkt unzureichend bestimmt. Vgl. Pellens, Karl/Siegfried Quandt/Hans Süssmuth (Hgg.), Geschichtskultur – Geschichtsdidaktik. Internationale Bibliographie, Paderborn 1984, S. 7, ferner Hoffmann, Eugen, Öffentliche Geschichtskultur und Entwicklung der Geschichtsdidaktik in der Bundesrepublik Deutschland, in: ebd., S. 91–121.
80 Quandt, Siegfried, Didaktik der Geschichte. Systematische Perspektiven und Entwicklungsstand, in: Pellens/Quandt/Süssmuth, Geschichtskultur, S. 11–25, hier S. 14.

Zwänge der Unterrichtswirklichkeit als Zumutung empfanden. Er betonte, daß „Praxis" und „Theorie" nicht gegeneinander ausgespielt werden dürften. Geschichtsdidaktik sei immer auch angewandte Wissenschaft und bedürfe der Entfaltung ihres pragmatischen Sektors.[81] *Pragmatik* bezeichnet bei Jeismann einerseits eine Handlungstheorie, die Teil der grundlegenden geschichtsdidaktischen Theorie ist, andererseits das konkrete Unterrichtshandeln, woraus sich eine Gliederungsunsicherheit ergibt.[82] Seine Auffassung konnte sich, obwohl er seine Perspektive auf den Geschichtsunterricht verengte, in den achtziger Jahren etablieren. Als die fünf Arbeitsfelder der Geschichtsdidaktik galten fortan Theorie, Empirie, Pragmatik/Praxis, Geschichte der Geschichtsdidaktik und international vergleichende Geschichtsdidaktik.[83]

2.3.1 Jochen Huhn: Geschichte in der außerschulischen Öffentlichkeit

Mit der Anfang der achtziger Jahre einsetzenden Lehrerarbeitslosigkeit entstand eine Situation, die die Geschichtsdidaktiker erstmals zwang, sich mit der aus der Bildungsexpansion resultierenden Beschäftigungskrise auseinanderzusetzen:

„Die geschichtslehrerausbildenden Instanzen arbeiten für einen Adressaten, den es immer seltener gibt: den zukünftigen Geschichtslehrer. Die Ebbe in den öffentlichen Kassen und die Bildungsreformmüdigkeit in weiten Teilen der Öffentlichkeit und der Politikerzunft wirken dahin, daß immer mehr examinierte Lehrerstudenten – auch solche mit einer Fakultas für Geschichte – jahrelange Wartezeiten bis zu einer Daueranstellung in Kauf zu nehmen haben oder sich ihr Berufsziel ganz aus dem Kopf schlagen müssen."[84]

Statt der eindimensionalen Geschichtslehrerausbildung geriet zunehmend eine mehrdimensionale geschichtsdidaktische Ausbildung für unterschiedliche Berufswege in die Diskussion, die die außerschulischen Vermittlungstätigkeiten des Historikers ausdrücklich berücksichtigt. Ulrich Kröll forderte 1984 angesichts der Veränderungen auf dem Arbeitsmarkt und der Ausweitung des geschichtsdidaktischen Bezugsrahmens eine Neuorientierung des Geschichtsstudiums: Erstens sollten Geschichtsstudenten lernen, die Darbietung von Geschichte

---

81 Jeismann, Bemerkungen zum Zustand der Disziplin, S. 114.
82 Vgl. Jeismann, Eine Disziplin entdeckt ihr Gebiet, S. 333; Quandt, Das System der Geschichtsdidaktik, S. 405.
83 Vgl. Rohlfes, Joachim, Geschichtsunterricht und Geschichtsdidaktik von den 50er bis zu den 80er Jahren, in: Leidinger, Paul (Hg.), Geschichtsunterricht und Geschichtsdidaktik vom Kaiserreich bis zur Gegenwart, Stuttgart 1988, S. 154–170, hier S. 167.
84 Kröll, Ulrich, Vom Geschichtslehrer zum außerschulischen Geschichtsvermittler. Ausweg aus der Sackgasse der Lehrerarbeitslosigkeit?, in: GWU 35 (1984), S. 222–234, hier S. 222.

in den Massenmedien zu analysieren. Daraus folge zweitens, sie für die Verarbeitung außerschulischer geschichtlicher Medienangebote mit ihren Schüler zu qualifizieren. Drittens sollte nicht nur der gegenwärtigen Situation außerschulischer geschichtlicher Bildung und des alltäglichen Geschichtsbewußtseins Aufmerksamkeit geschenkt werden, sondern auch deren historischen Dimensionen. Als Pendant zu schulpraktischen Veranstaltungen sollten viertens Praktika in außerschulischen Institutionen angeboten werden. Um das Geschichtsbewußtsein von Menschen zu erkunden, müßten die Studierenden fünftens die Methode der *Oral History* erlernen. Als zentrale zukünftige Aufgaben der Geschichtsdidaktik charakterisierte Kröll die Arbeitsförderung durch regionale Kontakte der Historischen Seminare und Institute sowie die Berufsfeldforschung in Kooperation mit Berufsfeldforschungseinrichtungen der Hochschulen, mit dem Bundesinstitut für Berufsbildungsforschung, den einschlägigen Verbänden und potentiellen Arbeitgebern.[85]

Diese Tendenzen der geschichtsdidaktischen Diskussion wurden von Jochen Huhn in der Einführung zu dem Kapitel *Geschichte in der außerschulischen Öffentlichkeit* des 1985 in dritter Auflage erschienenen Handbuchs der Geschichtsdidaktik zusammengefaßt. Er forderte die systematische Ausweitung didaktischer Theorie, Empirie und Praxis auf Vermittlungsbereiche außerhalb von Universität und Schule. Ihm war bewußt, daß diese systematische Arbeit Mitte der achtziger Jahre mehr Desiderat als Realität war. Davon zeugten auch die Beiträge des Kapitels *Geschichte in der außerschulischen Öffentlichkeit*.[86] Huhn verstand seine Kapiteleinführung, die er an der *Public History* Bewegung in den USA und anderen europäischen Initiativen orientierte, als „vorläufigen Klärungsversuch". Aufgrund der Konzentration auf die schulische Geschichtsdidaktik sei übersehen worden, daß sich geschichtsdidaktische Bemühungen in zwei Bereiche unterscheiden ließen. Einerseits könnten sie sich auf die *historische Bildung* von Individuen beziehen, deren Geschichtsbewußtsein in der Beschäftigung mit der Vergangenheit und dem Erwerb neuer Kenntnisse und Einsichten bestätigt oder verändert werde. Andererseits werde Geschichte in Form von *historischer Beratung* vermittelt. Huhn rezipierte im wesentlichen den von Ernest R. May und Richard E. Neustadt seit Beginn der siebziger Jahre an der *John F. Kennedy School for Government* an der *Harvard University* entwickelten Ansatz, historisches Denken für die Lösung aktueller politischer und sozialer Probleme zu nutzen.[87]

---

85 Ebd., S. 226 ff.
86 Vgl. Bergmann, Handbuch der Geschichtsdidaktik ([3]1985), S. 723–791: Geschichte im Film; Geschichte im Sachbuch; Geschichte im Museum; Geschichte und Touristik; Exkursionen, Lehrpfade, alternative Stadterkundungen; Geschichte in der Erwachsenenbildung; Geschichte in der gewerkschaftlichen Bildungsarbeit; Geschichtsvereine; Geschichte in der Presse; Geschichte im Fernsehen; Archiv und Öffentlichkeit; Denkmalpflege und Geschichte; Akademiearbeit; Geschichtswerkstätten; Geschichte im Stadtteil; Historische Beratung.
87 Vgl. Huhn, Jochen, Historische Beratung, in: Bergmann, Handbuch der Geschichtsdidaktik

Historische Beratung fände in Zeitungen, Funk und Fernsehen, im Rahmen von Akademien, Denkmalpflege und in Archiven sowie in Geschichtswerkstätten und Stadtteilprojekten statt. Ausschließlicher befaßten sich allerdings Historiker in den wissenschaftlichen Diensten der Parlamente und den Einrichtungen der Parteien mit historischer Beratung. Historisches Lernen von Individuen wirke sich nur langfristig und indirekt auf aktuelle Entscheidungen aus. Dennoch sei historische Beratung mit historischem Lernen verbunden, weil sie als Beitrag zu einem kollektiven Lernprozeß gesehen werden könne. Historisches Lernen und historische Beratung würden von unmittelbaren Bedingungen und einem weiteren Bedingungsrahmen beeinflußt. Zu den unmittelbar gegebenen Bedingungen zählten die Erwartungen der Teilnehmer, der organisatorische Rahmen und den daraus resultierenden Arbeitsbedingungen, zum weiteren Bezugsrahmen die lebensweltlichen Einflüsse auf das Geschichtsbewußtsein. Um eine vorschnelle Anpassung an die unmittelbaren Bedingungen zu vermeiden, sei die Erforschung der weiteren wirtschaftlichen, sozialen und politischen Bedingungsfelder, der geschichtsdidaktischen Praxis und ihrer Bedingungen in der Vergangenheit und im internationalen Vergleich erforderlich. Die systematische Ausweitung der didaktischen Theorie, Empirie und Praxis auf die außerschulische Öffentlichkeit sollte nach Huhn auch Konsequenzen für die Ausbildung von Historikern haben. Aufgabe der Geschichtsdidaktik sei in diesem Zusammenhang die Klärung der „Verwendungssituationen von Geschichte", die „Reflexion über den lebensweltlichen Zusammenhang von Geschichtsforschung und Geschichtsstudium" und „Probleme der Vermittlung von Geschichte in unterschiedlichen Vermittlungsbereichen". Analog zur *Public History* Bewegung forderte Huhn die Analyse der Bedingungen außerschulischer Vermittlung von Geschichte (institutioneller Rahmen, Zeitdruck, Kooperationsanforderungen), Erwartungen von Lesern, Zuschauern und Entscheidungsträgern sowie Standards, Inhalte und Methoden wissenschaftlichen Arbeitens in praktischen Zusammenhängen.[88]

Huhn unternahm in seiner Einführung zum ersten Mal den Versuch, die Praxisfelder außerschulischer Vermittlung nicht primär als geschichtsdidaktische Forschungsgebiete, sondern als Berufsfelder des Historikers aufzufassen. Historische Beratung erschien bei Huhn im Gegensatz zur *Public History* Bewegung nicht als Dienstleistung, sondern blieb stets mit dem historischen Lernen verbunden: Geschichte werde durch historische Beratung *vermittelt*. Damit erwies sich die Differenzierung in historische Beratung und historische Bildung als überflüssig. Ferner trug sie nicht zu der ausstehenden Systematisierung bestehender Praxisfelder bei, da auch klassische Tätigkeiten des Historikers in

---

(³1985), S. 787–791; ders., Magisterabschluß ohne Chance? Überlegungen zum Verhältnis von Wissenschaft und Berufspraxis für das Fach Geschichte, in: Gd 10 (1985), S. 83–89.
88 Vgl. Huhn, Jochen, Geschichte in der außerschulischen Öffentlichkeit, in: Bergmann, Handbuch der Geschichtsdidaktik (³1985), S. 717–722.

der historisch-politischen Bildung (Akademien) und im Journalismus (Zeitung, Funk und Fernsehen) der historischen Beratung zugerechnet wurden.

Klaus Bergmann kritisierte die auf die akute Beschäftigungskrise von Geschichtslehrern zurückgehende Diskussion um außerschulische Vermittlungstätigkeiten von Historikern innerhalb der Geschichtsdidaktik. Er räumte ein, daß die Geschichtsdidaktik für außerschulische Berufsfelder und die Entwicklung einschlägiger Studiengänge zuständig sei, sich jedoch aus dieser Entwicklung Probleme ergeben könnten:

„Der Markt bestimmt die Berufsfelder und beeinflußt wesentlich die Art und Weise des Umgangs mit Geschichte. In den diversen Berufsfeldern orientieren sich die „Macher" und „Anbieter" nicht primär an hehren wissenschaftlichen Normen, nicht an Erkenntnissen der Historik und der Geschichtsdidaktik; das große Publikum und das große Geld, die Einschaltquoten und die Gleichschaltungsquoten, [...] bestimmen die Wirklichkeit der Berufsfelder – hier mehr, dort weniger, tendenziell aber in steigendem Maße."[89]

Die Geschichtsdidaktik stünde in der Gefahr, sich den Erwartungen anzupassen, sich dem technischen Interesse der „Macher" zu ergeben und sich wesentlich von den Sachzwängen des Marktes und praktizistischen Erwägungen leiten zu lassen. Damit würde sie sich als kritische Disziplin selbst aufgeben. Der Druck, der von den Berufsfeldern ausgehe, könne die Geschichtsdidaktik zu einer „Berufsfeldkunde" degradieren und geschichtsdidaktische Seminare erhielten den Charakter von „Berufsschulen", in denen das technische und methodische „know how" eines marktkonformen und publikumsfreundlichen Umgangs mit Geschichte gelehrt und gelernt würde. Bergmann befürchtete eine Zerlegung der Geschichtsdidaktik in immer kleinere spezialisierte Fächer, die in eine Methodik der Geschichtsvermittlung zurückfielen und theoretisch-didaktische Überlegungen überflüssig machten. Er fordert daher:

„Eine Geschichtsdidaktik, die sich nicht den Interessen privatwirtschaftlich interessierter Geschichtsanbieter oder den Interessen von Medienprofis und anderen Gruppen, die Geschichte öffentlich verwenden, ergeben will, hat auf Selbstreflexion und Ideologiekritik, auf der bedingungslosen und zwanglosen Reflexion über die Bedingungen der Möglichkeit historischen Lernens zu bestehen. Sie bewährt sich als kritische Sozialwissenschaft, wenn sie es als ihre primäre Aufgabe begreift, gesellschaftliche Erwartungen, die an sie gerichtet werden, kritisch zu prüfen."[90]

---

89 Bergmann, Klaus, Geschichtsdidaktik zwischen freier Wissenschaft und freier Marktwirtschaft, in: Becher, Geschichte – Nutzen oder Nachteil, S. 128–138, hier S. 131.
90 Ebd., S. 132.

Die Positionen Huhns und Bergmanns können als Beispiele gegensätzlicher Positionen in der Frage der Rolle des Historikers in der außerschulischen Vermittlung und den sich daraus ergebenden Aufgaben der Geschichtsdidaktik gelten. Huhn betont die Verantwortung der Disziplin gegenüber den Absolventen und fordert die Geschichtsdidaktik auf, außerschulische Vermittlungstätigkeiten von Historikern, die letztlich der historischen Bildung dienten, im Geschichtsstudium zu berücksichtigen. Bergmann, der aus der Perspektive der kritisch-kommunikativen Geschichtsdidaktik argumentiert, verurteilt jede Form der Dienstleistung, weil sie einer kritischen Wissenschaft widerspreche.

2.3.2 Siegfried Quandt: Geschichtsdidaktik und Kommunikationswissenschaft

Infolge der Veränderung der Rahmenbedingungen auf dem Arbeitsmarkt seit Beginn der achtziger Jahre wurden zunehmend pragmatische Antworten auf die Beschäftigungskrise von der als theoretische Disziplin etablierten Geschichtsdidaktik erwartet. Diese Entwicklung forcierte das Ende der kritisch-kommunikativen Phase der Geschichtsdidaktik, die mit der Einstellung der Zeitschrift *Geschichtsdidaktik* im Jahre 1987 ihren endgültigen Abschluß fand.[91]

2.3.2.1 *Fachwissenschaftlich und kommunikationswissenschaftlich orientierte Geschichtsdidaktik*

Der Ausgangspunkt des geschichtsdidaktischen Denkens Siegfried Quandts ist die kommunikative Rückständigkeit der deutschen Geschichtswissenschaft. Trotz verschiedener Modernisierungsschübe folge sie immer noch einem verengten Begriff von Wissenschaftlichkeit, der ihre kommunikativen und didaktischen Probleme verdränge und externalisiere. Diese Zunftpolitik mache die Historie in der Informationsgesellschaft zu einer resonanzarmen Randerscheinung. Infolge werde der Dialog zwischen Geschichtswissenschaft und Gesellschaft stark geschwächt und der rationalisierende Einfluß des geschichtswissenschaftlichen Wissens auf die öffentliche Geschichtskultur unnötig gemindert. Die deutsche Geschichtswissenschaft habe sich von der kommunikativen Modernisierung seit dem 19. Jahrhundert ferngehalten. Die fachliche Informationsordnung und zum Teil auch das Kommunikationsverhalten sei frühmodernen Zunft-Konventionen verhaftet geblieben.[92]

---

91 Vgl. Nachruf auf „Geschichtsdidaktik", in: Gd 12 (1987), S. 329–330.
92 Vgl. Quandt, Siegfried, Kommunikative Herausforderungen der Geschichtswissenschaft und Geschichtsdidaktik, in: Mütter, Wissenschaftsgeschichte, S. 15–24, hier S. 16 ff.; ders., Geschichte im Fernsehen. Perspektiven der Wissenschaft, in: Knopp, Geschichte im Fernsehen, S. 10–20, hier S. 15 f.

Quandt, der bislang eine theorieorientierte Geschichtsdidaktik betonte, verfolgte seit Beginn der achtziger Jahre eine interdisziplinäre, kommunikationswissenschaftlich ausgelegte, zugleich fachwissenschaftlich orientierte Geschichtsdidaktik,[93] um die geforderten pragmatischen Perspektiven für den Bereich der Massenmedien zu eröffnen:

„Die Aufgabe der kommunikationswissenschaftlich ausgelegten Geschichtsdidaktik ist die Analyse und Organisation der historischen Information, Kommunikation und Erfahrungsbildung in und zwischen Gesellschaften. Jede didaktische Beziehung wird dabei als Spezialfall einer Kommunikationsbeziehung aufgefaßt."[94]

Quandt hält Information und Kommunikation für Bezugsphänomene, die von drei Faktoren, den Sachverhalten, den Kommunikatoren bzw. Medien und den Publika, geprägt sind. Er versteht historische Information und Kommunikation als Relationsprobleme, deren Analyse und Organisation die Berücksichtigung aller drei Faktoren erfordere. Die Betrachtung müsse die Beziehung von Information und Kommunikation empirisch erfassen, theoretisch einordnen und bei der praktischen Gestaltung handhaben. Als formale Leitvorstellung diene das Kongruenzmodell einer sach-, medien und publikumsgerechten Geschichtsdarstellung.

Das Kriterium der Sachgerechtheit erfordere einen intakten Bezug zur Geschichtsforschung, aber auch zu wissenschaftlichem Wissen außerhalb der Geschichtswissenschaft und die interdisziplinäre Kooperation mit der Kommunikationswissenschaft. Um Öffentlichkeit für historische Information und Kommunikation herstellen zu können, brauche der Historiker außerhalb seiner fachwissenschaftlichen Kompetenz gesichertes Wissen über die Eigenart der publizistischen und pädagogischen Institutionen und über Rezeptionsweisen und Orientierungsbedürfnisse dieses Publikums. Der Publikumsbezug sei eine entscheidende Dimension des geschichtsdidaktischen Aussagesystems.[95]

Quandt sieht den Sinn einer Nutzerorientierung nicht in „platter Marktbedienung". Sie sei vor allem aus verfassungspolitischen, lerntheoretischen und medientechnischen Gründen erforderlich. Die verfassungspolitische Grundoption einer Demokratie gebe dem Volk mit seinen Erfahrungen und Erwartungen einen hohen Rang im öffentlichen Diskurs. Historisches Lernen könne nur stattfinden, wenn die neuen Informationen in der Erfahrungs- und Begriffswelt der Lernenden verankert werden. Die modernen Informations- und Kommunikationstechniken seien in der Weise auf die Selbstbestimmung des Publikums angelegt, daß es jederzeit Informationen nach eigenen Wertvorstellungen abru-

---

93 Süssmuth, Geschichtskultur und Geschichtsdidaktik, S. 25.
94 Quandt, Kommunikative Herausforderungen, S. 15.
95 Quandt betonte diesen Aspekt bereits in früheren Aufsätzen. Vgl. Quandt, Das System der Geschichtsdidaktik, S. 405 f., ders., Didaktik der Geschichte, S. 11 f.

fen, aber auch verweigern könne. Dieses „Ernstnehmen" des Publikums und das Anknüpfen an seine Orientierungsbedürfnisse bedeute allerdings nicht, daß die Wissenschaft in ihrer Kommunikation mit der Gesellschaft ihre kritische Rationalität aufgebe, denn gerade dieses Potential mache sie für die gesellschaftliche Orientierung und Problemlösung interessant.

Quandt fordert angesichts der beschriebenen kommunikativen Herausforderungen von der Geschichtswissenschaft und der Geschichtsdidaktik, die wissenschaftliche Themenführung stärker auf existentielle Erfahrungen, aktuelle Prozesse und „Hintergrund"-Fragen der öffentlichen Kommunikation zu beziehen. Die Historiker müßten ihr publizistisches Verhalten über konventionelle Textsorten hinaus diversifizieren.[96] Das Lehrsystem und die Ausbildungsstrukturen erforderten unter dem Aspekt der Information und Kommunikation eine Modernisierung. Voraussetzung solcher Modernisierungsschritte sei ein zeitgerechtes Selbstverständnis der Geschichtswissenschaft.[97]

Quandt vollzieht mit der skizzierten geschichtsdidaktischen Position die konsequente Abkehr von schulischen Bezügen. Ihm gelingt es, einerseits die Publikumsorientierung und andererseits den kritischen Auftrag der Geschichtswissenschaft aufeinander zu beziehen. Er präsentiert Grundzüge eines auf die Massenmedien verengten geschichtsdidaktischen Ansatzes außerschulischer Vermittlung, der aber weder eine geschichtsdidaktische Handlungstheorie beinhaltet, noch das Verhältnis von Geschichtswissenschaft und Öffentlichkeit in Form einer Kommunikationstheorie konkretisiert.

2.3.2.2 Der Studienschwerpunkt Fachjournalismus Geschichte an der Universität Gießen

Der Kommunikationsrückstand der Geschichtswissenschaft veranlaßte Siegfried Quandt gemeinsam mit Rudolf Vierhaus, Direktor des Max-Planck-Instituts für Geschichte in Göttingen, eine Arbeitsgemeinschaft *Geschichtswissenschaft und Massenmedien* zu gründen. Sie bestand aus 25 namhaften Vertretern der Geschichtswissenschaft und der großen Massenmedien und konstituierte sich erstmals im Februar 1981 in Gießen. Ziel der Arbeitsgemeinschaft war die Verbesserung der Geschichtsdarstellung in Presse, Hörfunk und Fernsehen durch eine systematische Zusammenarbeit von Historikern und Journalisten. Die intensiv geführte Diskussion verdeutlichte die Unterschiede zwischen wissenschaftlichem und journalistischem Arbeiten:

---

96 Mit Darstellungsformen und der Kritik an der Hochschätzung von Texten beschäftigt sich Lüdtke, Alf, Geschichtswissenschaft und Öffentlichkeit. Zu den Wirkungen und Barrieren des Wissenschaftsbetriebs in der Bundesrepublik, in: Mentalitäten und Lebensverhältnisse. Beispiele aus der Sozialgeschichte der Neuzeit, Rudolf Vierhaus zum 60. Geburtstag, herausgegeben von Mitarbeitern und Schülern, Göttingen 1982, S. 416–438, hier S. 428 ff.
97 Quandt, Kommunikative Herausforderungen, S. 15 ff.

„Der Wissenschaft geht es primär um methodisch geregelte Sachverhalts- und Sinn*ermittlung*, dem Journalismus vor allem um medien- und publikumsgerechte Sachverhalts- und Sinn*vermittlung*; die Wissenschaft will das geprüfte Wissen verbessern und vermehren, der Journalismus will öffentlich wirken und dabei die aktuellen Publikumsbedürfnisse nach Unterhaltung, Information und Bildung befriedigen."[98]

Diese Lage führte dazu, daß während der ersten Konferenz nur der Gründungsbeschluß zu einer Arbeitsgemeinschaft gefaßt werden konnte und auch zwei weitere Konferenzen über Formulierungsversuche von Unterschieden und Gemeinsamkeiten nicht hinausgingen. Konkrete Film- und Buchprojekte[99] ergaben schließlich die intendierten gemeinsamen Arbeitsansätze.

Das Interesse einiger Mitglieder der Arbeitsgemeinschaft an Aus- und Fortbildungsfragen führte zunächst zu einer Zusammenarbeit mit der *Zentralstelle Fortbildung von ARD und ZDF* und der Durchführung von Tagungen zu Themen der Zeitgeschichte für in den Funkmedien praktizierende Journalisten. Der Fachbereich Geschichtswissenschaften an der Universität Gießen realisierte schließlich 1984 die Idee eines fachjournalistischen Studiengangs.

Die Gießener Fachjournalistenausbildung soll sich vor dem Hintergrund der Erfahrungen und Probleme mit der bestehenden Journalistenausbildung genau in der Mitte zwischen einem weitläufigen Allround-Journalismus, dem es an dem notwendigen Sachwissen mangelt, und einem engspurigen Wissenschaftsjournalismus, der der akademischen Disziplin eng verbunden ist, bewegen. Sie soll eine breite fachwissenschaftliche Grundlage schaffen, in die systematische Analyse öffentlicher Kommunikation einführen und „Augenmaß für praktische Arbeitsansätze in verschiedenen Medien" vermitteln. Die Journalistenausbildung ist fach- und ressortbezogen, kooperativ angelegt, multimedial ausgerichtet und technologieorientiert. Das Prinzip der Kooperation wird als dauernde Arbeitsbeziehung zur journalistischen Praxis, als Expertenaustausch während Kolloquien und Arbeitstagungen und als Integration von Praxisexperten in die universitäre Ausbildung verstanden. Das berufsbezogene Magisterstudium im Fachbereich Geschichtswissenschaften besteht aus den Komponenten der Sachfächer, der Fachjournalistik und der praktischen Studien in einer Lehrredaktion, in Studios und während der Praktika. *Mittlere und Neuere Geschichte* stellt das obligatorische Hauptsachfach dar, das mit den regionalen Schwerpunkten West-

---

98 Quandt, Siegfried, Geschichtswissenschaft und Massenmedien. Zwischenbilanz eines anspruchsvollen Projekts, in: Forschung & Lehre 1 (1994), S. 511–512, hier S. 511.
99 Vgl. Knopp, Guido und Siegfried Quandt (Hgg.), Geschichte im Fernsehen. Ein Handbuch, Darmstadt 1988; Arnold, Bernd-Peter und Siegfried Quandt (Hgg.), Radio heute. Die neuen Trends im Hörfunkjournalismus, Frankfurt am Main 1991. Ferner die Reihen *Geschichte, Politik und Massenmedien* (1982 ff.); *Geschichte, Politik, Wirtschaft. Gießener Texte – Fachjournalismus* (1984 ff.); *Geschichte – Grundlagen und Hintergründe* (1987 ff.) und die kurzlebige Zeitschrift *Geschichte fernsehen* (1982–1986).

europa/Nordamerika oder Ostmittel-/Osteuropa gewählt werden kann. Daneben treten zwei weitere Sachfächer in der Größe eines Studienelements[100] und das „profilbildende" Nebenfach Fachjournalistik, das sich aus der Didaktik der Geschichte entwickelte.[101]

Eine derartige Konstruktion eines berufsbezogenen Magisterstudiengangs im Fach Geschichte ist bis heute an den bundesdeutschen Universitäten eine Ausnahme geblieben. 1993 wurde dem Arbeitsgebiet Fachjournalistik Geschichte ein *Lernzentrum für Journalismus und Medienpädagogik* angegliedert.[102]

2.3.3 Jörn Rüsen: Geschichtsdidaktik als Wissenschaft vom historischen Lernen

Im Gegensatz zu den Bemühungen, die als theoretische Disziplin konstituierte Geschichtsdidaktik um pragmatische Perspektiven zu erweitern, wandte sich Jörn Rüsen der geschichtsdidaktischen Theorie zu. Er beklagte das Fehlen einer systematischen Theorie historischen Lernens, obwohl die Geschichtsdidaktik seit Beginn der siebziger Jahre wichtige Impulse von der Lerntheorie erfahren habe. Die einschlägigen psychologischen Lerntheorien würden auf einem Abstraktionsniveau formuliert und in experimentellen Situationen empirisch getestet, die dem Geschichtsbezug des historischen Lernens nicht entsprächen.[103] In der zweiten Hälfte der achtziger Jahre intendierte Rüsen in verschiedenen Veröffentlichungen eine systematische Theorie historischen Lernens zu entwickeln. Damit führte er die Diskussion um das Geschichtsbewußtsein als zentrale Kategorie der Geschichtsdidaktik und die Erweiterung des geschichtsdidaktischen Bezugsrahmens auf die Gesamtheit der Öffentlichkeit konsequent fort.

Rüsen versteht Geschichtsdidaktik als Wissenschaft vom historischen Lernen. Sie untersuche historisches Lernen empirisch, normativ und pragmatisch:

> „Empirisch stellt Geschichtsdidaktik die Frage, was historisches Lernen ist; sie untersucht die realen Vorgänge, in denen es sich manifestiert, seine mannigfaltigen Bedingungen, Formen und Resultate, seine Rolle in den Prozessen der menschlichen Individuation und Sozialisation. [...] Normativ stellt die Geschichtsdidaktik die Frage, was historisches Lernen sein soll, und untersucht die Gesichtspunkte, nach denen es absichtsvoll (durch Lehren) be-

---

100 Die Sachfächer können aus 25 Angeboten (z. B. Text- und Mediengermanistik, Soziologie) frei gewählt werden. Ein Studienelement umfaßt 20 Semesterwochenstunden.
101 Quandt, Siegfried, Der „Studienschwerpunkt Fachjournalismus Geschichte". Eine vorläufige Bilanz, in: ders. und Horst Schichtel (Hgg.), Fachjournalismus Geschichte. Das Gießener Modell, Marburg 1995, S. 7–17, hier S. 11 ff.
102 Ebd., S. 13.
103 Rüsen, Jörn, Historisches Lernen, in: Bergmann, Handbuch der Geschichtsdidaktik (³1985), S. 224– 229, hier S. 225.

einflußt, geplant gelenkt und kontrolliert werden soll. [...] Pragmatisch schließlich stellt die Geschichtsdidaktik die Frage, wie historisches Lernen planmäßig und zielbestimmt organisiert werden kann, und untersucht Strategien historischen Lehrens."[104]

Geschichtsbewußtsein wird bei Rüsen lerntheoretisch expliziert. Es erscheint als historisches Lernen auf der Ebene fundamentaler und elementarer, lebenspraktisch notwendiger Erinnerungsarbeit. Ferner wird es als mentaler Prozeß, als ein Ensemble von emotionalen, kognitiven und pragmatischen Bewußtseinsoperationen und als spezifisch geschichtsbezogen verstanden. Geschichtsbewußtsein wird erzähltheoretisch rekonstruiert:[105] Historisches Erzählen sei als ein Ensemble von Bewußtseinsoperationen zu beschreiben, das Geschichtsbewußtsein als eine elementare und allgemeine (lebensweltliche) Orientierungsleistung konstituiere. Es bezeichne keine Darstellungsform, sondern die narrative Struktur historischen Wissens. Es sei ein kommunikativer Akt[106] von Sinnbildung über Zeiterfahrung. Lege man einen Lernbegriff zugrunde, die selbsttätige Aneignung (Deutung) von Erfahrung, dann sei grundsätzlich jeder Prozeß des historischen Erzählens ein Lernprozeß. Geschichtsbewußtsein ließe sich in eine geordnete Folge von Lernoperationen zerlegen, die zusammen einen einheitlichen Prozeß bilden, der von anderen Lernprozessen abgegrenzt, im einzelnen beschrieben und analysiert werden könne: Die Generierung von Orientierungsbedürfnissen, die Wendung zur Vergangenheit, die Aufarbeitung der Erfahrung, die historische Gestaltung und die zeitliche Orientierung von Lebenspraxis ließen sich in der Form eines Regelkreises anordnen, der die innere Dynamik des Lernprozesses illustriere. Geschichtsdidaktisch betrachtet erscheine der Lernprozeß des Geschichtsbewußtseins als selbstreflexiver Prozeß, als Lernen des Lernens. Er werde als Entwicklung eines Subjekts thematisiert, in der es die *narrative Kompetenz* erwerbe.

Rüsen beschreibt und analysiert Entwicklungsprozesse von Geschichtsbewußtsein als Lernprozesse. Er differenziert damit historisches Lernen in verschiedene Formen und Entwicklungsfaktoren. Die Formen historischen Lernens ließen sich erzähltheoretisch aus der didaktischen Beschreibung von Typen historischen Erzählens gewinnen. Daher werden die vier Formen des *traditionalen, exemplarischen, kritischen* und *genetischen historischen Lernens* unterschieden. In der Lernform der *traditionalen Sinnbildung* über Zeiterfahrung ginge es

---

104 Rüsen, Jörn, Ansätze zu einer Theorie historischen Lernens I: Formen und Prozesse, in: Gd 10 (1985), S. 249–265, hier S. 251.
105 Rüsen, Jörn, Die vier Typen des historischen Erzählens, in: Koselleck, Reinhart et al. (Hgg.), Formen der Geschichtsschreibung, München 1982, S. 514–605; ders., Geschichtsdidaktische Konsequenzen aus einer erzähltheoretischen Historik, in: Quandt/Süssmuth, Historisches Erzählen, S. 129–170.
106 Vgl. Röttgers, Kurt, Geschichtserzählung als kommunikativer Text, in: Quandt/Süssmuth, Historisches Erzählen, S. 29–48.

darum, Orientierungsbedürfnisse über Tradition zu befriedigen. Vorgegebene Deutungsmuster der Zeiterfahrung und damit zusammenhängende Strategien menschlicher Selbstverständigung würden internalisiert und durch Verarbeitung eigener Zeiterfahrungen aktualisiert. Die Orientierungsbedürfnisse würden in der Lernform der *exemplarischen Sinnbildung* dadurch befriedigt, daß einzelne Zeiterfahrungen unter allgemeine Handlungsregeln subsumiert und allgemeine Regeln auf einzelne Fälle angewandt werden. Über den Horizont von Traditionen hinaus würden Zeiterfahrungen zu handlungsleitenden Regeln verarbeitet. Im Rahmen *kritischer Sinnbildung* würden Zeiterfahrungen interpretierend so angeeignet, daß sie die vorgegebene Zeitorientierung außer Kraft setzten. Die Subjekte lernten, mit der Vergegenwärtigung der Vergangenheit die historischen Deutungen abzulehnen, die ihr Leben in den zeitlichen Veränderungen ihrer Welt und ihrer selbst plazierten, ihr Handeln intentional anleiteten und ihr Selbstverständnis organisierten. In der Lernform der *genetischen Sinnbildung* würden Zeiterfahrungen über historische Erinnerungen so verarbeitet, daß das Moment der zeitlichen Veränderung selbst zum Stabilitätsgaranten der Praxisorientierung und Selbstverständigung werde. Zeiterfahrungen würden lernend in flexible Orientierungsmuster hineingearbeitet. Historisches Lernen bedeute in dieser Lernform, den Erfahrungsstrom zeitlicher Veränderung so in die Deutungsmuster der eigenen Lebenspraxis einzubringen, daß diese zeitlich selber dynamisiert würden. Die vier von Rüsen beschrieben Formen historischen Lernens kommen nie isoliert vor, sondern gehen unterschiedlich strukturierte Synthesen ein, in denen sie jeweils verschiedenen Lernsituationen entsprechen.[107]

Die Faktoren der Entwicklungsdynamik des Geschichtsbewußtseins ist eine zentrale Frage der Geschichtsdidaktik:

„Um eine solche, das Leben eines Subjekts umfassende Vorstellung vom historischen Lernen als lebenslangem Lernen zu gewinnen, ist es notwendig, die Faktoren herauszuarbeiten, die den Lernprozeß des Menschen als Lernprozeß durchgängig bestimmen, und zwar dort, wo sich Geschichtsbewußtsein in der Lebenspraxis konstituiert, wo also Bedürfnisse nach Orientierung in der Zeit dauernd entstehen und – je nach Lebenslage und Umständen – durch verschieden strukturiertes historisches Wissen praxisermöglichend befriedigt werden."[108]

Der dauernde Anstoß zu den Lernleistungen des Geschichtsbewußtseins sei die strukturelle Divergenz zwischen dem Erfahrungsdruck aktueller zeitlicher Veränderungen und dem Erwartungsüberschuß handlungsleitender Absichten über

---

[107] Vgl. Rüsen, Theorie des historischen Lernens I, S. 251 ff.; ders., Historisches Lernen, S. 227 ff. Zu historischem Lernen im Zusammenhang des Verhältnisses von Historik und Didaktik vgl. Rüsen, Jörn, Lebendige Geschichte. Grundzüge einer Historik III: Formen und Funktionen des historischen Wissens, Göttingen 1989, hier S. 93 ff.
[108] Rüsen, Theorie des historischen Lernens I, S. 259.

die gegebenen Bedingungen und Umstände des Handelns. Historisches Lernen erfolge insofern lebenslang, als der Erwerb von Sinndeutungskompetenz nicht definitiv abgeschlossen werden könne.

Rüsen hält die Erfahrungsverarbeitung historischen Lernens und seine Abarbeitung von Erwartungsüberschüssen in erfahrungsgestützte Zeitperspektiven für dynamisch. Diese Perspektiven hätten neben ihrer objektiven Seite, der Erfahrung von Zeit, auch eine subjektive, die die Plazierung des lernenden Subjekts in der Zeit betreffe. Subjektivität als dynamisierender Faktor historischen Lernens zeige sich einerseits als Bezug des lernenden Subjekts auf sich selbst in der deutenden Aneignung der historischen Erfahrung und andererseits als kommunikativer Bezug auf die anderen Subjekte seines sozialen Lebenszusammenhangs, in dem soziale Indentität durch gemeinsame historische Erinnerungen ausgebildet würden. Die Entwicklungsdynamik historischen Lernens lasse sich nach drei Parametern, dem *Erfahrungs-, Subjektivitäts- und Intersubjektivitätszuwachs*, aufschlüsseln und ordnen. Der Erfahrungszuwachs basiere auf der qualitativen Zeitdifferenz zwischen Vergangenheit und Gegenwart. Das Anderssein der Vergangenheit werde erkannt, um den Eigensinn der Gegenwart in ihrer zeitlichen Bewegung auszumachen und zu verstehen. Der Subjektivitätszuwachs sei ein Aspekt historischen Lernens, in dem es als Selbstbezug von Individuen und Gruppen erscheine. Subjektivität meine die Art und Weise, wie die Lernenden das Ich in den Erwerb historischer Erfahrung einbrächten und wie es seinen zeitlichen Horizont in der historischen Erinnerung über die Grenzen der eigenen Lebenszeit hinaus gewinne. Intersubjektivitätszuwachs bezeichne eine Zunahme von Kommunikationsfähigkeit in der Artikulation identitätsbildender historischer Erinnerungen.

Rüsen hebt hervor, daß der Entwicklungsprozeß historischen Lernens strukturanalytisch als Folge klar unterscheidbarer Lernstufen oder Lernniveaus beschrieben werden könne. Die vier idealtypischen Abstraktionen historischen Lernens ließen sich entwicklungslogisch zwanglos und konsistent reihen. Traditionales, exemplarisches, kritisches und genetisches Lernen seien in dieser Reihenfolge jeweils notwendige Voraussetzungen füreinander.[109]

---

109 Rüsen, Theorie historischen Lernens I, S. 259 ff.; ders., Historisches Lernen, S. 228. Zu den empirischen, normativen und pragmatischen Forschungsperspektiven der Geschichtsdidaktik, die durch die Ansätze zu einer Theorie historischen Lernens eröffnet werden vgl. Rüsen, Jörn, Ansätze zu einer Theorie historischen Lernens II: Empirie, Normativität, Pragmatik, in: Gd 12 (1987), S. 15–27. Rüsen legte 1994 eine Sammlung von 1982–1993 bereits andernorts erschienenen Aufsätzen vor, die aber hinsichtlich einer Differenzierung der Theorie historischen Lernens nicht weiterführt. Vgl. Rüsen, Jörn, Historisches Lernen. Grundlagen und Paradigmen, Köln 1994. Zur Kritik dieser Sammlung vgl. den Literaturbericht von Rohlfes, Joachim, Geschichtsdidaktik – Geschichtsunterricht, Teil I, in: GWU 48 (1997), S. 41–59, hier S. 45 f. und die Rezension von Walter, Uwe, Zwischen Selbstreflexion und Sinnproduktion: Geschichtswissenschaft, Geschichtstheorie und Geschichtsdidaktik in Bielefelder Sicht, in: GPD 23 (1995), S. 195–200.

Rüsen entfaltet in seinen Ansätzen zu einer Theorie historischen Lernens einen umfassenden Lernbegriff, der gleichermaßen für die schulische und die außerschulische Vermittlung von Geschichte relevant ist. Geschichtsbewußtsein als historisches Lernen bildet die innere Seite jeglichen sachverständigen Umgangs mit Geschichte, dessen äußere Seite in Rüsens Konzept der *Geschichtskultur* beschrieben wird.[110]

2.4 Neunziger Jahre: Die kulturwissenschaftliche Orientierung im Konzept der *Geschichtskultur*

2.4.1 Situation der Geschichtsdidaktik

Der sich in den achtziger Jahren bereits abzeichnende Bedeutungsverlust der geschichtsdidaktischen Diskussion[111] hat sich in den neunziger Jahren verstärkt. Klaus Bergmann bemerkt, es gehöre seit Jahren zu den Ritualen geschichtsdidaktischer Selbstreflexion, Klagelieder über den Zustand der Disziplin anzustimmen und fast wehmütig an die Kontroversen in der Phase der Ausformung einer gesellschaftskritischen, geschichtstheoretisch fundierten und pädagogisch verantwortbaren Geschichtsdidaktik zu erinnern.[112] Er selbst stimmt ein:

„Denn wie steht sie da, die Geschichtsdidaktik, die ihren Anteil an der Entdeckung der Geschichtskultur hat, wie steht sie da in einer Zeit, in der sich ihre Frage nach dem historischen Lernen in der Gesellschaft angesichts einer geradezu wuchernden Geschichtskultur als wesentlich und notwendig, ja als dringlich erweist? Elend steht sie da, personell ausgedünnt und ausgezehrt, mittellos, fast nur noch vertreten durch Jubilare oder baldige Jubilare, ohne Nachwuchs, der [...] die Entwicklung vorantreiben könnte."[113]

Bodo von Borries spricht von einer „Krise der Geschichtsdidaktik", Joachim Rohlfes von einer „Misere" und Jörn Rüsen beklagt die „Friedhofsruhe".[114] Die Ursachen für das Ausbleiben inspirierender Kontroversen und das Fehlen

---

110 Rüsen, Jörn, Geschichtsdidaktik heute – Was ist und zu welchem Ende betreiben wir sie (noch)?, in: Geschichte lernen, Heft 21 (1991), S. 14–19, hier S. 17.
111 Süssmuth, Geschichtskultur und Geschichtsdidaktik, S. 28.
112 Bergmann, Klaus, Die neue Geschichtsdidaktik – Ein langer Blick zurück und ein kurzer Blick nach vorn, in: Blanke, Horst Walter et al. (Hgg.), Dimensionen der Historik. Geschichtstheorie, Wissenschaftsgeschichte und Geschichtskultur heute, Jörn Rüsen zum 60. Geburtstag, Köln 1998, S. 127–137, hier S. 127.
113 Ebd., S. 136.
114 Borries, Bodo von, Krise und Perspektive der Geschichtsdidaktik – Eine persönliche Bemerkung, in: Geschichte lernen, Heft 15 (1990), S. 2–5, hier S. 2; Rohlfes, Joachim, Die zwei Standbeine der Geschichtsdidaktik, in: Geschichte lernen, Heft 18 (1990), S. 4–5, hier S. 4; Rüsen, Jörn, Geschichtsdidaktik heute, S. 14.

des akademischen Nachwuchses werden in externen und internen Faktoren gesehen. Als externer Faktor gilt insbesondere die Lehrerarbeitslosigkeit, die der Didaktik ihre Abnehmer raubte. Dies dokumentiert die enge Verbindung von Geschichtsdidaktik und Geschichtsunterricht im Gegensatz zu außerschulischen Vermittlungstätigkeiten, die für Absolventen des Lehramts- und des Magisterstudiengangs gleichermaßen relevant sind. Als interner Faktor wird das Image der Geschichtsdidaktik angesehen, die offensichtlich nicht in der Lage war, die Bedürfnisse und Erwartungen ihrer Klientel, vor allem der Geschichtslehrer, aber auch der Fachwissenschaftler, zu erfüllen. Die Geschichtsdidaktik hatte ihren Status als Disziplin über die Theoriebildung jenseits der Praxis errungen, der weder eine umfassende Unterrichtsmethodik[115] noch Methodenreflexionen außerschulischer Vermittlung folgten. Borries bezeichnet die Krise daher als „hausgemacht", als „den Zusammenbruch überzogener und uneingelöster Selbstansprüche." Absurd erscheinen in diesem Zusammenhang allerdings Zweifel, ob die Abwendung von der Pädagogik und Orientierung an der Geschichtswissenschaft sowie die Erweiterung des geschichtsdidaktischen Bezugsrahmens von Nutzen waren.[116] Die Konsequenz dieser Entwicklung zeigte sich seit Ende der achtziger Jahre in der Umwidmung freiwerdender, ursprünglich geschichtsdidaktisch gebundener Hochschulpositionen und in der Fluchtbewegung der Didaktiker zu anderen Themen.[117]

Die Zukunft der Geschichtsdidaktik als umfassende Theorie historischen Lernens wird erstens in dem längst überfälligen Brückenschlag zwischen Theorie und Praxis gesehen, der sich zunächst ausschließlich für den Bereich der Schule in der Forderung nach einer umfassenden Methodik äußert.[118] Seit mehr als zehn Jahren wird zweitens eine Expansion im Bereich der Geschichtskultur thematisiert, die bislang mehr Anspruch geblieben als Wirklichkeit geworden ist.[119] Die

---

115 Zu den bis Anfang der neunziger Jahre erschienenen unterrichtsmethodischen Beiträgen vgl. Süssmuth, Hans, Bibliographie zur Geschichtsdidaktik der Bundesrepublik Deutschland, in: ders. (Hg.), Geschichtsunterricht im vereinten Deutschland. Auf der Suche nach Neuorientierung (Teil I), Baden-Baden 1991, S. 211–226, hier S. 216 ff.; für die neunziger Jahre vgl. Rohlfes, Joachim, Geschichtsdidaktik – Geschichtsunterricht, in: GWU 48 (1997), S. 41–59 (Teil I), S. 107–125 (Teil II), S. 169–188 (Teil III), S. 245–251 (Teil IV), hier S. 115 und 169 f.
116 Zusammengefaßt bei Rohlfes, Joachim, Theoretiker, Praktiker, Empiriker. Mißverständnisse, Vorwürfe, Dissonanzen unter Geschichtsdidaktikern, in: GWU 47 (1996), S. 98–110, hier S. 99. Sogar Rüsen äußert Zweifel, ob die institutionelle Anbindung an die Geschichtswissenschaft für die Geschichtsdidaktik von Vorteil war. Vgl. Rüsen, Geschichtsdidaktik heute, S. 18.
117 Vgl. Bergmann, Neue Geschichtsdidaktik, S. 135 f.; Borries, Krise und Perspektive, S. 2 f.; Rohlfes, Zwei Standbeine, S. 4; Rüsen, Geschichtsdidaktik heute, S. 15 f.
118 Rohlfes, Theoretiker, S. 108 ff.; Rüsen, Geschichtsdidaktik heute, S. 17; Borries, Bodo von, Notwendige Bestandsaufnahme nach 30 Jahren? Ein Versuch über Post-'68-Geschichtsdidaktik und Post-'89-Problemfelder, in: GWU 50 (1999), S. 268–281, S. 277 ff.; Pandel, Hans-Jürgen, Postmoderne Beliebigkeit? Über den sorglosen Umgang mit Inhalten und Methoden, in: GWU 50 (1999), S. 282–291. Klaus Bergmann hingegen hält die Kritik an fehlenden methodischen Anregungen angesichts der Angebote der Zeitschrift *Geschichte lernen* für unberechtigt. Vgl. Bergmann, Neue Geschichtsdidaktik, S. 134.
119 Kuss, Geschichtsdidaktik und Geschichtsunterricht, S. 756 f.

sich aus der angestrebten Expansion ergebenden Forschungsperspektiven wurden bisher überwiegend nicht systematisch formuliert: Borries fordert die Analyse der „strukturellen Unterschiede verschiedener Lernorte als Bestimmungsfaktor der Geschichtsdidaktik", Mütter „die Analyse der Funktion und Wirkung von Geschichte in einer massenmedial strukturierten Gesellschaft (Public History)" und Rohlfes beschreibt „Geschichte in der Öffentlichkeit als Aufgabengebiet".[120] Lediglich Bergmann und Rüsen, der eine „funktionale Erfordernis der Erschließung des Phänomenbestandes ‚Geschichtskultur'" feststellt, weisen auf theoretische, empirische und pragmatische Desiderate geschichtsdidaktischer Forschung im Bereich der Geschichtskultur hin. Die Zukunft der Geschichtsdidaktik ist für Rüsen insbesondere an die Grundlagenforschung im Bereich der Pragmatik gebunden.[121] Neue Impulse werden drittens von einer engeren Verbindung zwischen außerschulischer Geschichtskultur und dem Geschichtsunterricht erwartet. Hans-Jürgen Pandel fordert daher:

„Gegenstand [des Geschichtsunterrichts, S. R.] müßten Themen der Geschichtskultur werden, um den Schülern und Schülerinnen eine Teilnahme am geschichtskulturellen Diskurs der Gegenwart zu ermöglichen. So gehört der Historikerstreit, die Goldhagen-Debatte, die Debatte um die Wehrmachtsausstellung und die Lüge der Auschwitzleugner genauso in den Geschichtsunterricht, wie der Streit um das Berliner Holocaust-Denkmal. [...] Solche Debatten liefern den Stoff für Projekte. Ich empfehle, einen Teil der Geschichtsstunden für Geschichtskultur vorzusehen und in den Richtlinien auszuweisen."[122]

Als Symptom der Krise der Geschichtsdidaktik in den neunziger Jahren wird das Sterben der Publikationsorgane, das bereits in den achtziger Jahren begann, und die geringe Publikationstätigkeit insgesamt angesehen.[123] Die für die außerschulische Vermittlung von Geschichte relevanten Publikationen waren einerseits von den Auswirkungen der Wiedervereinigung auf Identität, Geschichtsbewußtsein und historischem Lernen der Deutschen,[124] andererseits von einem wachsenden In-

---

120 Süssmuth, Geschichtskultur und Geschichtsdidaktik, S. 29; Borries, Krise und Perspektive, S. 3; Rohlfes, Zwei Standbeine, S. 4; Mütter, Bernd, Geschichtsdidaktik in Deutschland 1990–1995, in: Erziehung und Unterricht 146 (1996), S. 185–189, hier S. 187.
121 Bergmann, Neue Geschichtsdidaktik, S. 136; Rüsen, Geschichtsdidaktik heute, S. 17 f.
122 Pandel, Postmoderne Beliebigkeit, S. 290. Vgl. ähnliche Positionen bei Bergmann, Neue Geschichtsdidaktik, S. 133 und Mütter, Bernd, „Geschichtskultur" – Zukunftsperspektive für den Geschichtsunterricht am Gymnasium?, in: GPD 26 (1998), S. 165–177.
123 Vgl. die Literaturberichte von Mütter, Geschichtsdidaktik 1990–1995; Rohlfes, Geschichtsdidaktik – Geschichtsunterricht; Bergmann, Klaus, Sammelrezension, in: Geschichte lernen, Heft 46 (1995), S. 4–8.
124 Vgl. Süssmuth, Hans (Hg.), Geschichtsunterricht im vereinten Deutschland. Auf der Suche nach Neuorientierung (2 Bde.), Baden-Baden 1991; Voit, Hartmut (Hg.), Perspektiven für das historische Lernen in Deutschland nach dem 9. November 1989, Erlangen 1992; Uffelmann, Uwe (Hg.), Identitätsbildung und Geschichtsbewußtsein nach der Vereinigung

teresse für nicht-kognitive Zugänge bestimmt.¹²⁵ Rolf Schörken legte ferner eine völlig überarbeitete Fassung seines 1981 erschienen Buches *Geschichte in der Alltagswelt* vor, das aber unmittelbar an seine schon in den achtziger Jahren vertretene Position anschließt.¹²⁶ Über Erfahrungen und Probleme der Entwicklung einer Datenbank, die das historische Wissen für Journalisten so aufbereitet, daß es ohne aufwendige Recherche abgerufen werden kann, berichtet eine Arbeitsgruppe um Siegfried Quandt.¹²⁷ Einen Überblick über Geschichtsdidaktik und Geschichtskultur im internationalen Vergleich veröffentlichten Karl Pellens, Siegfried Quandt und Hans Süssmuth.¹²⁸ Die Neuauflage des *Handbuchs der Geschichtsdidaktik* bleibt ein Lichtblick der neunziger Jahre.¹²⁹

2.4.2 Jörn Rüsen: Geschichtskultur als Artikulation des Geschichtsbewußtseins

Jörn Rüsen versteht *Geschichtskultur* als Fundamentalkategorie, die den Sitz des historischen Denkens im Leben bestimmt. Indem er sie theoretisch expliziert, sollen ein weiteres und tieferes Selbstverständnis der Geschichtswissenschaft ermöglicht und zugleich Aufgaben der professionellen Historiker erschlossen werden, die bisher zu wenig beachtet wurden.¹³⁰ In Rüsens Konzept der Geschichtskultur offenbart sich der kulturwissenschaftliche Einfluß auf die Geschichtswissenschaft:

„Damit möchte ich auch die aktuellen Wandlungen des historischen Interesses, seine Bewegungen weg von *Gesellschaft* und hin zu *Kultur*, sich in der Reflexion auf die Grundlagen der Geschichtswissenschaft und auf die Aufga-

---

Deutschlands, Weinheim 1993; Uffelmann, Uwe et al. (Hgg.), Historisches Lernen im vereinten Deutschland. Nation – Europa – Welt, Weinheim ²1995.
125 Vgl. Mütter, Bernd und Uwe Uffelmann (Hgg.), Emotionen und historisches Lernen, Frankfurt am Main 1992; Klose, Dagmar und Uwe Uffelmann (Hgg.), Vergangenheit – Geschichte – Psyche. Ein interdisziplinäres Gespräch, Idstein 1993; Schörken, Rolf, Historische Imagination und Geschichtsdidaktik, Paderborn 1994; Borries, Bodo von, Imaginierte Geschichte, Köln 1996.
126 Schörken, Rolf, Begegnungen mit Geschichte. Vom außerwissenschaftlichen Umgang mit Geschichte in Literatur und Medien, Stuttgart 1995.
127 Quandt, Siegfried et al., Fachinformationssystem Geschichte. Historische Wissenschaft und öffentliche Kommunikation, Marburg 1992. Vgl. zu der jüngsten Entwicklung Götz von Olenhusen, Irmtraud, EDV als Instrument historischer Forschung und ihrer Didaktik. Das Hypertext-„Informationssystem Geschichte", in: Historische Sozialforschung 25 (2000), S. 74–81.
128 Pellens, Karl/Siegfried Quandt/Hans Süssmuth, Historical Culture – Historical Communication. An International Bibliography, Frankfurt am Main 1994.
129 Bergmann, Klaus et al. (Hgg.), Handbuch der Geschichtsdidaktik, Seelze-Velber ⁵1997.
130 Rüsen, Jörn, Geschichtskultur als Forschungsproblem, in: Fröhlich, Klaus et al. (Hgg.), Geschichtskultur (Jahrbuch für Geschichtsdidaktik 3), Pfaffenweiler 1992, S. 39–50, hier S. 39.

ben und Funktionen des historischen Denkens in der gesellschaftlichen Praxis austragen lassen."[131]

Der interdisziplinäre Charakter des Konzepts der Geschichtskultur zeigt sich in durchlässigen Grenzen der Fachdisziplinen, ohne diese aufzuheben. Die Selbstwahrnehmung der Historiker werde dadurch in drei Hinsichten erweitert. Erstens ermögliche die Kulturkategorie die Perspektive auf ein viel tiefer angesetztes und breiteres Feld der Verwurzelung historischen Denkens in der Lebenspraxis als das Phänomen von Standpunkten im politischen Meinungskampf. Mit ihr ließe sich ein konstitutiver Adressatenbezug der historischen Erkenntnis ausleuchten, der in der Historik zwar grundsätzlich zur Debatte gestanden habe, sich aber auf die Aufzählung einiger zentraler sozialer Funktionen des historischen Wissens beschränkt hätte. Zweitens erweitere die Kategorie Geschichtskultur den Horizont der Geschichtsdidaktik, die sich bereits mit der Frage des Geschichtsbewußtseins von der engen Ausrichtung auf den Geschichtsunterricht befreit habe. Damit habe sie aber noch nicht hinreichend die Lebenszusammenhänge beachtet, in denen Geschichtsbewußtsein sich ausbildet und wirkt. Geschichtskultur umfasse Geschichtsbewußtsein und meine zugleich mehr als die kognitiven Vorgänge erkenntnisgesteuerter historischer Orientierung. Drittens werde die Sachkompetenz professionalisierter Historiker durch die Kategorie Geschichtskultur vergrößert, weil sie begrifflich die fachliche Wissensproduktion in die Zusammenhänge hole, in denen sie immer erfolge: sie mache Praxis als Lebenselixier von Theorie und Theorie als Lebens- elixier von Praxis sichtbar. Rüsen erhofft sich von einem durch die Kategorie Geschichtskultur angeleiteten Selbstverständnis der Geschichtswissenschaft eine grundsätzliche Erweiterung historischer Sachkompetenz im Bereich des praktischen Gebrauchs historischen Wissens. Dies erfordere, daß Geschichtskultur auf der theoretischen, empirischen und pragmatischen Ebene forschend in Kraft gesetzt werde. Die theoretische Erforschung der Geschichtskultur hieße, den Phänomenbestand zu erschließen und von anderen abzugrenzen. Eine solche Definition habe von Eigenart und Funktion der historischen Erinnerung im Leben einer Gesellschaft auszugehen und könne an die bisherige Debatte über Eigenart und Funktion des Geschichtsbewußtseins anschließen. Diese Theoretisierungen müßten sich in empirischer Konkretisierung und Modifikation erfüllen. Die mit dem Konzept der Geschichtskultur erwartete Horizonterweiterung im Selbstverständnis der Historiker hinge davon ab, inwieweit sich diese empirische Konkretisierung und Modi-

---

131 Ebd., S. 39. Zur Diskussion um eine „Historische Kulturwissenschaft" vgl. Wehler, Hans-Ulrich, Die Herausforderung der Kulturgeschichte, München 1998; Mergel, Thomas und Thomas Welskopp (Hgg.), Geschichte zwischen Kultur und Gesellschaft, München 1997; Hardtwig, Wolfgang und Hans-Ulrich Wehler, Kulturgeschichte Heute, Göttingen 1996; Sieder, Reinhard, Sozialgeschichte auf dem Weg zu einer Historischen Kulturwissenschaft?, in: GG 20 (1994), S. 445–468; Daniel, Ute, „Kultur" und „Gesellschaft". Überlegungen zum Gegenstandsbereich der Sozialgeschichte, in: GG 19 (1993), S. 69–99.

fikation den realen Lebensvollzügen nähere, in denen Geschichtswissenschaft betrieben und historisches Wissen zu unterschiedlichen Zwecken verwendet werde. Desiderate im Bereich der Pragmatik der Geschichtskultur werden von Rüsen nicht spezifisch benannt. Er betont lediglich, daß durch ein forschendes Einlassen auf die Praxis der Geschichtskultur ein Wissen über dort notwendige und sachgerechte Handlungskompetenz erworben werden soll.[132]

Rüsen definiert Geschichtskultur als „praktisch wirksame Artikulation von Geschichtsbewußtsein im Leben einer Gesellschaft"[133] oder als „Gesamtbereich der Aktivitäten des Geschichtsbewußtseins."[134] Anthropologische Grundlage jeder Aktivität des Geschichtsbewußtseins sei die historische *Erinnerung*, der bei Rüsen im Gegensatz zu *Kultur* keine paradigmatische Bedeutung beigemessen wird.

Rüsen unterscheidet die ästhetische, die politische und die kognitive Dimension der Geschichtskultur. Diese drei Dimensionen seien in ihrer Unterschiedlichkeit und ihrem inneren Zusammenhang durch die mentalen Operationen des Fühlens, Wollens und Denkens anthropologisch fundiert. Zu der ästhetischen Dimension der Geschichtskultur zählen Denkmäler, Museen, historische Werke der bildenden Kunst, der Literatur und des Films, der Historiographie als literarische Gattung und die Formen des mündlichen historischen Erzählens:

> „Hier geht es einmal um eine spezifische Wahrnehmungsqualität der Vergangenheit, um ihre Faszinationskraft, ihre Erinnerungswürdigkeit; ferner geht es um die Imagination vergangener Lebenswelten und ihrer Veränderung und dann vor allem um die Darstellung, mit der die Vergangenheit die Züge gegenwärtigen menschlichen Lebens annimmt oder zumindest in die wirksamen Triebkräfte der Handlungsorientierung integriert werden kann."[135]

Die politische Dimension umfasse Herrschergenealogien, öffentliche Gedenktage, staatlich organisierten Geschichtsunterricht und historische Argumente im politischen Meinungsstreit. Geschichtskultur sei insofern politisch, als jede Form von Herrschaft einer Zustimmung der Betroffenen bedürfe, in der ihre historische Erinnerung eine wichtige Rolle spiele. Ferner präsentiere sich politische Herrschaft immer in geschichtsträchtigen Symbolen. Sie bedürfe der Geschichte, um ihr organisiertes Machtverhältnis im Innern der von ihm betroffenen Subjekte zu verwurzeln. In modernen Gesellschaften würde die kognitive Dimension der Geschichtskultur vor allem durch die historischen Wissenschaften verkörpert. Sie stünden mit ihrer Regulierung des historischen Denkens, mit ihrer Begrifflichkeit, ihrem forschenden Erfahrungsbezug und mit ihrer kon-

---

132 Rüsen, Geschichtskultur als Forschungsproblem, S. 39 ff.
133 Rüsen, Jörn, Geschichtskultur, in: GWU 46 (1995), S. 513–521, hier S. 513.
134 Rüsen, Jörn, Geschichtskultur, in: Bergmann, Handbuch der Geschichtsdidaktik (⁵1997), S. 38–41, hier S. 38.
135 Rüsen, Geschichtskultur, in: Bergmann, Handbuch der Geschichtsdidaktik, S. 39.

sensorientierten Strategie des Denkens für das Prinzip der Wahrheit ein, das sich als Objektivität durch intersubjektive Überprüfbarkeit präzisieren ließe.

Zwischen den drei Dimensionen der Geschichtskultur bestehen komplexe Beziehungen. Jedes Phänomen der Geschichtskultur habe in unterschiedlicher Verteilung und Gewichtung ästhetische, politische und kognitive Elemente. Aus der Analyse der Beziehungen von Dimensionen einzelner geschichtskultureller Phänomene läßt sich nach Rüsen ein normatives Prinzip ihrer Regulierung gewinnen. Die kulturelle Orientierungsfunktion könne diejenige historische Erinnerung am besten erfüllen, die ihre drei Dimensionen in relativer Autonomie beließe und zugleich wechselseitig kritisch aufeinander beziehe. Der Zusammenhang der verschiedenen Dimensionen der Geschichtskultur werde von übergreifenden und fundamentalen Kritierien historischer Sinnbildung, insbesondere durch das historische Erzählen, geregelt.[136]

Das von Rüsen entwickelte Konzept bietet eine ausschließlich theoretische Perspektive und vernachlässigt die realen Phänomene und Probleme der Geschichtskultur vollkommen. Die kategoriale Entfaltung der Geschichtskultur ermöglicht die Synthese

> „[...] so unterschiedliche[r] Institutionen wie Universität, Schule, Archive, Museen, Denkmalpflege, Gedenkstätten und Geschichtsvereine zu Orten der kollektiven Erinnerung, ebenso wie so unterschiedliche Medien wie die Kunst, die Fotografie, die Ausstellung, das Denkmal, die Literatur, die Publizistik, die politische Debatte oder die audiovisuellen oder digitalen Medien als Formen sowie die mit ihnen verbundenen Tätigkeiten der Belehrung, der Unterhaltung, der Legitimation und der Kritik als Funktionen der historischen Erinnerung."[137]

Das Spektrum der somit erfaßten Institutionen und Agenturen schulischer, universitärer und außerschulischer Vermittlung, der Massenmedien, der Erinnerungsorte, der Zeugnisse der Vergangenheit, des wissenschaftlichen und öffentlichen Diskurses ist wesentlich umfassender als die in den achtziger Jahren von Rolf Schörken (Geschichte in der Alltagswelt) und Jochen Huhn (Geschichte in der außerschulischen Öffentlichkeit) entwickelten Systematisierungen. Die allgemeine Bezeichnung *Aspekte der Geschichtskultur* verdeckt jedoch die Unterschiede zwischen Praxisfeldern, ihren Vermittlungsmedien und -methoden und

---

136 Ebd., S. 39 f.; ferner Rüsen, Geschichtskultur, in: GWU, S. 514 ff.; Rüsen, Jörn, Was ist Geschichtskultur? Überlegungen zu einer neuen Art, über Geschichte nachzudenken, in: Füßmann, Historische Faszination, S. 3–26; speziell zu historischer Sinnbildung Rüsen, Jörn, Zeit und Sinn. Strategien historischen Denkens, Frankfurt am Main 1992; zu der kognitiven Kraft der Geschichtskultur im Zusammenhang von Historik und Didaktik Rüsen, Lebendige Geschichte, S. 109 ff.

137 Grütter, Heinrich Theodor, Aspekte der Geschichtskultur, in: Bergmann, Handbuch der Geschichtsdidaktik ([5]1997), S. 601–611, hier S. 601. Vgl. auch Rüsen, Geschichtskultur, in: GWU, S. 513.

den Handlungsfeldern öffentlicher Erinnerung außerhalb des ästhetisch-expressiven.[138] Sie ist ein Indiz, daß das Konzept Geschichtskultur nicht auf einer Geschichtsdidaktik als Vermittlungs- und Anwendungsdisziplin basiert. Offenkundige *Praxisfelder* der Historiker wie Archiv, Museum, Massenmedien, Orte der Erinnerung, Denkmalpflege und Geschichtswerkstätten werden als *Aspekte einer Kultur* verstanden.

2.4.3 *Oral History*, visualisierte Geschichte und Objektkultur: Quellen historischer Forschung und Medien historischen Lernens

Das Konzept Geschichtskultur ist im Bereich der Pragmatik am wenigsten entwickelt. Geschichtsdidaktische Prinzipien, Probleme und Strategien wie Auswahl, Chronologie, Exemplarität, Problemorientierung, Personalisierung, Multiperspektivität, entdeckendes Lernen und Handlungsorientierung werden bis heute vorwiegend auf den Geschichtsunterricht bezogen, obwohl sie für die außerschulische Vermittlung von Geschichte ebenso relevant sind.[139]

Aus der Perspektive der Praxis können jedoch Hinweise auf die Methodik historischen Lernens[140] gewonnen werden. Dies gilt insbesondere für die Medien historischen Lernens:

„Die handelnden und leidenden Menschen ihrer Zeit hinterließen uns teils absichtlich, teils unabsichtlich Nachrichten über ihr Leben und Handeln. Für diese Medien benutzt die Geschichtswissenschaft den Ausdruck Quellen im weitesten Sinne, d. h. Dokument und Monument. [...] Was die Geschichtsdidaktik den Medien lediglich „hinzutut", besteht in dem Herstellen eines methodischen Arrangements (Kürzungen, Übersetzungen, Erläuterungen, Begriffserklärungen, biographische Hinweise etc.). Aus dieser Zielper-

---

138 Vgl. Bergmann, Handbuch der Geschichtsdidaktik (^{5}1997), S. 599–771: Geschichte im Sachbuch, Geschichte im historischen Roman, Geschichte im Theater, Geschichte in der modernen Literatur, Geschichte im Comic, Geschichte in der Presse, Geschichte im Hörfunk, Geschichte in der Werbung, Historienmalerei, Geschichtserfahrung in der Gegenwartskunst, die historische Ausstellung, Fotografie und Geschichte, Geschichte im Film, Geschichte im Fernsehen, Geschichte und digitale Medien, Archiv und Öffentlichkeit, Geschichte im Museum, Denkmalpflege und Geschichte, Geschichte und Tourismus, Exkursionen, Lehrpfade und alternative Stadterkundungen, Geschichtsvereine, Geschichtswerkstätten, Historische Feste, Denkmal, Gedenkstätten für die Opfer des Nationalsozialismus in der Bundesrepublik Deutschland, Gedenktage, Gedenkjahre, Geschichte und politische Praxis.
139 Dies belegt die Auswertung der entsprechenden Beiträge des Handbuchs der Geschichtsdidaktik (^{5}1997). Die außerschulische Vermittlung von Geschichte wird überwiegend nicht, in Ausnahmefällen am Rande thematisiert.
140 Pandel, Hans-Jürgen, Methodik, in: Bergmann, Handbuch der Geschichtsdidaktik (^{5}1997), S. 386–389, hier S. 387.

spektive ergibt sich, daß der geschichtsdidaktische Medienbegriff bei Primärquellen seinen Ausgang nehmen muß."[141]

Aufgrund des tiefgreifenden Medienwandels, der Ablösung der schriftlichen Kommunikation durch mündliche und visuelle, nehmen heute Zeitzeugengespräche, O-Töne, Fotografien, Filmdokumente und gegenständliche Überreste in der öffentlichen Vermittlung von Geschichte gegenüber den traditionellen Formen schriftlicher Überlieferung einen beachtenswerten Raum ein. Dieser Tatsache entspricht der Quellenbegriff der Geschichtswissenschaft nicht, die diese Entwicklung nur ausgesprochen verzögert rezipiert.[142] *Oral History*, visualisierte Geschichte und Objektkultur stehen im Mittelpunkt öffentlicher Vermittlung von Geschichte, weil sie dem Authentizitätsanspruch historischen Lernens[143] in besonderem Maße gerecht werden. In ihrer Verbindlichkeit, Eindringlichkeit und Anschaulichkeit können die genannten verbalen, ikonischen und haptischen Überrest- und Traditionsquellen die Verbindung zwischen Geschichtswissenschaft und nicht-wissenschaftlichem Publikum gewährleisten.

2.4.3.1 *Oral History*

Der englische Begriff *Oral History* hat sich auch in der Bundesrepublik Deutschland zur Bezeichnung von zeitgeschichtlichen Erinnerungsinterviews, die während des Forschungsprozesses entstehen, durchgesetzt.[144] Die Kritik an der den empirischen Sozialwissenschaften entlehnten Methode, die zunächst in den USA und erst seit Ende der siebziger Jahre zunehmend in Europa praktiziert wurde, war ebenso umfangreich wie fundamental. Kritisiert wurde der unpräzise Begriff *Oral History*, mangelnde Distanz des Interviewers, der Verlust von Authentizität durch den Einfluß des Interviewers auf den Zeitzeugen, die Erinnerungsfähigkeit und Verläßlichkeit der Aussagen von Zeitzeugen, der retrospektive Charakter der Quelle, die Mängel sekundärer Überlieferung und Probleme der Transkription. Die von der etablierten Geschichtswissenschaft als „Mode" abqualifizierte Methode stand außerdem in dem Ruf, letztlich nur Belangloses und Irrelevantes aus der „mikroanalytischen Besenkammer" (Weh-

---

141 Pandel, Hans-Jürgen, Medien historischen Lernens, in: Bergmann, Handbuch der Geschichtsdidaktik ([5]1997), S. 416–421, hier S. 419.
142 Vgl. beispielsweise den Band von Rusinek, Bernd-A. et al. (Hgg.), Einführung in die Interpretation historischer Quellen. Schwerpunkt: Neuzeit, Paderborn 1992, dessen Schwerpunkt auf schriftlichen Dokumenten liegt. Peter Steinbach sieht sogar noch Defizite in der Quellenkunde der massenmedialen historischen Überlieferung (speziell Zeitungsartikel). Vgl. Steinbach, Peter, Zeitgeschichte und Massenmedien aus der Sicht der Geschichtswissenschaft, in: Wilke, Jürgen (Hg.), Massenmedien und Zeitgeschichte, Konstanz 1999, S. 32–52, hier S. 37.
143 Pandel, Medien historischen Lernens, S. 418.
144 Wierling, Dorothee, Oral History, in: Bergmann, Handbuch der Geschichtsdidaktik ([5]1997), S. 236–239, hier S. 236.

ler) zu thematisieren.[145] Das besondere Potential der *Oral History* hat sich in Forschungsarbeiten der Lebens-, Erfahrungs-, Alltags- und Mentalitätsgeschichte erwiesen: Sie vermag Quellendefizite, die teilweise auf die Veränderung der Kommunikationskultur zurückzuführen sind, auszugleichen, kann als Korrektiv gegenüber schriftlichen Quellen dienen, fördert einen Perspektivwechsel, die Demokratisierung der Geschichtswissenschaft *(Geschichte von unten)* und vermag Innenseiten zu rekonstruieren.[146]

Obwohl die interdisziplinäre Gedächtnisforschung heute davon ausgeht, daß der Erinnerungsprozeß ein Prozeß des vernetzten Wachsens ist und mehr über aktuelle als über vergangene Deutungsmuster aussagt,[147] konnte sich die *Oral History* als Forschungsmethode und Medium historischen Lernens in den Institutionen und Agenturen außerschulischer Vermittlung etablieren. Im Rahmen der Arbeit von Gedenkstätten, Museen, Archiven, Geschichtswerkstätten und der Geschichtsvermittlung in den Medien werden zeitgeschichtliche Erinnerungsinterviews unterschiedlicher Formen[148] durchgeführt, transkribiert, archiviert und für die Vermittlung nutzbar gemacht. Tonband-Interviews werden zunehmend durch Video-Interviews ersetzt, die Oralität und Visualisierung verbinden. Digitalisierte Verfahren ermöglichen außerdem die Wiedergabe in elektronischen Medien.

Oral History kann das historische Lernen außerhalb der Schule stimulieren, indem die Rezipienten unmittelbar an zeitgeschichtliche Fragestellungen herangeführt werden. Ferner kann sie Anregungen zu der Auseinandersetzung mit der eigenen Lebensgeschichte und historisch-kritischem Denken bieten. Die mit der *Oral History* verfolgten biographischen und personalisierten Zugänge sozialgeschichtlicher Prägung stiften Identität, fördern die Bereitschaft zur Übernahme von Empathie, stärken die Rollenkompetenz und ermöglichen die Generationenbegegnung.[149]

---

145 Zit. nach Vorländer, Herwart, Mündliches Erfragen von Geschichte in: ders. (Hg.), Oral History. Mündlich erfragte Geschichte, Göttingen 1990, S. 7–28, hier S. 9.
146 Vgl. Wierling, Oral History; Vorländer, Herwart (Hg.), Oral History. Mündlich erfragte Geschichte, Göttingen 1990; Hüttenberger, Peter, Zur Technik der zeitgeschichtlichen Befragungen, in: Der Archivar 22 (1969), S. 167–176; Niethammer, Lutz, Lebenserfahrung und kollektives Gedächtnis. Die Praxis der „Oral History", Frankfurt am Main 1980; Botz, Gerhard (Hg.), Mündliche Geschichte und Arbeiterbewegung, Wien 1985; Steinbach, Lothar, Sozialgeschichte, Arbeitergeschichte, erinnerte Geschichte. Anmerkungen zu Erträgen neuerer Oral-History-Forschungen in der deutschsprachigen Historiographie, in: AfS 28 (1988), S. 541–600; Plato, Alexander von, Oral History als Erfahrungswissenschaft. Zum Stand der „Mündlichen Geschichte" in Deutschland, in: Jarausch, Konrad H. et al. (Hgg.), Geschichtswissenschaft vor 2000, Hagen 1991; Zimmermann, Michael, Zeitzeugen, in: Rusinek, Interpretation historischer Quellen, S. 13–26; Geppert, Alexander C. T., Forschungstechnik oder historische Disziplin? Methodische Probleme der Oral History, in: GWU 45 (1994), S. 303–323.
147 Schmidt, Siegfried J., Gedächtnis – Erzählen – Identität, in: Assmann, Mnemosyne, S. 378–397.
148 Zu Interview-Formen vgl. Herbert, Uli, Mündliche Quellen. Erfahrungen und Probleme beim Umgang mit der „Oral History", in: Weiterbildung und Medien 8 (1992), H.2, S. 18–20.
149 Der Zusammenhang der pragmatischen Ebene der Geschichtskultur und *Oral History* wird in der Literatur nicht thematisiert. Hinweise können allerdings aus Aufsätzen gewonnen wer-

2.4.3.2 Visualisierte Geschichte

Der Begriff *visualisierte Geschichte*, eine Übersetzung des in der amerikanischen Diskussion üblichen Begriffes *Visual History*, bezeichnet die Vermittlung von Geschichte mittels ikonographischer Primärquellen wie Bilder, Zeichnungen, Karikaturen,[150] insbesondere Photographien (nicht-bewegte Bilder) und Filmaufnahmen (bewegte Bilder):

> „*Visual history* ins Recht gesetzt, die Geschichtsschreibung am Leitfaden der Bilder, bedeutet nicht nur, den Menschen in der Geschichte und gegen sie zu retten, sondern auch in einer mythischen Sprache des Visuellen zu sprechen, die wir ihrerseits noch nicht vollständig aufgeklärt haben."[151]

Ikonographische Quellen stehen als Medien historischen Lernens im Mittelpunkt öffentlicher Vermittlung von Geschichte. Oftmals dominieren sie in Ausstellungen, Bildbänden, Dokumentationen, Zeitungen, Magazinen, CD-Roms und anderen multimedialen Anwendungen gegenüber dem geschriebenen oder gesprochenen Wort. Die Voraussetzung eines adäquaten Umgangs mit Photographien und Tondokumenten als Medien historischen Lernens ist eine „ausgearbeitete Methodenlehre der Bildquellenforschung und der Bildquellenkritik".[152] Eine solche umfassende Methodenlehre steht bisher aus, obwohl sie als Desiderat schon in den achtziger Jahren erkannt wurde.[153] Die Unsicherheit der Historiker

---

den, die sich mit dem Einsatz von *Oral History* in der Schule beschäftigen. Vgl. Herbert, Uli, Oral History im Unterricht, in: Gd 9 (1984), S. 211–219; Stöckle, Frieder, Identität und Geschichte, in: Knoch, Peter und Hans H. Pöschko (Hgg.), Lernfeld Geschichte. Materialien zum Zusammenhang von Identität und Geschichte, Weinheim 1983, S. 20–36; Vorländer, Herwart, Generationenbegegnung in der „Oral History", in: GWU 38 (1987), S. 587–596.

150 Vgl. Mauer, Michael, Bilder repräsentieren Geschichte. Repräsentieren Bilder Geschichte? – Zur Funktion historischer Bildquellen in Wissenschaft und Öffentlichkeit, in: Füßmann, Historische Faszination, S. 61–89; Heinisch, Sven, Geschichte als Karikatur – Über das Verhältnis ironischer Bilder mit der Historie, in: Füßmann, Historische Faszination, S. 91–104; Wilharm, Irmgard, Geschichte, Bilder und die Bilder im Kopf, in: dies. (Hg.), Geschichte in Bildern. Von der Miniatur bis zum Film als historische Quelle, Pfaffenweiler 1995, S. 7–24.

151 Seesslen, Georg, Was bleibt. „Die letzten Tage", der erste Dokumentarfilm der Shoah Foundation, läßt Holocaust-Überlebende aus Ungarn zu Wort kommen, in: Die Zeit, 2.3.2000.

152 Hannig, Fotografie und Geschichte, in: Bergmann, Handbuch der Geschichtsdidaktik (^{5}1997), S. 675–680.

153 Vgl. zu „Photographie als historische Quelle": Hannig, Fotografie und Geschichte; Fritzsche, Bruno, Das Bild als historische Quelle, in: Volk, Andreas (Hg.), Vom Bild zum Text. Die Photographiebetrachtung als Quelle sozialwissenschaftlicher Erkenntnis, Zürich 1996; S. 11–24; Talkenberger, Heike, Von der Illustration zur Interpretation: Das Bild als historische Quelle. Methodische Überlegungen zur historischen Bildkunde, in: Zeitschrift für historische Forschung 21 (1994), S. 289–314; Kaufmann, Günter, Der Händedruck von Potsdam – Die Karriere eines Bildes, in: GWU 48 (1997), S. 295–315; Gries, Rainer, Geschichte als historische Kulturwissenschaft – vorbereitende Überlegungen, in: ders. et al., Gestylte Geschichte. Vom alltäglichen Umgang mit Geschichtsbildern, Münster 1989, S. 12–38, hier S. 21 ff; Ruppert, Wolfgang, Photographien als sozialgeschichtliche Quellen. Überlegungen zu ihrer adäquaten

im Umgang mit Bildquellen hat die Diskussion um die Ausstellung *Vernichtungskrieg. Verbrechen der Wehrmacht 1941–1944* verdeutlicht. Einzelne Photographien waren dem Kontext der Ausstellung nicht zuzurechnen, andere nicht richtig zugeordnet oder erhielten eine fehlerhafte Bildunterschrift.[154]

Im Gegensatz zu Texten, dem Nacheinander von Worten, sind visuelle und audiovisuelle Quellen komplex und simultan. Sie entstehen gleichzeitig mit dem Geschehen und verharren auf der optischen und akustischen Oberfläche der Dinge.[155] Ihre Gefahr liegt in der dokumentarisch-authentischen Wirkung auf den Rezipienten, obwohl sie wie alle Quellen von perspektivischem Charakter sind.

Photographien und Filmsequenzen können vergangene Realitäten in Form von Symbolen oder gar Ikonen repräsentieren. Die Vergangenheit wird damit zugleich verdrängt und neu geschaffen.[156] Dies trifft oftmals auf besonders eindrucksvolle visuelle Quellen der Geschichte des Nationalsozialismus und beider deutscher Staaten zu, die stets veröffentlicht werden: Der Junge mit erhobenen Händen bei der Räumung des Warschauer Ghettos, die Zwillinge von Auschwitz, Leichenberge im befreiten Buchenwald, der über den Stacheldraht an der zu errichtenden Berliner Mauer springende Volkspolizist, Brandts Kniefall am Warschauer Ghetto-Denkmal, Hanns Martin Schleyer als Gefangener der RAF und die Versöhnungsgeste Kohls und Mitterands in Verdun.[157]

Entschlüsselung am Beispiel einer Fabrik, in: Geschichtsdidaktik 11 (1986), S. 62–76; Lüdtke, Alf, Zu den Chancen einer „visuellen Geschichte". Industriearbeit in historischen Fotografien, in: Journal für Geschichte 3/1986, S. 25–31; Matz, Reinhard, Industriefotografie. Aus Firmenarchiven des Ruhrgebiets, Essen 1987; Hannig, Jürgen, Fotografien als historische Quelle, in: Tenfelde, Klaus (Hg.), Bilder von Krupp. Fotografie und Geschichte im Industriezeitalter, München 1994, S. 269–288. Vgl. zu „Film als historische Quelle": Hagen, Manfred, Filme und Tonaufnahmen als Überrestquellen, in: GWU 41 (1990), S. 352–369; Rother, Rainer, Geschichte im Film, in: Bergmann, Handbuch der Geschichtsdidaktik (^{5}1997), S. 681–687.

154 Vgl. Ungváry, Krisztián, Echte Bilder – problematische Aussagen. Eine quantitative und qualitative Fotoanalyse der Ausstellung „Vernichtungskrieg – Verbrechen der Wehrmacht 1941 bis 1944", in: GWU 50 (1999), S. 584–595; Schmidt-Neuhaus, Dieter, Die Tarnopol-Stellwand der Wanderausstellung „Vernichtungskrieg – Verbrechen der Wehrmacht 1941 bis 1944". Eine Falluntersuchung zur Verwendung von Bildquellen, in: GWU 50 (1999), S. 596–603; Ullrich, Volker, Von Bildern und Legenden. Der neue Streit um die Wehrmachtsausstellung zeigt, wie sorgfältig mit Fotodokumenten gearbeitet werden muß, in: Die Zeit, 28.10.1999; Wrocklage, Ute, Links stark beschnitten. Nach der Wehrmachtsausstellung: Fotografie & Quellenkritik, in: Frankfurter Rundschau, 17.11.1999.

155 Hagen, Filme und Tonaufnahmen, 357.

156 Vgl. Brink, Cornelia, Ikonen der Vernichtung. Öffentlicher Gebrauch von Fotografien aus nationalsozialistischen Konzentrationslagern nach 1945, Berlin 1998; Collado Seidel, Carlos, Wieviel Wirklichkeit verträgt die Wirksamkeit?, in: FAZ, 10.12.1998; Treml, Manfred, „Schreckensbilder" – Überlegungen zur historischen Bildkunde. Die Präsentation von Gedächtnisorten des Terrors, in: GWU 48 (1997), S. 279–294; Scharrer, Ulf, Die Linsen der Täter. Fotografien als Quelle zum Holocaust, in: Geschichte lernen, Heft 69 (1999), S. 52–55.

157 Vgl. Schoenberner, Gerhard, Der gelbe Stern. Judenverfolgung in Europa 1933–1945, Hamburg 1960; Hoffmeister, Barbara und Uwe Naumann (Hgg.), Was die Republik bewegte. 50 Zeitzeugen erinnern sich, Reinbek bei Hamburg 1999.

2.4.3.3 Objektkultur

Eine *Objektkultur* im Sinne der amerikanischen *Material Culture* wurde aus der Perspektive der bundesdeutschen Geschichtswissenschaft bisher theoretisch nicht expliziert. Darüber hinaus fehlt eine allgemeine *Ästhetik des Historischen*, wie sie Jörn Rüsen intendiert:

„Wir wissen nichts über Eigenart und Konstitution historischer Erfahrung und Wahrnehmung, und auch nichts darüber, ob und wie auf der präkognitiven Ebene imaginativer Sinnbildung spezifisch historische Prozeduren ausgemacht und beschrieben werden können. Dieses Defizit ist insofern überaus beunruhigend, als an der Bedeutung spezifisch ästhetischer Sinnbildungsfunktionen in der Erinnerungsleistung des Geschichtsbewußtseins und erst recht in der praktischen Wirkung im Leben der Gesellschaft kein Zweifel mehr möglich ist."[158]

Dennoch dienen gegenständliche Überreste zunehmend als Quellen historischer Forschung. Als Medien historischen Lernens sind haptische Quellen in Museen und Ausstellungen mit regionaler und überregionaler Bedeutung nicht mehr hinweg zu denken.[159] Die Verwendung gegenständlicher Überreste als Exponate erfordert ihre *Re-Dimensionierung* und *Re-Kontextualisierung*. Ihre Entstehungsbedingungen, Verwendungsweisen, Gesellschaftszusammenhänge und Symbolbedeutungen müssen im Rahmen einer Ausstellung geklärt werden:[160]

„Erst als Objekt historischer Fragestellungen verwandeln sich die Überreste, die noch in weitaus größerem Maße als andere Quellengruppen fragmentarisch überliefert sind, zu Zeugnissen ihrer ursprünglichen Bezugssysteme."[161]

In den neunziger Jahren wurden gegenständliche Überreste von der Geschichtswissenschaft im Zusammenhang mit Relikten aus Konzentrationslagern und der Alltagskultur der DDR thematisiert. Detlef Hoffmann ging in einem Projekt

---

158 Rüsen, Geschichtskultur als Forschungsproblem, 42.
159 Das *Deutsche Historische Museum* verfügt inzwischen über eine Objektdatenbank, die dem Benutzer im Internet unter http://www.dhm.de/datenbank offen steht.
160 Korff, Gottfried und Martin Roth, Einleitung, in: dies. (Hgg.), Das historische Museum. Labor, Schaubühne und Identitätsfabrik, Frankfurt am Main 1990, S. 9–37. Vgl. ferner Borries, Bodo von, Präsentation und Rezeption von Geschichte im Museum, in: GWU 48 (1997), S. 337–343, hier S. 338; Fehr, Michael und Stefan Grohé (Hgg.), Geschichte, Bild, Museum. Zur Darstellung der Geschichte im Museum, Köln 1989; Liebelt, Udo (Hg.), Museum der Sinne. Bedeutung und Didaktik des originalen Objekts im Museum, Hannover 1990; Gößwald, Udo und Lutz Thamm (Hgg.), Erinnerungsstücke. Das Museum als soziales Gedächtnis, Berlin 1991.
161 Grütter, Heinrich Theodor, Die Präsentation der Vergangenheit. Zur Darstellung von Geschichte in historischen Museen und Ausstellungen, in: Füßmann, Historische Faszination, S. 173–187, hier S. 180.

„Vergegenständlichte Erinnerung" den nonverbalen Überresten nationalsozialistischen Terrors auf den Territorien der Konzentrationslager, dem *Gedächtnis der Dinge*, nach.[162] Mit Objekten, die der Erforschung der Alltagskultur der DDR dienen, beschäftigte sich insbesondere das *Dokumentationszentrum Alltagskultur der DDR* in Eisenhüttenstadt. Im Mittelpunkt stehen alltägliche Gegenstände, die unter Einbezug der zugehörigen Handlungsfelder Aufschluß über gesellschaftliche Prozesse und alltägliche Praktiken geben können.[163]

Eine theoretische Begründung der *Objektkultur*, die derzeit selbst begrifflich noch nicht umfassend verbreitet ist, könnte ein wesentliches Element in der Entfaltung des pragmatischen Bereichs der Geschichtskultur darstellen.

2.5 Berufsfeldforschung und Praxisfelder für Historiker

2.5.1 Berufsfeldforschung und Studienreformprojekte im Fach Geschichte

Eine intensivere Auseinandersetzung mit dem Berufsfeld der Historiker begann Mitte der achtziger Jahren in dem Bewußtsein, daß die Lehrerarbeitslosigkeit, die eine ganze Generation von Absolventen betraf, nicht kurzfristig zu überwinden sei. Die Berufschancen in den traditionellen Arbeitsgebieten des Historikers wie Archiv und Museum, in denen auch bis dahin nur ein geringer Teil der Absolventen eine Beschäftigung fand, hat sich seitdem unter dem Eindruck der radikalen Sparmaßnahmen in den öffentlichen Haushalten dramatisch verschlechtert.

Die Umorientierung der Studierenden von den Lehramts- zu Magisterstudiengängen erforderte die Reorganisation des Geschichtsstudiums, um akademisch ausgebildeten Historikern wirkliche Berufschancen zu eröffnen.[164] Dieser Aufgabe stellte sich 1984 die *Studienreformkommission Geschichte* der Kultusministerkonferenz. Die von der Kommission formulierten Empfehlungen, die ein traditionelles Selbstverständnis der Geschichtswissenschaft vermittelten, enttäuschten hinsichtlich konkreter Vorschläge zu Berufsorientierung und Praxisbe-

---

162 Hoffmann, Detlef, Das Gedächtnis der Dinge, in: ders. (Hg.), Das Gedächtnis der Dinge. KZ-Relikte und KZ-Denkmäler 1945–1995, Frankfurt am Main 1998, S. 6–35, hier S. 10.
163 Ludwig, Andreas, Objektkultur und DDR-Gesellschaft, in: Aus Politik und Zeitgeschichte B 28 (1999), S. 3–11, hier S. 4. Vgl. ferner Kuhn, Gerd und Andreas Ludwig (Hgg.), Alltag und soziales Gedächtnis, Die DDR-Objektkultur und ihre Musealisierung, Hamburg 1997; Ruppert, Wolfgang, Zur Kulturgeschichte der Alltagsdinge, in: ders. (Hg.), Fahrrad, Auto, Fernsehschrank. Zur Kulturgeschichte der Alltagsdinge, Frankfurt am Main 1993, S. 14–36; Pence, Katherine, Schaufenster des sozialistischen Konsums: Texte der ostdeutschen „consumer culture", in: Lüdtke, Alf und Peter Becker (Hgg.), Akten, Eingaben, Schaufenster. Die DDR und ihre Texte. Erkundungen zu Herrschaft und Alltag, Berlin 1997, S. 91–118.
164 Rüsen, Jörn, Geschichtsstudium und außerschulische Berufspraxis von Historikern – zu jüngsten Empfehlungen der Kultusministerkonferenz, in: Gd 10 (1985), S. 241–243, hier S. 241.

zug im Geschichtsstudium.¹⁶⁵ Neben einigen allgemeinen Hinweisen, wie „verstärkt die besonderen Probleme der audiovisuellen Medien zu berücksichtigen", konzentrierten sich die Empfehlungen auf „Anregungen zu verschiedenen Veranstaltungsformen im Geschichtsstudium vor allem im Hinblick auf außerschulische berufliche Tätigkeiten": Für diesen Bereich würde es wichtig sein, den Studierenden den Umgang mit nichtschriftlichen Quellen und Darstellungsformen der Geschichte nahezubringen. Im Rahmen des Fachstudiums sollten, wo immer es möglich sei, Übungen zum Bereich Museen angeboten werden. Semesterübergreifende Lehrveranstaltungen (Projektstudium) sollten eine vertiefte wissenschaftliche Erarbeitung und gleichzeitig die tätigkeitsfeldbezogene Aufarbeitung eines Themas ermöglichen:

> „Das Ziel solcher semesterübergreifender Lehrveranstaltungen sollte jeweils möglichst konkret gefaßt werden: z. B. Erarbeitung einer historischen Ausstellung mit Katalog oder anderen Begleitmaterialien, Erstellung von Diaserien und Videoproduktionen zu historischen Themen (mit Begleitmaterial); Vorbereitung und Durchführung historischer Stadtführungen; Vorbereitung, Durchführung und Auswertung zeitgeschichtlicher Interviews."¹⁶⁶

Praktika seien Bestandteil der Ausbildung, wobei der Eigeninitiative der Studierenden eine ausschlaggebende Bedeutung beigemessen wurde. Die Universitäten sollten Mittel und Wege finden, Praktika zu unterstützen, zu betreuen und zu vermitteln.¹⁶⁷ Ulrich Borsdorf¹⁶⁸ wies in einem Sondervotum zu den Empfehlungen der Studienreformkommission darauf hin, daß sich die Universität nicht auf die Forderung nach Praktika beschränken dürfe. Daher sei eine organisatorische Betreuung, Vor- und Nachbereitung, sowie wissenschaftliche Begleitung von Praktika zu fordern. Es müsse dafür gesorgt sein, daß die Erfahrungen aus den Praktika in die Lehre zurückwirken können. Jörn Rüsen kritisierte, daß aus den Empfehlungen nicht hervorgehe, wie der Praxisbezug im Rahmen der vorgesehenen Prüfungen zur Geltung gebracht werden soll. Ferner bezweifelte er die Glaubwürdigkeit der Anregung, einen Praktikumsbericht zur obligatorischen Prüfungsleistung zu erheben, solange Praktika auf die Eigeninitiative der Studierenden beschränkt blieben.¹⁶⁹

Die Berufsfeldforschung wurde im gesamten Bereich der Geistes-, Sozial- und Kulturwissenschaften seit Beginn der neunziger Jahre intensiviert. Oftmals

---

165 Sekretariat der Ständigen Konferenz der Kultusminister der Länder in der Bundesrepublik Deutschland, Entwurf. Empfehlungen der Studienreformkommission Geschichte, Bonn o. J. (1984).
166 Ebd., S. 34.
167 Ebd., S. 30 ff.
168 Ulrich Borsdorf (DGB) war als einer von drei Praxisvertretern, die *nicht stimmberechtigt* waren, in der Kommission vertreten.
169 Rüsen, Geschichtsstudium und außerschulische Berufspraxis, S. 242 f.

wurde dabei zwischen einzelnen Disziplinen nicht differenziert, wodurch der Zusammenhang von spezifischen Qualifikationen der Historiker gegenüber anderen Geisteswissenschaftlern und den daraus resultierenden Chancen auf dem Arbeitsmarkt verdeckt blieb.[170] Einen entscheidenden Impuls für die auf Historiker bezogene Berufsfeldforschung, die als Arbeitsgebiet der Geschichtsdidaktik noch nicht verbreitet ist,[171] brachte die 1992 von Helmut E. Klein veröffentlichte Untersuchung *Historiker – Ein Berufsbild im Wandel* des Instituts der deutschen Wirtschaft.[172] Die Konzentration auf das Berufsbild zeigte, daß die Tätigkeiten des Historikers ein breites Spektrum aufweisen, das von den klassischen Tätigkeiten bis hin zu fachfernen in neu zu erschließenden Bereichen der Wirtschaft reicht:[173]

„Das den Historikern mitgegebene Rüstzeug befähigt diese nicht allein zur Erforschung der Geschichte. Strukturwandel und wachsender Angebotsdruck von Hochschulabsolventen mit geschichtswissenschaftlichem Studium erweiterten in den achtziger Jahren das Berufsbild des Historikers: Das Studium der Geschichte wird für die Mehrheit immer mehr zum Medium der Persönlichkeitsbildung – auf dem Weg zum Generalisten. Das Ziel: eine Berufstätigkeit, die sich nicht notwendiger Weise am Gegenstand der historischen Forschung orientiert."[174]

---

170 Vgl. Bayraktar, Zuhal und Joachim Mansky, Berufswege Aachener Geistes- und SozialwissenschaftlerInnen. Eine empirische Untersuchung zur Berufseinmündung und dem Berufsverbleib von MagisterabsolventInnen der Philosophischen Fakultät der RWTH Aachen, Aachen 1993 (Eigenverlag); Meyer-Althoff, Martha, Nicht der Beruf ist das Problem, sondern der Weg dahin – Hamburger Magisterabsolventen beim Übergang in den Beruf, in: Beiträge zur Hochschulforschung 3/1995, S. 257–292; Minks, Karl-Heinz und Bastian Filaretow, Absolventenreport Magisterstudiengänge. Ergebnisse einer Längsschnittuntersuchung zum Berufsübergang von Absolventinnen und Absolventen der Magisterstudiengänge, Bonn 1995; Konegen-Grenier, Christiane, Berufschancen für Geisteswissenschaftler (Beiträge zur Gesellschafts- und Bildungspolitik, Institut der deutschen Wirtschaft Köln, Nr. 216), Köln 1997. Absolventen-Handbücher sind ebenso für Geisteswissenschaftler aller Disziplinen konzipiert: Konegen-Grenier, Christiane, Trainee-Programme. Berufsstart für Hochschulabsolventen, Köln 1994; Jüde, Peter, Berufsplanung für Geistes- und Sozialwissenschaftler. Oder die Kunst eine Karriere zu planen, Köln 1999. Ein aktuelles Handbuch für Absolventen der Geschichtswissenschaft steht abgesehen von den *Blättern zur Berufskunde* nicht zur Verfügung. Vgl. Stewart, Gerdi, Blätter zur Berufskunde: Historiker/Historikerin (hg. von der Bundesanstalt für Arbeit), Bielefeld ⁵1992.
171 Berufsfeldforschung als Aufgabengebiet der Geschichtsdidaktik wird von Klaus Fröhlich in einem entsprechenden Artikel des Handbuchs der Geschichtsdidaktik nicht thematisiert. Vgl. Fröhlich, Klaus, Ausbildung von Historikerinnen und Historikern, in: Bergmann, Handbuch der Geschichtsdidaktik (⁵1997), S. 588–597.
172 Klein, Helmut E., Historiker – Ein Berufsbild im Wandel (Beiträge zur Gesellschafts- und Bildungspolitik, Institut der deutschen Wirtschaft Köln, Nr. 175), Köln 1992.
173 Stewart, Gerdi, Geschichtswissenschaften. Studienreformansätze und Tätigkeitsfelder, in: Beiträge zur Hochschulforschung 4/1999, S. 257–277, hier S. 260.
174 Klein, Historiker, S. 15.

Beschäftigungsmöglichkeiten in der Wirtschaft oder wirtschaftsnahen Bereichen ergeben sich im Zuge der „Akademisierung der Wirtschaft" in den Feldern Management, Personal- und Unternehmensberatung, Organisationsentwicklung, Personalwesen, Personalentwicklung und Öffentlichkeitsarbeit/PR.[175] Zahlreiche Universitäten haben mit Integrationsprogrammen für Geisteswissenschaftler wie „Mit Leibniz zu Bahlsen – Studierende in die Wirtschaft" an der Universität Hannover und „Student und Arbeitsmarkt" an der Universität München Berufswege in der Wirtschaft vorbereitet.[176]

Eine von Stephan Hofmann und Georg Vogeler im Jahr 1993 an der Universität München durchgeführte Befragung von 280 Absolventen der Jahre 1987–1992 bestätigt das Spektrum des Berufsfelds: 29,1 % der Befragten waren „im Studienfach" beschäftigt und benötigen für ihre Tätigkeit das im Studium vermittelte Fachwissen. In „studiennahen" Bereichen waren 38,7 % der Befragten tätig, wobei das Geschichtsstudium nicht ausdrücklich Voraussetzung, das erworbene Fachwissen jedoch verwendbar war. „Studienferne" Beschäftigungen übten 32,1 % der Historiker aus, bei denen weder Fachwissen noch Qualifikationsprofil aus dem Geschichtsstudium resultiert.[177]

Qualifikationen, die den Historikern zugeschrieben werden, sind ein „ausgeprägtes Persönlichkeitsprofil", intellektuelle Aufgeschlossenheit, vitale Neugier, Kommunikationsfähigkeit, Allgemeinbildung, arbeitstechnische Selbständigkeit und Genauigkeit des Arbeitens.[178] Die Entwicklung des Berufsbilds zeigt jedoch, daß künftige Historiker darüber hinaus überfachliche, methodische, interdisziplinäre und multifunktionale Fähigkeiten, die allgemeinen akademischen *Schlüsselqualifikationen*, vorweisen müssen. Seit Beginn der neunziger Jahre wurden daher diverse Studienreformprojekte im Fach Geschichte initiiert:

„Seit langem gibt es Studienreformbemühungen, um die Studienzeiten zu verkürzen, den verminderten Beschäftigungsmöglichkeiten in traditionellen Einsatzfeldern Rechnung zu tragen, die Globalisierung und Internationalisierung in Wirtschaft und Gesellschaft zu berücksichtigen und den wissenschaftlichen Nachwuchs zu fördern. Die Reformbemühungen um mehr Flexibilität, Differenzierung und Strukturierung führten zur im HRG vorgesehen Einführung

---

175 Konrad, Heiko, Sozial- und Geisteswissenschaftler in Wirtschaftsunternehmen, Wiesbaden 1998, hier S. 238 ff.
176 Vgl. Invernizzi, Friederike, Wirtschaft mit Geist. Kurse helfen Philosophen in die Betriebe, in: Die Zeit, 2.9.1999; Konegen-Grenier, Christiane, Mit Kant und Kafka in die Wirtschaft. Integrationsprogramm für Geisteswissenschaftler. Befragung der beteiligten Unternehmen und Absolventen (Beiträge zur Gesellschafts- und Bildungspolitik, Institut der deutschen Wirtschaft Köln, Nr. 227), Köln 1998.
177 Hofmann, Stephan und Georg Vogeler, Geschichtsstudium und Beruf. Ergebnisse einer Absolventenbefragung, in: GWU 46 (1995), S. 48–57, hier S. 49 f.
178 Klein, Historiker, S. 23 ff.; vgl. ferner Lenger, Friedrich, Aus den Erfahrungen der Vergangenheit Erkenntnisse für das aktuelle Geschehen gewinnen. Historiker sind wieder gefragt, in: FAZ, 20.1.1999.

von neuen Abschlüssen (Bachelor und Master). Ziel dieser Reformbemühungen ist es, das Studium zu verkürzen, arbeitsmarktgerechter zu machen und international vergleichbare Abschlüsse anzubieten."[179]

An vielen Historischen Seminaren wurden in den vergangenen Jahren kleinere Initiativen entwickelt, um Praxisbezug und Berufsorientierung im Geschichtsstudium zu realisieren.[180] Schon 1990/91 führte beispielsweise die Fakultät für Geschichtswissenschaft der Ruhr-Universität Bochum den Modellversuch eines *Historischen Praktikums* durch, das in Lehrveranstaltungen vorbereitet, betreut und nachbereitet wurde.[181] An der Humboldt-Universität Berlin wird seit 1996 in Kooperation mit dem Arbeitsamt Berlin ein Projekt *Studium und Praxis* verfolgt, das eine Berufsfeldorientierungsreihe, Kompaktseminare,[182] praxisorientierte Lehrveranstaltungen und einen Career Service umfaßt.[183] Das Projekt *Historiker in der Praxis* (HIP) der Erziehungswissenschaftlichen Fakultät der Universität Kiel unterstützt ebenso die Kommunikation mit der beruflichen Praxis und erprobt neue Lehrformen in Werkstattseminaren und Kooperationen mit der Wirtschaft.[184]

---

179 Stewart, Geschichtswissenschaften, S. 261. Vgl. ferner Huber, Ludwig, Wer B.A. sagt, muß auch C sagen. Sollen flinke Retuschen vor echten Reformen schützen?, in: Die Zeit, 2.6.1999; Kerstan, Thomas, Bachelor für die Masse, in: Die Zeit, 27.1.2000; ders., Die Volks-Hochschule. Deutschlands Universitäten müssen sich der Praxis stellen, in: Die Zeit, 30.3.2000; Stöbener, Dorothée, Dienst am Studenten. Wie die Universität Bochum Geisteswissenschaftler zum Erfolg führt, in: Die Zeit, 27.4.2000.
180 Diese Initiativen werden offensichtlich in der Evaluation kaum berücksichtigt. Einige Hinweise zu berufspraktischen Aspekten enthält lediglich der Evaluationsbericht niedersächsischer Universitäten. Vgl. Zentrale Evaluationsagentur niedersächsischer Hochschulen (Hg.), Evaluation von Lehre und Studium im Fach Geschichte an den niedersächsischen Universitäten. Evaluationsbericht (Schriftenreihe „Evaluation der Lehre" 6/98), Hannover 1998, S. 34 f.
181 Über die Erfahrungen, insbesondere den Aufwand bei der Beratung der Studierenden berichtet Grütter, Heinrich Theodor, Historisches Praktikum – Ein Modellversuch, in: Jahrbuch für Geschichtsdidaktik 3 (1992), S. 251–257; Bessen, Dorothea und Heinrich Theodor Grütter, Das Historische Praktikum, in: Schmale, Wolfgang (Hg.), Studienreform Geschichte – kreativ, Bochum 1997, S. 337–349. Das in den Studiengang der Geschichtswissenschaft integrierte Praktikum ist an den Historischen Seminaren immer noch nicht etabliert. Vgl. allgemein zu diesem Thema Lachauer, Ulla, Historische Praktika in außerschulischen Berufsbereichen, in: Bergmann, Handbuch der Geschichtsdidaktik (^{3}1985), S. 690–694.
182 Rhetorikkurse und Bewerbungstraining.
183 Vgl. die Homepage unter http://www.geschichte.hu-berlin.de/praxis/index.htm; Historiker können auch Reisen verkaufen. An der Humboldt-Universität zu Berlin werden Studenten für die Berufspraxis sensibilisiert, in: Die Welt, 31.5.1997; Vuckovic, Andreas, Wie aus Historikern Politiker werden, in: Berliner Morgenpost, 7.11.1998.
184 Vgl. die Beschreibung im Internet unter http://www.uni-kiel.de/ewf/geschichte/projekte/hip.htm. Das Projekt wird durch ein Dissertationsvorhaben der Mitarbeiterin Juliet Ingram zum Thema *Arbeitsmarktorientierte Reform der Historikerausbildung – Neue Studienkonzepte als Ergebnis von vergleichenden Absolventenbefragungen in Deutschland und England* (in Zusammenarbeit mit der University of Cambridge und der University of Warwick) unterstützt.

Die umfangreichsten Reformbemühungen im Fach Geschichte sind die im Rahmen des Aktionsprogramms *Qualität der Lehre* an nordrhein-westfälischen Hochschulen durchgeführten *Leuchtturmprojekte.* Das an der Universität Düsseldorf konzipierte *Werkstatt-Projekt* zur Kindheit in Düsseldorf 1900–1945 zielt auf Interdisziplinarität, Teamfähigkeit, Berufsfeldorientierung, bildungshistorisches Wissen und Forschungs- und Methodenkompetenz der Studierenden. Daneben konnte das im Mai 1999 abgeschlossene Projekt einer *Berufswerkstatt Geschichte* an der Universität Bielefeld überregionale Bedeutung erlangen. Die Schwerpunkte der *Berufswerkstatt Geschichte* waren die „Erprobung neuer Lehrformen zur Stärkung des Praxisbezugs", die „Verbesserung der Berufsfähigkeit durch Erprobung und Weiterentwicklung außerfachlicher Qualifikationen in einem fachlichen Zusammenhang", die „Entwicklung neuer Betreuungs- und Beratungsmodelle für die Studienabschlußphase durch Kooperation mit außeruniversitären Partnern" und die „Förderung der Persönlichkeitsentwicklung der Studierenden durch Stärkung der Eigenverantwortung im Studium." Eine Verbesserung der Berufsfähigkeit sollten die Studierenden vor allem durch „Fähigkeiten des Vortragens, des Visualisierens, der Schreibsicherheit, der Medienpräsentation (Compact Disc, Film, Internet), der Wissensvermittlung, der Gruppenführung, der Selbstrepräsentation und der Teamarbeit" erlangen. In der letzten Phase des Projekts wurde die Zielgruppe um Promovierende erweitert, da auch im Bereich der Wissenschaft die Frage nach außerfachlichen Zusatzqualifikationen wie Fundraising, Projektorganisation und Forschungsmarketing bedeutender werde. Die Arbeit der *Berufswerkstatt Geschichte*, insbesondere das Praktikumsbüro und die praxisbezogenen Lehrveranstaltungen, wird seit Ablauf der Förderung durch das Ministerium mit den Mitteln der Abteilung Geschichte fortgeführt.[185]

2.5.2 Praxisfelder für Historiker

Das Berufsbild des Historikers ist aufgrund der mannigfaltigen Beschäftigungsmöglichkeiten, die zunehmend auch in wirtschaftsnahen Bereichen zu suchen sind, ebenso schwierig einzugrenzen wie systematisch darzustellen:

„Stellt man jedoch in Rechnung, daß die Gewinnung und Distribution historischen Wissens schlechterdings nicht von einer Berufsgruppe monopolisiert

---

185 Broschüre: Die Berufswerkstatt Geschichte. Ein Leuchtturm an der Hochschule, S. 10 ff. Vgl. ferner Fakultät für Geschichtswissenschaft und Philosophie der Universität Bielefeld (Hg.), Berufswerkstatt Geschichte. Vorläufige Bilanz, Bielefeld 1998; Ministerium für Wissenschaft und Forschung des Landes Nordrhein-Westfalen (Hg.), Reformen und Ressourcen. Zwischenbilanz und Perspektiven des Aktionsprogramms „Qualität der Lehre", Düsseldorf 1997; Anders-Baudisch, Freia et al., Aus der Geschichte lernen ... Berufliche Orientierung für Geschichtsstudenten durch Berufsbiographien von Absolventen, in: RAABE (Hg.), Handbuch Hochschullehre (17. EL), Bonn 1998, Beitrag GS G 1, 4, S. 16.

werden kann, weil sich historisches Denken alltäglich und allerorten als Ausdruck eines elementaren Bedürfnisses nach Orientierung in der Zeit mit und ohne Zutun professioneller historischer Aufklärung vollzieht, beginnt die Profession des Historikers in den kulturellen Diskursen der Gesellschaft zu verschwimmen. Der Historikerberuf ist ein ‚weites Feld'."[186]

Die klassischen Tätigkeiten des Historikers, das Archivieren, Forschen, Schreiben und Vermitteln,[187] sind in den vergangenen Jahrzehnten durch die Expansion im Bereich der Geschichtskultur und der neuen Medien wesentlich erweitert worden. Davon profitieren Absolventen des Magister- und Lehramtsstudiengangs gleichermaßen. Im folgenden werden anhand konkreter Beispiele Praxisfelder des Historikers beschrieben, die seinem berufsqualifizierenden Studium entsprechen. Fachfremde Tätigkeiten in wirtschaftsnahen Bereichen werden als zusätzliche Option verstanden, die infolge der miserablen Beschäftigungssituation im Öffentlichen Dienst wahrgenommen werden.[188] In die klassischen Tätigkeitsfelder führen heute individuelle Wege, die neben einer Promotion zu Beginn der Berufstätigkeit oftmals die Bereitschaft verlangen, Teilzeitbeschäftigungen oder Zeitverträge zu akzeptieren. Die Berufsorientierung innerhalb der Praxisfelder wird nur durch wenige Handbücher unterstützt. Der überwiegende Teil der Literatur bietet lediglich eine analytische Perspektive auf einzelne Aspekte der Geschichtskultur.

2.5.2.1 Archiv-, Bibliotheks- und Dokumentationswesen

Besonders fachnah können Historiker aufgrund einer Zusatzqualifikation als *Archivare, Bibliothekare* und *Dokumentare* tätig sein. Neben dem Staat, den Kommunen und den Kirchen, beschäftigen zunehmend Verbände und private Wirtschafts- und Industrieunternehmen Historiker.[189]

Abgesehen von der zweijährigen staatlichen Archivschule bietet das flächendeckende Netz der Kommunalarchive besonders interessante Beschäftigungsmöglichkeiten, die sowohl historische Bildungsarbeit als auch Dienstleistungen im Rahmen der kommunalen Verwaltung umfassen.[190] Dort tätige Archivare absolvieren nicht durchgängig die Archivschule, sondern häufig Lehrgänge der Landschaftsverbände oder neuerdings ein „Fernstudium Archiv", eine zweijäh-

---

186 Fröhlich, Ausbildung, S. 588.
187 Stewart, Blätter zur Berufskunde, S. 6 ff.
188 Gerdi Stewart sieht in der Wirtschaft *ein* mögliches Beschäftigungsfeld des Historikers. Helmut Klein weist ihm hingegen eine größere Bedeutung als den traditionellen Beschäftigungsfeldern zu. Vgl. Stewart, Geschichtswissenschaften, S. 269 ff.; Klein, Historiker, S. 19 ff.
189 Stewart, Geschichtswissenschaften, S. 273 f.
190 Vgl. den Überblick zu Archivberufen von Gabel, Helmut, Gesellschaft und ‚historisches Gedächtnis': Archivwesen im Wandel, in: Schmale, Studienreform, S. 167–181.

rige postgraduale berufsbegleitende Weiterbildung an der Fachhochschule Potsdam.[191] Archivare und Historiker in Klein- und Mittelstädten in Nordrhein-Westfalen gründeten 1993 als Reaktion auf die Diskussion um das Berufsfeld *Stadthistoriker* einen Verein *Historikerinnen und Historiker vor Ort e.V.* (HvO).[192] Der Zusammenschluß von Historikern, die vor Ort Geschichte erforschen und vermitteln, beabsichtigt den „Brückenschlag von der reinen Ortsgeschichte zur vergleichenden Stadtgeschichte." Im Vordergrund steht der Austausch über Arbeitsthemen und -methoden sowie die geschichtliche Kulturarbeit. Angesichts der wachsenden pädagogisch-didaktischen Anforderungen[193] an Historiker in Kommunalarchiven erscheint der Ausbau einer *Archivdidaktik*[194] unerläßlich, aus der sich weitere Beschäftigungsmöglichkeiten für Historiker ergeben würden.[195]

In der Bundesrepublik Deutschland bieten rund 250 Unternehmen, Kammern und Verbände[196] Historikern Positionen als *Wirtschaftsarchivare*, deren Tätigkeit überwiegend mit der Erforschung der jeweiligen Unternehmensgeschichte verbunden ist.[197] Daneben bestehen etwa fünfzig nebenamtlich geführte Unternehmensarchive und eine unbekannte Dunkelziffer von Familien- und mittelständischen Unternehmen, die über Altregistraturen und historische Unterlagen

---

191 Im Internet unter http://klio.fh-potsdam.de/fernstudium.htm. Vgl. ferner Schröder, Thomas A., „Projekt Fernstudium Archiv des Fachbereichs ABD der Fachhochschule Potsdam hat begonnen", in: Der Archivar 52 (1999), S. 335–336.

192 Wilhelm Grabe bezeichnet das Berufsbild *Historiker vor Ort* angesichts der Finanzlage der Städte als Auslaufmodell. Vgl. Grabe, Wilhelm, Der „Berufshistoriker" und die „Geschichtskultur auf dem Lande", in: Schmale, Studienreform, S. 155–166, hier S. 166.

193 Diese Anforderungen ergeben sich beispielsweise in Nordrhein-Westfalen aus den neuen Richtlinien für das Fach Geschichte an Gymnasien (Sekundarstufe II), die außerschulische Lernorte verbindlich vorsehen. Vgl. Ministerium für Schule und Weiterbildung, Wissenschaft und Forschung des Landes Nordrhein-Westfalen (Hg.), Richtlinien und Lehrpläne Geschichte, Sekundarstufe II Gymnasium/Gesamtschule, Düsseldorf 1999, S. 65 ff.

194 Ansätze einer Archivdidaktik wurden bisher von Franz-Josef Jacobi entwickelt und insbesondere im Stadtarchiv Münster erprobt. Vgl. Jakobi, Franz-Josef, Archive und Geschichtsbewußtsein. Zur didaktischen Dimension der Archivarbeit, in: Leidinger, Paul und Dieter Metzler (Hgg.), Geschichte und Geschichtsbewußtsein. Festschrift für Karl-Ernst Jeismann zum 65. Geburtstag, Münster 1990, S. 680–704, hier S. 700; ferner Wagner, Johannes Volker, Archiv und Öffentlichkeit, in: Bergmann, Handbuch der Geschichtsdidaktik ([5]1997), S. 702–706; Rodenburg, Günther (Hg.), Öffentlichkeit herstellen – Forschen erleichtern! 10 Jahre Archivpädagogik und historische Bildungsarbeit. Vorträge zur Didaktik, Bremen 1996.

195 Vgl. Gespräch der Verfasserin mit Heinz Pankalla (Stadtarchivar in Dormagen und Vorsitzender des Vereins Historikerinnen und Historiker vor Ort e.V.) am 24.2.2000; die Homepage des Vereins unter http://www.fb1.uni-siegen./hvo; Pomykaj, Gerhard et al., Städtische Geschichtsarbeit auf neuen Wegen?, in: Informationen zur modernen Stadtgeschichte 1990/1, S. 1–9; Ludwig, Andreas, Stadthistoriker in Öffentlicher Funktion – über Entwicklung und Aufgaben eines Dienstleistungsberufs, in: Informationen zur modernen Stadtgeschichte 1990/1, S. 12–17.

196 Deutsche Wirtschafts-Archive: Nachweis historischer Quellen in Unternehmen, Körperschaften des öffentlichen Rechts (Kammern) und Verbänden der Bundesrepublik Deutschland (Bd. 1), Köln [3]1994.

197 Wirtschaftsarchivare werden durch die *Vereinigung deutscher Wirtschaftsarchivare e.V.* (Zeitschrift *Archiv und Wirtschaft*) und die Gesellschaft für Unternehmensgeschichte e.V. (Zeitschrift *Zeitschrift für Unternehmensgeschichte*) vertreten.

verfügen. Für Wirtschaftsarchivare existiert derzeit weder ein klar umrissenes Berufsbild noch ein institutionalisierter Ausbildungsgang:

„Nach wie vor nachgefragt und auch erfolgreich ist der Historiker, der Generalist, Organisator, Informationsmanager und Öffentlichkeitsarbeiter in einem ist. Psychosoziale Disposition und Persönlichkeitsstruktur, heute in vielen Berufszweigen ebenso wichtig wie fachliche Qualifikation und Berufserfahrung, erfordern Kommunikationsbereitschaft, Durchsetzungsvermögen, Kreativität, die Fähigkeit in wirtschaftlichen Kategorien zu denken und Identifikationsbereitschaft mit den Unternehmenszielen des Trägers."[198]

Evelyn Kroker betont den erreichten Reifegrad des Verhältnisses von Wirtschaftsarchiven und historischer Forschung, insbesondere der Zeitgeschichte. Er sei Ausdruck und Ergebnis eines Öffnungs- und Entwicklungsprozesses, der von den wissenschaftlich ausgebildeten Archivaren in die Unternehmen getragen werde.[199] Im Sinne einer benutzerorientierten Dienstleistung erarbeiten Wirtschaftsarchivare inzwischen – neben den traditionellen Darstellungen – Präsentationen des Archivs und der Unternehmensgeschichte für Internet oder CD-Rom sowie digitalisierte Findbücher.[200] Ein typisches Beispiel für die Ausrichtung von Unternehmensarchiv und -geschichte an der historischen Forschung und gleichzeitige Rückbindung an die Kommunikation des Unternehmens bietet das *Unternehmensarchiv der Volkswagen AG* in Wolfsburg. Das Anliegen nach Dokumentation eines weltweit tätigen Unternehmens wurde von außen an den Konzern herangetragen, ferner durch die 1996 von Hans Mommsen und Manfred Grieger veröffentlichte Untersuchung *Das Volkswagenwerk und seine Arbeiter im Dritten Reich* stimuliert.[201] Unternehmensgeschichte und -archiv sind bei Volkswa-

---

198 Kroker, Evelyn, 40 Jahre Vereinigung deutscher Wirtschaftsarchivare e.V. – Versuch einer Standortbestimmung für das Archivwesen der Wirtschaft, in: Archiv und Wirtschaft 30 (3/1997), S. 5–10, hier S. 6. Vgl. ferner dies. et al. (Hgg.), Handbuch für Wirtschaftsarchive. Theorie und Praxis, München 1998, S. 57 ff.
199 Ebd., S. 7. Davon zeugen auch die Publikationen der Wirtschaftsarchive. Hervorzuheben ist insbesondere das vom Thyssen-Archiv vorgelegte Findbuch der Vereinigten Stahlwerke: Stremmel, Ralf und Manfred Rasch, Findbuch zu den Beständen Vereinigte Stahlwerke AG und Bergbau- und Industriewerte GmbH (2 Bde.), Duisburg 1996. Anzumerken bleibt, daß die Synthese von historischer Forschung und unternehmerischer Dienstleistung zu erheblichen Konflikten führen kann, die ebenso durch den öffentlichen Erwartungsdruck provoziert werden können. Vgl. Öffentliche Erwartung setzt Unternehmensgeschichte unter Druck. Historiker zwischen Wissenschaftlichkeit und dem Bedarf nach raschen Antworten zur NS-Zeit, in: FAZ, 24.2.1999.
200 Vgl. Kroker, Handbuch für Wirtschaftsarchive, S. 257 f.; Rennert, Cornelia, http://www.mannesmann.com – Überlegungen zur Präsentation von Unternehmensgeschichte und Unternehmensarchiv im Internet, in: Archiv und Wirtschaft 30 (2/1997), S. 25–29; Berghausen, Gregor, Wirtschaftsarchive im Internet, in: Archiv und Wirtschaft 30 (4/1997), S. 5–13.
201 Mommsen, Hans mit Manfred Grieger, Das Volkswagenwerk und seine Arbeiter im Dritten Reich, Düsseldorf 1996. Vgl. ferner die Rezension von Herbert, Ulrich, Hitlers liebstes Spielzeug, in: Die Zeit, 21.2.1997.

gen in ein Gesamtkonzept eingebettet, das eine Erinnerungsstätte zur Geschichte der Zwangsarbeit im Volkswagenwerk, eine Schriftenreihe *Historische Notate* und einen seit 1986 stattfindenden Austausch von Auszubildenden-Gruppen der Volkswagen AG in der *Internationalen Jugendbegegnungsstätte Auschwitz* umfaßt.[202]

Im Zeitalter der Informationsgesellschaft erfüllen Historiker, die als *Wissenschaftliche Dokumentare* in Unternehmen tätig sind, zentrale Aufgaben:

„Aufbauend auf der im Studium erworbenen fachwissenschaftlichen Kompetenz ist es die Aufgabe von Wissenschaftlichen Dokumentarinnen und Dokumentaren, Informationssysteme zu konzipieren, zu gestalten und zu organisieren, Informationen auszuwählen und aufzubereiten, in konventionellen und elektronischen Informationssystemen zu navigieren und Informationen zu vermitteln."[203]

Das *Institut für Information und Dokumentation (IID)* an der Fachhochschule Potsdam bietet als einzige Institution eine berufsbegleitende Fortbildung zum Wissenschaftlichen Dokumentar.[204] Voraussetzung für die Zulassung ist ein abgeschlossenes Hochschulstudium, eine mindestens einjährige Berufspraxis in einer Einrichtung im Bereich Archiv, Bibliothek, Information und Dokumentation und die Berufstätigkeit während der Ausbildung. Die Ausbildungsinhalte umfassen die Grundlagen des Informationswesens, Entwurf von Informationssystemen, Wissensrepräsentation, inhaltliche Erschließung, *Information Retrieval* und Informationsmanagement.[205] Historiker als Informationsdienstleister werden in unterschiedlichsten Branchen, teilweise auch im öffentlichen Dienst eingesetzt. Beispiele hierfür bieten die Archiv- und Dokumentationsstellen der Rundfunkanstalten, wie das *Historische Archiv des Westdeutschen Rundfunks* in Köln. Es nahm zunächst die Doppelfunktion eines klassischen Schriftgutarchivs mit

---

202 Vgl. Gespräch der Verfasserin mit Dr. Manfred Grieger (Volkswagen-Unternehmensarchiv) am 14.4.1999; Kocks, Klaus und Hans-Jürgen Uhl, „Aus der Geschichte lernen". Anmerkungen zur Auseinandersetzung von Belegschaft, Arbeitnehmervertretung, Management und Unternehmensleitung bei Volkswagen mit der Zwangsarbeit im Dritten Reich (Historische Notate, Heft 1), Wolfsburg 1999; Lupa, Markus, Das Werk der Briten, Volkswagenwerk und Besatzungsmacht 1945–1949 (Historische Notate, Heft 2), Wolfsburg 1999; Volkswagen Kommunikation (Hg.), Erinnerungsstätte zur Geschichte der Zwangsarbeit im Volkswagenwerk, Wolfsburg o.J. (Katalog zur Ausstellung).
203 Broschüre: Ausbildung zum/zur „Wissenschaftlichen Dokumentar/in" des Instituts für Information und Dokumentation (IID) der Fachhochschule Potsdam, S. 8 f.
204 Zu Fragen der inhaltlichen Abgrenzung zu Ausbildungsgängen der Archivschulen vgl. Buder, Marianne et al., Grundlagen der praktischen Information und Dokumentation, München ⁴1997; Beck, Friedrich et al., Archivistica docet. Beiträge zur Archivwissenschaft und ihres interdisziplinären Umfeldes, Potsdam 1999.
205 Vgl. Broschüre des IID, S. 10 f.; die Homepage im Internet unter http://www.iid.fh-potsdam.de; Holst, Axel, „Wissenschaftliche Dokumentare". Eine neue Berufschance für arbeitslose Akademiker? Zur Entwicklung einer Maßnahme der beruflichen Weiterbildung von 1986–1997, in: Beck, Archivistica docet, S. 723–740.

endarchivischer Kompetenz sowie die einer Informations- und Dokumentationsstelle zur Geschichte des Westdeutschen Rundfunks und die seiner Vorgängeranstalten wahr:

> „Als klassisches Archiv ist das Historische Archiv des WDR zuständig für die Begutachtung, die Übernahme bzw. Kassation sowie die formale und inhaltliche Erschließung der seit 1945 aus sämtlichen Organisationseinheiten des Hauses erwachsenden Akten. Als IuD-Stelle zur Geschichte des WDR hält das Historische Archiv Informationen zu folgenden WDR-relevanten Themen vor: Personen (Intendanten, Direktoren, Redakteure, Persönlichkeiten des öffentlichen Lebens aus den Bereichen Literatur, Kunst und Musik, sofern ein Bezug zum WDR gegeben ist, etc.), Daten und Ereignisse (Erstsendedaten, Bau und Einweihung von WDR-Gebäuden oder Studios)."[206]

1996 wurde das Historische Archiv und das „Zwischenarchiv", ein Altaktenarchiv zur Verwaltung der im Haus produzierten Akten, zusammengeführt.[207] Zu den Aufgaben der wissenschaftlichen Dokumentation zählen neben den archivarisch-dokumentarisch zu betreuenden Beständen die Bearbeitung von internen Anfragen zu Sendevorhaben, Recherchen für Intendanz und Öffentlichkeitsarbeit und nach Maßgabe freier Kapazität die Unterstützung von wissenschaftlichen Forschungsvorhaben, die Beantwortung externer Anfragen, insbesondere der Hörer- und Zuschauerpost.[208]

Ob das *Infobroking* als eigenständige Dienstleistungskomponente im Bereich der Geisteswissenschaften im weiteren und der Geschichtswissenschaft im engeren Sinne eine Zukunft hat, bleibt angesichts der finanziellen Möglichkeiten potentieller Abnehmer fragwürdig.[209]

2.5.2.2 Politikberatung, Historische Beratung

Als ein klassisches Betätigungsfeld der Historiker gilt die *Politikberatung,* das ebenso von Politik- und Sozialwissenschaftlern besetzt wird. Neben den wissenschaftlichen Diensten des Bundestags und der Landtage beschäftigen die Fraktionen und einzelne Abgeordnete wissenschaftliche Mitarbeiter als *Referenten*. Weitere Möglichkeiten der Referententätigkeit eröffnen sich Historikern

---

206 Bernard, Birgit, Das Historische Archiv des Westdeutschen Rundfunks Köln, in: Der Archivar 50 (1/1997), Sp. 81–88, hier Sp. 81.
207 Bernard, Birgit, Das Historische Archiv des Westdeutschen Rundfunks Köln, in: Rundfunk und Geschichte 24 (1/1998), S. 70–76, hier S. 71.
208 Vgl. Gespräch mit Dr. Birgit Bernard (Wissenschaftliche Dokumentarin im Historischen Archiv des Westdeutschen Rundfunks Köln, Abt. Print) am 19.1.2000.
209 Jüde, Berufsplanung, S. 95: Ein Historiker berichtet über seine Tätigkeit bei einer Unternehmensberatung als Leiter für die Beschaffung von Sekundärinformationen aus Wirtschaft und Technik.

im Stiftungswesen, in den Organisationen der politischen Bildung, in Verbänden und anderen Non-Profit-Unternehmen, dort insbesondere im Bereich des *Fundraising*. Die bundesdeutsche Geschichtswissenschaft hat das Feld der Politikberatung in der Berufsorientierung bisher nicht favorisiert, obwohl eine große Zahl der Absolventen in diesen Bereich strebt.[210] Die Ursache hierfür könnte in einem Vorurteil liegen, das Roman Herzog beschreibt:

„Nicht leisten können wir uns [...] das unter Wissenschaftlern verbreitete Mißverständnis, daß die Freiheit der Wissenschaft pragmatische Zusammenarbeit zwischen Wissenschaft, Wirtschaft und Politik ausschließt."[211]

Die *historische Beratung*,[212] die zunächst Unternehmensarchiv und -geschichte umfaßt, kann sich ferner auf andere Teilgebiete der Geschichtswissenschaft stützen. Klaus Schlottau beschreibt beispielsweise ein Berufsbild des *historischen Sachverständigen* im Bereich der Umweltgeschichte. Dieses neue Berufsbild für Historiker mit interdisziplinären Interessen habe sich infolge der Gesetzgebung des Bundes und der Länder sowie der Verordnungen zum Boden- und Abfallrecht herausgebildet. Der historische Sachverständige habe im Rahmen einer historischen Recherche die Aufgabe, Altlasten zu erfassen und alle historischen Daten für die Gefährdungsabschätzung einer Untersuchungsfläche zu sammeln und zu bewerten.[213] Eine vergleichbare Intention, die historische Beratung im Bereich Forschung, Umwelt und Verkehr auf Basis der Umwelt- und Technikgeschichte, verfolgte das Historische Seminar der Technischen Universität Braunschweig in einem Kooperationsprojekt mit der Volkswagen AG in Wolfsburg.[214]

---

210 Die Politikwissenschaft war demgegenüber in der Lage, den Bereich der Politikberatung zu besetzen: Das *Centrum für angewandte Politikforschung* (München) und die *Stiftung Wissenschaft und Politik* (Ebenhausen) beraten Bundesregierung und Europäische Union. Vgl. Stelzer, Tanja, Vordenker und graue Eminenz. Politikberater nehmen Einfluß auf die Einflußreichen, in: Die Zeit, 12.5.1999.
211 Herzog, Roman, Überlegungen zum Verhältnis von Wissenschaft und Politik, in: Schmale, Studienreform, S. 211–215, hier S. 213.
212 Huhn, Jochen, Historische Beratung, in: Bergmann, Handbuch der Geschichtsdidaktik (³1985), S. 787–791.
213 Schlottau, Klaus, Praktizierte Umweltgeschichte: Der Sachverständige für die „Durchführung und Beurteilung von standortbezogenen Erhebungen (historische Recherche)". – Ein neues Berufsbild für Historiker, in: Bayerl, Günter und Wolfhard Weber (Hgg.), Sozialgeschichte der Technik. Ulrich Troitzsch zum 60. Geburtstag, Münster 1998, S. 25–34, hier S. 25.
214 Menzel, Ulrich R. A., Die Kooperation mit Industrieunternehmen am Beispiel des Historischen Seminars der TU Braunschweig und der Volkswagen AG Wolfsburg, Bereich Forschung, Umwelt und Verkehr, in: Schmale, Studienreform, S. 399–406.

2.5.2.3 Orte der Erinnerung: Museen, Dokumentationszentren, Gedenkstätten

Die Expansion der Geschichtskultur und das anhaltende öffentliche Interesse an der deutschen Geschichte hat in den vergangenen Jahren zu Neugründungen historischer Museen[215] und zu einer Erweiterung des Netzes von Gedenkstätten,[216] Dokumentationszentren und Erinnerungsorten[217] geführt. Begleitet von kontroversen Diskussionen wurden ambitionierte Museumsprojekte wie das *Deutsche Historische Museum* in Berlin,[218] das *Haus der Geschichte* in Bonn,[219] das *Jüdische Museum* in Berlin[220] oder das *Zeitgeschichtliche Forum* in Leipzig realisiert. Die Stadt Nürnberg wird auf dem ehemaligen Reichsparteitagsgelände ein Dokumentationszentrum errichten.[221] Die Mahn- und Gedenkstätten mit überregionaler Bedeutung, die wie *Buchenwald*, *Ravensbrück* und *Sachsenhausen* mit einer doppelten Vergangenheit belastet sind, wurden nach der Wiedervereinigung konzeptionell überarbeitet.[222] Obwohl in diesen Einrichtungen historische Forschung und ihre Vermittlung im Mittelpunkt stehen, können hier nur wenigen Historikern eine Berufsperspektive geboten werden. Allerdings ergeben sich zusätzliche Möglichkeiten für Historiker als Museums- oder Gedenkstättenpädagogen, die spezielle Programme für Kinder und Schüler sowie

---

215 Vgl. Rüsen, Jörn, Für eine Didaktik historischer Museen. Gegen eine Verengung im Meinungsstreit um die Geschichtskultur, in: Gd 12 (1987), S. 267–276; Andraschko, Frank, Geschichte erleben im Museum, Frankfurt am Main 1992; Grütter, Heinrich Theodor, Zur Theorie historischer Museen und Ausstellungen, in: Blanke, Dimensionen der Historik, S. 179–193.
216 Vgl. Puvogel, Ulrike, Gedenkstätten für die Opfer des Nationalsozialismus, Bonn ²1995 (Gebiet der alten Bundesrepublik); Zimmermann, Michael, „Gedenkstätten für die Opfer des Nationalsozialismus" in der Bundesrepublik Deutschland, in: Bergmann, Handbuch der Geschichtsdidaktik (⁵1997), S. 752–757; Gedenkstätten-Rundbrief, hg. von der Stiftung Topographie des Terrors (1983 ff.).
217 Borsdorf, Ulrich und Heinrich Theodor Grütter (Hgg.), Orte der Erinnerung. Denkmal, Gedenkstätte, Museum, Frankfurt am Main 1999.
218 Stölzl, Christoph, Deutsches Historisches Museum. Ideen – Kontroversen – Perspektiven, Frankfurt am Main 1988.
219 Schäfer, Hermann, Begegnungen mit unserer eigenen Geschichte. Zur Eröffnung des Hauses der Geschichte der Bundesrepublik Deutschland in Bonn am 14. Juni 1994, in: Aus Politik und Zeitgeschichte B 23 (1994), S. 11–22; ders., Zwischen Disneyland und Musentempel: Zeitgeschichte im Museum, in: museumskunde 60 (1–3/1995), S. 27–32; Richter, Erika, Erfolgsweg und Erlebnispfad. Ein Jahr Haus der Geschichte der Bundesrepublik Deutschland, in: GPD 23 (1995), S. 222–225; Michels, Eckard, Deutsche Nachkriegsgeschichte im Museum, in: GEP 6 (1995), S. 361–368.
220 Wefing, Heinrich, In Assoziationsgewittern. Über Politik mit der Erinnerung und die architektonische Unabhängigkeitserklärung des Jüdischen Museums zu Berlin, in: museumskunde 64 (1/1999), S. 43–49.
221 Vgl. Wiedemann, Charlotte, Eine Stadt sucht sich selbst, in: Die Woche, 30.1.1998; Täubrich, Hans-Christian, Nürnberg 2000. Das Dokumentationszentrum Reichsparteitagsgelände, in: museumskunde 64 (1999), S. 23–28.
222 Haase, Norbert und Bert Pampel (Hgg.), Doppelte Last – Doppelte Herausforderung. Gedenkstättenarbeit und Diktaturenvergleich an Orten mit doppelter Vergangenheit, Frankfurt am Main 1998.

Lehrerfortbildungen erarbeiten.²²³ Eine weitere Spezialisierungsmöglichkeit liegt in dem Einsatz digitaler Medien in Ausstellungen,²²⁴ der Konzeption und Realisation von Internetauftritten und CD-Roms.²²⁵

Als Orte der Erinnerung bilden ebenso Stadt- und Heimatmuseen und lokale Dokumentations- und Gedenkstätten Foren der Geschichtskultur.²²⁶ Aufgrund ihres unmittelbaren Bezugs zur Lebens- und Alltagswelt der Menschen vermögen sie das nicht-wissenschaftliche Publikum in besonderem Maße für historische Themen zu gewinnen. Trotz der finanziellen Misere der öffentlichen Haushalte ergeben sich in kommunalen Einrichtungen immer wieder Berufsperspektiven für Historiker, die oftmals aus ihrer Beteiligung an Einzelprojekten erwachsen. Unverzichtbar sind die lokalen Gedenkstätten, die an beide deutsche Diktaturen erinnern und sich ihrer Erforschung und Vermittlung widmen.²²⁷ Die Mahn- und Gedenkstätte Düsseldorf, die 1987 im Stadthaus eröffnet wurde, in dem bis Anfang 1934 das Polizeipräsidium und später Luftschutzeinrichtungen untergebracht waren, bildet ein signifikantes Beispiel lokaler Geschichtsarbeit. Das historische Lernen am Ort der Täter wird durch verschiedene Angebote unterstützt: Die Basis bildet die lokalgeschichtliche Forschung, aus der Einzeldarstellungen und Dokumentationen hervorgehen.²²⁸ Die ständige Ausstellung *Verfolgung und Widerstand in Düsseldorf 1933 bis 1945* dokumentiert das Schicksal verschiedener Opfergruppen. Ergänzt wird die Tafelausstellung durch ein Informationsangebot,

---

223 Ehmann, Annegret et al. (Hgg.), Praxis der Gedenkstättenpädagogik. Erfahrungen und Perspektiven, Opladen 1995; Kuhls, Heike, Erinnern lernen? Pädagogische Arbeit in Gedenkstätten, Münster 1996.

224 Vgl. Schäfer, Hermann, Medien im Museum – besucherorientiert und interaktiv. Konzept des Hauses der Geschichte der Bundesrepublik Deutschland, in: Lehmann, Rolf G. (Hg.), Corporate Media. Handbuch der audiovisuellen und multimedialen Lösungen und Instrumente, Landsberg/Lech 1993; ders., Stiftung Haus der Geschichte der Bundesrepublik Deutschland. Museums- und Managementkonzept, in: Handbuch KuM (Mai 1996), B 2.3, S. 1–22, hier S. 18; Dennert, Dorothee, New media for new visitors?, in: Kräutler, Hadwig (Hg.), New strategies for communication in museums, Wien 1997, S. 76–79; Müller, Siegfried, Computer im Museum, in: GWU 47 (1996), S. 548–552.

225 Z. B. die im Ernst Klett Verlag erschienene und von Dr. Hans Walter Hütter (Haus der Geschichte) redaktionell betreute CD-Rom zur Ausstellung *Erlebnis Geschichte – Deutschland seit 1945*. Vgl. auch die Rezensionen von Sauer, Michael, Rez. Erlebnis Geschichte – Deutschland 1945, in: Geschichte lernen, Heft 62 (1998), S. 16–17 und „Erlebnis Geschichte – Deutschland nach 1945". Haus der Geschichte der Bundesrepublik Deutschland, in: Compania Media (Hg.), Neue Medien in Museen und Ausstellungen. Einsatz – Beratung – Produktion. Ein Praxis-Handbuch, Bielefeld 1998, S. 136–140.

226 Meynert, Joachim und Volker Rodekamp, Heimatmuseum 2000. Ausgangspunkte und Perspektiven, Bielefeld 1993.

227 In den neuen Bundesländern sind auch sie teils mit einer doppelten Vergangenheit belastet (z. B. die Gedenkstätte Münchener Platz in Dresden).

228 In Auswahl: Fings, Karola und Frank Sparing, „z.Zt. Zigeunerlager". Die Verfolgung der Düsseldorfer Sinti und Roma im Nationalsozialismus, Köln 1992; Roos, Martin und Helen Quandt, „und hinter den Gesichtern ...". Biographische Notizen zu Beteiligten am Majdanek-Prozeß 1975–1981, Düsseldorf 1996; Genger, Angela und Kerstin Griese, Aspekte jüdischen Lebens in Düsseldorf und am Niederrhein, Düsseldorf 1997

das aus Readern und Mappen zu Einzelaspekten und Personen sowie einer Präsenzbibliothek[229] besteht. Zu den Aufgaben der in der Gedenkstätte tätigen Historiker zählen die Durchführung von Zeitzeugeninterviews, die Organisation und Begleitung von Sonderausstellungen und anderen thematischen Veranstaltungen und deren Präsentation in Ausstellungskatalogen, Erinnerungsbüchern und CDs. Einen Schwerpunkt bildet die pädagogische Arbeit in Form von Führungen durch die Dauerausstellung, Begleitprogrammen zu Sonderausstellungen, Projektberatungen, Studientagen, Projekttagen, Stadtrundgängen und „Spurensuche", berufsbezogenen Führungen und Fortbildungen und die Vermittlung von Zeitzeugengesprächen.[230]

2.5.2.4 Denkmalschutz, Industriearchäologie, Tourismus

Der *Denkmalschutz* und die *Denkmalpflege,* die aufgrund der Denkmalschutzgesetzgebung der vergangenen Jahrzehnte forciert wurden, eröffnen Historikern neben Architekten und Ingenieuren nur in geringem Maße Berufsperspektiven in staatlichen und kommunalen Behörden.[231]

Die „Erlebnisgesellschaft" hingegen fordert kommerzialisierte Formen der Beschäftigung mit der Vergangenheit ein, die dennoch in der Geschichtswissenschaft verankert sein können und von Historikern betreut werden. Der *Kommunalverband Ruhrgebiet* konzipierte in Zusammenarbeit mit der *Deutschen Gesellschaft für Industriekultur e.V.* eine *Route der Industriekultur,*[232] die die Industriearchäologie[233] als spezialisierte Form des Denkmalschutzes mit einem

---

229 Sonderbestand: Literatur zu Verfolgung und Widerstand, autobiographische und biographische Literatur, didaktische Materialien, Literatur zu Rechtsextremismus, Rassismus und Fremdenfeindlichkeit.
230 Vgl. Gespräch der Verfasserin mit Angela Genger (Leiterin der Mahn- und Gedenkstätte Düsseldorf) am 21.1.2000; Griese, Kerstin und Angela Genger (Red.), Mahn- und Gedenkstätte Düsseldorf, in: Den Opfern gewidmet. Auf Zukunft gerichtet. Gedenkstätten für die Opfer des Nationalsozialismus in Nordrhein-Westfalen, Düsseldorf [4]1998; S. 52–56; Griese, Kerstin, Arbeit mit Zeitzeuginnen und Zeitzeugen in der Mahn- und Gedenkstätte Düsseldorf, in: dies. (Red.), Forschen – Lernen – Gedenken. Bildungsangebote für Jugendliche und Erwachsene in den Gedenkstätten für die Opfer des Nationalsozialismus in Nordrhein-Westfalen, Düsseldorf 1998.
231 Vgl. Kirschbaum, Juliane (Red.), Auf dem Weg ins 21. Jahrhundert: Denkmalschutz und Denkmalpflege in Deutschland. Dokumentation der Tagung des Deutschen Nationalkomitees für Denkmalschutz am 25. und 26. Februar 1999 in Berlin, Bonn 1999; Fischer, Manfred F. et al., Kursbuch Denkmalschutz, Bonn [2]1999; Ministerium für Stadtentwicklung, Kultur und Sport des Landes Nordrhein-Westfalen (Hg.), Denkmalschutz und Denkmalpflege in Nordrhein-Westfalen: Gesetz, Organisation, Verfahren, Düsseldorf 1998.
232 Vgl. allgemein Hey, Bernd, Der Weg ist das Ziel: Historische Kulturrouten, in: Becker, Christoph und Albrecht Steinecke (Hgg.), Kulturtourismus in Europa: Wachstum ohne Grenzen?, Trier 1993, S. 212–232.
233 Slotta, Rainer, Einführung in die Industriearchäologie, Darmstadt 1982; ders.; Zur Situation und Pflege Technischer Denkmäler und der Industriearchäologie in der Bundesrepublik

Touristikkonzept verbindet. Die Route umfaßt neunzehn Ankerpunkte als Sinnbilder des Strukturwandels im Ruhrgebiet,[234] sechs überregionale technik- und sozialgeschichtliche Museen, neun Aussichtspunkte und zwölf Siedlungen der Region entlang einer über 400 Kilometer langen Strecke, die per Auto, Bus, Bahn, Fahrrad und durch Wanderwege erschlossen werden kann. Zielgruppe ist ein „breites kultur- und erlebnisorientiertes Publikum", dem im Rahmen einer Marketingstrategie Angebotspakete unterbreitet werden sollen, die die *Route der Industriekultur* mit Kongressen, Tagungen, Musicals, Wander- und Radtouren, Wasserschlössern, Fußball, Konzerten und Einkaufen kombiniert.[235]

Angesichts des anhaltenden Booms in der Touristikbranche versprechen auch andere Bereiche des Kultur- und Bildungstourismus Beschäftigungschancen für Historiker. Die kommerziell betriebene *wissenschaftliche Reiseleitung* und *Freizeitdidaktik* sind daher unbedingt in das Berufsbild des Historikers zu integrieren.[236]

2.5.2.5 Journalismus und Verlagswesen

Aufgrund der differenzierten Medienlandschaft in der Bundesrepublik Deutschland liegen berufliche Tätigkeiten im Bereich des Zeitungs-, Radio- und Fernsehjournalismus nahe, sofern sie durch freie Mitarbeit und Praktika wahrend des Studiums vorbereitet wurden. Die Berufsperspektiven im Journalismus haben sich infolge der Verbreitung der neuen Medien vergrößert. Der als *Journalist* tätige Historiker

Deutschland – Versuch einer Bestandsaufnahme, in: Matschoss, Conrad und Werner Lindner (Hgg.), Technische Kulturdenkmale, Düsseldorf 1984, S. V-XIII (Faksimile-Ausgabe).

234 Jahrhunderthalle (Bochum), Zeche Zollern II/IV (Dortmund), Kokerei Hansa (Dortmund), Landschaftspark Duisburg Nord (Duisburg), Innenhafen Duisburg, Zeche Zollverein XII (Essen), Villa Hügel (Essen), Zeche Nordstern/Nordsternpark (Gelsenkirchen), Der Hohenhof (Hagen), Maximilian-Park (Hamm), Henrichshütte (Hattingen), Chemiepark (Marl), Aquarius (Mülheim an der Ruhr), Gasometer Oberhausen, Zinkfabrik Altenberg (Oberhausen), VEW-Elektromuseum (Recklinghausen), Lindenbrauerei (Unna), Historisches Schiffshebewerk Henrichenburg (Waltrop), Zeche Nachtigall/Muttental (Witten).

235 Projektinfo: Route der Industriekultur des Kommunalverbands Ruhrgebiet (Stand: Dezember 1998), S. 2 ff.; Ganser, Karl und Marion Taube, Tourismus im Ruhrgebiet, in: museumskunde 63 (1/1998), S. 41–46. Vgl. zur Kritik an der Verbindung historischer Museen und Tourismus im Ruhrgebiet Borsdorf, Ulrich, Historische Museen und Tourismus im Ruhrgebiet – Thesen, in: museumskunde 63 (1/1998), S. 47–49.

236 Erste Überlegungen bei Hey, Bernd, Das Fach Geschichte in der Ausbildung von Freizeitfachleuten und Touristikfachleuten. Überlegungen aus der Sicht des Historikers, in: Braun, Axel et al. (Hgg.), Tourismus als Berufsfeld. Handlungskompetenzen für Freizeitberufe im touristischen Bereich, Frankfurt am Main 1982, S. 130–154; Christmann, Helmut, Erfahrungen eines Historikers als Reiseleiter von Bildungs- und Studienreisen, in: Gd 11 (1986), S. 379–387. Vgl. ferner Eder, Walter, Geschichte und Tourismus, in: Bergmann, Handbuch der Geschichtsdidaktik (^{5}1997), S. 718–727; ders., Wissenschaftliche Reiseleitung und Kulturtourismus, in: Becker, Kulturtourismus, S. 161–184; Müllenmeister, Horst Martin, Geschichte und Tourismus, in: Fußmann, Historische Faszination, S. 248–265.

„[…] kann mit seiner differenzierenden und abwägend einordnenden Sicht als „Meinungsmacher" besonders zu Ausgewogenheit und sozialem Frieden beitragen, denn der Multiplikatoreffekt ist in diesem Berufsfeld besonders ausgeprägt."[237]

Im Feuilleton und anderen Redaktionen der Tageszeitungen, Wochenzeitungen, Zeitschriften und Magazine[238] erarbeiten Historiker historisch-politische Themen, vor allem der Zeitgeschichte und Politik.[239] Außerdem verfassen sie Beiträge in der Sparte Kultur, hier besonders zu Aspekten der Kunst und Literatur sowie zur Bildungs- und Hochschulpolitik. Der *Wissenschaftsjournalismus*, der sich überwiegend auf die einschlägigen Fachzeitschriften beschränkt, bietet aufgrund seiner vergleichbar geringen Verbreitung nur wenigen Historikern die Möglichkeit, fachnah tätig zu sein.

Die Sendereihe *ZeitZeichen* des Westdeutschen Rundfunks ist seit 1972 die einzige tägliche Geschichtssendung im deutschen Rundfunk, in der Originalton-Dokumente mit den von den Autoren selbst gesprochenen Texten zu fünfzehnminütigen Features verbunden werden. Dieser Prototyp der Vermittlung von Geschichte im Hörfunk verdeutlicht, welchen Anforderungen das Qualifikationsprofil der Redakteure entsprechen muß: Die mediengerechte Aufarbeitung historischer Inhalte erfordert die Integration geschichtswissenschaftlicher Maßstäbe und journalistischer Kriterien wie Themenvielfalt, Reiz, Originalität, Relevanz für die Gegenwart und Publikumswirksamkeit.[240]

Die geringe Produktion historischer Filme durch die deutsche Filmindustrie hat die Bedeutung der Vermittlung von Geschichte im Fernsehen gestärkt. Im öffentlich-rechtlichen Fernsehen wurde in den vergangenen Jahrzehnten diverse Genre herausgebildet: Die klassischen Genre Dokumentation, Reportage, Portrait und Magazin wurden um semi-dokumentarische und fiktionale wie Dokumentar-Spielfilm[241] und Doku-Drama[242] erweitert. Umstritten bleibt die Vorge-

---

237 Stewart, Blätter zur Berufskunde, S. 21.
238 Beachtung finden sollten die 1999 veröffentlichten Serien zur Jahrtausendwende: *Mein Photo des Jahrhunderts* (Zeit-Magazin); *Das 20. Jahrhundert* (Der Spiegel); *Unser Jahrhundert* (Focus); *Stern-Millennium* (Beilage Stern).
239 Vgl. ferner Koszyk, Kurt, Geschichte in der Presse, in: Bergmann, Handbuch der Geschichtsdidaktik ([5]1997), S. 635–640; Hammer, Günter, Geschichte in der Presse, in: Füßmann, Historische Faszination, S. 227–234.
240 Vgl. Strupp, Karen, ZeitZeichen, eine WDR-Hörfunkreihe zur Geschichte, in: Kröll, Ulrich (Hg.), Massenmedien und Geschichte, Münster 1989, S. 133; Ruppel, Wolf Dieter, Geboren aus historischer Faszination – Die Hörfunk-Sendereihe „ZeitZeichen", in: Füßmann, Historische Faszination, S. 209–226; Gerasch, Sabine, Geschichte vom Band. Die Sendereihe „ZeitZeichen" des Westdeutschen Rundfunks, Berlin 1997.
241 Z. B. die Verfilmung des Buches *Abgehauen* von Manfred Krug durch Frank Beyer und Ulrich Plenzdorf. Vgl. Festenberg, Nikolaus von, Ein Abschied gestern, in: Der Spiegel 23/1998, S. 234.
242 Z. B. *Todesspiel* von Heinrich Breloer. Vgl. Leutnants im deutschen Herbst, in: Der Spiegel 24/1997, S. 170–173.

hensweise der Redaktion des Zweiten Deutschen Fernsehens, die ihre „Dokumentationen" mit Spielfilmszenen anreichert.[243] Die Redaktion Geschichte/Zeitgeschichte des Westdeutschen Rundfunks in Köln besteht beispielsweise aus sechs ständigen Redakteuren, die für drei Sendeplätze – die historische Dokumentation, Reportage, Feature oder Portrait, das Geschichtsmagazin *Spuren* und die *Rückblende* – verantwortlich sind und die Arbeit freier Autoren koordinieren. Im Ensemble von Bild und Ton ist die Sachebene historischer Forschung in personalisierten Zugängen, die die Lebensgeschichte der Zuschauer betreffen, sinnlich erfahrbar umzusetzen.[244]

Historiker sind in Verlagen als *Lektoren* für das Gebiet der Geisteswissenschaften verantwortlich. Sie redigieren Texte, bauen Kontakte zu Autoren auf und schlagen Themen zur Bearbeitung vor. In der Funktion eines *Werbefachmanns* im Verlag stellen sie Neuerscheinungen auf Pressekonferenzen vor, verfassen Klappentexte und Pressemitteilungen und pflegen den Kontakt zum Buchhandel.[245] Zu der von Historikern zu betreuenden Angebotspalette zählen auch Medien, die wie Hörbücher und Audio-Dokumentationen[246] der zunehmend nicht-schriftlichen Kommunikation entsprechen.

2.5.2.6 *Multimedia: Internet und CD-Rom*

Die zögerliche Reaktion der Geschichtswissenschaft in bezug auf die neuen Medien[247] hatte zur Folge, daß das Berufsbild des Historikers im Bereich der Multimedia nicht konkretisiert wurde. Die Nutzungskompetenz von Online-Datenbanken und digitalen Quellen- und Literaturbeständen ist eine elementare Qualifikation für alle Praxisfelder. Über diese rezeptionsbezogenen Kompetenzen hinaus sind Fähigkeiten des elektronischen Publizierens im Rahmen von Archiven, Bibliotheken, Museen und Verlagen unerläßlich:[248] Das Internet zeigt

---

243 Vgl. Knopp, Guido, Zeitgeschichte im ZDF, in: Wilke, Massenmedien und Zeitgeschichte, S. 309–316; Bösch, Frank, Das ‚Dritte Reich' ferngesehen. Geschichtsvermittlung in der historischen Dokumentation, in: GWU 50 (1999), S. 204–220.

244 Vgl. Gespräch der Verfasserin mit Klaus Liebe (Leiter der Redaktion Geschichte/Zeitgeschichte des Westdeutschen Rundfunks in Köln) am 14.3.2000.

245 Stewart, Blätter zur Berufskunde, S. 21; Becker, Helmut, Zum Beruf des Verlagslektors – Historiker in wissenschaftlich-historischen Verlagen, in: Schmale, Studienreform, S. 183–190; Pehle, Walter H., Geschichtswissenschaft, Buchproduktion und Öffentlichkeit, in: Füßmann, Historische Faszination, S. 235–241.

246 Vgl. beispielsweise Groth, Michael, Götterdämmerung im Zentralkomitee. Tonprotokolle aus den letzten Sitzungen des ZK der SED Oktober bis Dezember 1989 (CD), Köln o.J.; Heumann, Marcus (Red.), Geschichte zum Hören: 1945 (2 CDs), Köln 1995.

247 Vgl. Gersmann, Gudrun, Neue Medien und Geschichtswissenschaft. Ein Zwischenbericht, in: GWU 50 (1999), S. 239–249. Seit 1999 erscheint in der Zeitschrift *Geschichte in Wissenschaft und Unterricht* eine Kolumne *Informationen Neue Medien* in unregelmäßigen Abständen. Vgl. Gersmann, Gudrun, Zur neuen Kolumne, in: GWU 49 (1999), S. 73.

248 Horstkemper, Gregor, Digitalisierung und Internet: Neue Perspektiven für das Geschichtsstudium?, in: Schmale, Studienreform, S. 254–269, hier S. 263.

eine wachsende Zahl digitalisierter historischer Ressourcen aus den Bereichen Archiv und Bibliothek, historischer Informationsdienste, virtueller Ausstellungen und Projekte des *online-Publishing*.[249] Es obliegt dem Engagement der Historiker, den Mängeln an Beständigkeit, inhaltlicher Qualität und methodischem Know-how im Internet entgegenzuwirken und die Professionalisierung voranzutreiben. Auf diesem Wege wird es ihnen gelingen, Positionen in der Wachstumsbranche Internet zu besetzen, die gleichermaßen bei kommerziellen und Non-Profit-Unternehmen zu finden sind.[250]

Ebensowenig wurde bisher die Rolle des Historikers als *Autor* historischer CD-Roms expliziert. Die Gewichtung von Komponenten der Unterhaltung und Orientierung an den Ergebnissen der historischen Forschung divergiert je nach Genre. CD-Roms, die als Begleit- und Ergänzungsmaterial zu Museen, Ausstellungen, und Orten der Erinnerung dienen, bieten zumeist eine umfangreiche Perspektive auf die Forschungsergebnisse der Geschichtswissenschaft. Gleiches gilt grundsätzlich auch für Quelleneditionen, historische Dokumentationen, Chroniken und Nachschlagewerke, bei denen allerdings teilweise inhaltliche Mängel festgestellt werden müssen. Historische Computerspiele orientieren sich hingegen an den Regeln der Unterhaltungsindustrie und dienen dem *Edutainment*.[251]

2.5.2.7 Freie Historiker

Die Selbständigkeit von Historikern eröffnet auch in der Bundesrepublik Deutschland eine berufliche Alternative zu Beschäftigungsverhältnissen im öffentlichen Dienst und der Privatwirtschaft. Einige Existenzgründungen der vergangenen Jahre zeigen, daß die Tätigkeit als *freier Historiker* angesichts der gesteigerten Nachfrage nach historischen Dienstleistungen tragfähig sein kann. Die Angebotspalette verschiedener Büros, deren Mitarbeiter überwiegend promoviert sind, erweist als dabei als außerordentlich unterschiedlich. Im Sinne seiner Geschäftsidee, dem *History Marketing*, gründete Sven Tode 1998 ein *Institut für Firmen- und Wirtschaftsgeschichte* in Hamburg, das inzwischen über mehrere Mitarbeiter verfügt. Ebenso auf die Geschichte von Unternehmen und Institutionen und die damit verbundene historische Beratung konzentrieren sich Birgitt

---

249 Zu der Vielzahl entsprechender Adressen vgl. Ditfurth, Christian von, Internet für Historiker, Frankfurt am Main ³1999; Ohrmund, Andreas und Paul Tiedemann, Internet für Historiker. Eine praxisorientierte Einführung, Darmstadt 1999; Schröder, Thomas A., Historisch relevante Ressourcen im Internet und Worldwideweb, in: VZG 44 (1996), S. 465–477.
250 Vgl. Gespräch mit Stephanie Marra, M.A. (Wissenschaftliche Angestelle am Historischen Institut der Universität Dortmund) am 27.3.2000; Gersmann, Neue Medien, S. 245 ff.
251 Vgl. die Sammelrezensionen von Abrogast, Christine, Neue Wahrhaftigkeiten oder das endgültige Ende der Geschichte? Historika auf CD-ROM, in: GG 24 (1998), S. 633–647; Horstkemper, Gregor et al., Geschichte digital? CD-Roms mit historischem Schwerpunkt, in: GWU 49 (1999), S. 48–68.

Morgenbrod und Stephanie Merkenich, die 1999 eine Gesellschaft bürgerlichen Rechts *Historische Beratung, Recherche und Präsentation* initiierten.²⁵² Die Gründer der Berliner Firma *Facts and Files*, Beate Schreiber, Frank Drauschke und Jörg Rudolph haben sich auf Archiv-Dienstleistungen und Informationsbeschaffung spezialisiert. Der Augsburger Geschichtsstudent Tobias Berg gründete 1995 einen *Nachrichtendienst für Historiker*,²⁵³ der im Internet täglich zweisprachig eine Presseschau, TV-Programmhinweise, Link-Kataloge, Materialien und andere aktuelle Informationen zur Geschichtswissenschaft bietet. Die Finanzierung dieses Angebots gewährleistet er inzwischen durch die Internet-Agentur *res media*. Zu dem Leistungsumfang des *Herodot Geschichtsservice*²⁵⁴ des Müncheners Matthias Rebel, der auf einem Mediendienst zu historischen Themen basiert, zählt die Autorenvermittlung, Bildrecherche, die Beschaffung wissenschaftlicher Interviewpartner und Zeitzeugen, wissenschaftliche Exposés und Vorträge, Quellen- und Zitatrecherche, Lektorate, Ahnenforschung, Firmenchroniken, aber auch die Organisation von Veranstaltungen im historischen Ambiente.²⁵⁵ Im Rahmen der Regionalgeschichte erarbeitet Uwe Schmidt Stadtgeschichten, Fotobände, Museumsführer und regionale Ausstellungen.²⁵⁶ Das Geschichtsbüro Reder & Roeseling erweitert das klassische Angebot freier Historiker um die Erforschung historischer Garten- und Parkanlagen.²⁵⁷

2.6 Kritik an den Ansätzen der westdeutschen Geschichtsdidaktik

Obwohl insbesondere die Vertreter der fachwissenschaftlich orientierten Geschichtsdidaktik wie Karl-Ernst Jeismann, Siegfried Quandt, Jörn Rüsen, Hans Süssmuth und Uwe Uffelmann die enge Anbindung an die Fachwissenschaft suchten und die Einheit von Geschichtstheorie, Geschichtsforschung und Geschichtsdidaktik betonten, blieb das Verhältnis von Fachwissenschaft und Fachdidaktik angespannt. Die Gründe liegen einerseits in einer „borniert Geringschätzung, ja Verachtung, die die Geschichtswissenschaft der Geschichtsdidaktik als eigener Subdisziplin im Schnittfeld zwischen Historie und Pädagogik angedeihen läßt."²⁵⁸ Andererseits haben die Didaktiker selbst die Entstehung einer autonomen Subdisziplin mit eigenen Forschungs- und Lehrgebieten for-

---

252 Vgl. Gespräch der Verfasserin mit Dr. Birgitt Morgenbrod und Dr. Stephanie Merkenich am 21.3.2000.
253 Im Internet unter http://www.historiker.de.
254 Im Internet unter http://www.herodot.de.
255 Kloth, Hans Michael, Alte Akten, neue Fakten. Historiker, die an Unis und in Museen keinen passenden Job finden, entdecken Geschichte als Geschäft, in: Der Spiegel 16/2000, S. 60–61.
256 Ware Geschichte, in: Die Zeit, 15.4.1999.
257 Im Internet unter http://www.geschichtsbüro.de.
258 Rüsen, Jörn, Trauer als historische Kategorie. Überlegungen zur Erinnerung an den Holocaust in der Geschichtskultur der Gegenwart, in: Loewy, Hanno und Bernhard Moltmann

ciert,[259] wobei es ihnen nicht gelang „alle Initiativen der geschichtsdidaktischen Einzelkämpfer synergetisch zur Wirkung zu bringen."[260] Am Beginn dieser Entwicklung stand die Erweiterung des geschichtsdidaktischen Bezugsrahmens durch den Forschungsgegenstand des Geschichtsbewußtseins.

2.6.1 Der erweiterte Didaktikbegriff: Geschichtsbewußtsein als zentrale didaktische Kategorie

Karl-Ernst Jeismann erhob 1977 das Geschichtsbewußtsein zur zentralen, alle Vermittlungsprozesse umfassenden didaktischen Kategorie. In ihr konnte die mehrheitlich gewünschte Abkehr von der Allgemeinen Didaktik und Hinwendung zur Geschichtswissenschaft realisiert werden: Geschichtsbewußtsein wurde aus der Perspektive der Historik konstruiert. Jeismann verstand die Geschichtsdidaktik als eine Disziplin, die den Gebrauch von Geschichte in der Gesellschaft untersucht. In der Folge wurde die enge Verbindung von Geschichtsdidaktik und Schule gelöst, neue Bereiche der Geschichtsvermittlung außerhalb der Schule erschlossen und die Geschichtsdidaktik als ausschließlich theoretische Disziplin begründet.

Die Erforschung der Theorie, Empirie und Ontologie des Geschichtsbewußtseins stand seither im Mittelpunkt des geschichtsdidaktischen Interesses. Im Gegensatz zu den umfassenden theoretischen Reflexionen bei Schörken, Jeismann, Rüsen und Pandel sind die Ergebnisse im Bereich der Empirie und Ontogenese defizitär. Von Borries spezialisierte sich auf das Geschichtsbewußtsein von Schülern, nicht aber auf die seit Mitte der siebziger Jahre geforderten repräsentativen Untersuchungen zum außerschulischen Geschichtsbewußtsein. Eine derartige Studie, die Geschichtsbewußtsein im Zusammenhang mit dem lebensweltlichen Interesse an der Geschichte thematisiert, wäre die Voraussetzung für eine Theorie, die die Kommunikation der Geschichtswissenschaft mit dem nicht-wissenschaftlichen Publikum thematisiert. Die Erforschung der Entstehung, Entwicklung, Strukturen und Bedingungen individuellen Geschichtsbewußtseins, das Grundlage jeglicher Vermittlungsprozesse sein müßte, steht ebenso völlig am Anfang.

Die Erweiterung des geschichtsdidaktischen Bezugsrahmens ermöglichte, Medien und Agenturen außerschulischer Geschichtsvermittlung, denen angesichts des anhaltenden öffentlichen Interesses an der Geschichte eine größer werdende Bedeutung in der Förderung demokratischen Geschichtsbewußtseins

---

(Hgg.), Erlebnis – Gedächtnis – Sinn. Authentische und rekonstruierte Erinnerung, S. 57–78, hier S. 58.
259 Rüsen, Theorie historischen Lernens I, S. 249.
260 Süssmuth, Geschichtskultur und Geschichtsdidaktik, S. 29. Vgl. ferner Quandt, Siegfried, Aspekte der geschichtsdidaktischen Diskussion, in: Mütter, Wissenschaftsgeschichte, S. 137–141, hier S. 137 f.

zukam, in die didaktische Reflexion einzubeziehen. In dieser Erweiterung liegt zugleich die nicht zu unterschätzende Gefahr der Diffusität:

„Geschichtsdidaktiker tummeln sich in allen möglichen Untersuchungsfeldern – von der Massenkommunikation bis zur Identitätsproblematik, von der Geschichtskultur bis zu Narrativität, vom Totenkult bis zur Regionalität – und sind drauf und dran, die Konturen ihres Faches und ihrer spezifischen Fachkompetenz verschwimmen zu lassen."[261]

Die Befürchtung Joachim Rohlfes, die Kategorie Geschichtsbewußtsein könne sich zu einer Leerformel entwickeln, hat sich nicht bestätigt. Ungeachtet der teilweise gravierenden Forschungsdefizite konnte sie sich als Fundamentalkategorie der Geschichtsdidaktik etablieren, da sie Ausgangspunkt und Ziel aller Vermittlungsprozesse bündelt. Sie hatte entscheidenden Anteil an der Konstituierung der neuen Geschichtsdidaktik, deren Entstehung eine Konsequenz der nicht mehr den gesellschaftlichen Realitäten entsprechenden älteren Geschichtsdidaktik/-methodik war. Die Berücksichtigung aller gesellschaftlich relevanten Vermittlungssituationen entsprach dem Anspruch der Geschichtsdidaktik als Orientierungswissenschaft.

2.6.2 Die Ausweitung der geschichtsdidaktischen Theorie, Empirie und Pragmatik

Die Erhebung des Geschichtsbewußtseins zur zentralen didaktischen Kategorie führte bald zu der Forderung, die geschichtsdidaktischen Arbeitsfelder Theorie, Empirie und Pragmatik auf die außerschulische Öffentlichkeit auszuweiten. Dieses Vorhaben wurde durch die Tatsache erschwert, daß sich selbst die Protagonisten dieser Entwicklung nicht vollkommen von einem auf den Geschichtsunterricht gerichteten Denken gelöst haben. Joachim Rohlfes bezeichnet noch heute den Geschichtsunterricht als Herzstück der Disziplin.[262] Selbst Jörn Rüsen orientiert sich in seiner Argumentation immer wieder am Geschichtsunterricht. Ferner verfügten sie über keinen einheitlichen Öffentlichkeitsbegriff.

Die Ausweitung der geschichtsdidaktischen Theorie, Empirie und Pragmatik auf die außerschulische Öffentlichkeit ist letztlich mehr Anspruch geblieben als Wirklichkeit geworden. Lediglich den Bereich der Theorie konnte Rüsen durch das Konzept der Geschichtskultur ausgestalten. Indem sich von Borries auf das kindlich-jugendliche Geschichtsbewußtsein konzentrierte, konnten keine empirischen Erkenntnisse über das lebensweltliche Interesse des nicht-wissenschaftl-

---

261 Rohlfes, Theoretiker, S. 98. Vgl. ferner Walz, Geschichtsdidaktik, S. 699 ff.; Jeismann, Geschichtsbewußtsein als zentrale Kategorie der Geschichtsdidaktik, S. 5; Kuss, Historisches Lernen im Wandel, S. 26.
262 Rohlfes, Zwei Standbeine, S. 5

tichen Publikums aller Alters- und Bildungsstufen an Geschichte gewonnen werden. Das offenkundigste Desiderat liegt im Bereich der Pragmatik außerschulischer Vermittlung. Geschichtsdidaktische Probleme, Prinzipien und Strategien wie Auswahl, Chronologie, Exemplarität, Problemorientierung, Personalisierung,[263] Multiperspektivität und Handlungsorientierung, die für den Geschichtsunterricht umfassend diskutiert wurden, wurden größtenteils nicht auf außer-schulische Vermittlungsprozesse übertragen. Die Pragmatik außerschulischer Vermittlung, die im engeren Sinne als Methodik zu verstehen ist, kann derzeit nur aus der Perspektive der Praxis erschlossen werden. Dies gilt insbesondere für den Einsatz nicht-schriftlicher Primärzeugnisse als Medien historischen Lernens.

Der theoretische Gewinn des Rüsenschen Konzepts der Geschichtskultur ist offensichtlich: Die äußere Seite des Umgangs mit Geschichte wird als weites Spektrum der Aktivitäten des Geschichtsbewußtseins entfaltet. Die innere Seite, das Geschichtsbewußtsein, explizierte er bereits lerntheoretisch in seinen Ansätzen zu einer Theorie historischen Lernens. Der Facettenreichtum der Institutionen und Agenturen schulischer, universitärer und außerschulischer Vermittlung, der Massenmedien, der Erinnerungsorte, der Zeugnisse der Vergangenheit, des wissenschaftlichen und öffentlichen Diskurses kann somit wesentlich umfassender als bei Rolf Schörken (Geschichte in der Alltagswelt) und Jochen Huhn (Geschichte in der außerschulischen Öffentlichkeit) beschrieben und in einen übergeordneten Zusammenhang gestellt werden.

Rüsen reflektiert im Konzept der Geschichtskultur den wissenschaftstheoretisch bemerkenswerten Einfluß der Kulturwissenschaft auf die Geschichtswissenschaft. Er erkennt, daß die Erweiterung des geschichtsdidaktischen Bezugsrahmens interdisziplinäres Vorgehen erfordert.

In dem Grad der theoretischen Abstraktion des Konzepts der Geschichtskultur und der daraus folgenden Synthese unterschiedlichster Phänomene liegt allerdings die Gefahr mangelnder Spezifik. Geschichtskultur wird zu einem „Omnibusbegriff", zu einer „Legitimationstheorie des Umgangs mit Geschichte überhaupt und überall."[264] Geschichtsdidaktik erscheint bei Rüsen nicht mehr als Vermittlungs- und Anwendungsdisziplin. Daher werden Praxisfelder der Historiker, wie die Vermittlung von Geschichte in Museen, als Aspekte der Geschichtskultur begriffen. Sie werden im Sinne der politischen, ästhetischen und kognitiven Dimension der Geschichtskultur analysiert und nicht durchgängig als Tätigkeitsfelder des Historikers entfaltet. Damit können die Tätigkeitsfelder von den eigentlichen Aspekten der Geschichtskultur, den Handlungsfeldern öffentlicher Erinnerung ausgenommen des ästhetisch-expressiven, nicht mehr abgegrenzt werden. Eine Systematisierung des Feldes außerschulischer Vermitt-

---

263 Vgl. Rohlfes, Joachim, Ein Herz für Personengeschichte? Strukturen und Persönlichkeiten in Wissenschaft und Unterricht, in: GWU 50 (1999), S. 305–320.
264 Brütting, Rolf, Rez. Handbuch der Geschichtsdidaktik, in: GPD 26 (1998), S. 194–195, hier S. 195.

lung von Geschichte erscheint daher auf der Grundlage der Geschichtskultur nicht realisierbar.

Rüsens Konzept beinhaltet keine Handlungstheorie. Es vernachlässigt die realen Phänomene und Probleme der Geschichtskultur vollkommen. Die schwer verständlichen Texte bieten dem Praktiker keine konkreten Hinweise und wirken abgehoben.[265]

Obwohl Rüsen das Geschichtsbewußtsein als innere Seite des Umgangs mit Geschichte durch die Lebenspraxis bestimmt, vernachlässigt er das Kernproblem. Die Kommunikation von Geschichtswissenschaft und nicht-wissenschaftlichem Publikum, die bei Schörken und Quandt als Leitgedanke aller Überlegungen behandelt wurde, wird bei Rüsen nur indirekt thematisiert.

Das Konzept Geschichtskultur könnte eine theoretische Grundlage außerschulischer Vermittlung bieten, wenn sie um pragmatische Perspektiven, die konkrete Vermittlungssituationen in den unterschiedlichen Institutionen und Agenturen berücksichtigen, erweitert und durch empirische Befunde abgesichert würde. Solange dies nicht erfolgt, wird Rüsen seinem Anspruch, der grundsätzlichen Erweiterung historischer Sachkompetenz im Bereich des praktischen Gebrauchs historischen Wissens, nicht gerecht.

2.6.3 Das Selbstverständnis der Geschichtswissenschaft und die Praxisfelder der Historikers

Das derzeitige Selbstverständnis der Geschichtswissenschaft unterliegt erheblichen Einflüssen der Historischen Sozialwissenschaft. Als Reaktion auf den überkommenen Historismus beschäftigten sich ihre Vertreter mit der Analyse von Prozessen und Strukturen. Ihnen gelang die Innovation der historischen Methode, indem sie hermeneutische und analytische Verfahren verbanden. Sie stellten die „historische Argumentation" in den Vordergrund und wandten sich gegen die Darstellungsform des Erzählens und der Personalisierung. Bei allen Verdiensten um die Erweiterung der Erkenntnismöglichkeiten der Geschichtswissenschaft gerieten sie jedoch in einen Kommunikationsrückstand mit dem nicht-wissenschaftlichen Publikum, der auf die Theorielastigkeit und die Ablehnung traditioneller Darstellungsformen zurückzuführen war. Dieser Rückstand

---

265 Vgl. in diesem Zusammenhang die Kontroverse zwischen Rainer Walz und Jörn Rüsen/Hans-Jürgen Pandel. Walz sucht zu belegen, daß Rüsen und Pandel versuchten, Geschichtswissenschaft, Historik und Didaktik mit einem identischen Begriffsapparat zu konstruieren. Diese „Wolkentreterei" verliere das Unterrichtsgeschehen aus dem Blick. Rüsen und Pandel weisen die Kritik als unseriös zurück, weil Walz sich nur auf ausgewählte Schriften stütze, die sich nicht auf die Unterrichtspraxis bezögen. Walz, Rainer, Geschichtsbewußtsein und Fachdidaktik. Eine Kritik der didaktischen Konzeption von Jörn Rüsen und Hans-Jürgen Pandel, in: GWU 46 (1995), S. 306–321; Pandel, Hans-Jürgen und Jörn Rüsen, Bewegung in der Geschichtsdidaktik? Zum Versuch von Rainer Walz, durch Polemik eine Bahn zu brechen, in: GWU 46 (1995), S. 322–329.

konnte durch die Alltags- und Mikrogeschichte aufgefangen werden, die den Menschen und seine existentiellen Erfahrungen wieder in den Mittelpunkt stellten. Ihre Vertreter betonten das historische Erzählen der Geschichten der Subjekte, ihrer Biographien und Erfahrungen.

Die Praxis öffentlicher Vermittlung von Geschichte zeigt heute, daß auf der Basis sozialgeschichtlicher Forschung Strukturen erzählt und mit der Darstellung des Schicksals des Einzelnen in biographischen und personalisierten Zugängen verbunden werden können.

Aufgrund ihrer Verpflichtung zur Kritischen Theorie lehnten die Vertreter der Historischen Sozialwissenschaft jede Form von Instrumentalisierung der Geschichtswissenschaft für außerwissenschaftliche Zwecke ab. Insbesondere Auftragsarbeiten und historische Dienstleistungen[266] gelten bis heute als mit dem kritischen Wissenschaftsverständnis unvereinbar. Obwohl Geschichtswissenschaft nicht zum Selbstzweck betrieben werden sollte, führte diese Haltung bis zur Aufgabe jeglichen Adressatenbezugs. Dieses Selbstverständnis entspricht nicht den Anforderungen der Praxisfelder für Historiker: Tätigkeiten in den Bereichen Information und Dokumentation, historische Beratung, Tourismus und Multimedia sind überwiegend als Dienstleistung zu qualifizieren. Der Adressatenbezug ist für die Arbeit in Museen, Dokumentationszentren, Gedenkstätten, im Bereich des Denkmalschutzes, des Journalismus und der historisch-politischen Bildung konstitutiv. Diese Tatsache wird von der Geschichtswissenschaft derzeit weder ausreichend reflektiert, noch im Geschichtsstudium problematisiert.

Infolge der Arbeitsmarktsituation seit Beginn der achtziger Jahre wurden zunehmend pragmatische Antworten der Geschichtsdidaktik auf die Beschäftigungskrise erwartet. Aus dieser Diskussion entwickelte sich die Verlegenheitsbezeichnung „außerschulische" Geschichtsdidaktik.[267] Nur wenige Didaktiker wie Siegfried Quandt und Jochen Huhn haben sich dieser Aufgabe gestellt. Insbesondere Quandt suchte die kommunikative Rückständigkeit der deutschen Geschichtswissenschaft durch eine interdisziplinäre, kommunikationswissenschaftlich ausgerichtete und gleichzeitig fachwissenschaftlich orientierte Geschichtsdidaktik aufzuheben. Er entwickelte ein erfolgreiches Konzept eines Studienschwerpunkts Fachjournalismus Geschichte an der Universität Gießen. Es basiert auf der Annahme, daß die Berücksichtigung der Orientierungsbedürfnisse des Publikums nicht die Aufgabe der kritischen Rationalität der Geschichtswissenschaft bedeutet.

Derartige Initiativen, die zu einer Verbesserung der Berufsfähigkeit der Absolventen führen, sind von der Geschichtswissenschaft und der Geschichtsdidaktik nicht ausreichend gefördert worden. Die Berufsfeldforschung hat sich

---

266 In der Konstituierungsphase der Historischen Sozialwissenschaft war diese Formulierung nicht gebräuchlich.
267 Rohlfes, Zwei Standbeine, S. 5.

als Arbeitsgebiet der Geschichtsdidaktik nicht durchsetzen können. Dies hat dazu geführt, daß Praxisorientierung und Berufsfelderkundung im Geschichtsstudium bis zum Ende der neunziger Jahre nicht an allen Historischen Seminaren institutionalisiert waren. Ein an der Wirklichkeit der Gesellschaft und Berufswelt orientiertes Selbstverständnis der Geschichtswissenschaft wird auch angesichts der Verantwortung gegenüber den Absolventen die Auseinandersetzung mit der gewandelten Rolle einer kritischen Geschichtswissenschaft in der Dienstleistungsgesellschaft erfordern.[268]

---

268 Vgl. auch die Argumentation bei Menzel, Kooperation mit Industrieunternehmen, S. 406. Er fordert, Historiker müßten sich als Anbieter auf dem Markt verstehen.

3. *Geschichtskultur* in der Bundesrepublik Deutschland: Ausdruck theorieorientierter Geschichtsdidaktik

Die Voraussetzung der Entwicklung zu einer neuen, theorieorientierten Geschichtsdidaktik in der Bundesrepublik Deutschland, in deren Mittelpunkt heute Rüsens Konzept der Geschichtskultur steht, liegt in der Auffassung von Geschichtswissenschaft als Historischer Sozialwissenschaft. Der in der Fischer-Kontroverse angebahnte Perspektivwechsel wurde von einer Gruppe junger Historiker aufgegriffen, um die Kritik am überkommenen Historismus und der Forderung nach mehr Theorie in der Geschichtswissenschaft erweitert. Das Forschungsinteresse der Vertreter der Historischen Sozialwissenschaft richtete sich auf die Erforschung und Darstellung von Prozessen und Strukturen gesellschaftlichen Wandels. Dabei stand die Analyse sozialer Schichtungen, politischer Herrschaftsformen, ökonomischer Entwicklungen und soziokultureller Phänomene im Vordergrund. Ihre politische Verantwortung beruhte auf der Verpflichtung zur kritischen Theorie und deren Verbindung mit der von Hans-Ulrich Wehler vertretenen Modernisierungstheorie. Ihnen gelang die Innovation der historischen Methode, indem hermeneutische mit analytischen, den Sozialwissenschaften entlehnten Verfahren verbunden wurden. Der klassischen Darstellungsform der Erzählung wurde mit der „historischen Argumentation" entgegnet. Der Praxisbezug der Historischen Sozialwissenschaft wurde einerseits gegen eine Geschichtswissenschaft abgegrenzt, die zum Selbstzweck betrieben wird, andererseits gegen eine Instrumentalisierung für außerwissenschaftliche Zwecke. Aufgrund ihrer Theorielastigkeit und ihrer Darstellungsformen geriet sie in einen Kommunikationsrückstand mit dem nicht-wissenschaftlichen Publikum. Dieser Rückstand konnte von den Konzepten der Alltags- und Mikrogeschichte sowie der Historischen Anthropologie wieder aufgehoben werden.

Die Gesellschaftsgeschichte arbeitet mit Makroaggregaten, die die Menschen und ihre existentiellen Lebenserfahrungen hinter den Strukturen verschwinden lassen. Die Kritik an der Historischen Sozialwissenschaft basierte auf der Infragestellung der optimistischen Beurteilung des technischen und zivilisatorischen Fortschritts, der Widerlegung der Modernisierungstheorien durch Begleiterscheinungen wie Verelendung, atomare Bedrohung und ökologische Katastrophen. Die Alltags- und Mikrogeschichte führte durch die Betonung subjektiv erfahrener Geschichte einen Perspektivwechsel herbei. Sie suchte die Geschichtswissenschaft zu demokratisieren. Dies führte Mitte der achtziger Jahre zu der Entstehung einer neuen Geschichtsbewegung, die Laienhistorikern in Geschichtswerkstätten die Möglichkeit bot, unter Anleitung von professionellen Historikern an lokalgeschichtlichen Forschungsvorhaben teilzunehmen.

Die akademische Geschichtswissenschaft kritisierte die Laien aufgrund ihrer Theorieferne und unkritischer Identifikationen mit den zu untersuchenden Objekten als *Barfußhistoriker*. Die Historische Anthropologie erweiterte die interdisziplinäre Wissenschaft vom Menschen um die historische Perspektive und suchte die Geschichtswissenschaft zu anthropologisieren. Die Menschen in ihrer Vielfalt kulturell geprägter Lebensformen, Lebenserfahrungen und Lebensäußerungen standen dabei im Mittelpunkt. Mit ihren Fragestellungen, die Mikro- und Makroperspektive verbanden, gelang es ihr, die Perspektive der Historischen Sozialwissenschaft zu erweitern. Die Krise der Disziplin, die eine Krise des Historismus war, konnte mittels der öffentlich geführten Diskussion um Historische Sozialwissenschaft und Paradigmawechsel, sowie in der Auseinandersetzung mit ihrer Kritik in Alltagsgeschichte, Mikrogeschichte und Historischer Anthropologie überwunden werden. Das Interesse der Öffentlichkeit an der Geschichte wurde während der siebziger Jahre zurückgewonnen.

Mit dem durch die Historische Sozialwissenschaft produzierten Wissen konnten neue Ansprüche auf Orientierung der Lebenspraxis in der Öffentlichkeit erhoben und die Entstehung einer Geschichtsdidaktik, die diesen Anspruch in neuen Strategien des Lehrens und Lernens umsetzte, forciert werden. Für den Bereich der Schulfachdidaktik, die dem bisherigen Selbstverständnis der Geschichtsdidaktik entsprach, konnten verschiedene Ansätze entwickelt werden, die die Curriculum- und Lerntheorie rezipierten: die kritisch-kommunikative (emanzipatorische), die lerntheoretisch orientierte, die fachwissenschaftlich orientierte, die unterrichtspraktische und die erfahrungsorientierte Geschichtsdidaktik. Gemeinsam war den konkurrierenden Konzepten die Berücksichtigung der Gesellschafts- und Geschichtstheorie. In der Kontroverse um die Hessischen Rahmenrichtlinien von 1973 zeigte sich eine extreme Funktionalisierung von Geschichte für politische Zwecke durch Vertreter der emanzipatorischen Geschichtsdidaktik. Karl-Ernst Jeismann reagierte daraufhin mit einer Erweiterung des Didaktikbegriffs auf der Ebene der Wissenschaftstheorie: Die zentrale Aufgabe der Geschichtsdidaktik sei die Erforschung des *Geschichtsbewußtseins*. Als geschichtsdidaktischer Bezugsrahmen galt fortan die Gesamtheit der Öffentlichkeit. Im Begriff des Geschichtsbewußtseins konnte die mehrheitlich gewünschte Distanzierung von der Allgemeinen Didaktik und die Hinwendung zur Geschichtswissenschaft realisiert werden. Obwohl die neue Geschichtsdidaktik als theoretische Disziplin begründet wurde, konnte sie das Argumentations- und Kommunikationspotential der Geschichtswissenschaft in ihrem Verhältnis zur Öffentlichkeit erheblich steigern.

Der Begriff Geschichtsbewußtsein wurde zunächst 1972 von Rolf Schörken in die Diskussion gebracht. Er verstand lebensweltliches Geschichtsbewußtsein als psychosoziale Voraussetzung und subjektive Bedingung des Geschichtsunterrichts. Sein didaktischer Ansatz war das Kommunikationsproblem zwischen Geschichtswissenschaft und Lebenswelt. Langfristig konnte sich jedoch die Auffassung Jeismanns, der im Geschichtsbewußtsein die Fundamentalkategorie der Geschichtsdidaktik sah, die ihren gesamten Bezugs- und Operationsraum bezeichnete, durchsetzen. Die von Hans-Jürgen Pandel erarbeitete Struktur des Geschichtsbewußtseins zeigt, daß lebensgeschichtliche Dimensionen von Geschichte (Zeit-, Wirklichkeits-, Veränderungsbewußtsein) mit gesellschaftlichen Dimensionen (politisches, ökonomisch-soziales, moralisches und Identitätsbewußtsein) verbunden sind. Der Begriff Geschichtsbewußtsein umfaßt mehrere Funktionen: Er beschreibt das Ziel schulischer und außerschulischer Vermittlung von Geschichte und gleichzeitig die subjektiven Voraussetzungen der Adressaten in Lernprozessen. Empirische Untersuchungen zum kindlich-jugendlichen Geschichtsbewußtsein hat Bodo von Borries vorgelegt. Die seit Mitte der siebziger Jahre geforderten repräsentativen und umfassenden Untersuchungen zum außerschulischen Geschichtsbewußtsein, in denen sein gesellschaftsspezifischer Charakter mit den Kategorien Klasse, Geschlecht, Generation, Schicht erforscht werden sollte, sind bis heute ein Desiderat geblieben. Gleiches gilt für die Erforschung der Ontogenese des Geschichtsbewußtseins.

Gegenüber der Geringschätzung der Geschichte in den sechziger Jahren entwickelte die bundesdeutsche Öffentlichkeit im darauffolgenden Jahrzehnt ein erstaunliches Interesse an historischen Themen. Historische Ausstellungen, Museen, Romane, Fernsehdokumentationen und -spielfilme erfreuten sich großer Beliebtheit. Diese Entwicklung markierte den Beginn eines Geschichtsbooms, der bis heute anhält. Gleichzeitig führte sie zu einem besonderen Interesse der Geschichtsdidaktik und -wissenschaft an den lebensweltlichen Funktionen von Geschichte und dem Verhältnis von Geschichtswissenschaft und Öffentlichkeit. Den Auftakt bildete die dritte Versammlung der von Walter Fürnrohr ins Leben gerufenen *Konferenz für Geschichtsdidaktik*, die sich 1977 in Osnabrück mit dem Thema *Geschichte in der Öffentlichkeit* befaßte. Die Diskussion der Referate verdeutlichte den noch unbefriedigenden Forschungsstand, fehlende Theoriebildung und mangelnde praktische Erfahrung im Bereich der außerschulischen Geschichtsdidaktik. Dennoch verhalf die Tagung einem über den schulischen Bereich hinausgehenden Selbstverständnis der Disziplin zum Durchbruch. Dieser doppelte Bezugsrahmen schlug sich allerdings nicht auf die Beschreibung der Arbeitsfelder nieder, die Hans Süssmuth 1980 als Theorie, Empirie, Geschichte der Geschichtsdidaktik und Geschichtsdidaktik des Auslands definierte. Das Fehlen einer geschichtsdidaktischen Pragmatik, die Jeismann 1976 noch forderte, war Ausdruck der theoretischen Ausrichtung. Ein erster Brückenschlag zwischen Wissenschaft und Öffentlichkeit wurde seit 1979 mit dem im Westermann Verlag erscheinenden *Journal für Geschichte* beabsichtigt.

Der Ausgangspunkt des geschichtsdidaktischen Denkens des 1979 in erster Auflage erschienenen *Handbuchs der Geschichtsdidaktik* war der Bereich der Lebenswelt und das didaktische Grundproblem der Vermittlung zwischen Wissenschaft und Öffentlichkeit. Das Kapitel *Geschichte als Lebenswelt*, eingeführt von Rolf Schörken, zeigte, daß eine gesellschaftsweite und nicht nur auf Schule gerichtete Perspektive eingenommen werden sollte. Schörken gliederte *Ge-*

schichte in der Öffentlichkeit wenig überzeugend in drei Bereiche: Geschichte im Bildungsbereich, Geschichte im Trivialbereich und Geschichte als Erlebnis. Er konnte seine Erkenntnisse über lebensweltliche Funktionen der Geschichte und den Alltagsbegriff in seiner 1981 erschienenen Untersuchung *Geschichte in der Alltagswelt* jedoch konkretisieren. Er fragte nach Darbietungsabsichten und -formen von Geschichte in populärhistorischen Produktionen, in Zeitungen, im Fernsehen, in touristischen Zusammenhängen, im privaten Zwiegespräch, beim Gang durch die Stadt, bei Wohnungseinrichtungen und organisierten Veranstaltungen. Er stellte fest, daß einige Prinzipien historischer Darstellung wie die Erzählung, die Anschaulichkeit, die Personalisierung und die Ereignisgeschichte, die in der Wissenschaft überwunden seien, im Populärbereich weiterhin existierten. Gleiches gelte für das antiquarische und ästhetische Interesse an der Geschichte, die schon in der Vorphase des Historismus als unwissenschaftlich aufgegeben worden seien. Aus der von Schörken durchgeführten Untersuchung ergaben sich für lebensweltliche Zusammenhänge zwölf Bedürfnisse nach Geschichte, die er drei Bedürfnisgruppen zuordnete: Das Orientierungsbedürfnis, das Bedürfnis nach Selbsterkennung und Spiegelung und das Bedürfnis nach Erweiterung der eigenen Lebensmöglichkeiten.

Der Bereich der Geschichte in der Öffentlichkeit wurde spätestens zu Beginn der achtziger Jahre als Arbeitsgebiet der Geschichtsdidaktik akzeptiert. Dieses Arbeitsgebiet war jedoch weder begrifflich, noch in seinem Aufgabenumfang, den operationalisierbaren Untersuchungsfeldern und den didaktischen Absichten und Möglichkeiten erschlossen. Die Vertreter der Geschichtsdidaktik verfügten über keinen einheitlichen Öffentlichkeitsbegriff. So wurde ein undifferenziertes und unkonkretes Adressatenbild vermitttelt. In dem Bewußtsein, daß die Formel *Geschichte in der Öffentlichkeit* Medien und Agenturen außerschulischer Vermittlung nur unpräzise beschreibt und der schulische Geschichtsunterricht und die akademische Geschichtswissenschaft Teil der Öffentlichkeit sind, etablierte sich der auf Joachim Rohlfes zurückgehende Begriff *außerschulische Öffentlichkeit* für den geschichtsdidaktischen Operationsraum jenseits von Universität und Schule. *Außerschulische Geschichtsdidaktik* ist ein Verlegenheitsbegriff geblieben.

Bereits zu Beginn der achtziger Jahre zeichneten sich im Hinblick auf operationalisierbare Untersuchungsfelder Forschungskonzentrationen ab. Als Medien außerschulischer Vermittlung galten Film, Fernsehen, Radio, Presse und Sachbuch. Im Mittelpunkt geschichtsdidaktischer Forschung standen Agenturen der Vermittlung wie Museen, Erwachsenenbildung, Geschichtsvereine, Archive, Akademien und Geschichtswerkstätten. Spezifische Ziele öffentlicher Vermittlungsprozesse wurden in den achtziger Jahren neben dem Anspruch, Geschichtsbewußtsein auszubilden, kaum formuliert. Ferner konnte sich das Selbstverständnis der Geschichtsdidaktik als theoretische Disziplin in den achtziger Jahren verfestigen. Als Reaktion auf die Kritik der Geschichtslehrer, die mehr Praxisorientierung forderten, wurden die Arbeitsgebiete der Geschichtsdidaktik um die Pragmatik erweitert. Bei Karl-Ernst Jeismann bezeichnet Pragmatik einerseits eine Handlungstheorie, die Teil der grundlegenden geschichtsdidaktischen Theorie ist, andererseits das konkrete Unterrichtshandeln.

Mit der Anfang der achtziger Jahre einsetzenden, dauerhaften Lehrerarbeitslosigkeit entstand eine Situation, die die Geschichtsdidaktiker erstmals zwang, sich mit der aus der Bildungsexpansion resultierenden Beschäftigungskrise auseinanderzusetzen. Die mehrdimensionale geschichtsdidaktische Ausbildung für unterschiedliche Berufswege, die außerschulische Vermittlungstätigkeiten von Historikern ausdrücklich berücksichtigt, geriet zunehmend in die Diskussion. Diese Tendenzen der geschichtsdidaktischen Diskussion wurden von Jochen Huhn in der Einführung zu dem Kapitel *Geschichte in der außerschulischen Öffentlichkeit* des 1985 in dritter Auflage erschienenen *Handbuchs der Geschichtsdidaktik* zusammengefaßt. Er forderte eine systematische Ausweitung der didaktischen Theorie, Empirie und Praxis auf Vermittlungsbereiche außerhalb von Universität und Schule. Diese Ausweitung sollte auch Konsequenzen für die Ausbildung von Historikern haben. Analog zur *Public History* Bewegung forderte Huhn die Analyse der Bedingungen außerschulischer Vermittlung von Geschichte, Erwartungen von Lesern, Zuschauern und Entscheidungsträgern sowie Standards, Inhalte und Methoden wissenschaftlichen Arbeitens in praktischen Zusammenhängen. Er unternahm erstmals den Versuch, die Praxisfelder außerschulischer Vermittlung nicht als geschichtsdidaktische Forschungsgebiete, sondern als Berufsfelder des Historikers aufzufassen. Dabei erwies sich allerdings seine Differenzierung in historische Beratung und historische Bildung als unzureichend. Historische Beratung wird im Gegensatz zu der *Public History* Bewegung nicht als Dienstleistung aufgefasst, sondern blieb stets mit historischem Lernen verbunden: Geschichte werde durch historische *Beratung* vermittelt.

Infolge der Veränderung der Rahmenbedingungen auf dem Arbeitsmarkt wurden zunehmend pragmatische Antworten auf die Beschäftigungskrise erwartet. Siegfried Quandt, der bisher die theorieorientierte Geschichtsdidaktik betonte, verfolgte seit Beginn der achtziger Jahre eine interdisziplinäre, kommunikationswissenschaftlich ausgelegte und zugleich fachwissenschaftlich orientierte Geschichtsdidaktik. Der Ausgangspunkt seines geschichtsdidaktischen Denkens ist die kommunikative Rückständigkeit der deutschen Geschichtswissenschaft. Er hält Information und Kommunikation für Bezugsphänomene, die von den Faktoren, den Sachverhalten, den Kommunikatoren bzw. Medien und den Publika geprägt sind. Er versteht historische Information und Kommunikation als Relationsprobleme, deren Analyse und Organisation die Berücksichtigung aller drei Faktoren erfordere. Als formale Leitvorstellung dient das Kongruenzmodell einer sach-, medien- und publikumsgerechten Geschichtsdarstellung. Quandt vollzieht die konsequente Abkehr von schulischen Bezügen. Ihm gelingt einerseits die Publikumsorientierung und andererseits den kritischen Auftrag der Geschichtswissenschaft aufeinander zu beziehen. Er präsentiert Grundzüge eines auf die Massenmedien verengten geschichtsdidaktischen Ansatzes außerschulischer Vermittlung, der aber weder eine geschichtsdiaktische Handlungstheorie beinhaltet, noch das Verhältnis von Geschichtswissenschaft und Öffentlichkeit in Form einer Kommunikationstheorie konkretisiert. Der Fachbereich Geschichtswissenschaften der Universität Gießen realisierte schließlich 1984 die Idee eines fachjournalistischen Studiengangs. Ein derartiger berufsbezogener Magisterstudiengang im Fach Geschichte ist bis heute an den bundesdeutschen Universitäten eine Ausnahme geblieben.

Im Gegensatz zu diesen Bemühungen, die als theoretische Disziplin konstituierte Geschichtsdidaktik um pragmatische Perspektiven zu erweitern, führte Jörn Rüsen die Theoriebildung fort. In der zweiten Hälfte der achtziger Jahre intendierte er in verschiedenen Veröffentlichungen, eine systematische Theorie historischen Lernens zu entwickeln. Damit führte er die Diskussion um das Geschichtsbewußtsein als zentrale Kategorie der Geschichtsdidaktik und die Erweiterung des geschichtsdidaktischen Bezugsrahmens konsequent fort. Er versteht Geschichtsdidaktik als Wissenschaft vom historischen Lernen. Sie untersucht historisches Lernen empirisch, normativ und pragmatisch. Geschichtsbewußtsein wird bei Rüsen lerntheoretisch expliziert. Es erscheint als historisches Lernen auf der Ebene fundamentaler und elementarer, lebenspraktisch notwendiger Erinnerungsarbeit. Ferner wird es als mentaler Prozeß, als ein Ensemble von emotionalen, kognitiven und pragmatischen Bewußtseinsoperationen verstanden. Geschichtsbewußtsein wird von Rüsen erzähltheoretisch rekonstruiert. Er beschreibt und analysiert Entwicklungsprozesse von Geschichtsbewußtsein als Lernprozesse. Er differenziert somit historisches Lernen in verschiedene Formen und Entwicklungsfaktoren. Geschichtsbewußtsein als historisches Lernen bildet die innere Seite jeglichen sachverständigen Umgangs mit Geschichte, dessen äußere Seite in Rüsens Konzept der *Geschichtskultur* beschrieben wird.

Der sich in den achtziger Jahren bereits abzeichnende Bedeutungsverlust der geschichtsdidaktischen Diskussion hat sich in den neunziger Jahren verstärkt. Die Ursachen für das Ausbleiben inspirierender Kontroversen und das Fehlen des akademischen Nachwuchses wird einerseits in der Lehrerarbeitslosigkeit, andererseits im Image der Geschichtsdidaktik gesehen. Die Zukunft der Geschichtsdidaktik als umfassende Theorie historischen Lernens scheint an den längst überfälligen Brückenschlag zwischen Theorie und Praxis, insbesondere an die Grundlagenforschung im Bereich der Pragmatik gebunden. Die Expansion im Bereich der Geschichtskultur, die seit mehr als zehn Jahren thematisiert wird, ist bisher mehr Anspruch geblieben als Wirklichkeit geworden.

Rüsen definiert Geschichtskultur als praktisch wirksame Artikulation von Geschichtsbewußtsein im Leben einer Gesellschaft. Indem er sie theoretisch expliziert, soll ein weiteres und tieferes Selbstverständnis der Geschichtswissenschaft ermöglicht und gleichzeitig neue Aufgaben für professionelle Historiker erschlossen werden. In dem Konzept der Geschichtskultur offenbart sich ein interdisziplinärer Charakter und der kulturwissenschaftliche Einfluß auf die Geschichtswissenschaft. Rüsen unterscheidet eine ästhetische, eine politische und eine kognitive Dimension der Geschichtskultur, zwischen denen komplexe Beziehungen bestehen. Die drei Dimensionen seien in ihrer Unterschiedlichkeit und ihrem inneren Zusammenhang durch die mentalen Operationen des Fühlens, Wollens und Denkens anthropologisch fundiert.

Das Spektrum der durch die Geschichtskultur erfaßten Institutionen schulischer, universitärer und außerschulischer Vermittlung, des wissenschaftlichen und öffentlichen Diskurses ist wesentlich umfassender als die in den achtziger Jahren von Rolf Schörken und Jochen Huhn vorgelegten Systematisierungen. Allerdings basiert Rüsens Theorie nicht mehr auf einer Geschichtsdidaktik als Vermittlungs- und Anwendungsdisziplin: Offenkundige Praxisfelder der Historiker werden als *Aspekte der Geschichtskultur* verstanden. Rüsen bietet eine ausschließlich theoretische Perspektive, vernachlässigt die realen Phänomene und Probleme der Geschichtskultur aber vollkommen. Im Bereich der Pragmatik ist das Konzept der Geschichtskultur am wenigsten entwickelt. Geschichtsdidaktische Prinzipien, Probleme und Strategien wie Auswahl, Chronologie, Exemplarität, Problemorientierung, Personalisierung, Multiperspektivität, entdeckendes Lernen und Handlungsorientierung wurden nicht auf außerschulische Vermittlungsprozesse übertragen. Hinweise auf den Einsatz ikonischer, verbaler und haptischer Primärzeugnisse als Medien historischen Lernens können nur aus der Praxis gewonnen werden.

Eine intensivere Auseinandersetzung mit dem Berufsfeld der Historiker begann Mitte der achtziger Jahre in dem Bewußtsein, daß die Lehrerarbeitslosigkeit nicht kurzfristig überwunden werden könnte. Die Berufschancen in den traditionellen Arbeitsfeldern des Historikers, in denen auch bis dahin nur ein geringer Teil der Absolventen eine Beschäftigung fand, hat sich seitdem unter dem Eindruck miserabler Haushaltslagen der öffentlichen Kassen weiter verschlechtert. Die *Studienreformkommission Geschichte* der Kultusministerkonferenz stellte sich 1984 erstmals der Aufgabe einer Reorganisation des Geschichtsstudiums, die aus der Umorientierung der Studierenden von den Lehramts- hin zu den Magisterstudiengängen notwendig geworden war. Die Berufsfeldforschung wurde schließlich im gesamten Bereich der Geistes-, Sozial- und Kulturwissenschaften seit Beginn der neunziger Jahre verstärkt. Oftmals wurde dabei zwischen einzelnen Disziplinen nicht differenziert, wodurch der Zusammenhang von spezifischen Qualifikationen der Historiker gegenüber anderen Geisteswissenschaftlern und den daraus resultierenden Chancen auf dem Arbeitsmarkt verdeckt blieb. Die Konzentration auf das Berufsbild zeigte, daß die Tätigkeiten des Historikers ein breites Spektrum aufweisen, das von den klassischen Tätigkeiten bis hin zu fachfernen in neu zu erschließenden Bereichen in der Wirtschaft reicht. Im Zuge der „Akademisierung der Wirtschaft" ergeben sich Beschäftigungsmöglichkeiten in der Wirtschaft in den Feldern Management, Personal- und Unternehmensberatung, Organisationsentwicklung, Personalwesen, Personalentwicklung und Öffentlichkeitsarbeit/PR.

In den vergangenen Jahren wurde an vielen Historischen Seminaren kleinere Initiativen entwickelt, um Praxisbezug und Berufsorientierung im Geschichtsstudium zu realisieren. Die umfangreichsten Reformbemühungen im Fach Geschichte sind die im Rahmen des Aktionsprogramms *Qualität der Lehre* durchgeführten *Leuchtturmprojekte* an nordrhein-westfälischen Hochschulen.

Das Berufsbild des Historikers ist aufgrund der mannigfaltigen Beschäftigungsmöglichkeiten ebenso schwierig einzugrenzen wie systematisch darzustellen. Aufgrund der Expansion im Bereich der Geschichtskultur und der neuen Medien haben die klassischen Tätigkeiten des Historikers in den vergangenen Jahren eine Erweiterung erfahren. Als Praxisfelder des Historikers, die seinem berufsqualifizierenden Abschluß entsprechen, gelten das Archiv-, Bibliotheks- und Dokumentationswesen, die Politikberatung, die historische Beratung, die wissenschaftliche und pädagogische Tätigkeit an Orten der Erinnerung (Museen, Dokumentationszentren, Gedenkstätten), der Denkmalschutz, die Industriearchäologie, der Tourismus, der Journalismus, das Verlagswesen, Multimedia und die berufliche Selbständigkeit. Fachfremde Tätigkeiten in wirtschaftsnahen Bereichen werden als zusätzliche Option verstanden, die infolge der miserablen Beschäftigungssituation im öffentlichen Dienst wahrgenommen werden.

Obwohl insbesondere die Vertreter der fachwissenschaftlich orientierten Geschichtsdidaktik die Einheit von Geschichtstheorie, Geschichtsforschung und Geschichtsdidaktik betonten, blieb das Verhältnis von Fachwissenschaft und Fachdidaktik angespannt. Die Ursache lag einerseits in der Geringschätzung seitens der Fachwissenschaft, andererseits in der Konstituierung der Geschichtsdidaktik als autonomer Subdisziplin.

Der erweiterte Didaktikbegriff vermochte Medien und Agenturen außerschulischer Geschichtsvermittlung, denen angesichts des anhaltenden öffentlichen Interesses an der Geschichte eine größer werdende Bedeutung in der Förderung demokratischen Geschichtsbewußtseins zukam, in die didaktische Reflexion einzubeziehen. In dieser Erweiterung lag zugleich die Gefahr der Diffusität geschichtsdidaktischer Untersuchungsfelder. Der Forschungsgegenstand des Geschichtsbewußtseins konnte sich trotz gravierender Desiderate im Bereich der außerschulischen Empirie und der Ontogenese als Fundamentalkategorie der Geschichtsdidaktik etablieren. Die konsequente Ausweitung der geschichtsdidaktischen Theorie, Empirie und Pragmatik auf die außerschulische Öffentlichkeit ist jedoch ein Desiderat geblieben. Lediglich der Bereich der Theorie konnte durch das Konzept der Geschichtskultur konkretisiert werden.

Ein nicht nur an den Prinzipien der Historischen Sozialwissenschaft sondern auch an der gesellschaftlichen Wirklichkeit orientiertes Selbstverständnis der Geschichtswissenschaft wird angesichts des erforderlichen Praxisbezugs und der Berufsorientierung im Geschichtsstudium die Auseinandersetzung mit der gewandelten Rolle einer kritischen Wissenschaft in der Dienstleistungsgesellschaft erfordern.

Teil V
Kontrastierung: *Public History und Geschichtskultur*

1. Konsequenzen für eine kommunikative Geschichtswissenschaft

Den Stand der systematischen Ausweitung der geschichtsdidaktischen Theorie, Empirie und Pragmatik jenseits von Schule und Universität in den USA und der Bundesrepublik konsequent zu vergleichen, erscheint aufgrund fundamentaler Unterschiede der jeweiligen Bildungssysteme und der spezifischen Mentalitäten unmöglich. *History Education* in den USA, die sich ausschließlich mit der Methodik des schulischen Geschichtsunterrichts beschäftigt, kann zudem ihr Äquivalent nicht in der bundesdeutschen Geschichtsdidaktik finden, die das Geschichtsbewußtsein in der Gesellschaft als Fundamentalkategorie auffaßt. Nach Karl-Ernst Jeismanns klassischer Definition erforscht sie Formen und Inhalte des Geschichtsbewußtseins, die Bedingungen und Faktoren seines Aufbaus und seiner Veränderung sowie seine Bedeutung und Funktion im Selbstverständnis der Gegenwart. Trotz dieser gravierenden Unterschiede ermöglicht die Gegenüberstellung der Konzepte der *Public History* und der *Geschichtskultur*, jeweilige Defizite und eindrucksvolle Parallelen zu erhellen. Ferner kann die *Public History* einige Impulse für die geschichtsdidaktische Diskussion in der Bundesrepublik Deutschland und Hinweise für den im Geschichtsstudium erforderlichen Praxisbezug und die Berufsorientierung der Studierenden bieten.

Der wissenschaftstheoretische Hintergrund der *Public History* und der Entstehung einer neuen Geschichtsdidaktik liegt im Paradigmawechsel der *New History* beziehungsweise der Historischen Sozialwissenschaft in den sechziger und siebziger Jahren. Die *New History* führte einen Perspektivwechsel in der amerikanischen Geschichtswissenschaft, die Geschichte „von unten", herbei. Mit der Ausweitung von Gegenständen und Perspektiven gewannen neue Methoden an Bedeutung: Neben die Interpretation schriftlicher Dokumente trat die *Oral History*, die *Quantitative History* und die Auswertung verschiedenster verbaler, ikonischer und haptischer Quellen. Infolge dieser Entwicklung wurde die Politische Geschichte durch sozial- und kulturgeschichtliche Zugänge marginalisiert. Die *New Social History* und ihre Subfelder forcierten mit ihrer vielbeschworenen Verschiedenheit eine extreme Spezialisierung. Multikulturelle Ansätze sowie die Integration interdisziplinärer Ansätze und Methoden, führten letztlich zu einer Fragmentierung der amerikanischen Geschichtswissenschaft. In der Bundesrepublik Deutschland wurde der in der Fischer-Kontroverse angebahnte Perspektivwechsel von einer Gruppe junger Historiker aufgegriffen, um die Kritik am überkommenen Historismus und der Forderung nach mehr Theorie in der Geschichtswissenschaft erweitert. Das Forschungsinteresse der Vertreter der Historischen Sozialwissenschaft richtete sich auf die Erforschung und Darstellung von Prozessen und Strukturen gesellschaftlichen Wandels. Dabei stand die Analyse sozialer Schichtungen, politischer Herrschaftsformen, ökonomischer Entwicklungen und soziokultureller Phänomene im Vordergrund. Die politische Verantwortung beruhte auf der Verpflichtung zur kritischen Theorie und deren Verbindung mit der von Hans-Ulrich Wehler vertretenen Modernisierungstheorie. Ihnen gelang die Innovation der historischen Methode, indem hermeneutische mit analytischen, den Sozialwissenschaften entlehnten Verfahren verbunden wurden.

Die wissenschaftliche Beschäftigung mit der außerschulischen Vermittlung von Geschichte begann etwa zeitgleich im Jahr 1975 an der *University of California* (Santa Barbara) und im Jahr 1977 mit der Tagung *Geschichte und Öffentlichkeit* in Osnabrück. Der Anlaß für die Entstehung der *Public History* Bewegung lag in der aus der Bildungsexpansion resultierenden Beschäftigungskrise für Historiker in den USA. Engagierte Universitätsprofessoren bemühten sich um den zielgerichteten Ausbau der Anwendungsbereiche von Geschichte in Praxisfeldern jenseits von Universität und Schule, den *Non-Teaching Careers*, und deren theoretischer Fundierung. Dieser pragmatische Zugang wurde durch die Kritik an der amerikanischen Geschichtswissenschaft ergänzt, die ausschließlich forschende Historiker hervorbringe. Die Ursache für das Interesse der bundesdeutschen Geschichtsdidaktik an der *Geschichte in der Öffentlichkeit* lag hingegen in der Krise der Disziplin, die eine Krise des Historismus war. Sie konnte mittels der öffentlich geführten Diskussion um Historische Sozialwissenschaft und Paradigmawechsel sowie in der Auseinandersetzung mit ihrer Kritik in Alltagsgeschichte, Mikrogeschichte und historischer Anthropologie überwunden werden. Das Interesse der Öffentlichkeit an der Geschichte konnte nicht nur während der siebziger Jahre zurückgewonnen werden, sondern mündete sogar in einen Geschichtsboom. Eine bemerkenswerte Parallele beider Zugänge zeigt sich in der interdisziplinären Ausrichtung des Forschungsfeldes und in einem verstärkten kulturwissenschaftlichen Einfluß in den neunziger Jahren.

Die Intention der *Public History* Bewegung, die Unabhängigkeit von der etablierten Geschichtswissenschaft, war nie ein Anliegen der westdeutschen Geschichtsdidaktik. Diese suchte mit dem Forschungsgegenstand des Geschichtsbewußtseins die Einheit von Geschichtstheorie, -forschung und -didaktik zu stärken und wandte sich von der Allgemeinen Didaktik als Teilgebiet der Pädagogik ab. Den Vertretern der *Public History* gelang es in der Folge nicht, den inneren Zusammenhang von Forschung und Vermittlung ausreichend zu betonen. Obwohl sie sich als professionelle Historiker und deshalb als Teil der Geschichtswissenschaft verstanden, war ihr Verhältnis zur Fachwissenschaft gestört. Die Gründe für die Geringschätzung der westdeutschen Geschichtsdidaktik seitens der Fachwissenschaft müssen hingegen auf ein Image-Problem zurückgeführt werden.

Die *Public History* Bewegung löste eine Konfrontation mit der *American Association for State und Local History* aus, deren Vertreter das Bemühen um die universitäre Ausbildung von Historikern im Rahmen der *Local* und *Community History* als Affront gegen ihr eigenes Wirken empfanden. Die westdeutsche Geschichtsdidaktik unterstützte die Arbeit von Laienhistorikern in Projekten zur Lokalgeschichte, sofern sie von professionellen Historikern angeleitet wurde.

Public History ist eine eigenständige Bewegung, die sich im Rahmen von Universitätsstudiengängen mit der Ausbildung von Historikern für außerschulische Vermittlungstätigkeiten beschäftigt. Eine inhaltliche oder institutionelle Verbindung zur *History Education* ist nicht gegeben. Die Arbeitsfelder der Geschichtsdidaktik, die Vermittlung und Rezeption von Geschichte in der Schule und der außerschulischen Öffentlichkeit, werden hingegen im Zuge der Theorie historischen Lernens und dem Konzept der Geschichtskultur von Rüsen zu einer Einheit verbunden. Bis auf wenige Ausnahmen ist das Engagement der Vertreter der Geschichtsdidaktik im Bereich der außerschulischen Vermittlung geringer als das für das Schulfach Geschichte. Ihr Denken blieb im Gegensatz zu den *Public Historians*, die sich an den Gesetzen des Marktes orientierten, immer der Geschichtsvermittlung in der Schule verhaftet.

Die *Public History* Bewegung verfügt über ein *National Council on Public History*, das für die Interessen der in der außerschulischen Öffentlichkeit tätigen Historiker eintritt und ihr Berufsfeld erforscht. Die nach wissenschaftlichen Kriterien konzipierte Zeitschrift *The Public Historian* bietet zusätzlich ein Diskussionsforum. Da eine solche Interessenvertretung in der Bundesrepublik Deutschland fehlt, werden die in diesem Bereich tätigen Historiker durch den *Verband der Historiker Deutschlands* repräsentiert. Seine Satzung sieht allerdings die Aufgabe einer Berufsorientierung für Historiker jenseits von Schule und Universität, die über die organisatorische Förderung der Geschichtswissenschaft und die Veranstaltung von Historikertagen hinausgeht, nicht vor.[1] Eine deutschsprachige Zeitschrift, die das Feld außerschulischer Praxisfelder des Historikers thematisiert, existiert nicht. Die Beiträge in den einschlägigen geschichtsdidaktischen Zeitschriften beziehen sich mehrheitlich auf den schulischen Geschichtsunterricht.

In demokratischen Gesellschaften ist Geschichte als reflektierte Erinnerung Teil der politischen Kultur. Dies zeigte sich in den neunziger Jahren in den gesellschaftsweiten Kontroversen um die amerikanische und deutsche Vergangenheit. Im Vordergrund standen beispielsweise Erinnerungskonflikte um die Ausstellung der *Enola Gay* im *Air and Space Museum Washington*, um den *Disney's America History Theme Park*, um die *National History Standards*, um das *Denkmal für die ermordeten Juden Europas* und die Ausstellung *Vernichtungskrieg. Verbrechen der Wehrmacht 1941–1944*. *Public History* und die Geschichtsdidaktik stellen sich die Aufgabe, die Ergebnisse der Geschichtswissenschaft zu integrieren und die Kommunikation zwischen Geschichtswissenschaft und einzelnen gesellschaftlichen Gruppen herzustellen. Der Bedeutungsverlust der *Public History* und die fehlende geschichtsdidaktische Diskussion in der Bundesrepublik im gleichen Jahrzehnt ist angesichts dieser gesellschaftlichen Auseinandersetzungen nicht plausibel.

---

1 Vgl. Brief von Prof. Dr. Horst Gies an die Verfasserin vom 17.12.1999.

Die thematische Ausrichtung der *Public History* und der *Geschichtskultur* stimmt überein. Beide beziehen sich vorwiegend auf die nationale Zeitgeschichte, die Lokalgeschichte und auf archetypische Themen weiter zurückliegender Epochen wie Alexander der Große, die Entdeckung Amerikas und die Reformation. Unterschiede in der Entwicklung beider Zugänge offenbaren sich auf dem Gebiet der geschichtsdidaktischen Theorie, Empirie und Pragmatik.

2. Theorie

Im Bereich der Theorie zeigen sich gravierende Unterschiede zwischen der theoretisch orientierten Geschichtsdidaktik und der pragmatisch ausgerichteten *Public History*. Der *Public History* Bewegung ist eine einheitliche Erklärung des Phänomenbereichs *Geschichte in der Öffentlichkeit* nicht gelungen. Ansätze zu einer derartigen Theorie liegen lediglich im *Public History Curriculum*. Ein Verdienst sind die in diesem Rahmen vorgelegten Systematisierungen, die den Bereich der *Public History* als einen Verbund von Praxisfeldern des Historikers erfassen: Beschäftigungsmöglichkeiten bieten das Informationsmanagement, die historische Beratung in Institutionen der Demokratie und in Unternehmen, Museen und das *Cultural Resources Management*, wissenschaftliche Publikationen und der Journalismus sowie die Unterhaltungsindustrie. Die Vielzahl der selbständigen Historiker, die sich zu kleinen Unternehmen zusammenschließen, gilt als amerikanische Besonderheit. Auf der Basis von Verträgen erfüllen sie die gesamte Palette historischer Dienstleistungen. Grundlage des Curriculums war der Versuch, den Wissenschaftsbegriff der amerikanischen Geschichtswissenschaft zu erneuern. Die *Public Historians* gingen davon aus, daß historische Dienstleistungen mit dem traditionellen Wissenschaftsbegriff vereinbar sind. Für Historiker, die in der Privatwirtschaft oder in der Politikberatung tätig sind, kann sich die wissenschaftliche Beschäftigung mit Geschichte von der Geschichtswissenschaft an Universitäten maßgeblich unterscheiden. Sie sind den Interessen ihrer Auftraggeber verpflichtet und wechseln ihre Rolle vom distanziert analysierenden Historiker zu einer aktiv beteiligten Person. Um professionelle Standards auch bei Auftragsarbeiten zu gewährleisten, entwickelten sie einen Ethik-Kodex. Er beschäftigt sich mit der Beziehung des Historikers zu seinen Quellen, zu Kunden und Arbeitgebern, zur Öffentlichkeit und mit seiner Verantwortung gegenüber den Prinzipien der Geschichtswissenschaft. Die Präsentation und Vermittlung von Forschungsergebnissen sollte darüber hinaus als Teil der Historik aufgefaßt werden.

Die *Public History* Bewegung hat keine neuen Methoden hervorgebracht, sondern *Oral History, Material Culture* und *Visual History* in ihr Curriculum integriert. Da sich die Medien historischen Lernens an den Primärquellen historischer Forschung orientieren müssen, erscheint dieser Vorgang plausibel. Ein erhebliches Defizit besteht allerdings darin, daß die theoretische Bedeutung dieser Methoden für die *Public History* nicht expliziert wurde.

Die Förderung des Geschichtsbewußtseins oder die Pflege der *American Heritage* wurde von den Vordenkern der *Public History* nicht als Aufgabe thematisiert. Erst in den neunziger Jahren wurde erkannt, daß Historiker in den USA neben Dienstleistungen vermehrt Bildungsaufgaben wahrnehmen. Die bisher vernachlässigte Frage, wie die Kommunikation zwischen Wissenschaft und Öffentlichkeit gestaltet werden könnte wurde primäres Forschungsinteresse. Kulturwissenschaftliche Einflüsse und die Beobachtung, daß das Interesse der Menschen an der Geschichte auf der Bedeutung für das eigene Leben und Handeln basiert, führten zu einer intensiven Auseinandersetzung mit der *Erinnerung*. Neue theoretische Ansätze führten schließlich dazu, daß die Erinnerung als integratives Moment von öffentlich und akademisch betriebener Geschichte angesehen wurde. Die wissenschaftliche Beschäftigung mit Geschichte wurde im Gegensatz zu der öffentlichen als reflektierte Erinnerung betrachtet. Im Zusammenhang dieser Überlegungen wurde der Lokalgeschichte eine besondere Bedeutung beigemessen, weil sie die Erinnerung an die Geschichte der eigenen Familie, Gruppe, Stadt und Region fördert. Ein kritisches Bewußtsein dafür, daß die öffentliche Erinnerung den Implikationen der amerikanischen Geschichtspolitik unterliegt, wurde seitens der *Public Historians* kaum ausgebildet.

Rüsen definiert Geschichtskultur als praktisch wirksame Artikulation von Geschichtsbewußtsein im Leben einer Gesellschaft. Indem er sie theoretisch expliziert, soll ein weiteres und tieferes Selbstverständnis der Geschichtswissenschaft ermöglicht und gleichzeitig neue Aufgaben für professionelle Historiker erschlossen werden. In dem Konzept der Geschichtskultur offenbart sich nicht nur ein interdisziplinärer Charakter, sondern auch der kulturwissenschaftliche Einfluß auf die Geschichtswissenschaft. Rüsen unterscheidet eine ästhetische, eine politische und eine kognitive Dimension, zwischen denen komplexe Beziehungen bestehen. Die drei Dimensionen seien in ihrer Unterschiedlichkeit und ihrem inneren Zusammenhang durch die mentalen Operationen des Fühlens, Wollens und Denkens anthropologisch fundiert. Rüsens Theorie der Geschichtskultur erfaßt das gesamte Spektrum der Institutionen und Agenturen schulischer und außerschulischer Vermittlung von Geschichte in ihren ästhetischen, politischen und kognitiven Dimensionen. Sie ermöglicht, die Handlungsfelder öffentlicher Erinnerung umfassend zu reflektieren. Allerdings führt sie zu keiner Systematisierung der Praxisfelder des Historikers. Rüsen versteht offenkundige Praxisfelder der Historiker als *Aspekte der Geschichtskultur* und entfernt sich somit von einer Geschichtsdidaktik als Vermittlungs- und Anwendungsdisziplin. Er kann daher auch das Spannungsverhältnis zwischen einer kritischen Wissenschaft und Dienstleistungen nicht beschreiben. Im Gegensatz zur *Public History* liegt die Kommunikation von Geschichtswissenschaft und nicht-wissenschaftlichem Publikum nicht im primären Forschungsinteresse der Geschichtskultur.

Der Bereich der *Geschichte in der Öffentlichkeit* konnte weder in den USA noch in der Bundesrepublik Deutschland treffend bezeichnet werden. *Public History* hat sich zu einem mehrdeutigen Schlagwort entwickelt. Es steht sowohl für einen Studiengang als auch für den öffentlichen Umgang mit Geschichte in geschichtspolitischen Kontroversen oder lokalgeschichtlichen Projekten. Aufgrund dieser Gefahr mangelnder Spezifik wurde der Begriff *Public History* in Europa nicht rezipiert. Ebenso unbefriedigende Verlegenheitsbegriffe haben sich in der Bundesrepublik in Konstruktionen mit *außerschulisch* etabliert. Der

Begriff *Geschichtskultur* ist nicht für den außerschulischen Bereich reserviert, da er die schulische und universitäre Beschäftigung mit Geschichte einschließt.

Die Konzepte *Public History* und Geschichtskultur beinhalten keine Kommunikationstheorie, die für die Beziehung von Geschichtswissenschaft und dem nicht-wissenschaftlichem Publikum unerläßlich wäre. Bislang erwies sich als gravierendes Hindernis einer derartigen Theorie, daß keine einheitliche Auffassung vom Wesen der Öffentlichkeit, die die Grundlage für ein konkretes und differenziertes Adressatenbild darstellt, vorherrsche. Mehrheitlich vertraten die *Public Historians* die Ansicht, daß *öffentlich* und *akademisch* als Dichotomie aufzufassen sind. In der Bundesrepublik Deutschland wird der Gegensatz zu *öffentlich* im Sinne einer bürgerlichen Öffentlichkeit des 19. Jahrhunderts als *privat* verstanden. Diese Vorstellungen über die Öffentlichkeit entsprechen nicht dem Stand der aktuellen Theorien öffentlicher Kommunikation, die den Gegensatz von *öffentlich* und *privat* als nicht mehr gegeben betrachten.[1] Die Erarbeitung einer die spezifischen Situationen öffentlicher Vermittlung von Geschichte umfassende Theorie der Kommunikation von Geschichtswissenschaft und nicht-wissenschaftlichem Publikum konnte im Rahmen dieser Arbeit nicht geleistet werden.

---

1 Vgl. Rühl, Manfred, Kommunikation und Öffentlichkeit. Schlüsselbegriffe zur kommunikationswissenschaftlichen Rekonstruktion der Publizistik, in: Bentele, Günter und Manfred Rühl (Hgg.), Theorien öffentlicher Kommunikation. Problemfelder, Positionen, Perspektiven, München 1993, S. 77–102, hier S. 95 ff.; vgl. ferner Gerhards, Jürgen, Strukturen und Funktionen moderner Öffentlichkeit. Fragestellungen und Ansätze, Berlin 1990.

3. Empirie

Die lebensweltliche Bedeutung von Geschichte für die Menschen und das außerschulische Geschichtsbewußtsein ist in der Bundesrepublik Deutschland empirisch weitgehend unerforscht. Die für den Bereich des kindlich-jugendlichen Geschichtsbewußtseins vorliegenden Ergebnisse können nicht generalisiert werden. Eine repräsentative und elaborierte Empirie würde die Grundlage geschichtsdidaktischer Theorie und Pragmatik bilden. Möglicherweise könnte aus empirischen Ergebnissen ein differenziertes Adressatenbild gewonnen werden. Die Erforschung des gesellschaftsspezifischen Charakters des Geschichtsbewußtseins in den Kategorien Klasse, Geschlecht, Generation und Schicht könnte außerdem Teilöffentlichkeiten erschließen.

Auch die *Public Historians* haben keine empirischen Untersuchungen zum außerschulischen Geschichtsbewußtsein vorgelegt. Lediglich Roy Rosenzweig und David Thelen, die sich auf den öffentlichen Umgang mit Geschichte spezialisierten, aber keine ausgewiesenen *Public Historians* sind, beschäftigten sich empirisch mit der Rolle von Geschichte im alltäglichen Leben der Amerikaner. Die Teilnehmer der 1995–1997 in den USA durchgeführte repräsentative Telefonumfrage zum Thema *How do Americans understand their Pasts?* wurden zu ihrem Verhältnis zur Vergangenheit befragt: Durch welche Aktivitäten (Fotos, Filme, Museen, Familientreffen, Bücher) sie sich mit der Vergangenheit beschäftigten, welchen Informationsquellen (Museen, persönliche Berichte, Lehrer, Dozenten, Sachbücher, Filme) sie am meisten vertrauten, in welcher Weise (Familie, Museen, Bücher, Kino, Fernsehen) sie sich mit der Vergangenheit konfrontierten und welche Vergangenheit (Familie, Ethnie, Gemeinschaft, Staat) für sie die bedeutenste sei. Die Befragung ergab, daß Geschichte für die Mehrheit der Bevölkerung ein nicht ersetzbares Element in der Lebensbewältigung darstellt: *Popular Historymaking*, die Anwendung von Geschichte in Alltag und Freizeit, dient der Identitätsstiftung, konstituiert Zusammenhänge, betont Unvergänglichkeit, bildet Verantwortungsbewußtsein, läßt Menschen an der Geschichte teilhaben, schafft Ausgleich und Vertrauen. Die Ergebnisse blieben allerdings so allgemein, daß sie nicht zu einer Konkretisierung des Adressatenbilds führten. Ferner wurden sie nicht in geschichtsdidaktische Strategien umgesetzt. Den empirisch erhobenen Funktionen der lebensweltlichen Beschäftigung mit Geschichte in den USA entsprechen die von Schörken analytisch gewonnenen zwölf Bedürfnisse nach Geschichte in der Bundesrepublik Deutschland, die er zu drei Bedürfnisgruppen (Orientierungsbedürfnis, Bedürfnis nach Selbsterkenntnis und Spiegelung, Bedürfnis nach Erweiterung der eigenen Lebensmöglichkeiten) zusammenfaßt.

4. Pragmatik

Geschichtsdidaktische Pragmatik bezeichnet die planmäßige und zielbestimmte Organisation historischen Lernens. Sie ist im Sinne einer Methodik, die Prinzipien, Strategien und Handlungsmuster entwickelt, angewandte und konkrete Theorie.

Die *Public History* Bewegung hat auf der Basis einer intensiven Berufsfeldforschung, die unter ständigem Kontakt mit in der Praxis tätigen Historikern stattfand, Ansätze zu einer Methodik außerschulischer Vermittlung von Geschichte entwickeln können. Sie sind in das *Public History* Curriculum eingegangen. Studierende erlernen mündliche und schriftliche Präsentations- und Darstellungsformen, die dem Medien- und Informationszeitalter entsprechen. Dabei werden verbale, ikonische und haptische Quellen historischer Forschung als Medien historischen Lernens eingesetzt. Exkursionen, Gruppenprojekte, handlungs-, erfahrungs- und produktionsorientierte Seminare bieten den Studierenden Anregungen für Sozial- und Arbeitsformen, die in einer späteren Berufstätigkeit eingebracht werden können.

Die pragmatische Ebene der Geschichtskultur ist hingegen in der Bundesrepublik Deutschland am wenigsten entwickelt. Die Ursache liegt einerseits in der mangelnden Erschließung und Analyse der Berufsfelder durch die Geschichtswissenschaft und Geschichtsdidaktik, andererseits an der mangelnden Kooperation mit den in der Praxis tätigen Historikern. Die Einsicht, daß die traditionellen Darstellungsformen der Geschichtswissenschaft um solche erweitert werden müssen, die der öffentlichen Kommunikation im Informationszeitalter entsprechen, wurde bisher im überwiegenden Teil der Studiengänge nicht umgesetzt. Eine Ausnahme bildet der berufsbezogene Magisterstudiengang mit dem Studienschwerpunkt Fachjournalismus Geschichte an der Universität Gießen. Die als überholt geltende Geringschätzung der Darstellungsformen Erzählung und Personalisierung behindert die Kommunikation mit dem nicht-wissenschaftlichen Publikum. Ferner sind Primärzeugnisse, die sich aufgrund ihrer Authentizität und Eindringlichkeit als Medien historischen Lernens in besonderem Maße eignen, in ihrem Beitrag zu der Geschichtskultur nicht ausreichend erschlossen worden. Hinweise auf ihren sachgerechten Einsatz können bisher nur aus der Praxis gewonnen werden. Eine theoretische Begründung der *Objektkultur* könnte beispielsweise ein wesentliches Element in der Entfaltung des pragmatischen Bereichs der Geschichtskultur darstellen. Ferner wurden in der Bundesrepublik Deutschland geschichtsdidaktische Prinzipien, Probleme und Strategien wie Auswahl, Chronologie, Exemplarität, Problemorientierung, Multiperspektivität, entdeckendes Lernen und Handlungsorientierung selten auf außerschulische Vermittlungsbereiche übertragen.

5. Fazit

Die Geschichtswissenschaft muß sich als eine kommunikative Geschichtswissenschaft verstehen, die Vermittlungsfragen nicht externalisiert. Dies erfordert die enge Kooperation zwischen Geschichtstheorie, -forschung und -didaktik.

Die Kernarbeitsfelder der Geschichtsdidaktik, Theorie, Empirie und Pragmatik, bilden eine Einheit und bedingen sich gegenseitig. Da das Konzept der Geschichtskultur bisher nur die theoretischen Aspekte außerschulischer Vermittlung berücksichtigt, muß der gegebene Theoriebestand um empirische und pragmatische Perspektiven erweitert werden. Repräsentative empirische Befunde zum außerschulischen Geschichtsbewußtsein würden die Grundlage einer Kommunikationstheorie bilden, die das Verhältnis von Geschichtswissenschaft und nicht-wissenschaftlichem Publikum konkretisiert. Diese Theorie müßte die spezifischen Eigenschaften der Kommunikation – die im Gegensatz zum schulischen Geschichtsunterricht – als eindimensional zu charakterisieren ist, berücksichtigen. Ferner müßte sie sich an den gegenwärtigen Theorien allgemeiner öffentlicher Kommunikation orientieren, deren Öffentlichkeitsbegriff gravierend von dem einer bürgerlichen Öffentlichkeit abweicht, in der *öffentlich* und *privat* eine intakte Dichotomie darstellt. Ungeachtet ihres wissenschaftstheoretischen Fundaments müßte sie Vermittlungsprozesse in ihren Kommunikatoren, Medien und Rezipienten unter Berücksichtigung der historischen Inhalte erklären können. Eine solche Kommunikationstheorie würde die Geschichtswissenschaft zu einem konkreten und differenzierten Adressatenbild führen, aus dem sich Teilöffentlichkeiten erschließen ließen. Ein konstitutiver Adressatenbezug ist für die Kommunikation mit dem nicht-wissenschaftlichen Publikum grundlegend.

Im Bereich der Pragmatik der Geschichtskultur, für den in der Bundesrepublik Deutschland eine intensive Grundlagenforschung aussteht, können entscheidende Impulse und Erfahrungen aus der amerikanischen *Public History* gewonnen werden. Dies gilt insbesondere für die Darstellungsformen und Methoden außerschulischer Vermittlung, die die Kluft zwischen professionellen und populären Interessen überwinden helfen und die Mikro- und Makroperspektive integrieren. Im Mittelpunkt steht dabei die visuell und gegenständlich vermittelte Geschichte. Beispielhaft ist ferner die Erschließung und Analyse potentieller Berufsfelder des Historikers.

Die Entwicklung der *Public History* zeigt, daß ein eigens auf Vermittlungsfragen spezialisierter Studiengang den Bezug zu der Geschichtswissenschaft verliert. Die Ausbildung angehender Historiker für Vermittlungsaufgaben jenseits von Universität und Schule muß im regulären Geschichtsstudium verankert bleiben. Für neue, der Informations- und Dienstleistungsgesellschaft entsprechende Methoden und Prinzipien der Vermittlung müssen im Rahmen der Hochschuldidaktik Ausbildungsmaterialien entwickelt werden. Ein an der gesellschaftlichen Wirklichkeit orientiertes Geschichtsstudium muß die Finanzierung von Projekten, insbesondere das *Fundraising,* sowie die Vereinbarkeit historischer Dienstleistungen mit einem kritischen Wissenschaftsbegriff thematisieren. Absolventen müssen in Form eines intensiven *Career Counselling* in die Berufstätigkeit begleitet werden.

Eine Qualifizierung für außerschulische Vermittlungstätigkeiten setzt die Beherrschung der Methoden historischen Forschens voraus. Angesichts der verbindlichen Einführung stärker berufsbezogener, modularisierter und verkürzter Studiengänge stehen die Historischen Seminare einerseits vor der Herausforderung, Methodenkompetenz und Praxisbezug in Bachelor-Studiengängen integriert zu vermitteln. Ihnen obliegt es andererseits zu verhindern, daß in Zukunft nur noch promovierte Historiker öffentliche Vermittlungsaufgaben wahrnehmen können. Daher sollten Initiativen, die durch Praxisbezug und Berufsorientierung die Berufsfähigkeit von Magister- und Lehramtsabsolventen zu verbessern suchen, weiter ausgebaut werden.

Abkürzungen und Siglen

AAM	American Association of Museums
AASLH	American Association for State and Local History
AAUP	American Association of University Professors
AfS	Archiv für Sozialgeschichte
AHA	American Historical Association
AHC	Association for History and Computing
AHR	American Historical Review
ALA	American Library Association
ARMA	Association of Records Managers and Administrators
ASIS	American Society of Information Science
B.A.	Bachelor of Arts
BPA	Bulletin des Presse- und Informationsamtes der Bundesregierung
CBD	Commerce Business Daily
CCPH	California Committee for the Promotion of History
COHMIA	Committee on History-Making in America
FAZ	Frankfurter Allgemeine Zeitung
FSHC	Federation of State Humanities Councils
Gd	Geschichtsdidaktik
GEP	Geschichte, Erziehung, Politik
GG	Geschichte und Gesellschaft
GPD	Geschichte, Politik und ihre Didaktik
GWU	Geschichte in Wissenschaft und Unterricht
HAI	History Associates Inc.
HvO	Historikerinnen und Historiker vor Ort e.V.
HWJ	History Workshop Journal (GB)
HZ	Historische Zeitschrift
JAH	Journal of American History
JSH	Journal of Social History
KZfSS	Kölner Zeitschrift für Soziologie und Sozialpsychologie
M.A.	Master of Arts
MAHRO	Mid-Atlantic Radical Historians Organization
NCC	National Coordinating Committee for the Promotion of History
NCPH	National Council on Public History
NCSH	National Center for the Study of History
NEH	National Endowment for the Humanities
NHD	National History Day
NHPRC	National Historical Publications and Records Commission

NPL	Neue Politische Literatur
NPS	National Park Service
OAH	Organization of American Historians
OHA	Oral History Association
OHR	Oral History Review
Ph.D.	Philosophical Doctor
PHN	Public History News
RHR	Radical History Review
S.R.	Simone Rauthe
SAA	Society of American Archivists
SHFG	Society for History in the Federal Government
SHPO	State Historic Preservation Office
SIA	Society for Industrial Archeology
SOPA	Society of Professional Archaelogists
SSRC	Social Science Research Council (GB)
TPH	The Public Historian
VfZ	Vierteljahrshefte für Zeitgeschichte
VHD	Verband der Historiker Deutschlands

Literatur

Abrogast, Christine, Neue Wahrhaftigkeiten oder das endgültige Ende der Geschichte? Historika auf CD-ROM, in: GG 24 (1998), S. 633–647.
Achenbaum, Andrew W., The Making of an Applied Historian: Stage Two, in: The Public Historian 5 (Spring 1983), S. 21–46.
Afflerbach, Holger und Christoph Cornelißen (Hgg.), Sieger und Besiegte. Materielle und ideelle Neuorientierungen nach 1945, Tübingen 1997.
AHR Forum JFK, in: AHR 97 (1992), S. 487–511.
AHR Forum: Peter Novick's That Noble Dream: The Objectivity Question and the Future of the Historical Profession, in: AHR 96 (1991), S. 675–708.
AHR Forum: Popular Culture, in: AHR 97 (1992), S. 1369–1430.
Alderson, William T., Contra Kelley, in: History News 38 (March 1983), S. 5.
Allen, Barbara und William Lynwood Montell, From Memory to History. Using Oral Sources in Local Historical Research, Nashville 1981.
Ames, Kenneth L. et al. (Hgg.), Ideas and Images. Developing Interpretive History Exhibits, Nashville 1992.
Anderegg, Michael (Hg.), Inventing Vietnam. The War in Film and Television, Philadelphia 1991.
Anders-Baudisch, Freia et al., Aus der Geschichte lernen ... Berufliche Orientierung für Geschichtsstudenten durch Berufsbiographien von Absolventen, in: RAABE (Hg.), Handbuch Hochschullehre (17. EL), Bonn 1998, Beitrag GS G 1, 4, S. 16.
Andersen, Fred, The Warner Bros. Research Department: Putting History to Work in the Classic Studio Era, in: The Public Historian 17 (Winter 1995), S. 51–70.
Anderson, William T. und Shirley Payne Low, Interpretation of Historic Sites, Nashville 1976.
Andraschko, Frank, Geschichte erleben im Museum, Frankfurt am Main 1992.
Andrea, Alfred J., On Public History, in: Historian 53 (Winter 1991), S. 381–385.
Ansprache von Bundespräsident Walter Scheel bei der Eröffnungsveranstaltung des Deutschen Historikertages 1976 am 22. September 1976 in Mannheim, in: GPD 4 (1976), S. 69–75.
Appleby, Joyce et al., Telling the Truth about History, New York 1994.
Dies., Recovering America's Historic Diversity: Beyond Exceptionalism, in: JAH 79 (1992), S. 419–431.
Dies., Should We All Become Public Historians?, in: Perspectives 35 (March 1997), S. 3–4.
Arnold, Bernd-Peter und Siegfried Quandt (Hgg.), Radio heute. Die neuen Trends im Hörfunkjournalismus, Frankfurt am Main 1991.
Assheuer, Thomas und Jörg Lau, Niemand lebt im Augenblick. Ein Gespräch mit Aleida und Jan Assmann über deutsche Geschichte, deutsches Gedenken und den Streit um Martin Walser, in: Die Zeit, 3.12.1998.
Ders., Die Aufgabe der Erinnerung, in: Die Zeit, 17.1.1997.
Ders., Ein normaler Staat?, in: Die Zeit, 12.11.1998.

Assmann, Aleida und Dietrich Harth (Hgg.), Mnemosyne. Formen und Funktionen kultureller Erinnerung, Frankfurt am Main 1991.
Dies. und Ute Frevert, Geschichtsvergessenheit, Geschichtsversessenheit. Vom Umgang mit deutschen Vergangenheiten nach 1945, Stuttgart 1999.
Dies., Erinnerungsräume. Formen und Wandlungen des kulturellen Gedächtnisses, München 1999.
Assmann, Jan und Tonio Hölscher (Hgg.), Kultur und Gedächtnis, Frankfurt am Main 1988.
Ders., Das kulturelle Gedächtnis. Schrift, Erinnerung und politische Identität in frühen Hochkulturen, München 1992.
Attie, Jeanie, Illusions of History: A Review of the Civil War, in: RHR 52 (1992), S. 94–104.
Augstein, Franziska, Schlangen in der Grube, in: FAZ, 14.9.1998.
Azéma, Jean Pierre und François Bédarida (Hgg.), Le Régime de Vichy et les Français, Paris 1992.
Bachelier, Christian, La guerre des commémorations, in: Centre régional de publication de Paris/Institut d'histoire du temps pésent (Hgg.), La memoire des Français. Quarante ans de commérations de la Seconde Guerre mondiale, Paris 1986, S. 63–77.
Barcellini, Serge und Annette Wieviorka, Passant, souviens-toi! Les lieux du souvenir de la Seconde Guerre mondiale en France, Paris 1995.
Barwig, Klaus et al. (Hgg.), Entschädigung für NS-Zwangsarbeit. Rechtliche, historische und politische Aspekte, Baden-Baden 1998.
Bastian, Beverly E. und Randolph Bergstrom, Reviewing Gray Literature: Drawing Public History's Most Applied Works Out of the Shadows, in: The Public Historian 15 (Spring 1993), S. 63–77.
Baum, Willa K., Oral History for the Local Historical Society, Nashville ³1987.
Bayraktar, Zuhal und Joachim Mansky, Berufswege Aachener Geistes- und SozialwissenschaftlerInnen. Eine empirische Untersuchung zur Berufseinmündung und dem Berufsverbleib von MagisterabsolventInnen der Philosophischen Fakultät der RWTH Aachen, Aachen 1993 (Eigenverlag).
Becher, Ursula A. J. und Klaus Bergmann, Geschichte – Nutzen oder Nachteil für das Leben?, Düsseldorf 1986.
Beck, Friedrich et al., Archivistica docet. Beiträge zur Archivwissenschaft und ihres interdisziplinären Umfeldes, Potsdam 1999.
Beck, Peter J., Forward with History: Studying the Past for Careers in the Future, in: The Public Historian 6 (Fall 1984), S. 49–64.
Becker, Carl, Everyman his Own Historian, in: AHR 37 (1932), S. 221–236.
Becker, Jean-Jacques et al. (Hgg.), Guerre et cultures 1914–1918, Paris 1994.
Becker, Wolfgang und Siegfried Quandt, Das Fernsehen als Vermittler von Geschichtsbewußtsein, Bonn 1991.
Beckmann, Ralf, Vom Nutzen und Nachteil der ‚Geschichte von unten' für das Leben – Eine Zwischenbilanz von Modellen aktiver Geschichtsarbeit, in: Gd 9 (1984), S. 255–266.
Beeman, Marsha Lynn, Where Am I? Clue-by-Clue Descriptive Sketches of American Historical Places, Jefferson 1997.

Behrmann, Günter C., Karl-Ernst Jeismann und Hans Süssmuth, Geschichte und Politik. Didaktische Grundlegung eines kooperativen Unterrichts, Paderborn 1978.
Bender, Thomas, „Venturesome and Cautious": American History in the 1990s, in: JAH 81 (1994), S. 992–1003.
Ders., Wholes and Parts: The Need for Synthesis in American History, in: JAH 73 (1986), S. 120–136.
Benz, Wolfgang, Öffentliche Erinnerung. Anmerkungen zur deutschen Geschichtskultur, in: Jansen, Christian et al. (Hgg.), Von der Aufgabe der Freiheit. Festschrift für Hans Mommsen, Berlin 1995, S. 699–705.
Berenbaum, Michael, The World Must Know, Boston 1993.
Berg, Nicolas et al. (Hgg.), Shoah. Formen der Erinnerung. Geschichte, Philosophie, Literatur, Kunst, München 1996.
Berghahn, Volker R., Die Fischer-Kontroverse – 15 Jahre danach, in: GG 6 (1980), S. 403–419.
Berghausen, Gregor, Wirtschaftsarchive im Internet, in: Archiv und Wirtschaft 30 (4/1997), S. 5–13.
Bergmann, Klaus et al. (Hgg.), Handbuch der Geschichtsdidaktik, Düsseldorf ^{1}1979 (2 Bde.)
Ders. et al. (Hgg.), Handbuch der Geschichtsdidaktik, Düsseldorf ^{3}1985.
Ders. et al. (Hgg.), Handbuch der Geschichtsdidaktik, Seelze-Velber ^{5}1997
Ders. und Hans-Jürgen Pandel, Geschichte und Zukunft. Didaktische Reflexionen über veröffentlichtes Geschichtsbewußtsein, Frankfurt am Main 1975.
Ders. und Rolf Schörken, Geschichte im Alltag – Alltag in der Geschichte, Düsseldorf 1982.
Ders., „So viel Geschichte wie heute war nie" – Historische Bildung angesichts der Allgegenwart von Geschichte, in: Schwarz, Angela, Politische Sozialisation und Geschichte. Festschrift für Rolf Schörken zum 65. Geburtstag, Hagen 1993, S. 209–228.
Ders., Sammelrezension, in: Geschichte lernen, Heft 46 (1995), S. 4–8.
Bergstrom, Randolph, Methodical Developments in Public History, in: The Public Historian 13 (Summer 1991), S . 49–51.
Berkowitz, Edward D., History, Public Policy and Reality, in: JSH 18 (1984), S. 79–89.
Ders., Edward D., Public History, Academic History, and Policy Analysis: A Case Study with Commentary, in: The Public Historian 10 (Fall 1988), S. 43–63.
Bernard, Birgit, Das Historische Archiv des Westdeutschen Rundfunks Köln, in: Der Archivar 50 (1/1997), Sp. 81–88.
Dies., Das Historische Archiv des Westdeutschen Rundfunks Köln, in: Rundfunk und Geschichte 24 (1/1998), S. 70–76.
Blanke, Horst Walter et al. (Hgg.), Dimensionen der Historik. Geschichtstheorie, Wissenschaftsgeschichte und Geschichtskultur heute. Jörn Rüsen zum 60. Geburtstag, Köln 1998, S. 127–137.
Blatti, Jo (Hg.), Past meets Present. Essays about Historic Interpretation and Public Audiences, Washington 1987.
Ders., Public History and Oral History, in: JAH 77 (1990), S. 615–625.

Blatz, Perry, K., Craftmanship and Flexibility in Oral History: A Pluralistic Approach to Methodology and Theory, in: The Public Historian (Fall 1990), S. 7–22.

Bode, Volkhard und Gerhard Kaiser, Raketenspuren. Peenemünde 1936–1994, Berlin 1995.

Bodnar, John, Remaking America. Public Memory, Commemoration, and Patriotism in the Twentieth Century, Princeton 1992.

Boniface, Priscilla, History and the Public in the UK, in: The Public Historian 17 (Spring 1997), S. 21–37.

Boockmann, Hartmut, Alte Straßen, Neue Namen, in: GWU 45 (1994), S. 579–591.

Bookspan, Shelley, Changing Professional Standards: Growth, not Compromise, in: The Public Historian 20 (Fall 1998), S. 7–9.

Dies., Liberating the Historian: The Promise of Public History, in: The Public Historian 6 (Winter 1984), S. 59–62.

Dies., Practicing History, Remembering the Second World War, in: The Public Historian 21 (Winter 1999), S. 7–10.

Dies., The Public Historian: A Journal of Public History, in: The Public Historian 20 (Winter 1998), S. 5–7.

Borowsky, Peter et al. (Hgg.), Einführung in die Geschichtswissenschaft, Opladen ^{5}1989.

Ders. et al. (Hgg.), Geschichte in Presse, Funk und Fernsehen. Berichte aus der Praxis, Opladen 1976.

Borries, Bodo von et al. (Hgg.), Geschichtsbewußtsein empirisch, Pfaffenweiler 1991.

Ders. et al., Geschichtsbewußtsein im interkulturellen Vergleich. Zwei empirische Pilotstudien, Pfaffenweiler 1994.

Ders. und Jörn Rüsen (Hgg.), Zur Genese historischer Denkformen. Qualitative und quantitative empirische Zugänge, Pfaffenweiler 1994.

Ders., Alltägliches Geschichtsbewußtsein. Erkundung durch Intensivinterviews und Versuch von Fallinterpretationen, in: Gd 5 (1980), S. 243–262.

Ders., Das Geschichtsbewußtsein Jugendlicher. Erste repräsentative Untersuchung über Vergangenheitsdeutungen, Gegenwartswahrnehmungen und Zukunftserwartungen in Ost- und Westdeutschland, Weinheim 1995.

Ders., Imaginierte Geschichte, Köln 1996.

Ders., Kindlich-jugendliche Geschichtsverarbeitung in West- und Ostdeutschland 1990, Pfaffenweiler 1992.

Ders., Krise und Perspektive der Geschichtsdidaktik – Eine persönliche Bemerkung, in: Geschichte lernen, Heft 15 (1990), S. 2–5.

Ders., Notwendige Bestandsaufnahme nach 30 Jahren? Ein Versuch über Post-'68-Geschichtsdidaktik und Post-'89-Problemfelder, in: GWU 50 (1999), S. 268–281.

Ders., Präsentation und Rezeption von Geschichte im Museum, in: GWU 48 (1997), S. 337–343.

Borsdorf, Ulrich und Heinrich Theodor Grütter (Hgg.), Orte der Erinnerung. Denkmal, Gedenkstätte, Museum, Frankfurt am Main 1999.

Borsdorf, Ulrich, Historische Museen und Tourismus im Ruhrgebiet – Thesen, in: museumskunde 63 (1/1998), S. 47–49.

Bösch, Frank, Das ‚Dritte Reich' ferngesehen. Geschichtsvermittlung in der historischen Dokumentation, in: GWU 50 (1999), S. 204–220.
Bosch, Michael, Geschichte als Fluchtburg? Zum Phänomen historisches Sachbuch, Loccum 1978.
Botz, Gerhard (Hg.), Mündliche Geschichte und Arbeiterbewegung, Wien 1985.
Brandt, Susanne, Le voyage aux champs de bataille, in: Viengtieme Siecle 41 (1994), S. 18–22.
Braucht die Geschichtsdidaktik ein neues Organ? Überlegungen, die Herausgeber und Verlag zu diesem Experiment veranlaßt haben, in: Gd 1 (1976), S. 1–2.
Brink, Cornelia, Ikonen der Vernichtung. Öffentlicher Gebrauch von Fotografien aus nationalsozialistischen Konzentrationslagern nach 1945, Berlin 1998.
Brinkley, Alan, Historians and Their Publics, in: JAH 81 (1994), S. 1027–1030.
Britton, Diane F., Public History and Public Memory, in: The Public Historian 19 (Summer 1997), S. 11–23.
Brochhagen, Ulrich, Nach Nürnberg. Vergangenheitsbewältigung und Westintegration in der Ära Adenauer, Hamburg 1994.
Brockmann, Stephen, The Politics of German History, in: History and Theory 29 (1990), S. 179–189.
Broder, Henryk M. und Reinhard Mohr, Ein befreiender Streit?, in: Der Spiegel 50/1998, S. 230–232.
Brütting, Rolf, Rez. Handbuch der Geschichtsdidaktik, in: GPD 26 (1998), S. 194–195.
Bude, Heinz, Die Erinnerung der Generationen, in: König, Helmut et al. (Hgg.), Vergangenheitsbewältigung am Ende des 20. Jahrhunderts, in: Leviathan (Sonderheft 18/1998), S. 69–85.
Buder, Marianne et al., Grundlagen der praktischen Information und Dokumentation, München ⁴1997.
Bundeszentrale für politische Bildung (Hg.), Vergangenes sehen. Perspektivität im Prozeß historischen Lernens, Bonn 1995.
BÜNDNIS 90/DIE GRÜNEN, Antrag Errichtung einer Bundesstiftung „Entschädigung für NS-Zwangsarbeit", Drucksache 13/8956.
BÜNDNIS 90/DIE GRÜNEN, Antrag Leistungen der gesetzlichen Rentenversicherung für die osteuropäischen Opfer von NS-Zwangsarbeit, Drucksache 13/9218.
Burgard, Paul, Die unfrohe Wissenschaft, in: Süddeutsche Zeitung, 14.9.1998.
Burgoyne, Robert, Film Nation. Hollywood Looks at U.S. History, Minneapolis 1997.
Burke, Peter (Hg.), New Perspectives on Historical Writing, Cambridge 1991.
Ders., Varieties of Cultural History, Cambridge und Oxford 1997.
Burnham, Philip, How the Other Half Lived. A People's Guide to American Historic Sites, Boston 1995.
Busse, Dietrich, Öffentlichkeit als Raum der Diskurse. Entfaltungsbedingungen von Bedeutungswandel im öffentlichen Sprachgebrauch, in: Böke, Karin et al. (Hgg.), Öffentlicher Sprachgebrauch: praktische, theoretische und historische Perspektiven, Opladen 1996, S. 347–358.
Butchard, Ronald E., Local Schools. Exploring Their History, Nashville 1986.

Butsch, Richard (Hg.), For Fun and Profit: The Transformation of Leisure into Consumption, Phila- delphia 1990.
Cantelon, Philip L., The American Historical Association and Public History: An Interview with Samuel R. Gammon, in: The Public Historian 6 (Winter 1984), S. 47–58.
Carr, Edward H., Was ist Geschichte?, Stuttgart 1963.
Cassity, Michael, History and the Public Purpose, in: JAH 81 (1994), S. 969–976.
Castaneda, Christopher J., Writing Contract Business History, in: The Public Historian 21 (Winter 1999), S. 11–29.
Centrum Industriekultur Nürnberg (Hg.), Kulissen der Gewalt. Das Reichsparteitagsgelände in Nürnberg, München 1992.
Chidester, David und Edward T. Linenthal, American Sacred Space, Bloomington 1995.
Christadler, Marieluise, 200 Jahre danach: Die Revolutionsfeiern zwischen postmodernem Festival und republikanischer Wachsamkeit, in: Aus Politik und Zeitgeschichte B 22 (1989), S. 24–31.
Christmann, Helmut, Erfahrungen eines Historikers als Reiseleiter von Bildungs- und Studienreisen, in: Gd 11 (1986), S. 379–387.
Cirillo Archer, Madeline, Where We Stand: Preservation Issues in the 1990s, in: The Public Historian 12 (Fall 1991), S. 25–40.
Clarke-Hazlett, Christopher, Interpreting Environmental History through Material Culture, in: Material History Review 46 (Fall 1997), S. 5–16.
Ders., Christopher, Of the People, in: American Quarterly 51 (1999), S. 426–436.
Clary, David A., Trouble Is My Business: A Private View of „Public History", in: The American Archivist 44 (1981), S. 105–112.
Cochran, Clarke E. et al., American Public Policy. An Introduction, New York ⁵1996, S. 18.
Cody, Sue Ann, Historical Museums on the World Wide Web: An Exploration and Critical Analysis, in: The Public Historian 19 (Fall 1997), S. 29–53.
Cohen, Parker Hubbard und Robert Vane (Hgg.), A Collection of Public History Course Syllabi, Indianapolis 1996.
Ders., A Guide to Graduate Programs in Public History, Indianapolis 1996.
Cole, Charles C. Jr., Public History: What Difference Has It Made?, in: The Public Historian 16 (Fall 1994), S. 9–35.
Collado Seidel, Carlos, Wieviel Wirklichkeit verträgt die Wirksamkeit?, in: FAZ, 10.12.1998.
Collins, Zipporah W. (Hg.), Museums, Adults and the Humanities. A Guide for Educational Programming, Washington 1981.
Conan, Eric und Henry Rousso, Vichy. Un passé qui ne passe pas, Paris ²1996.
Corley, Julie A., Can the Web Really Do It All? Perceptions of Historical Research on the Internet, in: The Public Historian 20 (Winter 1998), S. 49–57.
Cornelißen, Christoph, Geschichtswissenschaft und Politik im Gleichschritt? Zur Geschichte der deutschen Geschichtswissenschaft im 20. Jahrhundert, in: NPL 42 (1997), S. 275–309.
Ders., Geschichtswissenschaften. Eine Einführung, Frankfurt am Main 2000.

Cox, Richard J., Archivists and Public Historians in the United States, in: The Public Historian 8 (Summer 1986), S. 29–45.
Crane, Susan A., Memory, Distortion, and History in the Museum, in: History and Theory (Theme Issue) 36 (1997), S. 44–63.
Crew, Spencer R., Who Owns History?: History in the Museum, in: The History Teacher 30 (1996), S. 83–88.
Cullen, Jim, The Art of Democracy. A Concise History of Popular Culture in the United States, New York 1996.
Cullen, Michael S., Das Holocaust-Mahnmal. Dokumentation einer Debatte, Zürich 1999.
D'Emilio, John, Not a simple Matter: Gay History and Gay Historians, in: JAH 76 (1989), S. 435–442.
D'Haenens, A., Pour une éducation permanente dans une université ouverte: Le Groupe Clio 70 et le Centre de Recherches sur la Communication en Histoire de l'Université de Louven, Lovain 1975.
Dahms, Hellmuth Günther, Grundzüge der Geschichte der Vereinigten Staaten, Darmstadt ⁴1997.
Daniel, Ute, „Kultur" und „Gesellschaft". Überlegungen zum Gegenstandsbereich der Sozialgeschichte, in: GG 19 (1993), S. 69–99.
Dies., Clio unter Kulturschock, in: GWU 48 (1997), S. 195–219 (Teil I) und 259–278 (Teil II).
Danilov, Victor J., Museum Careers and Training. A Professional Guide, Westport 1994.
Danyel, Jürgen (Hg.), Die geteilte Vergangenheit. Zum Umgang mit Nationalsozialismus und Widerstand in beiden deutschen Staaten, Berlin 1995.
Ders., Unwirtliche Gegenden und abgelegene Orte? Der Nationalsozialismus und die deutsche Teilung als Herausforderungen einer Geschichte der „deutschen Erinnerungsorte", in: GG 24 (1998), S. 463–475.
Danzer, Gerald A., Public Places. Exploring Their History, Nashville 1987.
Das Parlament: Themenausgabe, Die Enquete-Kommission „Folgen der SED-Diktatur" und „Mensch und Umwelt", 6./13.11.1998.
Das Thema: Normalisierung, in: Neue Gesellschaft/Frankfurter Hefte 46 (1999), S. 221–258.
De Graaf, Lawrence B., Distinctiveness or Integration? The Future of Public History Curriculum, in: The Public Historian 9 (Summer 1987), S. 47–66.
Ders., Summary: An Academic Perspective, in: The Public Historian 2 (Spring 1980), S. 65–70.
De Loughry, Thomas J., History, Post-Print, in: The Cronicle of Higher Education, 12. Januar 1994, S. A 19–20.
Dearstyne, Bruce W., Archives and Public History: Issues, Problems, and Prospects – An Introduction, in: The Public Historian 8 (Summer 1986), S. 6–9.
Degler, Carl N., Remaking American History, in: JAH 67 (1980), S. 7–25.
Deines, Ann, A Historian's Experience in the National Park Service, in: Perspectives (January 1999), S. 27–28 und 32.

Delgado, James P., Historical Archeology and the Recorvery of the Past, in: The Public Historian 13 (Spring 1991), S. 85–100.

Dellheim, Charles, Business in Time: The Historian and Corporate Culture, in: The Public Historian 8 (Spring 1986), S. 9–22.

Dennert, Dorothee, New media for new visitors?, in: Kräutler, Hadwig (Hg.), New Strategies for Communication in Museums, Wien 1997, S. 76–79.

Deutsche Wirtschafts-Archive: Nachweis historischer Quellen in Unternehmen, Körperschaften des öffentlichen Rechts (Kammern) und Verbänden der Bundesrepublik Deutschland (Bd. 1), Köln ³1994.

Deutscher Bundestag (Hg.), Materialien der Enquete-Kommission „Aufarbeitung von Geschichte und Folgen der SED-Diktatur in Deutschland" (12. Wahlperiode), 9 Bde., Baden-Baden 1995.

Deutscher Bundestag (Hg.), Schlußbericht der Enquete-Kommission „Überwindung der Folgen der SED-Diktatur im Prozeß der deutschen Einheit", Drucksache 13/11000, 10.6.1998.

Diner, Dan (Hg.), Ist der Nationalsozialismus Geschichte? Zu Historisierung und Historikerstreit, Frankfurt am Main 1987.

Distel, Barbara und Wolfgang Benz (Hgg.), Erinnern oder Verweigern – Das schwierige Thema Nationalsozialismus, in: Dachauer Hefte, Heft 6 (1990).

Ditfurth, Christian von, Internet für Historiker, Frankfurt am Main ³1999.

Dittmar, Linda und Gene Michaud (Hgg.), From Hanoi to Hollywood. The Vietnam War in American Film, New Brunswick 1990.

Dorgan, Michelle J., Why Heritage is not a Bad Word: The Role of Historians in the Heritage Industry, in: Public History News 18 (Fall 1997), S. 1–3.

Drake, Michael, Applied Historical Studies. An Introductory Reader, London 1973.

Dubiel, Helmut, Niemand ist frei von der Geschichte. Die nationalsozialistische Herrschaft in den Debatten des deutschen Bundestags, München 1999.

Düding, Dieter et al. (Hgg.), Öffentliche Festkultur. Politische Feste in Deutschland von der Aufklärung bis zum ersten Weltkrieg, Hamburg 1988.

Dunaway, David K. und Willa K. Baum, Oral History. An Interdisciplinary Anthology, Walnut Creek ²1996.

Dunk, Hermann W. von der, The Nederlands and the Memory of the Second World War, in: European Review 4 (1996), S. 221–239.

Ders., Voorbij de verboden drempel. De shoah in ons geschiedbeeld (Über die verbotenene Schwelle. Die Shoah in unserem Geschichtsbild), Amsterdam ³1991.

Edmunds, R. David, Native Americans, New Voices: American Indian History, 1895–1995, in: AHR 100 (1995), S. 717–740.

Ehmann, Annegret et al. (Hgg.), Praxis der Gedenkstättenpädagogik. Erfahrungen und Perspektiven, Opladen 1995.

Elias, Norbert, Zum Begriff des Alltags, in: Hammerich, Kurt und Michael Klein (Hgg.), Materialien zur Soziologie des Alltags, in: KZfSS Sonderheft 20 (1978), S. 22–29.

Endlich, Stephanie und Thomas Lutz, Gedenken und Lernen an historischen Orten. Ein Wegweiser zu Gedenkstätten für die Opfer des Nationalsozialismus in Berlin, Berlin 1995.

Engel, Helmut, Die Denkmäler- und Geschichtslandschaft in der Mitte Berlins, in: ders. und Wolfgang Ribbe (Hgg.), Hauptstadt Berlin – Wohin mit der Mitte?, Berlin 1993.

Erenz, Benedikt und Karl-Heinz Janßen, Am Abgrund der Erinnerung, in: Die Zeit, 27.5.1999.

Faber, Karl-Georg, Zum Einsatz historischer Aussagen als politisches Argument, in: HZ 221 (1975), S. 265–303.

Fakultät für Geschichtswissenschaft und Philosophie der Universität Bielefeld (Hg.), Berufswerkstatt Geschichte. Vorläufige Bilanz, Bielefeld 1998.

Fastenrath, Ulrich, Zahlen ohne Ende? Ehemalige Zwangsarbeiter verlangen Entschädigung, in: FAZ, 27.2.1999.

Faulenbach, Bernd, Erfahrungen des 20. Jahrhunderts und politische Orientierungen heute, Essen 1997.

Fehr, Michael und Stefan Grohé (Hgg.), Geschichte, Bild, Museum. Zur Darstellung der Geschichte im Museum, Köln 1989.

Fentress, James und Chris Wickham, Social Memory, Oxford 1992.

Festenberg, Nikolaus von, Ein Abschied gestern, in: Der Spiegel 23/1998, S. 234.

Fings, Karola und Frank Sparing, „z.Zt. Zigeunerlager". Die Verfolgung der Düsseldorfer Sinti und Roma im Nationalsozialismus, Köln 1992.

First National Symposium on Public History: A Report, in: The Public Historian 2 (Fall 1979), S. 7–82.

Fischer, Fritz, Griff nach der Weltmacht. Die Kriegszielpolitik des kaiserlichen Deutschland 1914/18, Düsseldorf 1961.

Fischer, Manfred F. et al., Kursbuch Denkmalschutz, Bonn ²1999.

Flusser, Vilém, Hinweg vom Papier, in: ders., Medienkultur, Frankfurt am Main 1997, S. 61–66.

Foner, Eric (Hg.), The New American History, Philadelphia ²1997.

Foreman, Richard, History Inside Business, in: The Public Historian 3 (Summer 1981), S. 41–61.

Forschungsgemeinschaft Urlaub und Reisen e.V., Modul Kultur. Marktforschungsergebnisse zum Kulturtourismus in Deutschland, in: museumskunde 63 (1998), S. 18–37.

Franco, Barbara, Doing History in Public: Balancing Historical Fact and Public Meaning, in: Perspectives 33 (May/June 1995), S. 5–8.

Franco, Barbara, Reviews Kammen, Bodnar, in: OHR 21 (1993), S. 115–118.

Franklin, John Hope, The Historian and Public Policy, in: Vaughn, Stephen, The Vital Past. Writings on the Uses of History, Georgia 1985, S. 347–359.

Frei, Alfred Georg, Geschichte aus den „Graswurzeln"? Geschichtswerkstätten in der historischen Kulturarbeit, in: Aus Politik und Zeitgeschichte B 2 (1988), S. 35–46.

Frei, Norbert, Vergangenheitspolitik. Die Anfänge der Bundesrepublik und die NS-Vergangenheit, München 1996.

Frey, Marc, Der Vietnam-Krieg im Spiegel der neueren amerikanischen Forschung, in: NPL 42 (1997), S. 29–47.

Friedländer, Saul, Probing the Limits of Representation. Nazism and the „Final Solution", Cambridge 1992.
Frisch, Michael, A Shared Authority. Essays on the Craft and Meaning of Oral and Public History, New York 1990.
Fritzsche, Bruno, Das Bild als historische Quelle, in: Volk, Andreas (Hg.), Vom Bild zum Text. Die Photographiebetrachtung als Quelle sozialwissenschaftlicher Erkenntnis, Zürich 1996, S. 11–24.
Fürnrohr, Walter und Hans-Georg Kirchhoff (Hgg.), Ansätze empirischer Forschung im Bereich der Geschichtsdidaktik, Stuttgart 1976.
Füßmann, Klaus et al. (Hgg.), Historische Faszination. Geschichtskultur heute, Köln 1994.
Gall, Lothar (Hg.), 1848 – Aufbruch zur Freiheit. Eine Ausstellung des Deutschen Historischen Museums und der Schirn Kunsthalle Frankfurt zum 150jährigen Jubiläum der Revolution 1848/49, Berlin 1998.
Gallus, Alexander, Der 17. Juni im deutschen Bundestag von 1954 bis 1990, in: Aus Politik und Zeitgeschichte B 25 (1993), S. 12–21.
Ganser, Karl und Marion Taube, Tourismus im Ruhrgebiet, in: museumskunde 63 (1/1998), S. 41–46.
Gardner, James B. und Peter S. LaPaglia (Hgg.), Public History: Essays from the Field, Malabar 1999, S. 23–40.
Ders., The Redefinition of Historical Scholarship: Calling a Tail a Leg?, in: The Public Historian 20 (Fall 1998), S. 43–57.
Gedenkstätten-Rundbrief, hg. von der Stiftung Topographie des Terrors (1983 ff.).
Geertz, Clifford, Thick Description: Toward an Interpretive Theory of Culture, in: ders., The Interpretation of Cultures: Selected Essays, New York 1973.
Gelbert, Doug, Civil War Sites, Memorials, Museums and Library Collections. A State-by-State Guidebook to Places open to the Public, Jefferson 1997.
Genger, Angela und Kerstin Griese, Aspekte jüdischen Lebens in Düsseldorf und am Niederrhein, Düsseldorf 1997.
George, Jerry, Take A „Public Historian" to Lunch, in: History News 34 (May 1979), S. 120.
Geppert, Alexander C. T., Forschungstechnik oder historische Disziplin? Methodische Probleme der Oral History, in: GWU 45 (1994), S. 303–323.
Gerasch, Sabine, Geschichte vom Band. Die Sendereihe „ZeitZeichen" des Westdeutschen Rundfunks, Berlin 1997.
Gerhards, Jürgen, Strukturen und Funktionen moderner Öffentlichkeit. Fragestellungen und Ansätze, Berlin 1990.
Gersmann, Gudrun, Neue Medien und Geschichtswissenschaft. Ein Zwischenbericht, in: GWU 50 (1999), S. 239–249.
Dies., Zur neuen Kolumne, in: GWU 49 (1999), S. 73.
Gerste, Ronald, Lincolns Credo. Die Erinnerung an die grausamste Schlacht des Amerikanischen Bürgerkriegs beschert Gettysbury einen florierenden Geschichtstourismus, in: Die Zeit, 24.6.1999.
Geyer, Michael, The Politics of Memory in Contemporary Germany, in: Copjec, Joan, Radical Evil, London, New York 1996, S. 169–200.

Gibas, Monika et al. (Hgg.), Wiedergeburten. Zur Geschichte der runden Jahrestage der DDR, Leizig 1999.
Ders., Die Inszenierung kollektiver Identität. Staatssymbolik und Staatsfeiertage in der DDR, in: Universitas 54 (1999), S. 312–325.
Gilden Seavey, Nina, The Center for History in the Media, in: Perspectives 30 (Januar 1992), S. 1 und 7–11.
Gillis, John R., Remembering Memory: A Challange for Public Historians in a Post-National Era, in: The Public Historian 14 (Fall 1992), S. 91–101.
Glass, James A., The Beginnings of a New National Historic Preservation Program 1957 to 1969, Nashville 1990.
Glassberg, David, History and the Public: Legacies of the Progressive Era, in: JAH 73 (1987), S. 957–980.
Ders., Public History and the Study of Memory, in: The Public Historian 18 (Spring 1996), S. 7–23.
Goertz, Hans-Jürgen (Hg.), Geschichte. Ein Grundkurs, Reinbek bei Hamburg 1998.
Goldhagen, Daniel J., Hitler's Willing Executioners. Ordinary Germans and the Holocaust, New York 1997.
Gorn, Cathy, National History Day: Reform and Assessment for 21st Century, in: The History Teacher 31 (1998), S. 344–348.
Goschler, Constantin, Wiedergutmachung. Westdeutschland und die Verfolgten des Nationalsozialismus (1945–54), München 1992.
Gößwald, Udo und Lutz Thamm (Hgg.), Erinnerungsstücke. Das Museum als soziales Gedächtnis, Berlin 1991.
Götz von Olenhusen, Irmtraud, EDV als Instrument historischer Forschung und ihrer Didaktik. Das Hypertext-„Informationssystem Geschichte", in: Historische Sozialforschung 25 (2000), S. 74–81.
Gradwohl, Judith, UnEarthing the Secret Life of Stuff: American and the Environment, in: The Public Historian 19 (Summer 1997), S. 91–92.
Graham, Hugh Davis, The Stunted Career of Policy History: A Critique and an Agenda, in: The Public Historian 15 (Spring 1993), S. 15–37.
Graham, Otis L. Jr., No Tabula Rasa – Varieties of Public Memory and Mindsets, in: The Public Historian 17 (1995), S. 12–14.
Ders., The Organization of American Historians and Public History – A Progress, in: The Public Historian 18 (Summer 1996), S. 7–10.
Ders., The Uses and Misuses od History: Roles in Policymaking, in: The Public Historian 5 (Spring 1983), S. 5–19.
Ders., History + Fiction= Faction/Miction, in: The Public Historian 16 (Winter 1994), S. 10–13.
Ders., Politics and the Preserving of our Heritage(s), in: The Public Historian 13 (Fall 1991), S. 7–9.
Ders., Roundtable: „The Ideal of Objectivity" and the Profession of History, in: The Public Historian 13 (Spring 1991), S. 9–23.
Ders., The Third Watch: Etiting *TPH*, 1989–1997, in: The Public Historian 21 (Summer 1999), S. 185–191.

Green, Howard, A Critique of the Professional Public History Movement, in: RHR 25 (1981), S. 164–171.
Greenberg, Douglas, „History Is A Luxury": Mrs. Thatcher, Mr. Disney, and (Public) History, in: RAH 26 (1998), S. 294–311.
Grele, Ronald J., Whose Public? Whose History? What is the Goal of a Public Historian?, in: The Public Historian 3 (Winter 1981), S. 40–48.
Greven, Ludwig, Abgeschrieben im Osten, in: Die Woche, 26.2.1999.
Gries, Rainer, Geschichte als historische Kulturwissenschaft – vorbereitende Überlegungen, in: ders. et al., Gestylte Geschichte. Vom alltäglichen Umgang mit Geschichtsbildern, Münster 1989, S. 12–38.
Griese, Kerstin und Angela Genger (Red.), Mahn- und Gedenkstätte Düsseldorf, in: Den Opfern gewidmet. Auf Zukunft gerichtet. Gedenkstätten für die Opfer des Nationalsozialismus in Nordrhein-Westfalen, Düsseldorf ^{4}1998; S. 52–56.
Dies., Arbeit mit Zeitzeuginnen und Zeitzeugen in der Mahn- und Gedenkstätte Düsseldorf, in: dies. (Red.), Forschen – Lernen – Gedenken. Bildungsangebote für Jugendliche und Erwachsene in den Gedenkstätten für die Opfer des Nationalsozialismus in Nordrhein-Westfalen, Düsseldorf 1998.
Große-Kracht, Klaus, Gedächtnis und Geschichte: Maurice Halbwachs – Pierre Nora, in: GWU 47 (1996), S. 21–31.
Grütter, Heinrich Theodor, Historisches Praktikum – Ein Modellversuch, in: Jahrbuch für Geschichtsdidaktik 3 (1992), S. 251–257.
Guillon, Jean-Marie und Pierre Laborie (Hgg.), Memoire et histoire. La Résistance, Toulouse 1995.
Guzzo, Peter, State Legislative Research: Opportunities for Historians in Applied Research, in: The Public Historian 2 (Spring 1980), S. 39–42.
Haase, Norbert und Bert Pampel (Hgg.), Doppelte Last – Doppelte Herausforderung. Gedenkstättenarbeit und Diktaturenvergleich an Orten mit doppelter Vergangenheit, Frankfurt am Main 1998.
Habermas, Jürgen, Der Zeigefinger. Die Deutschen und ihr Denkmal, in: Die Zeit, 31.3.1999.
Ders., Die Entsorgung der Vergangenheit. Ein kulturpolitisches Pamphlet, in: Die Zeit, 24.5.1985.
Ders., Strukturwandel der Öffentlichkeit, Frankfurt am Main ^{5}1990.
Hackmann, Larry J., A Perspective on American Archives, in: The Public Historian 8 (Summer 1986), S. 10–28.
Hagen, Manfred, Filme und Tonaufnahmen als Überrestquellen, in: GWU 41 (1990), S. 352–369.
Halbwachs, Maurice, Das kollektive Gedächtnis, Stuttgart 1967.
Hamburger Institut für Sozialforschung (Hg.), Besucher einer Ausstellung. Die Ausstellung ‚Vernichtungskrieg. Verbrechen der Wehrmacht 1941 bis 1944' in Interview und Gespräch, Hamburg 1998.
Dass. (Hg.), Eine Ausstellung und ihre Folgen. Zur Rezeption der Ausstellung ‚Vernichtungskrieg. Verbrechen der Wehrmacht 1941 bis 1944', Hamburg 1999.
Dass. (Hg.), Vernichtungskrieg. Verbrechen der Wehrmacht 1941 bis 1944 (Katalog), Hamburg ^{3}1996.

Hannig, Jürgen, Fotografien als historische Quelle, in: Tenfelde, Klaus (Hg.), Bilder von Krupp. Fotografie und Geschichte im Industriezeitalter, München 1994, S. 269–288.

Hardtwig, Wolfgang und Hans-Ulrich Wehler, Kulturgeschichte Heute, Göttingen 1996.

Ders., Geschichtskultur und Wissenschaft, München 1990.

Hart Douglass, Enid, Corporate History – Why?, in: The Public Historian 3 (Summer 1981), S. 75–80.

Harth, Dietrich (Hg.), Die Erfindung des Gedächtnisses, Frankfurt am Main 1991.

Hartmann, Geoffrey H. (Hg.), Holocaust-Remembrance. The Shapes of Memory, Cambridge 1994.

Ders., Bitburg in Moral and Political Perspective, Bloomington 1986.

Harwit, Martin, An Exhibit Denied. Lobbying the History of Enola Gay, New York 1996.

Haselbach, Dieter, Zur gegenwärtigen politischen Kultur in Nordamerika, in: NPL 40 (1995), S. 116–133.

Haskell, Thomas L., Objectivity is not Neutrality: Rhetoric vs. Practice in Peter Novick's That Noble Dream, in: History and Theory 29 (1990), S. 129–157.

Haupt, Heinz-Gerhard und Jürgen Kocka, Historischer Vergleich: Methoden, Aufgaben, Probleme. Eine Einleitung, in: dies. (Hgg.), Geschichte und Vergleich. Ansätze und Ergebnisse international vergleichender Geschichtsschreibung, Frankfurt am Main 1996, S. 9–45.

Hedlin, Edie, Business Archives: An Introduction, Chicago 1978.

Heer, Hannes und Volker Ullrich, Geschichte entdecken. Erfahrungen und Projekte einer neuen Geschichtsbewegung, Reinbek bei Hamburg 1985.

Heideking, Jürgen und Vera Nünning, Einführung in die amerikanische Geschichte, München 1998.

Heil, Johannes und Rainer Erb (Hgg.), Geschichtswissenschaft und Öffentlichkeit. Der Streit um Daniel J. Goldhagen, Frankfurt am Main 1998.

Heimrod, Ute et al. (Hgg.), Der Denkmalstreit – das Denkmal? Die Debatte um das „Denkmal für die ermordeten Juden Europas". Eine Dokumentation, Berlin 1999.

Hénard, Jaqueline, Abschied vom ersten Weltkrieg. Wie in Frankreich aus der Geschichte eine Erinnerung an die Erinnerung wird, in: Die Zeit, 5.11.1998.

Henson, Pamela M. und Terri A. Schorzman, Videohistory: Focusing on the American Past, in: JAH 78 (1991), S. 618–627.

Herbert, Uli, Mündliche Quellen. Erfahrungen und Probleme beim Umgang mit der „Oral History", in: Weiterbildung und Medien 8 (1992), H.2, S. 18–20.

Ders., Oral History im Unterricht, in: Gd 9 (1984), S. 211–219.

Ders., Hitlers liebstes Spielzeug, in: Die Zeit, 21.2.1997.

Ders., Vernichtungspolitik. Neue Antworten und Fragen zur Geschichte des ‚Holocaust', in: ders. (Hg.), Nationalsozialistische Vernichtungspolitik 1939–45. Neue Forschungen und Kontroversen, Frankfurt am Main 1998, S. 9–66.

Herbst, Ludolf und Constantin Goschler (Hgg.), Wiedergutmachung in der Bundesrepublik Deutschland, München 1989.

Herf, Jeffrey, Divided Memory. The Nazi Past in the Two Germanys, Cambridge 1997.
Herring, George C., Vietnam Remembered, in: JAH 73 (1986), S. 152–164.
Herz, Dietmar, Der Vorbildcharakter des amerikanischen Universitätssystems in der Debatte um die Reform der deutschen Universität, in: Lorenz, Sebastian und Marcel Machill (Hgg.), Transatlantik. Transfer von Politik, Wirtschaft und Kultur, Opladen 1998, S. 351–373.
Herzog, Roman, Fünfzig Jahre Grundgesetz der Bundesrepublik Deutschland, in: BPA Nr. 32 (1999), S. 345–349.
Ders., 350 Jahre Westfälischer Friede. Rede des Bundespräsidenten in Münster, in: BPA Nr. 72 (1998), S. 881–883.
Ders., Rede des Bundespräsidenten zum Gedenken an die Opfer des Nationalsozialismus, in: BPA Nr. 6 (1996), S. 46–48.
Hey, Bernd und Peter Steinbach (Hgg.), Zeitgeschichte und politisches Bewußtsein, Köln 1986.
Ders., Das Fach Geschichte in der Ausbildung von Freizeitfachleuten und Touristikfachleuten. Überlegungen aus der Sicht des Historikers, in: Braun, Axel et al. (Hgg.), Tourismus als Berufsfeld. Handlungskompetenzen für Freizeitberufe im touristischen Bereich, Frankfurt am Main 1982, S. 130–154.
Ders., Der Weg ist das Ziel: Historische Kulturrouten, in: Becker, Christoph und Albrecht Steinecke (Hgg.), Kulturtourismus in Europa: Wachstum ohne Grenzen?, Trier 1993, S. 212–232.
Higashi, Sumiko, Rethinking Film as American History, in: Rethinking History 2 (1998), S. 87–101.
Higham, John, Robert Kelley: Historian of Political Culture, in: The Public Historian 17 (Summer 1995), S. 61–75.
Ders., The Future of American History, in: JAH 80 (1994), S. 1289–1309.
Historiker können auch Reisen verkaufen. An der Humboldt-Universität zu Berlin werden Studenten für die Berufspraxis sensibilisiert, in: Die Welt, 31.5.97.
Hoff Wilson, Joan, Is the Historical Profession an „Endangered Species"?, in: The Public Historian 2 (Winter 1980), S. 4–21.
Hoffmann, Detlef (Hg.), Das Gedächtnis der Dinge. KZ-Relikte und KZ-Denkmäler 1945–95, Frankfurt am Main 1995.
Hoffmeister, Barbara und Uwe Naumann (Hgg.), Was die Republik bewegte. 50 Zeitzeugen erinnern sich, Reinbek bei Hamburg 1999.
Hofmann, Gunter und Sigrid Löffler, Eine offene Republik. Ein Zeit-Gespräch mit Bundeskanzler Gerhard Schröder über das geplante Holocaust-Mahnmal, die Folgen der Walser-Bubis-Debatte und den Wiederaufbau des Berliner Schlosses, in: Die Zeit, 22.10.1998.
Hofmann, Stephan und Georg Vogeler, Geschichtsstudium und Beruf. Ergebnisse einer Absolventenbefragung, in: GWU 46 (1995), S. 48–57.
Hogan, Michael J., Hiroshima in History and Memory, Cambridge 1996.
Holler, Regina, 20. Juli 1944. Vermächtnis oder Alibi?, München 1994.
Hölscher, Lucian, Geschichte und Vergessen, in: HZ 249 (1989), S. 1–17.

Hordes, Stanley M., Does He Who Pays the Piper Call the Tune? Historians, Ethics, and the Community, in: The Public Historian 8 (Winter 1986), S. 53–56.
Horn, Christa, Der 9. November. Nationaler Gedenktag oder Nationalfeiertag, in: Geschichte Lernen, Heft 49 (1996), S. 55–59.
Horstkemper, Gregor et al., Geschichte digital? CD-Roms mit historischem Schwerpunkt, in: GWU 49 (1999), S. 48–68.
Howe, Barbara et al. (Hg.), Public History – An Introduction, Malabar 1986.
Dies., Houses and Homes. Exploring Their History, Nashville 1987.
Dies. und Emory L. Kemp, Public History: An Introduction, Malabar 1986.
Dies., Careers for Students of History, o.O. 1989.
Dies., Reflections on an Idea: NCPH's first Decade, in: The Public Historian 11 (Summer 1989), S. 69–85, hier S. 70.
Dies., State of the State of Teaching Public History, in: Teaching History 18 (1993), S. 51–58.
Dies., Student Historians in the „Real World" of Community Celebrations, in: The Public Historian 9 (Summer 1987), S. 126–137.
Huber, Ludwig, Wer B.A. sagt, muß auch C sagen. Sollen flinke Retuschen vor echten Reformen schützen?, in: Die Zeit, 2.6.1999.
Hudson, Kenneth, World Industrial Archaeology, Cambridge 1979.
Huhn, Jochen, Lernen aus der Geschichte? Historische Argumente in der westdeutschen Föderalismusdiskussion 1945–49, Melsungen 1990.
Ders., Magisterabschluß ohne Chance? Überlegungen zum Verhältnis von Wissenschaft und Berufspraxis für das Fach Geschichte, in: Gd 10 (1985), S. 83–89.
Hunt, Lynn, The New Cultural History, Berkeley 1989.
Hurtado, Albert L., Historians and Their Employers: A Perspective on Professional Ethics, in: The Public Historian 8 (Winter 1986), S. 47–51.
Hüttenberger, Peter, Zur Technik der zeitgeschichtlichen Befragungen, in: Der Archivar 22 (1969), S. 167–176.
Iggers, Georg G., Geschichtswissenschaft im 20. Jahrhundert. Ein kritischer Überblick im internationalen Zusammenhang, Göttingen ²1996.
Ders., Zur „Linguistischen Wende" im Geschichtsdenken und in der Geschichtsschreibung, in: GG 21 (1995), S. 557–570.
Invernizzi, Friederike, Wirtschaft mit Geist. Kurse helfen Philosophen in die Betriebe, in: Die Zeit, 2.9.1999.
Jäckel, Eberhard und Ernst Weymar (Hgg.), Die Funktion der Geschichte in unserer Zeit, Stuttgart 1975.
Jaeger, Friedrich und Jörn Rüsen, Geschichte des Historismus. Eine Einführung, München 1992.
Jäger, Wolfgang, Historische Forschung und politische Kultur in Deutschland. Die Debatte 1914–1980 über den Ausbruch des Ersten Weltkriegs, Göttingen 1984.
JAH Special Issue: History and the Public: What can we handle?, in: JAH 82 (1995), S. 1029–1144.
Jakobi, Franz-Josef, Archive und Geschichtsbewußtsein. Zur didaktischen Dimension der Archivarbeit, in: Leidinger, Paul und Dieter Metzler (Hgg.), Geschichte

und Geschichtsbewußtsein. Festschrift für Karl-Ernst Jeismann zum 65. Geburtstag, Münster 1990, S. 680–704.

Jansen, Christian, Eine Frage der Moral, in: Die Woche, 3.7.1998.

Jeffrey, Jaclyn und Glenance Edwall, Memory and History. Essays on Recalling und Interpreting Experience, Lanham 1994.

Jeismann, Karl Ernst, Geschichte als Horizont der Gegenwart, Paderborn 1985 (hrsg. von Wolfgang Jacobmeyer und Erich Kosthorst).

Ders., Geschichte und Bildung. Beiträge zur Geschichtsdidaktik und zur historischen Bildungsforschung (hrsg. von Wolfgang Jacobmeyer und Bernd Schönemann), Paderborn 2000.

Ders. und Siegfried Quandt (Hg.), Geschichtsdarstellung. Determinanten und Prinzipien, Göttingen 1982.

Ders., „Identität" statt „Emanzipation"? Zum Geschichtsbewußtsein in der Bundesrepublik, in: Aus Politik und Zeitgeschichte B 20–21/86, S. 3–16.

Ders., Eine Disziplin entdeckt ihr Gebiet, in: Gd 2 (1976), S. 322–335.

Ders., Geschichtsbewußtsein als zentrale Kategorie der Geschichtsdidaktik, in: Jahrbuch für Geschichtsdidaktik 1 (1988), S. 1–24.

Jeismann, Michael, Mahnmal Mitte. Eine Kontroverse, Köln 1999.

Johnson, G. Wesley et al., Public History: A New Area of Teaching, Research, and Employment, in: Perspectives 18 (March 1980), S. 8–10.

Ders. und Noel J. Stowe, The Field of Public History: Planning the Curriculum – An Introduction, in: The Public Historian 9 (Summer 1987), S. 10–19.

Ders., An American Impression of Public History in Europe, in: The Public Historian 6 (Fall 1984), S. 87–97.

Ders., Editor's Preface: Toward a National Council on Public History, in: The Public Historian 1 (Summer 1978), S. 6–10.

Ders., Professionalism: Foundation of Public History Instruction, in: The Public Historian 9 (Summer 1987), S. 96–110.

Ders., The Origins of *The Public Historian* an d the National Council on Public History, in: The Public Historian 21 (Summer 1999), S. 167–179.

Johnson, Mary, What's in a Butterchurn or a Sadiron? Some Thoughts on Using Artifacts in Social History, in: The Public Historian 5 (Winter 1983), S. 61–81.

Johnson, Ronald W., The Historian and Cultural Resource Management, in: The Public Historian 3 (Spring 1981), S. 43–51.

Jones, Arnita R. und Philip L., Cantelon, Corporate Archives and History: Making the Past Work, Malabar 1993.

Dies., The National Coordinating Comittee: Programs and Possibilities, in: The Public Historian 1 (Fall 1978), S. 49–60, hier S. 52.

Journal of American History: A Round Table: Synthesis in American History, in: JAH 74 (1987), S. 107–130.

Jüde, Peter, Berufsplanung für Geistes- und Sozialwissenschaftler. Oder die Kunst eine Karriere zu planen, Köln 1999.

Kaelble, Hartmut, Der historische Vergleich. Eine Einführung zum 19. und 20. Jahrhundert, Frankfurt am Main 1999.

K'Meyer, Tracy E., „What Koinonia Was All About": The Role of Memory in a Changing Community, in: OHR 24 (1997), S. 1–22.

Kammen, Carol (Hg.), The Pursuit of Local History. Readings on Theory and Practice, Walnut Creek 1996.

Dies., On Doing Local History. Reflections on What Historians Do, Why, and What it Means, Nashville 1986.

Kammen, Michael (Hg.), The Past Before Us. Contemporary Historical Writing in the United States, Ithaca 1980.

Ders., Extending the Reach of American Cultural History, in: American Studies 29 (1984), S. 19–42.

Ders., Selvages & Biases. The Fabric of History in American Culture, Ithaca 1975.

Ders., The Mystic Chords of Memory. The Transformation of Tradition in American Culture, New York 1991.

Kampen, Wilhelm van und Hans Georg Kirchhoff (Hgg.), Geschichte in der Öffentlichkeit, Stuttgart 1979.

Karamanski, Theodore J. (Hg.), Ethics and Public History: An Anthology, Malabar 1990, S. 1–15.

Ders., Ethics and Public History: An Anthology, Malabar 1990.

Ders., Ethics and Public History: An Introduction, in: The Public Historian 8 (1986), S. 5–12.

Ders., Experience and Experimentation: The Role of Academic Programs in the Public History Movement, in: The Public Historian 9 (Summer 1987), S. 138–148.

Ders., Making History Whole: Public Service, Public History, and the Profession, in: The Public Historian 12 (Summer 1990), S. 91–101.

Kaufmann, Günter, Der Händedruck von Potsdam – Die Karriere eines Bildes, in: GWU 48 (1997), S. 295–315.

Kelley, Robert, Kelley's rebuttal, in: History News 38 (February 1983), S. 6–7.

Ders., On the Teaching of Public History, in: The Public Historian 9 (Summer 1987), S. 38–46.

Ders., Public History: Its Origins, Nature, and Prospects, in: The Public Historian 1 (Fall 1978), S. 16–28.

Ders., The Idea of Policy History, in: The Public Historian 10 (Summer 1988), S. 35–39.

Kemp, Emory L., A Perspective on Our Industrial Past through Industrial Archeology, in: Howe, Public History, S. 174–198.

Kenkmann, Alfons (Hg.), Jugendliche erforschen die Vergangenheit. Annotierte Bibliographie zum Schülerwettbewerb Deutsche Geschichte um den Preis des Bundespräsidenten, Hamburg 1997.

Kerr, Austin K., Local Business. Exploring Their History, Nashville 1990.

Kershaw, Ian, Der NS-Staat. Geschichtsinterpretationen und Kontroversen im Überblick, Frankfurt am Main ²1994.

Kerstan, Thomas, Bachelor für die Masse, in: Die Zeit, 27.1.2000.

Ders., Thomas, Die Volks-Hochschule. Deutschlands Universitäten müssen sich der Praxis stellen, in: Die Zeit, 30.3.2000.

Kingery, W. David (Hg.), History from Things, Essays on Material Culture, Washington 1996.

Kirsch, Jan-Holger, Identität durch Normalität. Der Konflikt um Martin Walsers Friedenspreisrede, in: Leviathan 27 (1999), S. 309–353.

Kirschbaum, Juliane (Red.), Auf dem Weg ins 21. Jahrhundert: Denkmalschutz und Denkmalpflege in Deutschland. Dokumentation der Tagung des Deutschen Nationalkomitees für Denkmalschutz am 25. und 26. Februar 1999 in Berlin, Bonn 1999.

Kittel, Manfred, Die Legende von der „zweiten Schuld". Vergangenheitsbewältigung in der Ära Adenauer, Frankfurt am Main 1993.

Klein, Helmut E., Historiker – Ein Berufsbild im Wandel (Beiträge zur Gesellschafts- und Bildungspolitik, Institut der deutschen Wirtschaft Köln, Nr. 175), Köln 1992.

Kleßmann, Christoph et al. (Hgg.), Deutsche Vergangenheiten – eine gemeinsame Herausforderung. Der schwierige Umgang mit der doppelten Nachkriegsgeschichte, Berlin 1999.

Ders., Das Problem der doppelten „Vergangenheitsbewältigung", in: Neue Gesellschaft/Frankfurter Hefte 38 (1991), S. 1099–1105.

Klöcker, Michael, Geschichte in der Öffentlichkeit. Hinweise zu einem Arbeitsgebiet der Geschichtsdidaktik unter besonderer Berücksichtigung der Erfahrungen und Ergebnisse aus einem Forschungsseminar über die Kölner Stadtgeschichte, in: Geschichte in Köln Heft 9 (1981), S. 5–53.

Klose, Dagmar und Uwe Uffelmann (Hgg.), Vergangenheit-Geschichte-Psyche. Ein interdisziplinäres Gespräch, Idstein 1993.

Kloth, Hans Michael, Alte Akten, neue Fakten, Historiker, die an Unis und in Museen keinen passenden Job finden, entdecken Geschichte als Geschäft, in: Der Spiegel 16/2000, S. 60–61.

Knoch, Peter und Hans H. Pöschko (Hgg.), Lernfeld Geschichte. Materialien zum Zusammenhang von Identität und Geschichte, Weinheim 1983.

Knopp, Guido und Siegfried Quandt (Hgg.), Geschichte im Fernsehen. Ein Handbuch, Darmstadt 1988.

Koalitionsvereinbarung vom 20. Oktober 1998 zwischen der SPD und BÜNDNIS 90/DIE GRÜNEN für den 14. Deutschen Bundestag, Aufbruch und Erneuerung – Deutschlands Weg in das 21. Jahrhundert, in: Das Parlament, 30.10.1998.

Kocka, Jürgen, Sozialgeschichte – Strukturgeschichte – Gesellschaftsgeschichte, in: AfS 15 (1975), S. 1–42.

Ders., Sozialgeschichte – Strukturgeschichte – Historische Sozialwissenschaft. Vorüberlegungen zu ihrer Didaktik, in: Gd 2 (1977), S. 284–297.

Ders., Stadtgeschichte, Mobilität und Schichtung, in: AfS 18 (1978), S. 546–558.

Kocks, Klaus und Hans-Jürgen Uhl, „Aus der Geschichte lernen". Anmerkungen zur Auseinandersetzung von Belegschaft, Arbeitnehmervertretung, Management und Unternehmensleitung bei Volkswagen mit der Zwangsarbeit im Dritten Reich (Historische Notate, Heft 1), Wolfsburg 1999.

Konegen-Grenier, Christiane, Berufschancen für Geisteswissenschaftler (Beiträge zur Gesellschafts- und Bildungspolitik, Institut der deutschen Wirtschaft Köln, Nr. 216), Köln 1997.

Dies., Mit Kant und Kafka in die Wirtschaft. Integrationsprogramm für Geisteswissenschaftler. Befragung der beteiligten Unternehmen und Absolventen (Beiträge zur Gesellschafts- und Bildungspolitik, Institut der deutschen Wirtschaft Köln, Nr. 227), Köln 1998.

Dies., Trainee-Programme. Berufsstart für Hochschulabsolventen, Köln 1994.

Konrad, Heiko, Sozial- und Geisteswissenschaftler in Wirtschaftsunternehmen, Wiesbaden 1998.

Köppen, Manuel (Hg.), Kunst und Literatur nach Auschwitz, Berlin 1993.

Korff, Gottfried und Martin Roth, Einleitung, in: dies. (Hgg.), Das historische Museum. Labor, Schaubühne und Identitätsfabrik, Frankfurt am Main 1990, S. 9–37.

Koselleck, Reinhart, Die Widmung. Es geht um die Totalität des Terrors, in: FAZ, 3.3.1999.

Ders., Geschichte, in: Bruner, Otto/Conze, Werner/Koselleck, Reinhart (Hgg.), Geschichtliche Grundbegriffe, Bd. 2, Stuttgart 1975 ff., S. 593–717.

Ders., Kriegerdenkmale als Identitätsstiftung der Überlebenden, in: Marquard, Odo und Karlheinz Stierle (Hgg.), Identität, München 1979, S. 255–276.

Ders., Über die Theoriebedürftigkeit der Geschichtswissenschaft, in: Conze, Werner, Theorie der Geschichtswissenschaft und Praxis des Geschichtsunterrichts, Stuttgart 1972, S. 10–28.

Kroker, Evelyn et al. (Hgg.), Handbuch für Wirtschaftsarchive. Theorie und Praxis, München 1998.

Dies., 40 Jahre Vereinigung deutscher Wirtschaftsarchivare e.V. – Versuch einer Standortbestimmung für das Archivwesen der Wirtschaft, in: Archiv und Wirtschaft 30 (3/1997), S. 5–10.

Kröll, Ulrich, Vom Geschichtslehrer zum außerschulischen Geschichtsvermittler. Ausweg aus der Sackgasse der Lehrerarbeitslosigkeit?, in: GWU 35 (1984), S. 222–234.

Krotz, Friedrich, Vom Feiern eines nationalen Feiertages. Versuch eines Resümees, in: ders. und Dieter Wiedemann (Hgg.), Der 3. Oktober 1990 im Fernsehen und im Erleben der Deutschen, Hamburg 1991, S. 264–285.

Krumeich, Gerd, Le ,Grand Nora', in: Magazine littéraire 307 (1993), S. 51–54.

Kuhls, Heike, Erinnern lernen? Pädagogische Arbeit in Gedenkstätten, Münster 1996.

Kuhn, Gerd und Andreas Ludwig (Hgg.), Alltag und soziales Gedächtnis, Die DDR-Objektkultur und ihre Musealisierung, Hamburg 1997.

Kuhn, Thomas S., Die Struktur wissenschaftlicher Revolutionen, Frankfurt am Main ^{5}1981.

Kuss, Horst, Geschichtsdidaktik und Geschichtsunterricht in der Bundesrepublik Deutschland (1945/49–1990). Eine Bilanz, in: GWU 45 (1994), S. 735–758 (Teil I) und GWU 46 (1995), S. 3–15 (Teil II).

Ders., Historisches Lernen im Wandel. Geschichtsdidaktik und Geschichtsunterricht in der alten und neuen Bundesrepublik, in: Aus Politik und Zeitgeschichte B 41 (1994), S. 21–30.

Kyvig, David E., Introducing Students to Public History, in: The History Teacher 24 (1991), S. 443–454.

Ders., Public or Perish: Thoughts on Historians' Responsibilities, in: The Public Historian 13 (Fall 1991), S. 11–23.
Ders., Review: The Craft of Public History, in: The Public Historian 6 (Summer 1984), S. 98–100.
Lau, Jörg, Lauter kleine Projekte. Über die Erfindung eines Mini-Ministeriums für Kultur und eine Alternative zum Holocaust-Denkmal, in: Die Zeit, 22.10.1998.
Lau, Karlheinz, „Schaut auf diese Stadt." Hauptstadt-Metropole Berlin, in: Praxis Geschichte 1/1999, S. 6–10.
Leff, Mark H., Revisioning U.S. Political History, in: AHR 100 (1995), S. 829–853.
Leffler, Phyllis K. und Joseph Brent (Hgg.), Public History Readings, Malabar 1992.
Ders. und Joseph Brent, Public and Academic History: A Philosophy and Paradigm, Malabar 1990.
Leggewie, Claus, Mitleid mit den Doktorvätern oder: Wissenschaftsgeschichte in Biographien, in: Merkur 53 (1999), S. 433–444.
LeGoff, Jacques, Geschichte und Gedächtnis, Frankfurt am Main 1992.
Ders. et al. (Hgg.), La nouvelle histoire, Paris 1978.Lehnert, Detlev und Klaus Mergele (Hgg.), Politische Identität und nationale Gedenktage. Zur politischen Kultur der Weimarer Republik, Opladen 1989.
Leicht, Robert, Warum Walser irrt. Auch die Nachgeborenen haften für das Erbe von Auschwitz, in: Die Zeit, 3.12.1998.
Leinemann, Jürgen und Georg Mascolo, „Wir wollen mit uns ins Reine kommen". Der Jenaer Historiker Lutz Niethammer über die Entschädigung für NS-Opfer und die Bereitschaft der Deutschen, Verantwortung für die Vergangenheit zu übernehmen, in: Der Spiegel 8/1999, S. 64–70.
Lenger, Friedrich, Aus den Erfahrungen der Vergangenheit Erkenntnisse für das aktuelle Geschehen gewinnen. Historiker sind wieder gefragt, in: FAZ, 20.1.1999.
Leon, Warren und Roy Rosenzweig (Hgg.), History Museums in the United States. A Critical Assessment, Urbana 1989.
Levine, Susan, History for Non-Historians, in: RHR 18 (Fall 1978), S. 95–96.
Lewis, David W. und Wesley Philips Newton, in: The Public Historian 3 (Summer 1981), S. 63–74.
Liebelt, Udo (Hg.), Museum der Sinne. Bedeutung und Didaktik des originalen Objekts im Museum, Hannover 1990.
Lifton, Robert Jay und Greg Mitschell, Hiroshima in America. Fifty Years of Denial, New York 1995.
Lindenberger, Thomas, Wer hat Angst vor den Barfußhistorikern? Plädoyer für einen rationalen Dialog, in: Gd 11 (1986), S. 17–20.
Linenthal, Edward T. und Tom Engelhardt (Hgg.), History Wars. The Enola Gay and Other Battles for the American Past, New York 1996.
Ders., Committing History in Public, in: JAH 81 (1994), S. 986–991.
Ders., Preserving Memory. The Struggle to Create America's Holocaust Museum, New York 1995.
Ders., Struggeling with history and memory, in: JAH 82 (1995), S. 1094–1101.
Lipsitz, George, Time Passages. Collective Memory and American Popular Culture, Minneapolis ^{3}1994.

Loewy, Hanno (Hg.), Holocaust: Die Grenzen des Verstehens. Eine Debatte über die Besetzung der Geschichte, Reinbek 1992.

Long, Roger D., The Personal Dimension in Doing Oral History, in: The History Teacher 24 (1991), S. 307–312.

Lopata, Roy, Ethics in Public History: Clio Meets Ulasewizc, in: The Public Historian 8 (Winter 1986), S. 39–45.

Lowenthal, David, Possessed by the Past. The Heritage Crusade and the Spoils of History, New York 1996.

Ders., The Past is a Foreign Country, London 1985.

Lozowick, Yaacov, Erinnerung an die Shoah in Israel, in: GWU 45 (1994), S. 380–390.

Lübbe, Hermann, Zeit-Verhältnisse. Zur Kulturphilosophie des Fortschritts, Graz, Wien, Köln 1983.

Lüdtke, Alf (Hg.), Alltagsgeschichte. Zur Rekonstruktion historischer Erfahrungen und Lebensweisen, Frankfurt am Main 1989.

Ders., Geschichtswissenschaft und Öffentlichkeit. Zu den Wirkungen und Barrieren des Wissenschaftsbetriebs in der Bundesrepublik, in: Mentalitäten und Lebensverhältnisse. Beispiele aus der Sozialgeschichte der Neuzeit, Rudolf Vierhaus zum 60. Geburtstag, herausgegeben von Mitarbeitern und Schülern, Göttingen 1982, S. 416–438.

Ders., Zu den Chancen einer „visuellen Geschichte". Industriearbeit in historischen Fotografien, in: Journal für Geschichte 3/1986, S. 25–31.

Ludwig, Andreas, Objektkultur und DDR-Gesellschaft, in: Aus Politik und Zeitgeschichte B 28 (1999), S. 3–11.

Ders., Stadthistoriker in Öffentlicher Funktion – über Entwicklung und Aufgaben eines Dienstleistungsberufs, in: Informationen zur modernen Stadtgeschichte 90/1, S. 12–17.

Lupa, Markus, Das Werk der Briten, Volkswagenwerk und Besatzungsmacht 1945–1949 (Historische Notate, Heft 2), Wolfsburg 1999.

Mackensen, Jürgen, Eine neue Zeitschrift für Geschichte, in: Journal für Geschichte 1/1979, S. 2.

Mackintosh, Barry, The National Park Service Moves into Historical Interpretation, in: The Public Historian 9 (Spring 1987), S. 51–63.

Maier, Charles S. , The Unmasterable Past. History, Holocaust und German National Identity, Cambridge 1988.

Maines, Rachel P. und James J. Glynn, Numious Objects, in: The Public Historian 15 (Winter 1993), S. 9–25.

Maletzke, Gerhard, Kommunikationswissenschaft im Überblick, Opladen 1998.

Margadant, Ted W., The Production of PhDs and the Academic Job Market for Historians, in: Perspectives 37 (May 1999), S. 1 und 41–44.

Mariz, George, Public History: Western Washington University's Archival Program, in: The History Teacher 17 (1984), S. 489–510.

Maron, Monika, Hat Walser zwei Reden gehalten?, in: Die Zeit, 19.11.1998.

Marquard, Odo, Ausrangieren und Bewahren, in: Die Politische Meinung, Heft 333 (1997), S. 82–84.

Martin, Dianne, History goes Public, in: History News 34 (May 1979), S. 121–143.

Mascolo, Georg und Hajo Schumacher, Milliarden von der Industrie, in: Der Spiegel 7/1999, S. 74–75.
Matz, Reinhard, Industriefotografie. Aus Firmenarchiven des Ruhrgebiets, Essen 1987.
Maurer, Michael, Feste und Feiern als historischer Forschungsgegenstand, in: HZ 253 (1991), S. 101–130.
May, Ernest R., „Lessons" of the Past. The Use and Misuse of History in American Foreign Policy, New York 1973.
Mayer; Barbara, Preserving Papers and Paint: The Corporate Archives of Benjamin Moore & Co., in: Public History News 19 (Spring 1999), S. 1–2.
McCrank, Lawrence J., Public Historians in the Information Professions: Problems in Education and Credentials, in: The Public Historian 7 (Summer 1985), S. 7–22.
McGovern, George, The Historian as Policy Analyst, in: The Public Historian 11 (Spring 1989), S. 37–46.
McMahan, Eva M., Elite Oral History Discourse. A Study of Cooperation and Coherence, Tuscaloosa 1989.
Dies. und Kim Lacy Rogers, Interactive Oral History Interviewing, Hillsdale 1994.
Megill, Allan, Fragmentation and the Future of Historiography, in: AHR 96 (1991), S. 693–698.
Meier, Christian, 40 Jahre nach Auschwitz. Deutsche Geschichtserinnerung heute, München ²1990.
Ders., Aktuelle Aufgaben der Geschichtswissenschaft und der Geschichtsvermittlung, in: Aus Politik und Zeitgeschichte B 40–41 (1988), S. 29–36.
Ders., Der konsequente Aberwitz geteilten Gedenkens, in: FAZ, 25.7.1997.
Ders., Erinnern – Verdrängen – Vergessen, in: Merkur 50 (1996), S. 937–952.
Mergel, Thomas und Thomas Welskopp (Hgg.), Geschichte zwischen Kultur und Gesellschaft, München 1997.
Merten, Klaus et al. (Hgg.), Die Wirklichkeit der Medien, Opladen 1994.
Mertens, Lothar, Die SED und die NS-Vergangenheit, in: Bergmann, Werner et al. (Hgg.), Schwieriges Erbe, Frankfurt am Main 1995, S. 194–211.
Mertes, Michael, Die geteilte Erinnerung. Gerhard Schröders Reden von der „Normalität" Deutschlands ist ein Symptom der Nicht-Normalität, in: Die politische Meinung 44 (1999), S. 13–18.
Metzger, Franz, Das publizistische Selbstverständnis von „G – Geschichte mit Pfiff", in: Quandt, Siegfried und Horst Schichtel (Hgg.), Fachjournalismus Geschichte. Das Gießener Modell, Marburg 1995, S. 225–234.
Meyer-Althoff, Martha, Nicht der Beruf ist das Problem, sondern der Weg dahin – Hamburger Magisterabsolventen beim Übergang in den Beruf, in: Beiträge zur Hochschulforschung 3/1995, S. 257–292.
Meynert, Joachim und Volker Rodekamp, Heimatmuseum 2000. Ausgangspunkte und Perspektiven, Bielefeld 1993.
Michels, Eckard, Deutsche Nachkriegsgeschichte im Museum, in: GEP 6 (1995), S. 361–368.
Mickel, Wolfgang W. und Dieter Zitzlaff (Hgg.), Politische Bildung. Ein Handbuch für die Praxis, Düsseldorf 1988.

Mighetto, Lisa, Carreers in Public History: Consulting Offers a Variety of Oppotunities, in: Perspectives 33 (Dezember 1995), S. 7–8.

Mikesell, Stephen D., Historic Preservation that Counts: Quantitative Methods for Evaluating Historic Resources, in: The Public Historian 8 (Fall 1986), S. 61–74.

Miller, Daniel, Material Culture and Mass Consumption, Oxford 1987.

Milton, Sibyl, In Fitting Memory. The Art and Politics of Holocaust Memorials, Detroit 1991.

Ministerium für Schule und Weiterbildung, Wissenschaft und Forschung des Landes Nordrhein-Westfalen (Hg.), Richtlinien und Lehrpläne Geschichte, Sekundarstufe II Gymnasium/Gesamtschule, Düsseldorf 1999.

Ministerium für Stadtentwicklung, Kultur und Sport des Landes Nordrhein-Westfalen (Hg.), Denkmalschutz und Denkmalpflege in Nordrhein-Westfalen: Gesetz, Organisation, Verfahren, Düsseldorf 1998.

Ministerium für Wissenschaft und Forschung des Landes Nordrhein-Westfalen (Hg.), Reformen und Ressourcen. Zwischenbilanz und Perspektiven des Aktionsprogramms „Qualität der Lehre", Düsseldorf 1997.

Minkmar, Nils, Der braune Unterleib der Sozialgeschichte, in: Frankfurter Rundschau, 15.9.1998.

Minks, Karl-Heinz und Bastian Filaretow, Absolventenreport Magisterstudiengänge. Ergebnisse einer Längsschnittuntersuchung zum Berufsübergang von Absolventinnen und Absolventen der Magisterstudiengänge, Bonn 1995.

Mitscherlich, Alexander, Der Kampf um die Erinnerung. Psychoanalyse für fortgeschrittene Anfänger, München 1974.

Mock, David B. (Hg.), History and Public Policy, Malabar 1991.

Modell, John, Die „Neue Sozialgeschichte" in Amerika, in: GG 1 (1975), S. 155–170.

Mohr, Reinhard, Total Normal?, in: Der Spiegel 49/1998, S. 40–48.

Mommsen, Hans mit Manfred Grieger, Das Volkswagenwerk und seine Arbeiter im Dritten Reich, Düsseldorf 1996.

Ders., Die dünne Patina der Zivilisation, in: Die Zeit, 30.8.1996.

Mommsen, Wolfgang J., Die Geschichtswissenschaft jenseits des Historismus, Düsseldorf 1972.

Mooney Melvin, Patricia, Harnessing the Romance of the Past: Preservation, Tourism, and History, in: The Public Historian 13 (Summer 1991), S. 35–48.

Dies., Harnessing the Romance of the Past: Preservation, Tourism, and History, in: The Public Historian 13 (Summer 1991), S. 35–48.

Dies., Professional Historians and „Destiny's Gate", in: The Public Historian 17 (Summer 1995), S. 9–24.

Dies., The Quest of the Professional Historian: The Introduction to Public History Course, in: The Public Historian 9 (Summer 1987), S. 68–79.

Dies. und Jerry L. Fousty, What Did You Do After Graduation: Results for the NCPH Survey of Public History Alumni, in: Public History News 19 (Fall 1998), S. 1–3.

Morrissey, Charles T., Public Historians and Oral History: Problems of Concept and Methods, in: The Public Historian 2 (Winter 1980), S. 22–29.

Müllenmeister, Horst Martin, Geschichte und Tourismus, in: Füßmann, Historische Faszination, S. 248–265.
Müller, Mario, „Nationale Ehrenpflicht". Historiker Hans Mommsen kritisiert die Fonds für Nazi-Opfer, in: Die Zeit, 4.3.1999.
Müller, Siegfried, Computer im Museum, in: GWU 47 (1996), S. 548–552.
Münckler, Herfried, Antifaschismus und antifaschistischer Widerstand als politischer Gründungsmythos der DDR, in: Aus Politik und Zeitgeschichte B 45/98, S. 16–29.
Münz, Christoph, Der Welt ein Gedächtnis geben: geschichtstheologisches Denken im Judentum nach Auschwitz, Gütersloh 1995.
Mütter, Bernd und Siegfried Quandt (Hgg.), Wissenschaftsgeschichte und Aktuelle Herausforderungen, Marburg 1988.
Ders. und Uwe Uffelmann (Hgg.), Emotionen und historisches Lernen, Frankfurt am Main 1992.
Ders., „Geschichtskultur" – Zukunftsperspektive für den Geschichtsunterricht am Gymnasium?, in: GPD 26 (1998), S. 165–177.
Ders., Geschichtsdidaktik in Deutschland 1990–1995, in: Erziehung und Unterricht 146 (1996), S. 185–189.
Ders., Historische Zunft und historische Bildung, Weinheim 1995.
Nachruf auf „Geschichtsdidaktik", in: Gd 12 (1987), S. 329–330.
Nahrstedt, Wolfgang, Die Kulturreise – Gedanken zur Charakterisierung einer Reiseform, in: Dreyer, Axel (Hg.), Kulturtourismus, München 1996, S. 5–23.
Nash, Gary B. et al. (Hgg.), History on Trial. Culture Wars and the Teaching of the Past, New York 1998.
Naumann, Klaus, Der Krieg als Text. Das Jahr 1945 im kulturellen Gedächtnis der Presse, Hamburg 1998.
NCPH (Hg.), Ethical Guidelines for the Historian, in: Karamanski, Ethics and Public History, S. 76–77.
Neal, Arthur G., The Vietnam War, in: ders., National Trauma und Collective Memory. Major Events in the American Century, New York 1998, S. 129–146.
Neuchterlein, James, Radical Historians, in: The History Teacher 15 (1981), S. 25–42.
Neumann, Ruth, Den Holocaust ausstellen? Das United States Holocaust Memorial Museum in Washington, in: Geschichte lernen, Heft 69 (1999), S. 4–6.
Neustadt, Richard E. und Ernest R. May, Thinking in Time. The Uses of History for Decision-Makers, New York 1986.
Ders., Uses of History in Public Policy, in: The History Teacher 15 (1982), S. 503–507.
New Technologies and the Practice of History, in: Perspectives 37 (February 1999), S. 1–46.
Newmark, Mark S., Navigating the Internet for Sources in American History, in: The History Teacher 30 (1997), S. 283–293.
Niebuhr Eulenberg, Julia, The Corporate Archives: Management Tool and Historical Resource, in: The Public Historian 6 (Winter 1984), S. 21–37.
Niethammer, Lutz (Hg.), Lebenserfahrung und kollektives Gedächtnis: die Praxis der ‚oral history', Frankfurt am Main 1980.
Ders., Anmerkungen zur Alltagsgeschichte, in: Gd 5 (1980), S. 231–242.

Ders., Lebenserfahrung und kollektives Gedächtnis. Die Praxis der „Oral History", Frankfurt am Main 1980.

Ders., Oral History in den USA. Zur Entwicklung und Problematik diachroner Befragungen, in: AfS 18 (1978), S. 457–501.

Nipperdey, Thomas, Rez. Novick, in: HZ 253 (1991), S. 385–388.

Nobile, Philip (Hg.), Judgement at the Smithsonian, New York 1995.

Noble, Bruce J., At Historical Parks: Balancing a Multitude of Interests, in: Gardner, Public History, S. 279–294.

Nolte, Paul, Amerikanische Sozialgeschichte in der Erweiterung. Tendenzen, Kontroversen und Ergebnisse seit Mitte der 80er Jahre, in: AfS 36 (1996), S. 363–394.

Ders., Ein Kulturkampf um den Geschichtsunterricht. Die Debatte über die „National History Standards" in den USA, in: GWU 48 (1997), S. 512–532.

Nora, Pierre (Hg.), Les lieux de memoire, Teil I-III (La République, La Nation, La France), 7 Bde., Paris 1984–1992.

Norris, Richard P., Rev. Schlereth, in: The Public Historian 3 (Spring 1981), S. 93–96.

Novick, Peter, That Noble Dream: The „Objectivity Question" and the American Historical Profession, New York 1988.

O'Donnell, Terence, Pitfalls Along the Path of Public History, in: Benson, Presenting the Past, S. 239–244.

O'Malley, Michael und Roy Rosenzweig, Brave New World or Blind Alley? American History on the World Wide Web, in: JAH 84 (1997), S. 132–155.

Obenaus, Herbert, NS-Geschichte nach dem Ende der DDR: eine abgeschlossene Vergangenheit?, Hannover 1992.

Oehler, Katharina, Geschichte in der politischen Rhetorik. Historische Argumentationsmuster im Parlament der Bundesrepublik Deutschland, Hagen 1989.

Öffentliche Erwartung setzt Unternehmensgeschichte unter Druck. Historiker zwischen Wissenschaftlichkeit und dem Bedarf nach raschen Antworten zur NS-Zeit, in: FAZ, 24.2.1999.

Ohrmund, Andreas und Paul Tiedemann, Internet für Historiker. Eine praxisorientierte Einführung, Darmstadt 1999.

Oral History Association (Hg.), Oral History Evaluation Guidelines, Lexington 1980.

Palmer, Marilyn und Peter Neaverson, Industrial Archaeology, London, New York 1998.

Pandel, Hans-Jürgen und Jörn Rüsen, Bewegung in der Geschichtsdidaktik? Zum Versuch von Rainer Walz, durch Polemik eine Bahn zu brechen, in: GWU 46 (1995), S. 322–329.

Ders., Dimensionen des Geschichtsbewußtseins. Ein Versuch, seine Struktur für Empirie und Pragmatik diskutierbar zu machen, in: Gd 12 (1987), S. 130–142.

Ders., Einführung – Empirische Erforschung des Geschichtsbewußtseins – immer noch ein Desiderat, in: Jahrbuch für Geschichtsdidaktik 1 (1988), S. 97–100.

Ders., Postmoderne Beliebigkeit? Über den sorglosen Umgang mit Inhalten und Methoden, in: GWU 50 (1999), S. 282–291.

Ders., Stichworte zur Geschichtsdidaktik: Geschichtsbewußtsein, in: GWU 44 (1993), S. 725–729.

Pawlitta, Cornelius, „Wiedergutmachung" als Rechtsfrage?, Frankfurt am Main 1993.
Pehle, Walter H. (Hg.), Der historische Ort des Nationalsozialismus. Annäherungen, Frankfurt am Main 1990.
Pellens, Karl (Hg.), Historische Gedenktage im politischen Bewußtsein, Stuttgart 1992.
Ders./Siegfried Quandt/Hans Süssmuth (Hgg.), Geschichtskultur – Geschichtsdidaktik. Internationale Bibliographie, Paderborn 1984.
Ders./Siegfried Quandt/Hans Süssmuth (Hgg.), Historical Culture – Historical Communication. International Bibliography, Frankfurt am Main 1994.
Pence, Katherine, Schaufenster des sozialistischen Konsums: Texte der ostdeutschen „consumer culture", in: Lüdtke, Alf und Peter Becker (Hgg.), Akten, Eingaben, Schaufenster. Die DDR und ihre Texte. Erkundungen zu Herrschaft und Alltag, Berlin 1997, S. 91–118.
Perks, Robert und Alistair Thomson (Hgg.), The Oral History Reader, London und New York 1998.
Ders., Oral History. An Annotated Bibliography, London 1990.
Perspectives to Feature Public History Column, in: Perspectives 33 (May/June 1995), S. 29.
Pfahl-Traughber, Armin, Der 20. Juli 1944 und der Widerstand gegen den Nationalsozialismus – Neuerscheinungen zum 50. Jahrestag des Hitler-Attentats, in: NPL 40 (1995), S. 254–265.
Phillips, Charles und Gayle Clark Olson, History Entrepreneur. Public history's first Ph.D. puts her skills to work outside the academy, in: History News 37 (October 1982), S. 28–31.
Pieper, Ernst, Der Kampf um die Erinnerung, in: Vogel, Hans-Jochen und Ernst Pieper (Hgg.), Erinnerungsarbeit und Demokratische Kultur (Jahrbuch des Vereins Gegen Vergessen – Für Demokratie e.V.), München 1997, S. 47–59.
Pitcaithley, Dwight T., Historic Sites: What Can Be Learned from Them?, in: The History Teacher 20 (1987), S. 207–219.
Pitzke, Marc, Spielbergs Liste, in: Die Woche, 8.1.1999.
Plato, Alexander von, Oral History als Erfahrungswissenschaft. Zum Stand der „Mündlichen Geschichte" in Deutschland, in: Jarausch, Konrad H. et al. (Hgg.), Geschichtswissenschaft vor 2000, Hagen 1991.
Platt, Kristin und Mihran Dabag, Generation und Gedächtnis. Erinnerungen und kollektive Identitäten, Opladen 1995.
Pomeroy, Robert W., Careers for Students of History (Chart), Limington 1999.
Ders., Historians' Skills and Business Needs, in: The Public Historian 1 (Winter 1979), S. 8–14.
Pomykaj, Gerhard et al., Städtische Geschichtsarbeit auf neuen Wegen?, in: Informationen zur modernen Stadtgeschichte 90/1, S. 1–9.
Portelli, Allessandro, The Battle of Valle Giulia. Oral History and the Art of Dialogue, Wisconsin 1997.
Porter Benson, Susan et al. (Hgg.), Presenting the Past. Essays on History and the Public, Philadelphia 1986.

Presse- und Informationsamt der Bundesregierung (Hg.), Die Regierungserklärung von Bundeskanzler Gerhard Schröder, Bonn 1998.

Public History in the Academy: An Overview of University und College Offerings, in: The Public Historian 2 (Fall 1979), S. 84–116.

Putnam Miller, Page, Reflections on the Public History Movement, in: The Public Historian 14 (Spring 1992), S. 67–70.

Dies., National Coordinating Commitee for the Promotion of History: The Historical Profession's Advocacy Office, in: The History Teacher 31 (1998), S. 240–244.

Puvogel, Ulrike et al. (Hgg.), Gedenkstätten für die Opfer des Nationalsozialismus, Bonn ²1995.

Quandt, Siegfried et al., Fachinformationssystem Geschichte. Historische Wissenschaft und öffentliche Kommunikation, Marburg 1992.

Ders. und Gudrun Eckerle, Das System der Geschichtsdidaktik und der Zusammenhang von historischem und politischem Lernen, in: NPL 25 (1980), S. 382–407.

Ders. und Hans Süssmuth (Hg.), Historisches Erzählen. Formen und Funktionen, Göttingen 1982.

Ders. und Horst Schichtel (Hgg.), Fachjournalismus Geschichte. Das Gießener Modell, Marburg 1995, S. 7–17.

Ders., Geschichtswissenschaft und Massenmedien. Zwischenbilanz eines anspruchsvollen Projekts, in: Forschung & Lehre 1 (1994), S. 511–512.

Redefining Historical Scholarship: Report of the American Historical Association Ad Hoc Commitee on Redefining Scholary Work, in: Perspectives 32 (March 1994), S. 19–20 und 22–23.

Reel History. A Special Issue, in: Perspectives 37 (April 1999), S. 1–32.

Reichel, Peter, Aufdringliche und anmaßende Anbiederung. Eine Zwischenbilanz zum Streit um das nationale Holocaust-Monument, in: FAZ, 19.11.1998.

Ders., Politik mit der Erinnerung. Gedächtnisorte im Streit um die nationalsozialistische Vergangenheit, München 1995.

Rennert, Cornelia, http://www.mannesmann.com – Überlegungen zur Präsentation von Unternehmensgeschichte und Unternehmensarchiv im Internet, in: Archiv und Wirtschaft 30 (2/1997), S. 25–29.

Reuss, Martin, Federal Historians: Ethics and Responsibility in the Bureaucracy, in: The Public Historian 8 (Winter 1986), S. 13–20.

Richter, Erika, Geschichtsbewußtsein und Methoden historischen Lernens, in: GPD 26 (1998), S. 50–52.

Dies., Erfolgsweg und Erlebnispfad. Ein Jahr Haus der Geschichte der Bundesrepublik Deutschland, in: GPD 23 (1995), S. 222–225.

Riley, Glenda, History Goes Public (video), Washington 1981.

Dies., Organizing a Public History Course: An Alternative Approach, in: The History Teacher 16 (1982), S. 35–52.

Ritter, Joachim (Hg.), Historisches Wörterbuch der Philosophie, Stuttgart 1972 ff.

Ders., Subjektivität. Sechs Aufsätze, Frankfurt am Main 1974.

Rode, Horst und Rober Ostrrovsky, Militärgeschichtlicher Reiseführer Verdun, Bonn 1992.

Rodenburg, Günther (Hg.), Öffentlichkeit herstellen – Forschen erleichtern! 10 Jahre

Archivpädagogik und historische Bildungsarbeit. Vorträge zur Didaktik, Bremen 1996.

Roeder, George H. Jr., Filling in the Picture: Visual Culture, in: RAH 26 (1998), S. 275–293.

Rogers, Jerry L., The National Register of Historic Places: A Personal Perspective on the First Twenty Years, in: The Public Historian 9 (Spring 1987), S. 91–104.

Rohlfes, Joachim, Die zwei Standbeine der Geschichtsdidaktik, in: Geschichte lernen, Heft 18 (1990), S. 4–5.

Ders., Ein Herz für Personengeschichte? Strukturen und Persönlichkeiten in Wissenschaft und Unterricht, in: GWU 50 (1999), S. 305–320.

Ders., Geschichte in der Öffentlichkeit, in: GWU 29 (1978), S. 307–311.

Ders., Geschichtsdidaktik – Geschichtsunterricht, in: GWU 48 (1997), S. 41–59 (Teil I), S. 107–125 (Teil II), S. 169–188 (Teil III), S. 245–251 (Teil IV).

Ders., Geschichtsunterricht und Geschichtsdidaktik von den 50er bis zu den 80er Jahren, in: Leidinger, Paul (Hg.), Geschichtsunterricht und Geschichtsdidaktik vom Kaiserreich bis zur Gegenwart, Stuttgart 1988, S. 154–170.

Ders., Streifzüge durch den Zeitgeist der Geschichtsdidaktik. 50 GWU-Jahrgänge, in: GWU 51 (2000), S. 224–240.

Ders., Theoretiker, Praktiker, Empiriker. Mißverständnisse, Vorwürfe, Dissonanzen unter Geschichtsdidaktikern, in: GWU 47 (1996), S. 98–110.

Ders., Umrisse einer Didaktik der Geschichte, Göttingen 1971.

Ders., Vermittlung und Rezeption von Geschichte. Ein Forschungs- und Literaturbericht, Stuttgart 1984.

Roos, Martin und Helen Quandt, „und hinter den Gesichtern …". Biographische Notizen zu Beteiligten am Majdanek-Prozeß 1975–1981, Düsseldorf 1996.

Roscow, James P., Collecting and Writing ARCOS's History, in: The Public Historian 3 (Summer 1981), S. 81–86.

Rosenstone, Robert A., Visions of the Past. The Challange of Film to Our Idea of History, Cambridge 1995.

Rosenzweig, Roy und David Thelen (Hgg.), The Presence of the Past. Popular Uses of History in American Life, New York 1998.

Ders., Marketing the Past: American Heritage and Popular History in the United States, 1954–1984, in: RHR 32 (1985), S. 7–29.

Rosso, Henry, Le syndrome de Vichy 1944–198 …, Paris 1987.

Rostock, Jürgen und Franz Zadnicek, Paradiesruinen. Das Kdf-Seebad der Zwanzigtausend auf Rügen, Berlin 1992.

Roth, Darlene, The Mechanics of a History Business, in: The Public Historian 1 (Spring 1979), S. 26–40.

Rothfels, Hans, Zeitgeschichte als Aufgabe, in: VZG 1 (1953), S. 1–8.

Roundtable: Responses to David Glassberg's „Public History and the Study of Memory", in: The Public Historian 19 (Spring 1997), S. 31–72.

Rousso, Henry, Applied History or the Historian as Miracle-Worker, in: The Public Historian 6 (Fall 1984), S. 65–85.

Ruck, Michael, Bibliographie zum Nationalsozialismus, Köln 1995.

Rühl, Manfred, Kommunikation und Öffentlichkeit. Schlüsselbegriffe zur kommunikationswissenschaftlichen Rekonstruktion der Publizistik, in: Bentele, Günter und Manfred Rühl (Hgg.), Theorien öffentlicher Kommunikation. Problemfelder, Positionen, Perspektiven, München 1993, S. 77–102.

Ruppel, Wolf Dieter, Geboren aus historischer Faszination – Die Hörfunk-Sendereihe „ZeitZeichen", in: Füßmann, Historische Faszination, S. 209–226.

Ruppert, Wolfgang, Photographien als sozialgeschichtliche Quellen. Überlegungen zu ihrer adäquaten Entschlüsselung am Beispiel einer Fabrik, in: Geschichtsdidaktik 11 (1986), S. 62–76.

Ders., Zur Kulturgeschichte der Alltagsdinge, in: ders. (Hg.), Fahrrad, Auto, Fernsehschrank. Zur Kulturgeschichte der Alltagsdinge, Frankfurt am Main 1993, S. 14–36.

Rürup, Reinhard, Historische Sozialwissenschaft. Beiträge zur Einführung in die Forschungspraxis, Göttingen 1977.

Rüsen, Jörn und Hans Süssmuth (Hgg.), Theorien der Geschichtswissenschaft, Düsseldorf 1980.

Ders. und Jürgen Straub (Hgg.), Die dunkle Spur der Vergangenheit. Psychoanalytische Zugänge zum Geschichtsbewußtsein (Erinnerung, Geschichte, Identität 2), Frankfurt am Main 1998.

Ders., Ansätze zu einer Theorie historischen Lernens I: Formen und Prozesse, in: Gd 10 (1985), S. 249–265.

Ders., Ansätze zu einer Theorie historischen Lernens II: Empirie, Normativität, Pragmatik, in: Gd 12 (1987), S. 15–27.

Ders., Die vier Typen des historischen Erzählens, in: Koselleck, Reinhart et al. (Hgg.), Formen der Geschichtsschreibung, München 1982, S. 514–605.

Ders., Die Zukunft der Vergangenheit, in: Universitas 53 (1998), S. 228–237.

Ders., Für eine Didaktik historischer Museen. Gegen eine Verengung im Meinungsstreit um die Geschichtskultur, in: Gd 12 (1987), S. 267–276.

Ders., Geschichte und Öffentlichkeit, in: Gd 3 (1978), S. 96–111.

Ders., Geschichtsdidaktik heute – Was ist und zu welchem Ende betreiben wir sie (noch)?, in: Geschichte lernen, Heft 21 (1991), S. 14–19.

Ders., Geschichtskultur als Forschungsproblem, in: Fröhlich, Klaus et al. (Hgg.), Geschichtskultur (Jahrbuch für Geschichtsdidaktik 3), Pfaffenweiler 1992, S. 39–50.

Ders., Geschichtskultur, in: GWU 46 (1995), S. 513–521.

Ders., Geschichtsstudium und außerschulische Berufspraxis von Historikern – zu jüngsten Empfehlungen der Kultusministerkonferenz, in: Gd 10 (1985), S. 241–243.

Ders., Grundlagenreflexion und Paradigmawechsel in der westdeutschen Geschichtswissenschaft, in: Gd 11 (1986), S. 388–405.

Ders., Historische Vernunft, Göttingen 1983.

Ders., Historisches Lernen. Grundlagen und Paradigmen, Köln 1994.

Ders., Lebendige Geschichte. Grundzüge einer Historik III: Formen und Funktionen des historischen Wissens, Göttingen 1989.

Ders., Zeit und Sinn. Strategien historischen Denkens, Frankfurt am Main 1992.

Rusinek, Bernd-A. et al. (Hgg.), Einführung in die Interpretation historischer Quellen. Schwerpunkt: Neuzeit, Paderborn 1992.

Ryant, Carl, The Public Historian and Business History: A Question of Ethics, in: The Public Historian 8 (Winter 1986), S. 31–38.
Sander, Wolfgang (Hg.), Handbuch politische Bildung, Schwalbach 1997.
Sauer, Michael, Rez. Erlebnis Geschichte – Deutschland 1945, in: Geschichte lernen, Heft 62 (1998), S. 16–17.
Scardaville, Michael C., Looking Backward Toward the Future: An Assessment of the Public History Movement, in: The Public Historian 9 (Fall 1987), S. 35–42.
Ders., Program Development in Public History: A Look to the Future, in: The Public HistorianHistorian 9 (Summer 1987), S. 163–170.
Scarpino, Philip V., Common Ground: Reflections on the Past, Present, and Future of Public History and the NCPH, in: The Public Historian 17 (Winter 1995), S. 11–21.
Ders., Some Thoughts on Defining, Evaluating, and Rewarding Public Scholarship, in: The Public Historian 15 (Spring 1993), S. 55–61.
Schäfer, Hermann, Zwischen Disneyland und Musentempel: Zeitgeschichte im Museum, in: museumskunde 60 (1–3/1995), S. 27–32.
Ders., Begegnungen mit unserer eigenen Geschichte. Zur Eröffnung des Hauses der Geschichte der Bundesrepublik Deutschland in Bonn am 14. Juni 1994, in: Aus Politik und Zeitgeschichte B 23 (1994), S. 11–22.
Ders., Medien im Museum – besucherorientiert und interaktiv. Konzept des Hauses der Geschichte der Bundesrepublik Deutschland, in: Lehmann, Rolf G. (Hg.), Corporate Media. Handbuch der audiovisuellen und multimedialen Lösungen und Instrumente, Landsberg/Lech 1993.
Ders., Stiftung Haus der Geschichte der Bundesrepublik Deutschland. Museums- und Managementkonzept, in: Handbuch KuM (Mai 1996), B 2.3, S. 1–22.
Scharrer, Ulf, Die Linsen der Täter. Fotografien als Quelle zum Holocaust, in: Geschichte lernen, Heft 69 (1999), S. 52–55.
Schellack, Fritz, Nationalfeiertage in Deutschland von 1871 bis 1945, Frankfurt am Main 1990.
Schieder, Wolfgang, Von Hitler eingestimmt, in: Kölner Stadtanzeiger, 16.4.1999.
Schiller, Dietmar, Politische Gedenktage in Deutschland. Zum Verhältnis von öffentlicher Erinnerung und politischer Kultur, in: Aus Politik und Zeitgeschichte B 25 (1993), S. 32–39.
Ders., Vom Sedantag zum „Heldengedenktag". Über die Ritualisierung des Nationalen. Der 3. Oktober im Spiegel politischer Feiertage, in: Frankfurter Rundschau, 2.10.1993.
Schlaffer, Heinz, Gedenktage, in: Merkur 43 (1989), S. 81–84.
Schlereth, Thomas J., Artifacts and the American Past, Nashville 1980.
Ders., Cultural History and Material Culture: Everyday Life, Landscapes and Museums, Ann Arbor 1990.
Ders., Material Culture Research and Historical Explanation, in: The Public Historian 7 (Fall 1985), S. 21–36.
Ders., Material Culture: A Research Guide, Lawrence 1985.
Schlesinger, Arthur M. Jr., The Disuniting of America, New York 1992.
Schlottau, Klaus, Praktizierte Umweltgeschichte: Der Sachverständige für die „Durchführung und Beurteilung von standortbezogenen Erhebungen (historische

Recherche)". Ein neues Berufsbild für Historiker, in: Bayerl, Günter und Wolfhard Weber (Hgg.), Sozialgeschichte der Technik. Ulrich Troitzsch zum 60. Geburtstag, Münster 1998, S. 25–34.

Schmale, Wolfgang (Hg.), Studienreform Geschichte – kreativ, Bochum 1997.

Schmid, Klaus-Peter, Lauter Drückeberger. Die gesamte Industrie beschäftigte Zwangsarbeiter. Warum zahlen nur 35 Firmen Entschädigung?, in: Die Zeit, 14.10.1999.

Schmidt, Siegfried J. (Hg.), Gedächtnis. Probleme und Perspektiven der interdisziplinären Gedächtnisforschung, Frankfurt am Main 1992.

Schmidt-Neuhaus, Dieter, Die Tarnopol-Stellwand der Wanderausstellung „Vernichtungskrieg – Verbrechend er Wehrmacht 1941 bis 1944". Eine Falluntersuchung zur Verwendung von Bildquellen, in: GWU 50 (1999), S. 596–603.

Schneider, Michael, Die ‚Goldhagen-Debatte': Ein Historikerstreit in der Mediengesellschaft, in: AfS 37 (1997), S. 460–481.

Schoenberner, Gerhard, Der gelbe Stern. Judenverfolgung in Europa 1933–1945, Hamburg 1960.

Schoeps, Julius H. (Hg.), Ein Volk von Mördern? Die Dokumentation zur Goldhagen-Kontroverse und die Rolle der Deutschen im Holocaust, Hamburg 1996.

Schörken, Rolf, Begegnungen mit Geschichte. Vom außerwissenschaftlichen Umgang mit der Historie in Literatur und Medien, Stuttgart 1995.

Ders., Der Gegenwartsbezug der Geschichte, Stuttgart 1981.

Ders., Geschichte im Alltag. Über einige Funktionen des trivialen Geschichtsbewußtseins, in: GWU 30 (1979), S. 73–88.

Ders., Geschichte in der Alltagswelt, Stuttgart 1981.

Ders., Historische Imagination und Geschichtsdidaktik, Paderborn 1994.

Schöttler, Peter, Wer hat Angst vor dem „linguistic turn"?, in: GG 23 (1997), S. 134–151.

Schraepeler, Ernst, Die Forschung über den Ausbruch des Ersten Weltkrieges im Wandel des Geschichtsbildes 1919–1969, in: GWU 23 (1972), S. 321–338.

Schröder, Thomas A., „Projekt Fernstudium Archiv des Fachbereichs ABD der Fachhochschule Potsdam hat begonnen", in: Der Archivar 52 (1999), S. 335–336.

Ders., Historisch relevante Ressourcen im Internet und Worldwideweb, in: VZG 44 (1996), S. 465–477.

Schulze, Gerhard, Die Erlebnisgesellschaft: Kultursoziologie der Gegenwart, Frankfurt am Main 1992.

Ders., Was wird aus der Erlebnisgesellschaft?, in: Aus Politik und Zeitgeschichte B 12 (2000), S. 3–6.

Schulze, Hagen, Geschichte im öffentlichen Leben der Nachkriegszeit. Die Jahrestagung der Ranke-Gesellschaft 1977, in: GWU 29 (1979), S. 312–320.

Schulze, Winfried (Hg.), Ego-Dokumente. Beiträge zur Selbstanalyse in der Vormoderne, Berlin 1994.

Ders. und Otto Gerhard Oexle (Hgg.), Deutsche Historiker im Nationalsozialismus, Frankfurt am Main ²2000.

Schwarz, Angela (Hg.), Politische Sozialisation und Geschichte. Festschrift für Rolf Schörken zum 65. Geburtstag, Hagen 1993.

Schwentker, Wolfgang, Im Schatten Hiroshimas. Neuere Literatur im Umfeld des 50. Jahrestags der Atombombenabwürfe, in: NPL 42 (1997), S. 395–415.

Scruggs, Jan C. und Joel L. Swerdlow, To Heal A Nation. The Vietnam Veterans Memorial, New York 1985.

Seesslen, Georg, Was bleibt. „Die letzten Tage", der erste Dokumentarfilm der Shoah Foundation, läßt Holocaust-Überlebende aus Ungarn zu Wort kommen, in: Die Zeit, 2.3.2000.

Segev, Tom, Die siebte Million. Der Holocaust und Israels Politik der Erinnerung, Reinbek bei Hamburg 1995.

Seitz, Norbert, Die kalte Revision. Zur Aktualität der 8.-Mai-Rede Weizsäckers, in: Neue Gesellschaft/Frankfurter Hefte 42 (1995), S. 389–392.

Sekretariat der Ständigen Konferenz der Kultusminister der Länder in der Bundesrepublik Deutschland, Entwurf. Empfehlungen der Studienreformkommission Geschichte, Bonn o. J. (1984).

Sieder, Reinhard, Sozialgeschichte auf dem Weg zu einer Historischen Kulturwissenschaft?, in: GG 20 (1994), S. 445–468.

Silverman, Lois, A Bibliography on History-Making, Washington 1993.

Slipe, Dan, The Future of Oral History and Moving Images, in: OHR 19 (1991), S. 75–87.

Slotta, Rainer, Einführung in die Industriearchäologie, Darmstadt 1982.

Ders., Zur Situation und Pflege Technischer Denkmäler und der Industriearchäologie in der Bundesrepublik Deutschland – Versuch einer Bestandsaufnahme, in: Matschoss, Conrad und Werner Lindner (Hgg.), Technische Kulturdenkmale, Düsseldorf 1984, S. V-XIII (Faksimile-Ausgabe).

Slottboom, Ruud, Op zoek naar de gewillige omstanders (Auf der Suche nach willigen Umständen), in: Kleio 17/1997, S. 2–8.

SPD, Antrag Wiedergutmachung für die Opfer von NS-Willkürmaßnahmen, Drucksache 13/8576.

Staehr, Gerda von und Thomas Berger, Geschichte in der Öffentlichkeit, in: Gd 3 (1978), S. 85–90.

Starr, Raymond, The Role of Local History Course in a Public History Curriculum, in: The Public Historian 9 (Summer 1987), S. 80–95.

Stearns, Peter N. (Hg.), Encyclopedia of Social History, New York 1994.

Ders. (Hg.), Expanding the Past: A Reader in Social History, New York 1988, S. 3–16.

Ders. und Joel A. Tarr, Applied History: A New-Old Departure, in: The History Teacher 14 (1981), S. 517–531.

Ders. und Joel A. Tarr, Curriculum in Applied History: Toward the Future, in: The Public Historian 9 (Summer 1987), S. 111–125.

Ders. und Joel A. Tarr, Curriculum in Applied History: Toward the Future, in: The Public Historian 9 (Summer 1987), S. 111–125.

Ders., A Cease-fire for History?, in: The History Teacher 30 (1996), S. 65–81.

Ders., Applied History and Social History, in: JSH 14 (1981), S. 533–537.

Ders., Applied History. Policy Roles and Standards for Historians, in: Callahan, Daniel et al. (Hgg.), Applying the Humanities, New York 1985, S. 221–245.

Ders., Forecasting the Future: Historical Analogies and Technological Determinism, in: The Public Historian 5 (Summer 1983), S. 31–54.
Ders., History and Policy Analysis: Toward Maturity, in: The Public Historian 4 (Summer 1982), S. 5–29.
Ders., Rev. Telling the Truth about History by Joyce Appleby, Lynn Hunt, and Margaret Jacob, in: The Public Historian 20 (Winter 1998), S. 89–90.
Ders., The New Social History: An Overview, in: Gardner, James B. und George R. Adams (Hgg.), Ordinary People und Everyday Life. Perspectives on the New Social History, Nashville 1983, S. 3–21.
Ders. und Joel A. Tarr, Straightening the Policy History Tree, in: The Public Historian 15 (Fall 1993), S. 63–67.
Steinbach, Lothar, Sozialgeschichte, Arbeitergeschichte, erinnerte Geschichte. Anmerkungen zu Erträgen neuerer Oral-History-Forschungen in der deutschsprachigen Historiographie, in: AfS 28 (1988), S. 541–600.
Ders., Die Vergegenwärtigung von Vergangenem – Zum Spannungsverhältnis zwischen individueller Erinnerung und öffentlichem Gedenken, in: Aus Politik und Zeitgeschichte B 3–4 (1997), S. 3–13.
Ders., Erinnerung und Geschichtspolitik, in: Universitas 50 (1995), S. 181–194 und S. 285–294.
Ders., Gedenken: Stachel im Fleisch der Gesellschaft – Fragezeichen für die Nachlebenden, in: GEP 8 (1997), S. 18–21.
Ders., Widerstand im Dritten Reich – die Keimzelle der Nachkriegsdemokratie?, in: Überschär, Gerd R. (Hg.), Der 20. Juli 1944. Bewertung und Rezeption des Widerstands gegen das NS-Regime, Köln 1994, S. 79–100.
Steininger, Rolf (Hg.), Der Umgang mit dem Holocaust. Europa – USA – Israel, Wien 1994.
Stelzer, Tanja, Vordenker und graue Eminenz. Politikberater nehmen Einfluß auf die Einflußreichen, in: Die Zeit, 12.5.1999.
Stephan, Cora, Krieg führen. Deutschlands kollektives Gedächtnis stiftet Tabus, in: Die Zeit, 10.9.1998.
Stewart, Gerdi, Blätter zur Berufskunde: Historiker/Historikerin (hg. von der Bundesanstalt für Arbeit), Bielefeld [5]1992.
Dies., Geschichtswissenschaften. Studienreformansätze und Tätigkeitsfelder, in: Beiträge zur Hochschulforschung 4/1999, S. 257–277.
Stölzl, Christoph, Deutsches Historisches Museum. Ideen – Kontroversen – Perspektiven, Frankfurt am Main 1988.
Storey, Brit Allan, Hanging by four Pine Needles (Or, Confessions of a Public Historian), in: The Public Historian 14 (Summer 1992), S. 11–22.
Stowe, Noel J., Developing a Public History Curriculum Beyond the 1980s: Challenges and Foresight, in: The Public Historian 9 (Summer 1987), S. 20–37.
Ders., The Promises and Challenges for Public History, in: The Public Historian 9 (Winter 1987), S. 47–56.
Stremmel, Ralf und Manfred Rasch, Findbuch zu den Beständen Vereinigte Stahlwerke AG und Bergbau- und Industriewerte GmbH (2 Bde.), Duisburg 1996.

Stricker, Frank, Why History? Thinking about the Uses of the Past, in: The History Teacher 25 (1992), S. 293–312.
Strupp, Karen, ZeitZeichen, eine WDR-Hörfunkreihe zur Geschichte, in: Kröll, Ulrich (Hg.), Massenmedien und Geschichte, Münster 1989, S. 133.
Sturken, Marita, Reenactment, Fantasy, and the Paranoia of History: Oliver Stones Docudramas, in: History and Theory 36 (1997), S. 64–79.
Dies., Tangled Memories. The Vietnam War, the AIDS Epidemic, and the Politics of Remembering, Berkeley 1997.
Süssmuth, Hans (Hg.), Das Luther-Erbe in Deutschland. Vermittlung in Wissenschaft und Öffentlichkeit, Düsseldorf 1985.
Ders. (Hg.), Geschichtsdidaktische Positionen, Paderborn 1980.
Ders. (Hg.), Geschichtsunterricht im vereinten Deutschland. Auf der Suche nach Neuorientierung (2 Bde.), Baden-Baden 1991.
Ders., Geschichtsdidaktik, Göttingen 1980.
Ders., Geschichtsunterricht ohne Zukunft? Zum Diskussionsstand der Geschichtsdidaktik in der Bundesrepublik Deutschland (Bde. 1–2), Stuttgart 1972.
Ders., Historische Anthropologie. Der Mensch in der Geschichte, Göttingen 1984.
Ders., Historische Sozialwissenschaft und Historische Anthropologie, in: Rüsen, Jörn und Hans Süssmuth (Hg.), Theorien der Geschichtswissenschaft, Düsseldorf 1980, S. 138–173.
Ders., Kontinuität und Neuorientierung in den Social Studies in den USA, in: Aus Politik und Zeitgeschichte B 44 (1982), S. 25–37.
Sutcliffe, Anthony R., Gleams and Echoes of Public History in Western Europe: Before and After the Rotterdam Conference, in: The Public Historian 6 (Fall 1984), S. 7–16.
Takaki, Ronald, A different Mirror. A History of Multicultural America, Boston 1993.
Talkenberger, Heike, Von der Illustration zur Interpretation: Das Bild als historische Quelle. Methodische Überlegungen zur historischen Bildkunde, in: Zeitschrift für historische Forschung 21 (1994), S. 289–314.
Täubrich, Hans-Christian, Nürnberg 2000. Das Dokumentationszentrum Reichsparteitagsgelände, in: museumskunde 64 (1999), S. 23–28.
Ternstrom, Stephen, The Other Bostonians. Poverty and Progress in the American Metropolis, 1880–1970, Cambridge 1973.
Thamer, Hans-Ulrich, Wehrmacht und Vernichtungskrieg. Vom Umgang mit einem schwierigen Kapitel deutscher Geschichte, in: FAZ, 22.4.1997.
The History Teacher Special Issue: The National Standards for United States History and World History, in: The History Teacher 28 (1995), S. 295–457.
The History Teacher Special Section: The Revised National History Standards, in: The History Teacher 30 (1997), S. 301–357.
The Public Historian Symposium: Disney and the Historians – Where Do We Go From Here?, in: The Public Historian 17 (Fall 1995), S. 41–89.
Thelen, David, Memory and American History, in: JAH 75 (1989), S. 1117–1129.
Ders., The Movie Maker as Historian: Conversations with Ken Burns, in: JAH 81 (1994), S. 1031–1050.

Thompson, Paul E., The Voice of the Past. Oral History, Oxford 1978.
Tilden, Freeman, Interpreting Our Heritage. Principles and Practices for Visitor Services in Parks, Museums, and Historic Places, Chapel Hill 1957.
Tobey, Ronald C., The Public Historian as Advocate: Is Special Attention to Professional Ethics Necessary?, in: The Public Historian 8 (Winter 1986), S. 21–30.
Toews, John E., Intellectual History after the Linguist Turn: The Autonomy of Meaning and the Irreducibility of Experience, in: AHR 92 (1987), S. 879–907.
Toplin, Robert Brent (Hg.), Ken Burn's The Civil War. Historians Respond, New York 1996.
Ders., History by Hollywood. The Use and Abuse of the American Past, Urbana 1996.
Ders., Television's Civil War, in: Perspectives 28 (September 1990), S. 1 und 22–24.
Trask, David F. und Pomoroy, Robert W. III, The Craft of Public History: An Annotated Select Bibliography, Westport 1983.
Ders., A Reflection on Historians and Policymakers, in: The History Teacher 11 (1978), S. 219–226.
Treml, Manfred, „Schreckensbilder" – Überlegungen zur historischen Bildkunde. Die Präsentation von Gedächtnisorten des Terrors, in: GWU 48 (1997), S. 279–294.
Trinkle, Dennis A., The History Highway. A Guide to Internet Resources, New York 1997.
Uffelmann, Uwe (Hg.), Identitätsbildung und Geschichtsbewußtsein nach der Vereinigung Deutschlands, Weinheim 1993.
Ders. et al. (Hgg.), Historisches Lernen im vereinten Deutschland. Nation – Europa – Welt, Weinheim ²1995.
Ulbricht, Otto, Mikrogeschichte: Versuch einer Vorstellung, in: GWU 45 (1994), S. 347–365.
Ullrich, Volker, Alltagsgeschichte. Über einen neuen Geschichtstrend in der Bundesrepublik, in: NPL 29 (1984), S. 50–71.
Ders., Entdeckungsreise in den historischen Alltag. Versuch einer Annäherung an die „neue Geschichtsbewegung", in: GWU 36 (1985), S. 403–414.
Ders., Unerschrocken ein Tabu gebrochen. Der Hamburger Historiker Fritz Fischer wird 90 Jahre alt, in: Die Zeit, 5.3.1998.
Ders., Von Bildern und Legenden. Der neue Streit um die Wehrmachtsausstellung zeigt, wie sorgfältig mit Fotodokumenten gearbeitet werden muß, in: Die Zeit, 28.10.1999.
Ungváry, Krisztián, Echte Bilder – problematische Aussagen. Eine quantitative und qualitative Fotoanalyse der Ausstellung „Vernichtungskrieg – Verbrechen der Wehrmacht 1941 bis 1944, in: GWU 50 (1999), S. 584–595.
Verheul, Jaap, Blinden en zieners over de Amerikaanse geschiedenes (Blinde und Sehende über die amerikanische Geschichte) in: Kleio 6/1996, S. 16–21.
Vogl, Ralf, Stückwerk und Verdrängung. Wiedergutmachung nationalsozialistischen Strafjustizunrechts in Deutschland, Berlin 1997.
Voit, Hartmut (Hg.), Perspektiven für das historische Lernen in Deutschland nach dem 9. November 1989, Erlangen 1992.

Voigt, Rüdiger, Mythen, Rituale und Symbole in der Politik, in: ders. (Hg.), Politik der Symbole, Symbole der Politik, Opladen 1990, S. 9–37.
Volkswagen Kommunikation (Hg.), Erinnerungsstätte zur Geschichte der Zwangsarbeit im Volkswagenwerk, Wolfsburg o.J. (Katalog zur Ausstellung).
Vorländer, Herwart (Hg.), Oral History. Mündlich erfragte Geschichte, Göttingen 1990, S. 7–28.
Ders., Generationenbegegnung in der „Oral History", in: GWU 38 (1987), S. 587–596.
Vorwort der Herausgeber, in: GG 1 (1975), S. 5–7.
Vuckovic, Andreas, Wie aus Historikern Politiker werden, in: Berliner Morgenpost, 7.11.98.
Waechter, Matthias, Die Objektivitätsfrage und die amerikanische Geschichtswissenschaft, in: GWU 44 (1993), S. 181–188.
Wagner-Pacifici, Robin und Barry Schwartz, Die Vietnam-Veteranen-Gedenkstätte, in: Koselleck, Reinhart und Michael Jeismann (Hgg.), Der politische Totenkult. Kriegerdenkmäler in der Moderne, München 1994, S. 393–424.
Wajda, Shirley Teresa, Neither Rich nor Poor: Searching for the American Middle Class, in: JAH 79 (1992), S. 1091–1096.
Walkowitz, Daniel J., Visual History: The Craft of the Historian-Filmmaker, in: The Public Historian 7 (Winter 1995), S. 53–64.
Wallace, Mike, Industrial Museums and the History of Deindustrialization, in: The Public Historian 9 (Winter 1987), S. 9–20.
Ders., Mickey Mouse History and Other Essays on American Memory, Philadelphia 1996.
Walser, Martin, Erfahrungen beim Verfassen einer Sonntagsrede, Frankfurt am Main 1998.
Walter, Uwe, Zwischen Selbstreflexion und Sinnproduktion: Geschichtswissenschaft, Geschichtstheorie und Geschichtsdidaktik in Bielefelder Sicht, in: GPD 23 (1995), S. 195–200.
Walters, Ronald G., Public History and Disney's America, in: Perspectives 33 (March 1995), S. 1 und 3–4.
Walz, Rainer, Geschichtsbewußtsein und Fachdidaktik. Eine Kritik der didaktischen Konzeption von Jörn Rüsen und Hans-Jürgen Pandel, in: GWU 46 (1995), S. 306–321.
Ware Geschichte, in: Die Zeit, 15.4.1999.
Washburn, Wilcomb E., Material Culture and Public History: Maturing Together?, in: The Public Historian 13 (Spring 1991), S. 53–60.
Webb, Melody, Cultural Landscapes in the National Park Service, in: The Public Historian 9 (Spring 1987), S. 77–89.
Wefing, Heinrich, In Assoziationsgewittern. Über Politik mit der Erinnerung und die architektonische Unabhängigkeitserklärung des Jüdischen Museums zu Berlin, in: museumskunde 64 (1/1999), S. 43–49.
Wehler, Hans-Ulrich (Hg.), Modernisierungstheorie und Geschichte, Göttingen 1975.
Ders. (Hg.), Geschichte als Historische Sozialwissenschaft, Frankfurt am Main 1973.
Ders., Die Herausforderung der Kulturgeschichte, München 1998.

Weidenfeld, Werner und Felix Philipp Lutz, Die gespaltene Nation. Das Geschichtsbewußtsein der Deutschen nach der Einheit, in: Aus Politik und Zeitgeschichte B 31-32 (1992), S. 3-22.
Ders. und Karl-Rudolf Korte (Hgg.), Handbuch zur deutschen Einheit, Bonn ²1996.
Ders. und Karl-Rudolf Korte, Die Deutschen. Profil einer Nation, Stuttgart 1991.
Weinberg, Jeshajahu und Rina Elieli, The Holocaust Museum in Washington, New York 1995.
Weitzman, David, Rev. Nearby History, in: The Public Historian 5 (Fall 1983), S. 144-146.
Weiszäcker, Richard von, Vier Zeiten. Erinnerungen, Berlin 1997.
Ders., Ansprache des Bundespräsidenten aus Anlaß des 40. Jahrestages der Beendigung des Zweiten Weltkriegs, in: BPA Nr. 52 (1985), S. 441-446.
Weldon, Edward, Archives and the Practice of Public History, in: The Public Historian 4 (Summer 1983), S. 49-58.
Wengst, Udo, Geschichtswissenschaft und „Vergangenheitsbewältigung" in Deutschland nach 1945 und nach 1989/90, in: GWU 46 (1995), S. 189-205.
Werner, Matthias (Hg.), Identität und Geschichte, Weimar 1997.
West, Carroll van, New Viewpoints on Old Places: The Future of Architectural Surveys, in: The Public Historian 21 (Winter 1999), S. 99-104.
Whitaker, Albert R., Jr., Durable Goods: Public Archives and the Recession, in: Perspectives 30 (May/June 1992), S. 1, 4 und 8.
White, Hayden, Auch Klio dichtet oder die Fiktion des Faktischen: Studien zur Tropologie des historischen Diskurses, Stuttgart 1986.
Ders., Metahistory: Die historische Einbildungskraft im 19. Jahrhundert in Europa, Frankfurt am Main 1991.
Wiedemann, Charlotte, Eine Stadt sucht sich selbst, in: Die Woche, 30.1.1998.
Wiener, Jonathan M., Radical Historians and the Crisis in American History, 1959-1980, in: JAH 76 (1989), S. 399-434.
Wilharm, Irmgard, Geschichte, Bilder und die Bilder im Kopf, in: dies. (Hg.), Geschichte in Bildern. Von der Miniatur bis zum Film als historische Quelle, Pfaffenweiler 1995, S. 7-24.
Wilke, Jürgen (Hg.), Massenmedien und Zeitgeschichte, Konstanz 1999.
Willemsen, Roger, Vergesst das Gedenken. Über ein Erinnern ohne Erinnerung, in: Die Woche, 20.11.1998.
Williams, Michael A., Researching Local History. The Human Journey, London und New York 1996.
Wind, James P., Places of Workship. Exploring Their History, Nashville 1990.
Wischermann, Clemens (Hg.), Die Legitimität der Erinnerung und die Geschichtswissenschaft, Stuttgart 1996.
Wolffsohn, Michael, Von der äußerlichen zur verinnerlichten „Vergangenheits-bewältigung". Gedanken und Fakten zu Erinnerungen, in: Aus Politik und Zeitgeschichte B 3-4 (1997), S. 14-22.
Wolfrum, Edgar, Der Kult um den verlorenen Nationalstaat in der Bundesrepublik Deutschland bis Mitte der 60er Jahre, in: Historische Anthropolgie 5 (1997), S. 83-114.

Ders., Geschichte als Politikum – Geschichtspolitik. Internationale Forschungen zum 19. und 20. Jahrhundert, in: NPL 41 (1996), S. 376–401.
Ders., Geschichtspolitik in der Bundesrepublik Deutschland. Der Weg zur bundesrepublikanischen Erinnerung 1948–1990, Darmstadt 1999.
Ders., Geschichtspolitik und deutsche Frage. Der 17. Juni im nationalen Gedächtnis der Bundesrepublik (1953–1989), in: GG 24 (1998), S. 382–411.
Wrocklage, Ute, Links stark beschnitten. Nach der Wehrmachtsausstellung: Fotografie & Quellenkritik, in: Frankfurter Rundschau, 17.11.1999.
Yates, Frances A., Gedächtnis und Erinnern. Mnemonik von Aristoteles und Shakespeare, Weinheim 1990.
Yellis, Ken, Finding the Fun in Fundamentals: The Nearby History Series, in: The Public Historian 13 (Winter 1991), S. 61–69.
Young, Heatsill (Hg.), ALA Glossary of Library and Information Science, Chicago 1983.
Young, James E., Describing the Holocaust, Bloomington 1988.
Young, James E., Holocaust-Gedenkstätten in den USA. Ein Überblick, in: Dachauer Hefte 6 (1990), Nr. 6, S. 230–239.
Zeller, Joachim, Die neue „Zentrale Gedenkstätte der Bundesrepublik Deutschland" – ihre Entstehungsgeschichte im Überblick, in: GEP 5 (1994), S. 374–387.
Zentrale Evaluationsagentur niedersächsischer Hochschulen (Hg.), Evaluation von Lehre und Studium im Fach Geschichte an den niedersächsischen Universitäten. Evaluationsbericht (Schriftenreihe „Evaluation der Lehre" 6/98), Hannover 1998.
Zimmer, Dieter E., Das große Datensterben. Von wegen Infozeitalter: Je neuer die Medien, desto kürzer ihre Lebenserwartung, in: Die Zeit, 18.11.1999.
Zinn, Howard, A People's History ot the United States. From 1492 to the Present, London und New York ²1996.
Zuckermann, Moshe, Zweierlei Holocaust. Der Holocaust in den politischen Kulturen Israels und Deutschlands, Göttingen 1998.